◇ 现代经济与管理类系列教材

普通高等教育"十三五"系列教材

公共关系学

（第3版）

主 编 严成根 王进云

副主编 杨国军

清华大学出版社

北京交通大学出版社

·北京·

内 容 简 介

本教材分为三个部分,第一部分介绍公共关系理论,主要包括公共关系概述、公共关系的主体、公共关系的客体、公共关系的传播沟通方式、公共关系的职责和作用及公共关系工作程序;第二部分主要介绍公共关系谈判与演讲、企业公共关系、政府公共关系和危机公关;第三部分介绍公共关系专题活动、公务礼仪和个人礼仪。

本教材根据公共关系学科特点,构建公共关系学科体系;案例新颖贴切且贯穿教材全过程;全书语言简洁,教材可读性强。本教材可作为高等院校相关专业学习教材使用,也可供企事业单位人员参考和借鉴。

本书封面贴有清华大学出版社防伪标签,无标签者不得销售。
版权所有,侵权必究。侵权举报电话:010-62782989　13501256678　13801310933

图书在版编目(CIP)数据

公共关系学／严成根,王进云主编. —3版. — 北京:北京交通大学出版社:清华大学出版社,2019.1(2023.1重印)
ISBN 978-7-5121-3803-2

Ⅰ.①公… Ⅱ.①严… ②王… Ⅲ.①公共关系学-高等学校-教材 Ⅳ.①C912.31

中国版本图书馆 CIP 数据核字(2019)第 024600 号

公共关系学
GONGGONG GUANXI XUE

策划编辑:吴嫦娥　　责任编辑:刘　蕊	
出版发行:清华大学出版社　　邮编:100084　电话:010-62776969　http://www.tup.com.cn	
北京交通大学出版社　邮编:100044　电话:010-51686414　http://www.bjtup.com.cn	
印 刷 者:北京时代华都印刷有限公司	
经　　销:全国新华书店	
开　　本:185 mm×260 mm　印张:16.75　字数:418 千字	
版　　次:2019 年 1 月第 3 版　2023 年 1 月第 3 次印刷	
书　　号:ISBN 978-7-5121-3803-2/C・209	
定　　价:42.00 元	

本书如有质量问题,请向北京交通大学出版社质监组反映。对您的意见和批评,我们表示欢迎和感谢。
投诉电话:010-51686043,51686008;传真:010-62225406;E-mail:press@bjtu.edu.cn。

前言

本书第一版2006年出版，经历了十次重印，同行评价较高，被评为2007年全行业优秀畅销书。第二版2011年出版，累计销售2万余册。本书知识体系的构建和课程体例切合课程学习目标。十年来，我国公共关系理论研究不断深化，公共关系实践成果丰硕，公共关系实践活动促进公共关系体系的完善。

公共关系是现代管理学不断发展的结果，是从其他管理职能中逐步分化出来的职能，它全面、科学、艺术地运用各种传播手段，以真诚的态度、周密的计划、广泛的信息、持久的努力，与内外公关相互交流，并在交流中促成理解、信任与合作，在塑造组织良好形象的同时，达到组织利益、公众利益与社会利益相互协调。

现代传媒技术的不断创新，在自媒体及"互联网+"蓬勃兴起的时代，新传媒工具，不仅丰富了公共关系实践活动的时间和空间，而且提升了公共关系实践活动的及时性和有效性。在现代传媒环境中，"成也公关，败也公关"的事例屡见不鲜。本书在编写过程中，充分关注近十年的公关实践活动，尽可选取有代表的公关案例充实本书知识体系，提升教材的可读性和实用性。

公共关系作为一门应用科学，我国在理论研究发掘和市场应用方面，已取得一定的成就，但在市场化应用方面，与美、英等发达的资本主义国家，仍存在一定的差距，希冀行业同仁，共同努力，推动公共关系行业整体水平的提升。

参与本书编写的人员主要有严成根、王进云、杨国军、王川川、任晓艳。严成根、王进云担任主编，杨国军担任副主编。

本书在编写过程中得到多位专家和行业学者的支持，引用了行业较有代表性的案例，丰富了本书的内容，在此表示感谢。由于编者理论研究不够深入，能力有限，书中一定存在不足之处，恳请业内专家和广大读者批评指正。

编　者

2018年9月

目录

第1章 公共关系概述 ……………………………………………………… (1)
　学习目标 ………………………………………………………………… (1)
　案例导入 ………………………………………………………………… (1)
　1.1 公共关系的基本理论 ……………………………………………… (2)
　　1.1.1 公共关系的定义 ……………………………………………… (2)
　　1.1.2 公共关系学的学科内涵和研究对象 ………………………… (8)
　　1.1.3 公共关系学的学习方法和意义 ……………………………… (9)
　1.2 公共关系的产生与发展 …………………………………………… (11)
　　1.2.1 公共关系的萌芽 ……………………………………………… (11)
　　1.2.2 现代公共关系的产生与发展 ………………………………… (12)
　　1.2.3 公共关系在中国 ……………………………………………… (16)
　本章小结 ………………………………………………………………… (21)
　复习思考题 ……………………………………………………………… (21)
　案例实训 ………………………………………………………………… (22)

第2章 公共关系的主体 ………………………………………………… (24)
　学习目标 ………………………………………………………………… (24)
　案例导入 ………………………………………………………………… (24)
　2.1 社会组织 …………………………………………………………… (25)
　　2.1.1 社会组织的概念及特征 ……………………………………… (25)
　　2.1.2 社会组织的分类 ……………………………………………… (27)
　2.2 公共关系机构 ……………………………………………………… (32)
　　2.2.1 公共关系部 …………………………………………………… (33)
　　2.2.2 公共关系公司 ………………………………………………… (37)
　　2.2.3 公共关系社会团体 …………………………………………… (41)
　2.3 公共关系工作人员 ………………………………………………… (44)
　　2.3.1 公共关系人员的素质 ………………………………………… (44)
　　2.3.2 公共关系人员的职业道德 …………………………………… (48)
　本章小结 ………………………………………………………………… (49)
　复习思考题 ……………………………………………………………… (50)
　案例实训 ………………………………………………………………… (50)

第3章 公共关系的客体 (51)
学习目标 (51)
案例导入 (51)
3.1 公众的概念与分类 (52)
3.1.1 公众的概念 (52)
3.1.2 公众的基本特征 (53)
3.1.3 公众的分类 (54)
3.2 公共关系中几类重要目标公众 (59)
3.2.1 内部公众 (59)
3.2.2 顾客公众 (62)
3.2.3 媒介公众 (66)
3.2.4 其他公众 (66)
本章小结 (68)
复习思考题 (68)
案例实训 (68)

第4章 公共关系的传播沟通方式 (70)
学习目标 (70)
案例导入 (70)
4.1 语言传播 (71)
4.1.1 语言传播方式 (71)
4.1.2 语义与传播 (76)
4.2 电子传播 (79)
4.2.1 广播 (79)
4.2.2 电视 (80)
4.2.3 互联网传播 (81)
4.2.4 数字传播 (82)
4.3 非语言传播 (87)
4.3.1 非语言传播的特点 (87)
4.3.2 非语言传播的类型 (87)
本章小结 (93)
复习思考题 (93)
案例实训 (94)

第5章 公共关系的职责和作用 (96)
学习目标 (96)
案例导入 (96)
5.1 公共关系的职责 (97)
5.1.1 收集信息 (97)
5.1.2 咨询决策 (100)

  5.1.3 宣传引导 ……………………………………………………………………… (102)
  5.1.4 提供服务 ……………………………………………………………………… (107)
 5.2 公共关系的作用 ………………………………………………………………………… (109)
 本章小结 ………………………………………………………………………………………… (113)
 复习思考题 ……………………………………………………………………………………… (113)
 案例实训 ………………………………………………………………………………………… (114)

第6章 公共关系工作程序 ………………………………………………………………… (115)
 学习目标 ………………………………………………………………………………………… (115)
 案例导入 ………………………………………………………………………………………… (115)
 6.1 公共关系调查 …………………………………………………………………………… (118)
  6.1.1 公共关系调查的含义及原则 ……………………………………………… (119)
  6.1.2 公共关系调查内容 ………………………………………………………… (120)
  6.1.3 公共关系调查的方法 ……………………………………………………… (121)
  6.1.4 公共关系调查的一般程序 ………………………………………………… (121)
 6.2 公共关系策划 …………………………………………………………………………… (123)
  6.2.1 公共关系策划的含义和原则 ……………………………………………… (123)
  6.2.2 公共关系策划的步骤 ……………………………………………………… (124)
 6.3 公共关系实施 …………………………………………………………………………… (129)
  6.3.1 公共关系实施的意义 ……………………………………………………… (129)
  6.3.2 公共关系实施的原则 ……………………………………………………… (129)
  6.3.3 影响公关实施的主要因素 ………………………………………………… (130)
  6.3.4 公共关系实施的方式 ……………………………………………………… (131)
  6.3.5 公共关系实施的过程 ……………………………………………………… (136)
 6.4 公共关系评估 …………………………………………………………………………… (139)
  6.4.1 公共关系评估的意义 ……………………………………………………… (139)
  6.4.2 公共关系效果评估的标准 ………………………………………………… (140)
  6.4.3 公共关系评估程序 ………………………………………………………… (141)
  6.4.4 公共关系评估方法 ………………………………………………………… (141)
  6.4.5 公共关系评估的内容 ……………………………………………………… (142)
 本章小结 ………………………………………………………………………………………… (144)
 复习思考题 ……………………………………………………………………………………… (145)
 案例实训 ………………………………………………………………………………………… (145)

第7章 公共关系谈判与演讲 …………………………………………………………… (147)
 学习目标 ………………………………………………………………………………………… (147)
 案例导入 ………………………………………………………………………………………… (147)
 7.1 公共关系谈判 …………………………………………………………………………… (148)
  7.1.1 公共关系谈判概述 ………………………………………………………… (148)
  7.1.2 公共关系谈判的基本原则 ………………………………………………… (149)

7.1.3　公共关系谈判的程序 ……………………………………………（150）
　　7.1.4　公共关系谈判的技巧 ……………………………………………（151）
　　7.1.5　公共关系谈判的策略 ……………………………………………（152）
7.2　公共关系演讲 …………………………………………………………（154）
　　7.2.1　公共关系演讲的基本概述 ………………………………………（154）
　　7.2.2　公共关系演讲的语言艺术 ………………………………………（155）
　　7.2.3　公共关系演讲的整体要求 ………………………………………（157）
本章小结 ……………………………………………………………………（159）
复习思考题 …………………………………………………………………（160）
案例实训 ……………………………………………………………………（160）

第8章　企业公共关系 ……………………………………………………（163）

学习目标 ……………………………………………………………………（163）
案例导入 ……………………………………………………………………（163）
8.1　企业公共关系概述 ……………………………………………………（164）
　　8.1.1　企业公共关系的含义 ……………………………………………（164）
　　8.1.2　企业公共关系的特征 ……………………………………………（166）
　　8.1.3　企业公共关系的职能 ……………………………………………（167）
8.2　企业公共关系的内容 …………………………………………………（169）
　　8.2.1　企业内部公共关系 ………………………………………………（169）
　　8.2.2　企业外部公共关系 ………………………………………………（170）
　　8.2.3　企业公共关系的基本程序 ………………………………………（172）
8.3　CIS 战略 ………………………………………………………………（173）
　　8.3.1　CIS 的基本含义 …………………………………………………（173）
　　8.3.2　CIS 的功能 ………………………………………………………（174）
　　8.3.3　CIS 的基本特征 …………………………………………………（175）
　　8.3.4　CIS 的构成内容 …………………………………………………（176）
　　8.3.5　CIS 设计开发 ……………………………………………………（177）
本章小结 ……………………………………………………………………（179）
复习思考题 …………………………………………………………………（179）
案例实训 ……………………………………………………………………（179）

第9章　政府公共关系 ……………………………………………………（181）

学习目标 ……………………………………………………………………（181）
案例导入 ……………………………………………………………………（181）
9.1　政府公共关系的含义、特征和意义 …………………………………（183）
　　9.1.1　政府公共关系的含义 ……………………………………………（183）
　　9.1.2　政府公共关系的特征 ……………………………………………（184）
　　9.1.3　政府公共关系的意义 ……………………………………………（185）
9.2　政府公共关系原则 ……………………………………………………（186）

    9.2.1 求实原则 (187)
    9.2.2 公开原则 (187)
    9.2.3 利益原则 (188)
    9.2.4 整体原则 (189)
  9.3 政府公共关系的方式 (189)
    9.3.1 宣传型公关方式 (189)
    9.3.2 征询型公关方式 (191)
    9.3.3 交际型公关方式 (191)
    9.3.4 矫正型公关方式 (192)
  本章小结 (192)
  复习思考题 (192)
  案例实训 (192)

第10章 危机公关 (195)
  学习目标 (195)
  案例导入 (195)
  10.1 危机公关的概述 (196)
    10.1.1 危机与危机公共关系 (196)
    10.1.2 危机的特点和类型 (196)
    10.1.3 危机公共关系的意义 (198)
  10.2 危机的预测和预防 (199)
    10.2.1 危机预测与预防的主要任务 (199)
    10.2.2 危机预防的基础工作 (201)
  10.3 危机处理的原则和流程 (201)
    10.3.1 危机公关原则 (201)
    10.3.2 危机处理的流程 (203)
  本章小结 (205)
  复习思考题 (205)
  案例实训 (206)

第11章 公共关系专题活动 (207)
  学习目标 (207)
  案例导入 (207)
  11.1 公共关系专题活动概述 (208)
    11.1.1 公关专题活动特征 (208)
    11.1.2 公关关系专题活动的目的 (208)
  11.2 新闻发布会 (209)
    11.2.1 新闻发布会的特点 (209)
    11.2.2 新闻发布会与记者招待会的区别 (210)
    11.2.3 新闻发布会的适用范围 (210)

V

11.2.4　新闻发布会的策划和组织方法 ……………………………… (210)
　11.3　赞助活动 …………………………………………………………… (212)
　　　11.3.1　赞助活动的特点 …………………………………………… (212)
　　　11.3.2　赞助活动的适用范围 ……………………………………… (212)
　　　11.3.3　赞助活动的价值 …………………………………………… (213)
　　　11.3.4　赞助活动的策划和组织方法 ……………………………… (213)
　11.4　展览会 ……………………………………………………………… (214)
　　　11.4.1　展览会的特点 ……………………………………………… (215)
　　　11.4.2　展览会的适用范围 ………………………………………… (215)
　　　11.4.3　展览会的价值 ……………………………………………… (215)
　　　11.4.4　展览会的策划和组织方法 ………………………………… (216)
　11.5　开放参观活动 ……………………………………………………… (219)
　　　11.5.1　开放参观活动的特点 ……………………………………… (219)
　　　11.5.2　开放参观活动的价值及适用范围 ………………………… (220)
　　　11.5.3　开放参观活动的策划与组织 ……………………………… (220)
　本章小结 …………………………………………………………………… (222)
　复习思考题 ………………………………………………………………… (222)
　案例实训 …………………………………………………………………… (222)

第12章　公务礼仪 …………………………………………………………… (225)
　学习目标 …………………………………………………………………… (225)
　案例导入 …………………………………………………………………… (225)
　12.1　社交礼仪 …………………………………………………………… (225)
　　　12.1.1　距离礼仪 …………………………………………………… (225)
　　　12.1.2　介绍礼仪 …………………………………………………… (226)
　　　12.1.3　名片礼仪 …………………………………………………… (228)
　　　12.1.4　握手礼仪 …………………………………………………… (230)
　　　12.1.5　位置礼仪 …………………………………………………… (231)
　　　12.1.6　电话礼仪 …………………………………………………… (233)
　12.2　公务活动礼仪 ……………………………………………………… (235)
　　　12.2.1　公务接待礼仪 ……………………………………………… (235)
　　　12.2.2　会议礼仪 …………………………………………………… (236)
　　　12.2.3　庆典礼仪 …………………………………………………… (238)
　本章小结 …………………………………………………………………… (241)
　复习思考题 ………………………………………………………………… (241)
　案例实训 …………………………………………………………………… (241)

第13章　个人礼仪 …………………………………………………………… (242)
　学习目标 …………………………………………………………………… (242)
　案例导入 …………………………………………………………………… (242)

13.1　个人礼仪的概念和特征 …………………………………………（243）
　　13.1.1　个人礼仪的概念 ……………………………………………（243）
　　13.1.2　个人礼仪的基本特征 ………………………………………（243）
13.2　仪容与着装礼仪 …………………………………………………（244）
　　13.2.1　仪容礼仪 ……………………………………………………（244）
　　13.2.2　着装礼仪 ……………………………………………………（246）
13.3　举止与行为礼仪 …………………………………………………（250）
　　13.3.1　举止礼仪 ……………………………………………………（250）
　　13.3.2　肢体语言 ……………………………………………………（253）
本章小结 …………………………………………………………………（255）
复习思考题 ………………………………………………………………（255）
案例实训 …………………………………………………………………（255）
参考文献 ………………………………………………………………（256）

第 1 章

公共关系概述

> **学习目标**
>
> 了解公共关系的概念、基本特征,掌握研究公共关系学的意义与方法,认识公共关系产生与发展的历史和我国公共关系事业的发展趋势。

同捐一个亿,结果"迥异"

2008 年,汶川地震发生,在抗震捐款的事情上,两家企业可谓是冰火两重天——一家是房地产企业万科集团,一家是生产凉茶王老吉的加多宝公司,两者同样向灾区捐了 1 亿元,但受到的"待遇",却是"迥异"。

这些天,"王老吉"遭到全国网民的集体"封杀"——不是说统统不喝了,恰恰相反,因为加多宝公司向灾区捐款 1 亿元,社会公众对其好感大增,因此纷纷相约,只要看到王老吉,见一罐买一罐,让王老吉断货。报道显示,国人原本兴趣不算太大的凉茶王老吉,这几天销量大增。卖饮料的遇到这等"封杀",也光剩下"开动马力搞生产,夜半之时忙数钱"的份了。

反观万科集团,就没有这份数钱的闲情逸致了——为了扭转形象,忙得焦头烂额。地震发生之后,万科集团总部捐款 200 万元,员工捐款 20 万元。这与万科上一年销售额 460 亿元相比,社会公众的"心理期待"落差太大。面对"吝啬"的指责,万科集团又抛出"200万元尽到企业责任,捐赠活动不应成为负担,员工捐款以 10 元为上限"进行辩解,无异于火上浇了油,谴责之声更甚。

万科于 5 月 21 宣布出资 1 亿元参与地震灾区灾后安置、修复和重建工作。从 200 万元到 1 亿元,也算大手笔了,但社会公众并不认可。有人认为,万科选择风光秀丽的遵道镇参与重建,根本不是捐款,而是投资;有人说得更损——只是堵塞众人口水的一种公关技巧、一种转移人们视线的营销手段而已。任是万科的公开道歉,任是冲到救灾第一线,就是从社会公众那里买不到王老吉那样的"好"来。

案例点评：公共关系在社会组织经营活动中作用非常大。万科集团与加多宝公司同样捐助1亿元，因为公共关系的理念不同造成捐助的时间差异，收获的公众的支持也大相径庭。因此良好的公共关系对于社会组织与公众之间构建和谐的关系非常重要。

1.1 公共关系的基本理论

1.1.1 公共关系的定义

"公共关系"一词译自英语 public relations 两个词的组合。在英文里，"public"通常有两种含义：一是作为形容词，意为"公开的""公共的"；二是作为名词，意为"公众"。中文译称"公共关系"中的"公共"一词实际上包含了这两种含义。"relations"为复数，意为"诸种联系、关系"，中文译为"关系"，但实际上含有"各种或各类关系"的意思。英文"public relations"本来是一个多义词，既用它来表述公共关系，也用它来表述与公共关系相关的事物和现象，最常见的是指代公共关系状态、公共关系活动、公共关系学科等。这样一来，这个词就具有了多层含义，我们应该对"公共关系"的概念加以界定和解释。

1. 公共关系的基本概念

有关公共关系的定义有多种分析角度，本书介绍以下几种观点。

1）管理职能论

这种观点认为，公共关系是一种管理职能。认为公共关系是社会组织对社会公众的一种有目的的传播与沟通活动，以此来影响公众的行动，实现组织的目标。因此，公共关系是社会组织的一项重要管理职能，甚至有人将其视为一种新的管理哲学或管理方法。这类定义比较强调公共关系的目标，认为公共关系就是组织实现自己目标的一项重要管理职能。

在这种理论框架下，国际公共关系协会曾经给公共关系作如下定义：公共关系是一种管理功能，它具有连续性和计划性。通过公共关系，公立的和私立的组织、机构试图赢得同它们有关的人们的理解、同情和支持——借助对舆论的估价，尽可能地协调它们自己的政策和做法，依靠有计划的、广泛的信息传播，赢得更有效的合作，更好地实现它们的共同利益。

美国《公共关系新闻》杂志给公共关系下的定义是：公共关系是一种管理职能，它评估公众的态度，检验个人或组织的政策、活动是否与公众的利益相一致，并负责设计与执行旨在争取公众理解与认可的行动计划。

美国学者莱克斯·哈罗（Rex Harlow）给公共关系下的定义是：公共关系是一种独特的管理职能。它帮助一个组织建立并维持与公众之间的交流、理解、认可与合作；它参与处理各种问题与事件；它帮助管理部门了解民意，并对之作出反应；它确定并强调企业为公众利益服务的责任；它作为社会趋势的监督者，帮助企业保持与社会同步变动；它使用有效的传播技能和研究方法作为基本的工具。

在我国，管理职能论的观点也得到部分公共关系学者和研究人员的赞同。

2）传播沟通论

持这种观点的学者侧重于从公共关系的运作过程和特点来考虑并界定公共关系，认为公共关系是社会组织与公众的一种传播沟通方式，一种传播沟通活动。这类定义比较强调公共关系的手段和过程，认为公共关系离不开传播沟通。

英国学者弗兰克·杰弗金斯（Frank Jefkins）在《公共关系》一书中提出的公共关系的定义是：公共关系就是一个组织为了达到与它的公众之间相互了解的确定目标而有计划地采用的一切向内向外的传播沟通方式的总和。

美国学者约翰·马斯顿（John Marston）给公共关系下的定义更为坦率，即公共关系就是运用有说服力的传播去影响重要的公众。

《新韦氏国际英语大辞典》（第3版）关于公共关系的定义是：通过传播大量有说服力的材料，促进社会上人与人之间，或人与公司之间，或公司与公司之间亲密友好的关系。

3）社会关系论

持这种观点的学者从公共关系的状态及公共关系的对象、效果涉及、影响整个社会的角度来认识公共关系，认为公共关系是社会组织与社会之间的关系，是一种特殊的社会关系，是优化社会互动环境的一种努力。

美国普林斯顿大学教授希尔兹（H. L. Chils）认为，公共关系是我们所从事的各种活动、所发生的各种关系的统称，这些活动与关系都是公众性的，并且都有其社会意义。

英国公共关系学会对公共关系所作的定义是：公共关系的实施是一种积极的、有计划的及持久的努力，目的是建立和维护一个机构与其公众之间的相互了解。认为公共关系是社会关系的一种。

4）现象描述论

它更偏向于公共关系的实务操作，有些定义不仅形象生动，而且具体直观。譬如：

"公共关系就是讨公众喜欢。"

"公共关系就是博取好感的技术。"

"公共关系即通过良好的人际关系来辅助事业成功。"

"公共关系是内求团结、外求发展、树立形象、推销自己的艺术。"

"公共关系就是促进善意。"

"公共关系就是说服和左右社会大众的技术。"

"公共关系就是通过良好的人际关系来辅助自己事业成功。"

"公共关系就是创造风气的技术。"

"公共关系使公司得到那些在个人称为礼貌与德行的修养。"

"公共关系不会使不好的变成好的，但能使好的变得更好。"

"PR（公共关系）= P（自己行动）+R（被人认识）"。

5）表征综合论

它将上述观点加以综合，以墨西哥1978年8月召开世界公关协会大会形成共识最具代表性："公共关系是一门艺术和社会科学。公共关系的实施是分析趋势，预测后果，向机构领导人提供意见，履行一连串有计划的行动，以服务于本机构和公众利益。"

2. 我国对公共关系的定义

我国引入公共关系这个概念以后，已经出版了许多教材、著作，提出了许许多多有所相同又有所不同的关于公共关系的定义。下面列举几种教材、著作关于公共关系的定义。

居延安等人的《公共关系学》的表述是："公共关系是一个社会组织为了取得与其特定公众的双向沟通和精诚合作而进行的遵循一定行为规范和准则的传播活动。"

蒋春堂主编的《公共关系学教程》（新版）的表述是："公共关系是社会组织为了实现某种利益目标，通过传播沟通与其公众建立并协调发展的互利互惠的社会关系。"

熊源伟主编的《公共关系学》的表述是："公共关系是社会组织为了塑造组织形象，通过传播、沟通手段来影响公众的科学与艺术。"

谢玉华主编的《公共关系教程》的表述是："公共关系是组织为了自身的发展，运用传播、沟通等手段与公众协调关系，树立组织良好形象，以促进组织目标的实现。"

中国社科院编著的《塑造形象的艺术：公共关系学概论》的表述是："所谓公共关系，就是一个企业或组织，为了增进内部及社会公众的信任与支持，为自身事业发展创造最佳的社会环境，在分析和处理自身面临的内部、外部各项关系时，采取的一系列政策与行动。"

根据上述公共关系的各种定义，它的含义可表述为：公共关系是社会组织为塑造组织形象，运用传播手段，与公众进行双向交流沟通，以达到相互了解、信任和支持合作的管理活动。

这个定义至少包含以下三层意思。

第一，关系是社会组织与公众之间的关系，其中社会组织是主体，公众是客体。它本质上是一种社会组织的行为。显然，在本章"案例导入"的案例中，"万科"和"王老吉"是公共关系的主体，而客体是社会公众。

第二，公共关系是传播活动，是一种双向的信息交流。由于主、客体联系的纽带是传播，因而它是对传播的应用。在本章导入的案例中，通过公关主体，开展公关活动，"万科"的形象逐步改善。

第三，公共关系具有管理职能。作为主体的社会组织是一个控制系统。它能根据信息反馈调整自己的行为及其规范，以利于与公众的交流与合作。它所追求的目标是组织与公众双方的利益得以实现。公共关系通过控制、传播、反馈、调整等一系列的工作实行管理，它使公众的抵制被取消。

3. 公共关系的构成要素

任何传播过程都是由主体、客体和中介三部分组成。公共关系作为一种传播过程也不例外。从以上的定义可以看出，公共关系不可或缺的三要素是社会组织、公众和传播。社会组织作为公共关系的主体，公众作为公共关系的客体，二者之间的沟通和信息传播要靠传播媒介来完成。

（1）社会组织

在整个人类社会生活中，由于人与人之间要产生各种各样的交往和联系，在纷繁复杂的人际交往中，逐渐产生了各种社会组织。社会组织在社会生活中为了维护自己的利益要不断扩张，这就要涉及社会组织之间的关系交往。公共关系作为一种管理职能，是为了使社会组织和公众之间建立良好的沟通渠道，最终促进社会组织的不断发展。

在公共关系学上，社会组织一般分为政府组织、企业组织、社区组织、大众传播媒介组织和事业组织与社会团体五种类型。

（2）公众

公众作为社会组织要沟通的对象，换言之也是公共关系的客体或对象。任何社会组织都有其特定的公众。公共关系就是社会组织主动和公众进行信息传播，公众接受信息的过程。但公众并不是被动地接受，公众会根据自己的偏好、习惯或沟通方式的效果等选择支持或反对社会组织。因此，作为社会组织在进行公共关系活动之前一定要充分调查自己的特定公众，分析研究他们的心理和态度，并根据公众的变化趋势来制订公关策划方案。

（3）传播

公共关系中的传播是指社会组织在与公众进行沟通或信息传播时所需要的媒介。由于媒介技术的不断变革，从传统的报纸、广播、电视等大众传播媒介逐步转向互联网、手机、IPTV等新媒介。每种媒介都有自己特点，报纸具备平面传播、延时传播的特点，电视具备视听觉传播、同步传播的特点，互联网具备网状传播、交互传播的特点。因此，在公共关系的应用中，作为社会组织首先要充分认识到传播的重要性，其次要了解各种媒介的特点及其媒介受众的心理，最后要善于运用新媒介技术创新信息内容。

4. 公共关系的基本特征

公共关系的基本特征，是指公共关系与其他类型的社会关系相比较所具有的基本特点，概括起来有6个方面。

（1）以社会公众为工作对象

公共关系特指一定的组织机构和与其相关的社会公众之间的相互关系。公共关系与一般的人际关系不同：人际关系以个人为支点，是个人之间的线性关系；而公共关系以组织为支点，是组织与其公众结成的网状关系。组织必须坚持着眼于自己的公众，才能生存和发展。公共关系活动的策划者和实施者均应始终确认公众是自己的工作对象。

（2）以塑造形象为工作目标

公共关系的基本目标是为一定的组织机构在社会公众中树立美好形象。塑造形象是公共关系的核心问题，组织应通过各种公共关系活动，有效地提高自身的知名度和美誉度。良好的组织形象有利于组织顺应大势，适应环境，使组织在生存、竞争、发展中不断充实、成熟和壮大。

（3）以传播沟通为工作方式

以传播沟通作为工作方法或手段，既是公共关系区别于一般管理职能的重要方面，也是它与单纯的宣传、广告的不同所在。在组织与公众之间，一方面组织应策划对外传播，使公众认识、了解自己；另一方面，它又要吸取舆论民意以调整、改善自身。只有达成有效的双向意见沟通，才能使组织与公众在交流沟通、共享信息的基础上增进了解、理解和合作。

（4）以互惠互利为工作原则

从根本上说，公共关系的内在驱动力是双方的利益要求，但不能将公共关系视为只是社会组织与公众之间的利益关系，而没有情感交流和道义上的帮助。恰恰相反，公共关系正是要建立一种情感融洽、富有职业道德的相互了解、相互合作的关系，并由此与公众获得共同利益。可见，公共关系的互惠互利原则是一种双赢的结果。

（5）以真实诚恳为工作信条

公共关系塑造组织形象，必须奉行真实的信条、倡导诚恳的作风。真实的传播、善意的协调、友好的交往，才能在公众的心目中产生信任感，才能赢得公众自觉的合作。反之，任何一种虚假的信息传播、生硬刻板的接待服务，甚至居心叵测的交往，都将使组织形象受损，这实在是公共关系工作的大忌。

（6）以注重长远为工作方针

组织与公众间的相互关系，不是靠一朝一夕建立起来的；即使建立起来，也还需要加以维护、调整和发展，因此均需要长期的不懈努力。

5. 公共关系与其他相关概念界定

（1）公共关系与人际关系

社交只是公共关系众多手段中的一种，而且不是主要手段。人际关系更不是公共关系工作的主要内容。公共关系与人际关系之间有显著的区别，主要表现在以下几个方面。

首先，两者的行为主体不同，人际关系以个人为支点；公共关系以组织为支点。

其次，两者联系方式和范围不同。人际关系即人与人之间的联系，主要依靠人际交往和个体传播方式进行交流；而公共关系即社会组织与公众之间的联系，主要依靠大众媒体，如报纸、广播、电视、互联网等媒介来进行信息传播。

最后，两者的目的不同。人际交往的目的是获得必要的生活资料、必要的生活协作和精神上的愉悦与满足；公共关系的目的是通过公关活动塑造社会组织的良好形象，最终赢得公众的认可。

（2）公共关系与宣传

宣传是社会组织通过传播有意识地把某种观念、意见、态度和情绪，以及风俗、信仰传播给他人，是一种有意控制社会心理的活动。

公共关系与宣传的联系主要表现在：主体和手段相同，都是社会组织作为主体参与的传播活动。任何社会组织都需要宣传本组织的文化、理念及信仰等，这既是组织内部宣传工作的内容，也是组织内部公共关系工作的目标。但是公共关系与宣传是有区别的，其区别主要表现在以下几个方面。

第一，工作性质不同。传统的宣传工作属于政治思想工作范畴，是政治思想工作的手段和工具。宣传的目的主要是改变和强化人们的心理状态和精神状态，获取人们对某种主张或信仰的支持，其主要内容是国家的方针、政策、社会道德、伦理、法制等方面的教育。公共关系作为一种特殊的管理职能，目的是塑造组织形象，建立组织与公众的良好关系，除了宣传、鼓动以外，其工作的主要内容是信息交流、协调沟通、决策咨询、危机处理等。

第二，工作方式不同。宣传工作是单向传播过程（组织→公众），带有灌输性和强制性。公共关系工作是一种双向传播过程，注重及时、准确、有效地向公众传递组织信息，通过真诚沟通来获取公众对组织的理解和信任。公共关系除了宣传引导外，还有收集信息、咨询决策、提供服务等职能。

（3）公共关系与广告

广告即广而告之，是指向广大公众传递信息的手段和行为。一般意义上的广告指广告主为了扩大销售、获取赢利，以付钱的方式利用各种传播手段向目标市场的广大公众传播商品或服务的经济活动。

公共关系需要广而告之这种传播形式，但并不意味着广告等于公共关系。它们之间既有联系又有区别。其联系主要是二者都具有依靠传播媒介传播信息的特征。公共关系与广告的区别主要表现在以下几个方面。

第一，传播的目标不同。公共关系的目标是塑造良好的形象，最终赢得公众的信赖、好感、合作与支持。广告的目标是激发人们的购买欲望，对产品产生好感。

第二，传播方式不同。公共关系的传播方式是用事实说话，主要依靠的媒介是报纸、杂志、广播、电视、互联网、手机。它向公众发布的任何信息都是真实可信的，不能夸张、渲染，更不能隐瞒、欺骗。而广告为了引人注目，可以采用各种传播方式，包括新闻的、文学的及艺术的传播方式，可以采用虚构的乃至神话的夸张手法，以激起人们的兴趣，激发人们的购买欲望。

第三，所处地位不同。公共关系在社会组织的经营管理活动中是一种长期性、战略性和整体性的工作。公共关系的目标是塑造组织形象，这个目标不是一朝一夕就可以完成的，因此需要从整体上策划，在策划活动中要具有战略性。广告一般十天半个月就可以完成，它是一项短暂性、具体性、局部性的工作。

(4) 公共关系与市场营销

市场营销是指企业在市场上的经营活动的总称。它包括市场调查、新产品开发、定价、选择销售渠道、选择促销手段及开展售后服务等一系列活动。公共关系工作在企业中，几乎与市场营销融合在一起。正如英国公关专家弗兰克·杰夫金斯所说："销售中的每一个因素都需要公关人员来加强、完善。"因此，公共关系可以涉及市场营销的各个环节。

公共关系与市场营销有着密不可分、相辅相成的关系。它们的联系主要有以下几个方面。

第一，共同的产生条件——商品生产的高度发展。

第二，共同的指导思想——用户第一，社会效益第一。

第三，相似的传播媒介——大众传播媒介。

第四，市场营销把公共关系作为组成部分。

公共关系与市场营销的区别主要表现在以下几个方面。

第一，主体不同。市场营销是企业独有的一种经济活动。通过这种活动，可以直接满足公众的物质需求。公共关系是任何组织都可以开展的工作。公共关系也可以看作是满足公众需求的交换活动，但它满足的不是物质需求，而是相互了解、理解、信任的需求。

第二，目的不同。市场营销的直接目的是销售产品，从而进一步扩大赢利，产生企业效益。公共关系的目的是树立良好的组织形象，产生良好的公众信誉，从而使组织获得长足的发展。

第三，手段不同。市场营销所采用的手段是价格、推销、广告、包装、商标、产品设计、分销等，这些手段都是紧紧围绕着产品销售的目的。而公共关系所采用的手段是宣传资料、各种专题活动，如记者招待会、赞助活动、展览会、开放参观、危机处理等。

1.1.2 公共关系学的学科内涵和研究对象

1. 公共关系学的概念

公共关系成为现代社会普遍存在的客观实践以后，从 20 世纪初开始引起人们的关注，逐步形成一门独立的现代学科——公共关系学。

我们所说的公共关系，往往涵盖公共关系理论、公共关系原则、公共关系历史、公共关系类型、企业公共关系、政府公共关系、公共关系专题活动、公共关系组织机构与从业人员、公共关系研究、公共关系教学等诸多领域和方面。因此，公共关系学的内容必然涉及公共关系的方方面面。那么，可以这么说，研究公共关系一切领域和所有内容的学问，即公共关系学。

公共关系学是公共关系实践活动的反映，对公共关系认识的深化及公共关系活动的健康开展起着指导作用。公共关系活动是丰富多彩的，对公共关系的认识是不断深入的，公共关系的理论总结是不断升华的。因此，公共关系学这门新兴学科必然有灿烂的发展前景。

2. 公共关系学的研究对象

既然公共关系学是公共关系实践活动的反映，那么它的研究对象就应该是公共关系活动现象及其内在规律。具体说来，研究内容主要包括公共关系理论、公共关系实务和公共关系的历史。

公共关系理论，主要是探讨公共关系学科的性质、研究对象及公共关系学与其他相关学科的关系，界定公共关系基本概念，阐述公共关系的基本特征、构成要素、基本类型、社会作用、主要功能、基本原则、行为规范、工作要领等。对公共关系构成要素的研究，明确公共关系主体、客体和传播活动三个基本要素。公共关系主体是社会组织，公共关系学阐明一般社会组织的特征、类型、目标、运行方式，公共关系社团、部门、公司的类型、特征、工作内容及其规范，公共关系工作人员的公关意识、心理素质、知识结构、能力结构和职业原则；公共关系客体是公众，公共关系学探讨并论述公众的构成、公众的基本特征和类型、公众心理、公众行为预测等；公共关系传播活动，是研究并阐述传播沟通原理、原则、规律、机制、作用及其运作流程和行为规范。

公共关系实务，是作为应用性学科的公共关系学研究的重要内容。公共关系实务内容非常广泛，主要有：公共关系目标的确定、公共关系调查、公共关系信息采集与处理、公共关系策划、公关工作程序和工作计划、公共关系实施、公共关系评估和公关专题活动等。

公共关系的历史，研究人类历史进程中公共关系的演变、发展，现代公共关系产生的历史背景及其兴起原因，现代公共关系发展轨迹，当代不同国家或地区公共关系实践状况及公共关系学科发展状况，公共关系实践活动及公共关系学科在我国的发展进程，并探讨包括公共关系学科在内的广义公共关系的发展趋势。

随着世界全球化的进程，随着科学技术尤其是信息技术的日新月异，随着人们之间的交往和联系日益广泛与其手段、方式的多样性，随着公共关系实践活动的不断广泛深入的发展，公共关系学研究对象和学科内容，必将日益丰富多彩。这是一门方兴未艾的、充满生机和活力的新兴学科，其发展前景必将灿烂辉煌。

1.1.3 公共关系学的学习方法和意义

1. 公共关系学的学习方法

学习公共关系学的方法很多，但概括起来主要有以下几种。

（1）理论与实际结合法

理论联系实际是学习公共关系学的根本方法。公共关系学是理论性和实践性相统一的科学。因此，在学习公共关系学时，一方面要把握公共关系学的基本原理、方法和程序等基础知识，并要勤于思考，增强抽象思维能力；另一方面，又要把理论知识同实际生活、同公共关系的实际运作联系起来，研究公共关系的具体环境，运用理论来指导公共关系的实践活动，通过实践来验证和发展公共关系学理论。

公共关系学理论来源于公共关系的实践，如果忽视了人们丰富的公共关系实践经验，而只是停留在哲学上空洞的思辨，这不仅不能科学地理解公共关系学的有关问题，相反，还会把人们引向玩弄概念的死胡同。当然，如果忽视了理论上的抽象和概括，而只是停留在生活中的某些具体经验上，也无法从理论上作出普遍性的结论。

没有理论指导的行动，是盲目的行动；没有行动的理论，是空头理论。理论的基础是实践，又转过来为实践服务。因此，只有掌握了理论的武器，才能谈得上联系实际。但是学习理论的目的，完全在于应用；同时，理论联系实际地学习公共关系学，还有助于建设有中国特色的公共关系学。作为一门学科，公共关系学有其共同性、普遍性的理论。西方公共关系学的许多思想、理论和活动，我们应该借鉴；但是，由于中西方文化的差异，在学习、借鉴西方公共关系的理论和方法时，就必须联系我国的实际，而不能盲目照搬照抄。只有将西方公共关系学理论同我国的实际结合起来，才能建立起适应我国改革开放需要的、具有中国特色的公共关系学理论。

（2）比较鉴别法

公共关系学是一门综合性、交叉性、边缘性学科，具有来源广、应用面宽、联系广泛的特点。因此，要学好公共关系学就必须进行比较鉴别。首先，要把公共关系学与其相关学科进行比较。公共关系学与其相关学科有着千丝万缕的联系，一些人常常把公共关系学与其相关学科混为一谈。事实上，联系只是相互影响、相互作用的状态。公共关系学与管理学、市场营销学、大众传播学、行为学等存在着一定联系，但更主要的是区别。公共关系学有其独立的研究对象、内容和范围，它们是不可相互替代的。要通过比较把握各学科的特征，确立各学科的独立地位，这是学好公共关系学的关键一步。其次，对中西方的公共关系学的理论与公共关系的实践进行比较。即对西方的公共关系理论和实践及我国古代公共关系思想和活动进行比较鉴别。植根于我国现代的文化土壤，取其精华，去其糟粕，建立有中国特色的公共关系学，并指导我们的公共关系活动，服务于有中国特色的社会主义现代化建设。

（3）案例分析法

公共关系学是一门应用性极强的学科。公共关系案例分析如同医学案例分析，是理论与实践的结合点。因此说，案例分析法是学好公共关系学的重要方法之一。首先，分析解剖公共关系案例，有助于通过生动、具体的途径牢固地掌握公共关系学的有关理论和方法。任何公共关系案例都是公共关系学的有关理论和方法的具体、生动的运用。依据具体的案例对公共关系学的有关问题进行研究，可以提高人们的创造性思维能力。其次，对某一特定的公共关系活动的内容、情景及过程进行客观描述或介绍，有助于把握公共关系工作的基本方法，提高理论水平和工作能力，促进公共关系事业的不断发展。最后，公共关系案例，具有典型示范的实践意义。典型案例具有示范作用，即从典型案例中总结出来的原则、方法、经验和教训，能反映特定时代的公共关系活动规律，具有普遍的指导意义。事实上，在公共关系活动实务中，存在着丰富多彩的案例材料，而公共关系学的理论和方法，就蕴含于其中。通过对丰富多彩的案例材料的分析，有利于探索公共关系活动的规律，也有助于我们对公共关系理论的全面理解和掌握；同时，通过对生动具体的个案分析，还可能总结出新经验，发现新的理论观点，推动公共关系学理论的完善和发展。

（4）调查法

公共关系实践是公共关系学生成和发展的肥沃土壤。到公共关系的实践活动中去进行科学的调查研究，是学好公共关系学的又一重要方法。调查就是要深入社会组织和企业，对社会组织和企业的公共关系活动进行实地考察。它有助于全面地、立体地理解公共关系学，有助于及时掌握公共关系的新鲜经验，确立公共关系学研究的新课题，推动公共关系学和公共关系事业的快速发展；同时，通过调查，还可以全面了解、把握公共关系工作的现状，增强人们学习公共关系学的紧迫感，提高学习的积极性和针对性。

（5）情境表演法

可根据一定公共关系活动的要求，进行模拟表演。对公共关系人员必须掌握的具体技能，尤其需要这一方法的训练。

2. 学习公共关系的意义

公共关系学是商品经济、政治民主和时代发展到一定阶段的产物。因此，学习公共关系学，对于加快我国经济体制改革、推进我国的政治体制改革和促进我国的对外开放等具有重要意义。

（1）有利于发展社会主义市场经济

社会主义市场经济是新生事物，建立和完善市场经济体制，必须把企业推向市场，使企业成为自主经营的市场主体。企业独立地位的取得，要求企业要独立地处理人、财、物和产、供、销等多方面的关系，而要真正解决这些问题，就必须借助于公共关系。一方面，企业要获得信息、物资、人才、技术的充足来源，需要利用公共关系活动在不同的企业、行业、部门之间建立长期、稳定、不断发展的合作伙伴关系；另一方面，要保证企业产品的畅销，也要借助于公共关系活动，提高企业的知名度和美誉度，开辟市场，占领市场；同时，一个企业要想保证职工的主人翁地位，充分调动职工的创造性、积极性和主动性，使职工进行有效的分工协作，同样需要发挥公共关系的对内职能。一个国家和地区要想发展本地经济，也需要运用公共关系收集信息、传播信息、沟通协调等功能，掌握国内和国际市场信息，沟通协调好各方面的关系，才能引进先进技术、设备、资金和人才，发展本国和本地经济。因此，学习公共关系学是社会主义市场经济的必然要求，它有利于发展社会主义市场经济。

(2) 有利于推进社会政治民主化进程，健全社会主义民主和法制

在中国几千年的封建社会里，君主制、宗法制占据统治地位，人民群众只能任人宰割，人民群众与统治阶级之间是人身依附关系，根本没有平等可言。随着社会主义制度的建立，人民开始当家做主，人与人之间开始有了平等。但是由于受生产力水平、传统文化及个体素质等多种因素的影响，社会政治民主化进程比较缓慢，社会主义民主与法制还没有健全，"君贵民轻"观念、宗法观念、等级观念等还在侵蚀着人们的思想，而公共关系正以崭新的姿态、涤荡着传统观念的影响。公共关系是一种平等互利的新型关系状态，它崇尚民主，善对公众，它要求社会组织和企业协调好内外公众的关系，它要求社会组织和企业要根据民意进行决策，并利用大众传播媒介向公众解释政策，争取公众的支持和理解。公共关系可以使社会组织和企业在一定法律允许的范围内，进行公平竞争。因此，随着公共关系意识在人们头脑中不断强化和公共关系活动的广泛开展，社会政治民主化的进程在不断加快，社会主义民主和法制建设也在不断完善。

(3) 有利于对外开放，开拓国际市场

当今世界是一个开放的世界，经济领域的交流与协作，正在使世界"变小"，国与国之间的"距离"正在拉近。我国已进入世界经济大协作的新环境，发展同外国的经济技术合作与交流已成为我国走向繁荣富强的必由之路。而要发展对外经济合作与交流，扩大出口贸易，吸引外资，引进技术，洽谈生意，就要利用公共关系手段，增进相互了解。通过公共关系活动，一方面，可以及时、准确地了解国际市场行情、消费习惯和社会风俗、民情；另一方面，也可以让国际社会更多地了解中国，从而使国内、国际两大市场都能得到开发。因此，要开拓国际市场，实现对外开放，就必须学习公共关系学的知识，进行有效的公共关系活动。

1.2 公共关系的产生与发展

公共关系作为一种新兴的职业和新兴的研究领域，一出现就受到了人们的热切关注。对于一个新鲜事物的认识，最重要的是要有历史观，只有在历史的长河中考察，我们才知道它是从哪里来的，又该往哪里去。对于公共关系也是如此，我们只有深刻了解公共关系的历史渊源与现实发展，才能知道公共关系的未来前景，才能更好地把握我国公共关系的发展方向。

1.2.1 公共关系的萌芽

公共关系学的理论不是一开始就有的，它的许多理论都是现代传播学、舆论学、管理学发展的直接产物，所以，公共关系学的历史实际上只有几十年。但公共关系思想及类似于公共关系的活动，在各个国家、各个民族的古代任何社会都可以找到影子。可以说，古代时期是公共关系思想的萌芽时期。

考古学家发现，远在公元前1800年，伊拉克的一种农业公告很有点像现代社会某些农业组织公共关系部的宣传资料。它告诉农民如何播种、灌溉、如何对付危害庄稼的老鼠，如

何收获庄稼等。

在古希腊，社会对沟通技术非常重视，并对从事这门技术的人给予很高的评价和奖酬，有些深谙沟通学问的第一流演说家常常被推为首领。此外，那些参加国家最高统治者竞选的人，大多是些擅长言辞及在学识上享有较高声望的诡辩学者，他们善于对自己的功德、业绩和才能大肆吹捧和赞扬，以争取选民。例如，古罗马恺撒大帝能登上独裁者的宝座，那本记载着他的功绩的纪实著作《高卢战记》起了很大的作用。这本书被称为"第一流的公共关系著作"。古希腊人认为，较强的修辞能力是参与政治过程的基本条件之一，因为政治家与公众之间的桥梁是靠修辞来架筑的。古希腊哲学家亚里士多德在他的经典著作《修辞学》一书中，详细阐述了修辞的艺术，即如何运用语言来影响听众的思想和行为的艺术。因此西方公共关系学界认为，亚里士多德的《修辞学》堪称最早问世的公共关系学的理论书籍。

在我国古代，也到处显现着公关思想的光辉。古代的人们特别重视对人际关系的研究和人际关系的处理。以孔孟为代表的儒家文化就强调"仁""义""礼""信"，重视"人和"等，以此来调和社会矛盾，协调人与人之间的关系。在我国古代的经济活动中，公关的影子也到处可见。比如，酒店或茶馆门口，挑出一面旗帜，上书"酒"或"茶"字来招揽顾客，这类似于今天的广告宣传。许多商店招牌上写着"百年老店"的字样，目的就是让人们知道这家店牌子老、信誉好。许多商店常用"如假包换""童叟无欺"来说明经营作风正派，公平诚实，以赢得顾客的信任。近代史上的商业名城广州，类似于今天公共关系的活动更为频繁，也较为典型。广州市民沿袭至今的饮茶风俗，最初就是为了适应商业行业间信息沟通、洽谈生意、协调共同利益等的需要形成的。旧时的广州茶楼一直是人们互通信息、洽谈业务、密切同行业间关系的重要场所。

无论在我国还是在外国的历史上，都可以找到大量类似现代公共关系的思想和活动。但从严格意义上来讲，古人的这些公共关系活动，还不是真正的现代意义上的公共关系，只是具有了类似于现代公共关系的活动和思想。现代意义上的公共关系，产生于现代工业社会，它是现代工业生产发展的必然产物。商品经济的高度发展改变了传统的生产方式和交往方式，形成了新型的社会交往方式，它为公共关系的产生和发展提供了充分的社会基础和良好的经济条件，使现代公共关系不仅有了发展的可能，而且成为社会发展的必然。

1.2.2 现代公共关系的产生与发展

一、现代公共关系的产生背景

现代公共关系的产生及传播，是20世纪人类文化史上的重大事件，在这短暂而又具有传奇色彩的历史背后，有着深刻的社会历史必然性。

1. 政治背景——民主政治制度的出现

在人类社会发展历史上，封建的专制制度统治了人类绝大部分时间。在封建的专制制度下，民众在君主的统治下没有话语权、知情权，因此不可能产生公共关系。但是从封建制度向当代民主制度的过渡，不仅仅是一场深刻的社会变革，也是公共关系产生的重要政治前提。

（1）民众社会地位有了显著提高，公众队伍形成，公民有了维护自己合法权利的可能。

（2）民主制度的建立提高了公民的参与意识，而民主政治的每一步都需要公共关系活动的配合。

（3）言论自由、出版自由是民主制度的重要支柱，也是公共关系运行的重要保证。

总之，当代民主制度的确立对公共关系的发展奠定了基础，使全体社会民众形成了积极参与社会事务的意识。

2. 经济背景——商品经济的高度发展

当人类社会完成了从自然经济向市场经济过渡，并逐渐进入了商品经济的阶段，人与人之间的关系发生了根本的变化，传统社会中那种具有强烈人身依附色彩的人际关系逐渐让位于开放的、可变的、广泛的人际关系。在市场经济社会里，除了传统意义上的家庭关系、地域关系，人与人之间更多的则是由于商品交换而形成的利益关系，公共关系的思想与实践也随之发展起来。

在20世纪以前，商品经济并不发达，物资供给也不充足，作为社会组织的企业无须特别关注与公众之间的关系。但是随着20世纪以来商品经济发展和科技的进步，商品供给越来越充分，企业之间竞争越来越激烈，如何赢得公众认可和支持就成为各家企业需要研究的重中之重。公共关系学就应运而生。

（1）公共关系适应了商品经济分工协作，社会化大生产的需要。

（2）公共关系是物质生产供过于求，市场重心从卖方向买方过渡的产物。

（3）消费者获取信息的对称性提高，使企业家调整经营战略，采取赢利与公关并重的经营战略。

我们认为，公共关系信息是社会经济文明进步的产物。

3. 文化背景——自由民主

随着人类社会从束缚走向自由，从专制走向民主，人们对自由民主的文化精神已经深入人心，这与公共关系的原则不谋而合，公共关系在这块肥沃的文化土壤中开始开花结果。在公共关系中，社会组织与公众之间是平等的，公众希望获得社会组织的重视，满足自身的物质需求和精神需求。当社会组织有损害公众利益的事件发生时，公众有权利自由地表达自己的想法和意见，与社会组织进行沟通，也可以采取其他途径表达。因此，自由民主的文化氛围使得社会组织越来越重视公众的需求和想法，越来越希望借助传播途径与公众进行沟通和信息传播，最终建立良好的关系。

4. 技术背景——媒介技术

19世纪末20世纪初，媒介技术的不断革新为现代公共关系事业的发展奠定了技术基础。近代有了公路、邮政、报纸，才有了报刊宣传运动，有了公关的萌芽。进入20世纪，由于电报、电话、广播、电视、电脑、互联网、手机等电子媒体的发展，使得信息的传播速度越来越快，让越来越多的人通过媒介获得必要的信息，公共关系构成三要素中的传播得以迅速发展。社会组织可以通过传播媒介及时便捷地把信息传递给公众，公众获得信息之后也可以把自己的想法、态度和意见反馈给社会组织，最终树立组织的社会形象，达到社会组织和公众之间和谐共存、互利互赢的状态。

二、现代公共关系的发展阶段

公共关系作为一种新兴职业、一门学科，始于19世纪末20世纪初的美国。根据美国公共关系学者格伦宁和亨特的研究报告，随着资本主义经济、政治、思想文化和其他社会条件的不断发展变化，公共关系逐渐形成了4种传播模式，而这4种传播模式恰恰代表了公共关系发展的4个阶段，即巴纳姆、艾维·李、伯内斯、卡特李普4个时期（见表1-1）。

表1-1 公共关系发展的4个阶段

特征	新闻宣传型	公共信息型	双向非对称型	双向对称型
目的	宣传	散布信息	科学诱导	相互理解
传播性质	单向，不注重绝对真实	单向，真实性重要	双向，效果不等同	双向，效果等同
传播模式	提供信息→反应	提供信息→反应	提供信息→反应→反馈	集团→集团
历史上代表人物	非尔斯·巴纳姆	艾维·李	伯内斯	卡特李普、森特

1. 巴纳姆时期——自我吹嘘式的公共关系

19世纪中叶，在美国风行一时的代理报刊宣传活动是公关史上最早的有组织性的活动。19世纪30年代，美国的不少财团、公司专门聘请一定人员制造具有煽动作用的新闻、舆论，从而美化自己的形象、夸大自己的实力，因而在当时以大众为对象、大量印发、适合普通读者的"便士报"也不失时机地为他们吹捧、宣传。而这一切，也正是迎合了中下层读者的心理需要。于是，一种互惠互利的报刊代理活动便应运而生。其中最具代表性的报刊代理人非尔斯·巴纳姆，便是以善于制造舆论、推动马路演出而路人皆知。这个马戏团的老板，把报纸作为最佳宣传手段而四处散发经大力渲染过的马戏神话：马戏团中有一个矮小的"汤姆将军"，曾在多年前率领一群侏儒赶着一群马车去拜见维多利亚女皇；有一个马戏团的黑人女奴，曾在100年前养育过美国第一位总统乔治·华盛顿将军；等等。于是大家在好奇心的驱使下，纷纷到马戏团一饱眼福，从而使马戏团的生意红火起来，收入扶摇直上。但当大众在感到失望并清醒过来后，各种批评指责都扑向了报刊宣传活动。同时，大家也因此而意识到报刊宣传活动实质是一种对公共关系的进一步形成和发展有着极大推动作用的行为。也正是类似马戏团之流的宣传形式的介入，给公共关系在这一时期的发展蒙上了一层可怕的阴影。因而这一时期又被人们称为"公共关系倒流时期""公共关系最黑暗的时期"。诚然，任何事物都具有其两面属性，这一时期的公共关系除了给世人留下一片可怕的阴影之外，也同时促使人们引以为鉴，从而加强了人们在公共关系活动中遵守公正、诚实和一切都要维护公众利益的公共信条。此外，在报刊宣传代理活动时期的1882年，一篇题为《公共关系与法律职业的责任》的精彩演说由美国著名律师、文官制度的倡导者多尔曼·伊顿在耶鲁大学法学院发表。"公共关系"这一概念也由此被正式提出。1897年，由美国铁路协会编写的《铁路文献年鉴》中也正式使用了公共关系这一名词。总之，不论这一时期光彩与否，它在整个公共关系发展史中，都起到了承上启下的重要作用，并为日后公共关系的飞速发展奠定了坚实的基础。

2. 艾维·李时期——单向传播式的公共关系

艾维·李曾是《纽约日报》《纽约时报》《纽约世界报》的记者。他于1903年在美国创办了标志着现代公共关系问世的首家公共关系事务所。从此，公共关系进入了一个飞速发展的崭新阶段。针对巴纳姆式宣传活动的局限性，艾维·李提出了"说真话"的宣传思想理论。他说，一个集体、一个组织、一个企业若想获得良好的名声和影响，唯有把实情公之于众，把与公共利益相关的一切情况都亮相给公众，而不是通过说假话愚弄公众或者对公众封锁消息等手段，来赢得公众对组织的信任。假如把真实情况公之于众的确不利于组织，那么就应该积极调整公司和组织的行动，同时还要向公众解释，而不是去隐瞒真相。由于某些企业管理人员不注重与大众相互沟通，导致了企业与员工或其他社会组织的关系紧张。所以，要"说真话"才是建立优良的公共关系和创造有利于生存发展环境的最基本信条。在实际的公共关系运作中，艾维·李还将自己的思想充分运用于实践中，并且做得非常成功。他向洛克菲勒财团建议请出劳工领袖解决劳资纠纷，大量从事公共慈善事业，成功地改善了洛克菲勒财团面临公共关系极端恶化而声名狼藉的不良形象。他又在一次处理宾夕法尼亚州铁路公司发生的伤亡事故中，通过公开事故真相为受伤人员支付医疗费，向遇难者家属提供赔偿，向社会各方公开诚挚道歉等，再次取得了良好效果。由此，他赢得了"公共关系之父"的美誉并最终成为知名的公共关系专家。经过艾维·李的不断努力，公共关系在逐渐成为一种独立的社会职业的同时，也不断地趋于科学化。

3. 伯内斯时期——双向沟通式的公共关系

具有诸多实践经验的伯内斯，在 1923 年、1925 年和 1928 年，先后出版了论述公共关系的理论著作《舆论明鉴》、教科书《公共关系学》和《舆论况》从而使公共关系的基本理论和方法形成了较完整的体系。他曾于 1913 年担任美国福特汽车公司的公共关系经理。第一次世界大战期间，又受聘于由威尔逊总统成立的官方公共关系机构"克里尔委员会"，负责向全球新闻媒介提供最新的美国参战情况的背景资料。之后他携夫人在纽约开办了公共关系公司，从而积累了丰富的公共关系经验，为他日后撰写系列的公关著作奠定了坚实的基础。伯内斯在理论上的贡献，对公共关系学的形成和发展起到了非比寻常的推动作用。在大学课堂开设公共关系课程是伯内斯为公共关系迈向科学化和职业化进程注入的新的活力。在他的《舆论明鉴》中，首次提出了"公共关系咨询"的概念。他认为公共关系咨询的功能在于："第一，把工商业组织执行的合理政策、采取的有益活动及行为广为宣传，从而帮助工商企业组织树立良好的形象，赢得公众的信任、好感和支持；第二，向工商业组织推荐它们应采纳的政策，从而促使其行为顺应于社会利益。"由此可见，伯内斯明确地肯定了公共关系的职责不仅是向社会作宣传，同时也是向组织提供政策咨询。因而他严谨地制定了公共关系活动由计划到反馈直至重新评估的几个基本程序。另外，"投公众所好"也是伯内斯公关理论的重要组成部分。他指出，在有一定科学理论指导下进行的劝说活动具有无穷的力量。同时，他还非常重视各门社会科学研究成果的立体交叉运用，因而可以说是伯内斯引领着人类的公共关系学科向前迈进了一大步。公共关系科学化的另一标志是美国《芝加哥论坛报》于 1924 年发表的一篇社论，其中指出，已成为一种职业的公共关系既是一间新兴学科，又是一门管理艺术，因而社会各界都应予以高度重视。同时有人认为，这篇社论也标志着公共关系理论和实践正步入系统化的进程。公共关系理论在协调组织的内外部关系、研究公众舆论及公众心理等领域发挥着巨大的作用。

4. 卡特李普时期——双向对称式的公共关系

第二次世界大战以后，国际经济、技术和劳务合作日趋频繁和紧密。但由于不同民族和国家之间在交往过程中存在语言文字、思想文化、社会制度和风俗习惯等方面的障碍，客观上需要有一批公共关系的专业人员从中斡旋，进行有效的沟通与协调。一个社会组织要想在世界范围内有所发展，必须要和发生利益关系的一方相互了解、相互信任、相互支持，最终才能共同发展。在这样的社会背景条件下，美国著名的公共关系专家卡特李普和森特在他们的代表作《有效公共关系》中提出了"双向对称"的公共关系模式，成为当代公共关系的重要标志。该模式的基本思想是：一方面要把组织的想法和信息向公众进行传播和解释，另一方面又要把公众的想法和信息向组织进行传播和解释，目的是使组织与公众结成一种双向沟通、对称和谐的关系。根据"双向对称"模式，公共关系必须有选择地注意那些对组织有影响的公众或者组织政策所涉及的公众。这不仅需要确定目标公众，而且还要运用研究技术，在协调组织本身的同时协调公众。

1.2.3 公共关系在中国

一、公共关系在中国的发展阶段

1. 引进模仿时期（20 世纪 80 年代初期至 20 世纪 80 年代中期）

现代公共关系真正进入我国是在改革开放以后，而且起初大都只是舶来品，没有形成自己的公共关系思想和操作规范，主要是引进模仿国外的理论和操作规则。

20 世纪 80 年代初，公共关系在我国出现萌芽，率先出现在沿海改革开放最早的深圳特区的一些外商独资或中外合资公司中，这些公司在运作过程中大都参照其母公司的经营管理模式，在公司中设立了公共关系部，招聘培养了一批公关从业人员，开始了早期的公共关系业务。紧接着在汕头、佛山、北京等地的中外合资公司中公共关系部也开始陆续出现，特别是在宾馆、饭店等服务行业，公共关系部的作用尤其突出。如广州的白天鹅宾馆、中国大酒店、北京的长城饭店等可以说是 20 世纪 80 年代早期我国公关的典范。像广州的中国大酒店首任公关部经理、美籍华人田士玲小姐和第二任公关经理常玉萍小姐的公关业绩，在 1989 年播出的电视连续剧《公关小姐》中得到了生动再现，成为国人心目中公关的神话，既有效地传播及普及了公共关系的观念和知识，也见证了我国早期公关历史。

2. 自主发展时期（20 世纪 80 年代中期至 90 年代初期）

随着公关的引进，作为舶来品的公共关系已开始落户我国，到 80 年代中期，公关事业已蔚然成风、遍地开花，公关作为"拿来"的事业经过本土的消化吸收已有了良好的发展势头。在大变革社会背景下，有效地促进了公关事业的职业化、公关研究的学科化。这期间，专业公共关系公司、公共关系协会、公共关系教育和公共关系研究迅速发展。1985 年，世界上最有影响的两家公共关系公司——伟达公司和博雅公司先后进入我国。其中，博雅公司与中国新闻发展公司达成协议，成立我国第一家公共关系公司——中国环球公共关系公司。1986 年 12 月，上海成立全国第一家省级公共关系协会。1987 年 5 月，全国权威性的公共关系社团组织——中国公共关系协会在北京正式成立。1985年9月深圳大学首先设立了公共关系专业，公共关系作为必修与选修课程开设，公关开始步入高等学校的讲坛。1986年11月科学普及出版社出版了中国社科院新闻研究所公关课题组编著的《公共关系学概论：塑造形象的艺术》，这是我国最早的一部全面系统论述公共关系理论和实践的专著。1988年1月，中国第一家公共关系专业报纸——《公共关系报》在杭州创刊，向全国发行。1989年1月，中国第一份国内外公开发行的公共关系杂志——《公共关系》在西安创刊。1989年，全国高校第一届公共关系教学研讨会召开。这一时期公共关系的理论研究十分活跃，公关理论成果丰富。

3. 进入成熟发展时期（始于20世纪90年代初期）

20世纪90年代初期，我国建立社会市场经济体系全面起动，给我国公关业带来了勃勃生机，我国公关业进入了全面整合的时期。公关业作为一种智力产业，经过了市场经济优胜劣汰的大浪淘沙之后，开始步入更加职业化和专业化的阶段，发展更加成熟。其标志如下。

（1）公关职能渗透到各行各业

公共关系事业经过近十几年的发展，开始步入稳步发展时期，从一开始仅限在服务行业到进入各种形式的企业、经济组织和各种社会组织和行业，如社会团体、科研机构、银行、学校和党政部门，人们越来越重视运用公共关系手段来保障和促进自身的发展。

（2）职业公关公司开始市场运作

专门化的公关公司经过前十年风雨的洗礼，开始步入了自我整顿、自我优化时期，许多在20世纪90年代初期注册的公关公司，纷纷倒闭或转行，而生存下来的一些本土公关公司渐渐开始向专业化、市场化、职业化发展，在公关市场上确立了自己的地位，本地公关公司在服务质量、服务技术、整体素质及服务收费等方面也缩短了与国际公关公司的差距，专业化程度逐步提高。

（3）公关教育立体化开始出现

公关教育经过十几年的风风雨雨，目前基本形成立体多维的学历和非学历交叉并存的局面。从低级到高级，具体种类有：业余培训、函授教育、普通全日制教育、大学全日制本科教育、公共关系专业方向的硕士研究生的培养。2000年12月3日，在全国范围内举行了第一次公关员职业资格上岗全国统考，这标志着我国的公共关系开始真正走上职业化和行业化的道路，不仅促进了公关职业的成熟与发展，并极大地推进了我国公关业国际化进程，为我国经济真正融入经济全球化发挥了巨大作用。

4. 网络公关及新媒体公关发展时期（2007年至今）

根据《中国公共关系业2007年度行业调查报告》中显示，网络公关成为新的公关服务手段。自此，中国的公共关系进入了网络公关时代，随着新媒体技术的发展，社交媒体、移动媒体的应用，整个公关行业呈现出新环境、新业务、新技术、新区域的特点。

（1）新媒介技术运用于公关行业

公共关系由公共关系主体、客体、传播三者构成。作为搭建主体与客体沟通桥梁的传播媒介在公共关系中的作用重大，也一直影响着公共关系主体的传播方式和内容。从人类的媒介发展史看，美国学者威廉斯在《传播革命》一书里绘制了一个传播史表盘，这个表盘上的 24 小时，代表着西方晚期智人即克罗马农人以来的 360 个世纪，我们现在所处的电子传播时代仅占一天中的最后 3 分钟，可以看出新媒介技术的更新日新月异。因此，互联网的诞生及广泛应用对社会中的各行各业都有显著的影响，公共关系行业也不例外。如定向公关技术、用户网络行为跟踪技术、广告配送整合技术、大数据、区块链、VR、H5 等新技术应用在公关行业。直播、人工智能、区块链等移动互联技术在内容营销方面的应用已成为热门话题。

（2）政府和非营利机构公关逐步成为公关行业热点

随着国家形象传播的推进，城市品牌塑造也越来越受重视。相关职能部门、地方政府对公共关系的重视程度正在不断增强，并且开始越来越多地使用公关这个专业服务手段。例如上海世博会、广州亚运会及家电下乡等产业振兴成为近年公共关系行业主要市场热点。在杭州举行的 G20 峰会、在乌镇举办的世界互联网大会，以及近年来旅游景点的推广，政府机构都是通过购买服务的形式参与其中，这为公关行业未来的发展开辟了新的领域。

（3）公关行业细分化明显，专业化程度有所提高

社会有分工，企业和机构的需求各不相同，这就要求有越来越多的专门从事某一领域的专业公关公司。从目前来看，中国公共关系市场开始出现了不少这样的公关公司，如财经公关、医药公关等。同时，作为有效、精准的传播方式，活动传播服务成为业内增长最快的专业传播服务类型之一。业务模式的创新和服务内容的创新成为业内公司竞争取胜的关键因素，以创意见长的一些活动传播公司如信诺传播、海天网联、恒瑞行等，近年都取得了较好的发展。

（4）中国公关行业的服务区域不断扩展

尽管北京、上海、广州等一线城市依然是中国公关行业最为集中的地区，但一些颇具潜力的二线城市，如成都、南京、西安、武汉、厦门、沈阳等，正逐步成为快速发展且具有巨大潜力的市场。由于这些地区具有一定的经济、商业实力，随着对公关的认识越来越深入，公关需求正在快速上升。加上这些城市与一线城市相比，具有人力成本优势，因此，一些全国性公关公司正在加速二线城市的布局，这对提升整个公共关系行业的影响力，将起到很大的推动作用。

（5）国际公关公司加大在华战略布局

随着中国经济占全球比重的不断上升，国际公关公司逐步加大在华拓展力度，它们除在一线城市外，也开始在二线城市尝试开展业务。《中国公共关系业 2012 年度行业调查报告》显示，本次参与调查的国际公司的营业成本控制较好，个人平均绩效很高。另外，这些公司的年签约客户数及连续签约客户数非常稳定，均在 50 家以上。这表明，国际公关公司在客户资源和专业化服务水平方面有其独到的优势，国际公司和本土公司共同发展的趋势也将更加明显。

（6）资本化运作开始显现

跨行业及行业内部的并购已经成为常态。2010 年 2 月 26 日，蓝色光标正式登陆创业板，成为中国国内首家上市的公共关系企业。2011 年，蓝色光标通过兼并收购等手段，公关业务实现了跨越式增长，营业额从 2010 年的 4 亿元增加到 2011 年的 7 亿多元。2014 年 6 月，华谊嘉信以发行股份和支付现金相结合的方式购买迪思传媒 100% 股份，估值 4.6 亿元；

同年9月，深圳市联建光电股份有限公司发布公告，以现金及发行股份方式收购上海友拓公关顾问有限公司，交易作价为4.6亿元。

二、我国公共关系事业在发展中存在的问题及挑战

（1）新媒体传播环境的变化

在新媒体时代传播环境有显著的变化，不仅影响了公共关系中主体对客体的传播方式，也影响了公共关系客体接受和选择信息的渠道。

首先，新媒体时代移动媒体信息制作及发布的便捷性对公共关系工作提出了新的挑战。

在新媒体时代，移动媒体特别是手机的使用，实现了信息制作及发布的快速性和便捷性。如果一个社会组织有任何问题，公众可以使用手机拍照、录音甚至拍视频，把事件完完整整地呈现在其他公众面前，其他公众看到之后又会通过微信、微博进行转发，很快事件就曝光在全体民众面前。社会组织作为公共关系主体要来应对的话具有极大的挑战性。

其次，公共关系客体即公众的碎片化现象严重对公共关系工作提出了新的挑战。

随着新媒体时代的到来，公众作为公共关系的客体越来越呈现出碎片化的现象。第一，信息的多样化与公众接受信息的时间和精力之间的矛盾。网络时代的到来使互联网成为信息的海洋，各种多样化的信息汇聚使得人不自觉地想要通过浏览来了解更多关于世界的情况。但是人一天的时间只有24小时，这就导致公众在接受信息时只能蜻蜓点水。第二，手机的广泛使用加剧了碎片化现象。手机作为伴随性极高的媒介，不像书籍、电视一样必须得有一定的场景才能阅读和观看。手机可以适合任何场景，只要你有时间，哪怕是等电梯的一分钟，还是等车的三分钟都可以尽情使用。这导致了公众的注意力下降和碎片化现象。第三，公众由于自己的偏好和习惯影响逐渐形成新的"部落"，就像一个个碎片散落在现实社会中。在这个部落里，你可以尽情畅谈分享评论，但是一旦跨出部落，别的人很难跨越部落的圈层来理解分享评论。以上三点促使公众的碎片化现象越来越严重。公众的碎片化使得公共关系工作面临极大的挑战。在传统媒体时代，一个广告、一个新闻或者一次公共关系活动很容易成为全社会的焦点，但是在新媒体时代，公众的碎片化使得公关人员在策划时只能引发一个圈层或部落的共鸣就不错了，要实现跨圈层传播难上加难。

最后，后真相时代与假新闻的泛滥对公共关系行业提出了新的挑战。

"后真相"被《牛津词典》评为2016年度词汇。后真相是指在塑造公共舆论时，客观事实所具有的影响力，不如诉诸情感和个人信念。后真相时代也指在当代社会，社交媒体上有很多"事实"与"真相"引发热议、争鸣、撕裂，人们信以为真地评论，精力旺盛地分享，但是由于"事实"和"真相"没有经过核实，经常会出现逆转，人们又开始新一轮的评论及分享。

在传统媒体时代，话语权掌握在媒介手中，受众只能观看或者评论媒介想让你接触的信息，然而新媒体的使用给用户打开了一扇门，可以让用户看到世界的方方面面，这极大地激发了用户的参与。但是在信息生产到传播的过程中缺乏了传统媒体对事实和真相的把关，因此假新闻泛滥。这给社会组织的公关带来了极大的挑战。

（2）创新人才的缺乏

公关是高智力行业，创新是行业发展的根本。如何更好地提高服务质量，改善服务品

质，促进行业持续健康发展，创新是根本要素。

在公共关系行业快速发展的现在，人才问题仍然是阻碍公共关系行业发展的瓶颈。行业的快速发展需要更多专业的公关人才，但人才流动率过高、供需脱节、创新人才的缺乏等问题一直是困扰行业人才发展的重大问题。在新媒体时代，公关人员在理念创新、内容创新、技术创新等方面，都有许多不足之处。在理念创新方面，公关人员的不足表现在思维和意识停留在传统公关理念上，没有吸纳互联网思维；在内容创新方面，公关人员的不足表现在公关人员在策划公关活动时，会照搬照抄优秀的策划案成为千篇一律的邀请明星代言、与媒体沟通宣传；在技术创新方面，公关人员的不足表现在对大数据、H5等新媒体技术的应用不熟练。

（3）行业竞争的加剧

公共关系行业竞争的加剧表现在两方面：一方面，公共关系行业内部竞争激烈。公共关系公司如果想在激烈的市场竞争中站稳脚跟乃至变大变强，就得通过不断并购重组的方式来完成，这也导致了行业内部的竞争愈演愈烈。另一方面，公共关系与广告、营销业的行业边界模糊导致竞争激烈。2015年，随着传播环境和方式的变革，营销模式和手段进入公关领域，而广告和营销行业也借助公关的特点，富有创意性地宣传和推广产品，并借此为企业树形象、创品牌，这一变化导致行业之间的边界更模糊、竞争更激烈。有鉴于此，公关公司需要发挥自身在创意和策划方面的优势，从而开启以内容驱动为核心的传播新模式，力争在激烈竞争的市场中站稳脚跟。

三、我国公共关系事业的发展趋势

如今，公共关系已经迅速成长为一个拥有广阔服务领域的崭新行业，公共关系学理论也不断成熟。我国的公共关系走过了从无到有、从分散发展到逐步规范发展的过程。公共关系业的这种递进式的发展得益于世界公关业的发展与壮大，也得益于我国改革开放的历史机遇。未来我国公共关系事业的发展必须从以下几个方面着手。

（1）全球化思维

适应公关市场国际化的潮流，从全球的视角审视加快公关事业的发展公关公司的国际化和国内公关业务的国际化将促进我国公关市场的国际化，最终实现国内市场和国际市场的融合。我国的公共关系事业，只有顺应国际化潮流，用全球的视角审视自身的优势与不足，加快国际化和本土化相融合的步伐，才能够获得跨越式发展。

（2）互联网思维

在互联网时代，任何行业如果不想被淘汰，都要积极地运用互联网思维。互联网思维是指在（移动）互联网+、大数据、云计算等科技不断发展的背景下，对市场、用户、产品、企业价值链乃至整个商业生态进行重新审视的思考方式。它包含了用户思维、简约思维、极致思维、迭代思维、流量思维、社会化思维、大数据思维、平台思维、跨界思维九大思维。因此在万物互联的时代，我国的公关行业要顺应时代的发展，必须让行业人员具备互联网思维，只有用互联网思维来改造传统公关行业的服务及信息传播，才能让自身立于不败之地，才能与国际化的公关公司一较高下。

（3）资本化运作

如今在我国的公关行业一方面内部并购频繁、竞争激烈，另一方面广告、市场营销也不断的融入公关行业,加剧了原本的竞争。因此,各公关公司要想在激烈的市场竞争中不被淘汰,变大变强,只有通过兼并收购的资本化运作方式才能实现。在未来的中国公关行业将形成双头格局:一是通过兼并重组形成的少数实力强大的综合性国际传播集团,它们规模较大,业务范围广泛,客户相对稳定,国际化水平高。二是专注某些特定领域的中型公关公司,它们数量较多,通常针对一个或几个细分市场,专业化程度高,将走上更加专业化的道路。

(4) 高科技手段

随着互联网时代的到来,组织已越来越认识到信息网络及其他现代传媒新技术对公关传播的重要意义。这些新技术将完成对公关传播沟通管理的方法和手段的调整和更新。我们要通过网络传播这种主流媒体支持公关传播的开展,如电子邮件、网上新闻发布、网上展览、网上市场调查、网上新品推广等,使得公关传播的那种平等性、双向性、反馈性得到更大程度的提升,信息传播双方成为真正意义上的平等交流的伙伴,实现更深层次、含义上的双向互动。

(5) 战略化地位

一方面,组织的形象竞争呈白热化状态,公共关系作为一种重要的传播手段和传播战略,将为组织塑造一种"全球形象"而纳入组织的战略管理层面,其战略性地位日益加强。另一方面,人类面临的一些全球性问题,如环保、人口膨胀、战争与和平、人权与主权等问题的存在与解决,已非一个国家或一个民族所能承受,它必须通过国际间的沟通与对话,形成共识,制定国际化的标准,靠全人类努力合作来加以解决。而公共关系在解决此类问题的过程中,是最有发言权和成效的。公共关系在未来发展中的这种战略地位将越来越明显。伴随着国际公关交流与合作的增多,我国公共关系事业将会跨越式地与国际公关的理论与实践接轨。在适应我国国情的基础上,将国际上先进的理念与本土实际相结合,形成具有中国特色的公关发展模式。

本 章 小 结

公共关系是社会组织为塑造组织形象,运用传播手段,与公众进行双向交流沟通,以达到相互了解、信任和支持合作的管理活动。公共关系具有以社会公众为工作对象、以塑造形象为工作目标、以传播沟通为工作方式、以互惠互利为工作原则、以真实诚恳为工作信条、以注重长远为工作方针的特征。

公共关系发展主要经历了公共关系的萌芽时期和现代公共关系的产生与发展时期。

复习思考题

1. 如何理解公共关系的内涵?
2. 运用公共关系理论分析评价"好酒不怕巷子深"和"王婆卖瓜,自卖自夸"。
3. 简述公共关系的兴起和发展大致经历的几个阶段。

案例实训

东风日产世界杯整合营销策略

四年一遇的世界杯，也是品牌营销的一次大考。在当今的营销环境下，疯狂加码砸钱、简单粗暴洗脑都难以入消费者法眼了，品牌主只有拿出干货才能赢得这场四年一遇的大考。

俄罗斯世界杯开战至今，出其不意的赛事进程让球迷们直呼过瘾。场内赛事正酣，场外品牌营销大战更是硝烟弥漫。如何精准把脉当下纷繁的媒介环境，充分发挥跨屏互动优势，真正赢得消费者的心，才是品牌营销世界杯的总决赛话题。

为了捧得世界杯品牌营销的大力神杯，各家品牌使出了独门绝技：有大手笔挺进FIFA赞助商的中国品牌军团，有各种蹭热度的小品牌，还有拍出洗脑片的疯狂招黑品牌……

那么，到底如何才能在世界杯品牌营销大战中先声夺人并笑到最后呢？东风日产的整合营销经验也许能帮到你。

依托央视，占据传播制高点。

如果要问位居世界杯传播C位的是谁，答案不言而喻，当然是作为中国大陆地区独家全媒体播出机构的央视。数据显示，本届世界杯央视多终端收视又创新高。仅6月15日当天，央视世界杯转播与报道全国跨屏总触达观众人次就达到6.29亿人次，品牌主也因此获得超量曝光。

在世界杯这个最强体育IP的营销大战中，借势央视才是大品牌世界杯营销的最佳姿势。从不缺席世界杯舞台的汽车品牌自然也不例外。

本次世界杯，东风日产携手跨度超14年的CCTV王牌节目、大型足球娱乐派对《豪门盛宴》，以"豪门盛宴指定用车"亮相节目，占据品牌最强（14年王牌栏目）、时段最佳（CCTV黄金时段）、规模最大（国内世界杯期间最大足球综艺）、主持最优（中国最有号召力的体育主持人张斌搭配足球人气女主播马凡舒）四大优势，从而抢占了本届世界杯品牌营销传播的C位。

其实早在2014年巴西世界杯，东风日产就作为冠名商赞助了《豪门盛宴》，并凭借该体育营销创新案例斩获当年中国广告界"奥斯卡"两项重磅奖项——2014中国广告长城奖·广告主品牌奖之整合营销类与营销传播两大金奖。

深耕节目，定制栏目深度植入以《豪门盛宴》为引爆点，东风日产创新了一系列全景营销新玩法，其中最突出的是电视端的诸多创新。

首先惊艳出场的是东风日产为世界杯量身打造的"进球团战"广告大片：东风日产旗下最完整的SUV矩阵——楼兰、途达、奇骏、逍客、劲客组成了"五星豪门"战队直接开赛，头球、甩尾、破门绝杀紧密配合，配合激情解说，"五星豪门、一起上场"的主题跃然屏上。

同时，东风日产在《豪门盛宴》中定制了《眼观六路》这一板块，利用VR特效对前一天比赛进球进行全景式技术分析。

栏目在不同城市的赛事内容切换时植入了"劲客"不停穿梭在虚拟地图上的镜头。毫无违和感的植入给予了东风日产生动的品牌曝光。

借势微信，开创电视小程序营销先河。

东风日产2018世界杯营销更开创了央视小程序互动的先河，树立了电视跨屏互动的最新标杆案例。

围绕《眼观六路》中"进球"这一关键词，东风日产上线了"点球王者"小程序。节目中主持人通过口播引导用户进入"点球王者"小程序参与跨屏互动。

用户可以通过点球游戏和赛事竞猜这两个核心功能参与互动，免费赢取世界杯门票及东风日产劲客一年使用权等丰厚奖励。

根据小程序前台数据及游戏逻辑统计，目前"点球王者"小程序日均PV超过30万。手机端长时间和高频次的广告曝光，与电视端形成广告曝光互补，组合效果极佳。不仅如此，"点球王者"还成功吸引了大量用户参与留存。

以微信小程序为电视互动的承接平台，充分发挥了小程序"即用即走"的特性，用户参与更加轻松无负担，品牌传播和用户体验取得了更好的平衡。

除海量广告曝光外，小程序后台大数据还能帮助品牌主进行精准营销管理。多维度的用户画像及各维度数据，为东风日产建立完善的CRM，后续开展精准营销奠定了基础。

"电视+微信小程序"的组合，覆盖了世界杯"围观"和"社交"两大核心场景，将电视大屏的收视优势和微信平台的社交属性充分结合，以电视为入口，以社交网络为燃点，开创了跨屏互动营销的新典范。

整合线下，直达目标客户。

与此同时，东风日产在《豪门盛宴》节目播出期间为消费者定制了一系列线下活动，整合线下资源，扩大品牌传播声量，针对重点城市进行地毯式营销，直达目标客户。

世界杯开幕第二天起，东风日产携手CCTV-5《豪门盛宴》为消费者定制的足球系列挑战活动就盛大启动，并陆续在北京、大连、上海、武汉、成都、广州等城市展开。

通过还原世界杯真实场景及沉浸式的互动体验方式，消费者能深度体验到东风日产"五星豪门，一起上场"的品牌精神。

资料来源：微信公众号《传媒圈》。

思考题：

1. 结合东风日产世界杯公关活动，找出公共关系的相关要素。
2. 在东风日产世界杯公关活动中概括出公共关系的相关特征。

第 2 章

公共关系的主体

▶▶ 学习目标

通过本章的学习，了解公共关系活动主体的基本理论，掌握不同主体的特征、类型、职能，能够根据不同类型主体的特点，选择合适的公共关系主体开展公共关系活动；学会按照公共关系人员的素质和职业道德要求，自觉锻炼自己，提高自身素质。

吉利与沃尔沃的"收购情缘"

浙江吉利控股集团（以下简称吉利控股）是中国最大的汽车民营企业，自 1997 年进入轿车领域以来，资产总值超过 2 000 亿元，员工总数超过 7 万人，连续六年进入世界 500 强，是唯一入围的中国民营汽车企业，同时也是中国汽车工业 60 年来发展速度最快、成长最好的企业之一。2017 年，吉利汽车销量达到 124.7 万辆，同比增长 63%，在乘用车市场占有率达到 5.06%，同比增长 1.75%，成功跻身中国汽车销售百万俱乐部行列。

沃尔沃集团是全球领先的商业运输及建筑设备制造商，主要提供卡车、客车、建筑设备、船舶和工业应用驱动系统及航空发动机元器件，以及融和售后服务全套解决方案。其旗下的 VOLVO 汽车公司曾是北欧最大的汽车企业、瑞典最大的工业企业集团，是世界二十大汽车公司之一。VOLVO 品牌是与奔驰、宝马、奥迪齐名的欧洲豪华品牌。1999 年，沃尔沃集团将沃尔沃轿车业务出售给美国福特汽车公司。即便如此，沃尔沃汽车持续亏损的局面仍未改变。

2009 年 3 月 28 日，吉利控股与福特汽车公司签署协议，以 18 亿美元收购 VOLVO 汽车公司 100% 的股权及相关资产，拥有 80 年历史的豪华车品牌 VOLVO 被只有短短 13 年造车史的中国吉利收购。这是中国汽车企业首次购得全球性知名汽车品牌，也是中国汽车业迄今最大的一笔海外并购案。这是一次意义重大、买卖双赢的并购举措。中国汽车企业第一次全资拥有世界知名品牌，是中国汽车工业继续崛起并走向世界的标志性事件，也是中国企业利用金融危机在海外进行兼并重组的重要案例。通过这一并购，中国汽车企业拥有了一流的技术和知识产权，推动了中国汽车工业的产品品质优化和技术升级，帮助中国汽车借壳出海，缩小了与世界汽车工业强国的距离，增强了汽车产业国际竞争力。

2017年，沃尔沃汽车全球销量达53.4万辆，创历史新高；营业额1 806.7亿瑞典克朗（约合1 424.7亿元人民币），同比增长10%；利润更是大涨66%，达110亿瑞典克朗（约合87亿元人民币）。收购沃尔沃汽车7年后，吉利控股再收沃尔沃集团股份。2017年12月27日，浙江吉利控股集团宣布，与欧洲基金公司Cevian Capital达成一致，将收购其持有的沃尔沃集团8 847万股的A股股票和7 877万股的B股股票。项目交割后，吉利控股将拥有沃尔沃集团8.2%股权，成为其第一大持股股东，并且拥有15.6%的投票权。通过本次收购，吉利控股不仅收购了沃尔沃集团的股权，买到了沃尔沃的核心技术、专利等知识产权和制造设备，更获得了沃尔沃集团在全球的经销渠道。"它带给吉利的不只是沃尔沃的经验，更多的是整个欧洲的百年造车经验。"吉利控股集团董事长李书福表示："与Cevian Capital达成收购沃尔沃集团股权的协议，使我们有机会成为这一引领世界商用汽车和建筑设备研发、制造、销售企业的第一大持股股东。"

资料来源：根据网络资料整理。

案例点评：公共关系主体是指在公共关系活动中处在主导地位的各类社会组织机构，是公共关系活动的策划者和组织实施者。在公共关系中，社会组织对公关活动起到决策、发动、组织、实施、控制、管理等决定性作用。在这个案例中，吉利控股、沃尔沃集团、福特汽车及相关国家的政府机构共同演绎了这起中国最大的汽车海外并购事件。在错综复杂的国际政治环境和国际产业背景下，吉利控股始终以自身卓越的智慧、高超的公共关系手段和志在必得的勇气，借助出色的公关活动，排除了政治、经济、文化、地缘各方面的障碍，得到了有关政府部门和企业的大力支持和认可，最终完成了这一"蛇吞象"的壮举，诞生了一个更加国际化的中国吉利。

2.1 社会组织

2.1.1 社会组织的概念及特征

1. 社会组织的概念

群体生活是人类社会发展的重要阶段和存在形式。从早期人类的共同穴居，到后来形成的原始家庭、氏族部落，乃至高级形式的国家、企业等社会组织，都是以人类的聚集和群体生活为基本特征。在人类社会早期阶段，整个社会发展水平极为低下，人们共同活动的群体形式最初是以血缘关系为纽带的原始群民、血缘家庭及后来出现的以地缘关系为纽带的村社等。它们都是人类发展的初级社会群体形式。随着社会分工的发展和阶级的出现，人们之间的社会关系及社会活动日趋复杂，以初级社会群体为主的社会组织产生、不断演化并发挥作用。后来，由于社会生产力的飞速发展，社会分工越来越细，社会生活和社会关系越来越复杂，完成特定社会目标和承担特定社会职能的现代社会组织的产生和发展就成为近代社会发展的必然趋势。如果把家庭作为社会的细胞，那么社会组织则成为现代社会的基本结构和人们生产生活的基本单元。

对于社会组织的定义，社会学家们众说纷纭、各有所长。法国著名哲学家、社会学和实证主义创始人孔德认为，社会组织是"普遍的社会同意"。英国哲学家、社会学家斯宾塞在《社会学原理》一书中认为，社会组织是社会的经济、政治和其他部门的相互关系。德国社会学家、政治学家、经济学家、哲学家，"组织理论之父"马克斯·韦伯则认为，社会组织是一个法人团体，是一个用规章制度限制外人进入的封闭的团体。

我们认为，社会组织是按照一定的目的、任务和形式建立起来的社会群体。人们为了实现共同的目标，为了完成共同的任务，按照一定的形式聚集成为社会群体，社会组织就此形成。在组织内部，有明确的目标、职能和分工，组织成员具有协作意愿，通过组织结构关系和规章制度成为一个完整的有机体。同时，社会组织也是一个复杂的社会群体，在现实生活中，表现为大小不一、功能各异、形态万千，经过长期的发展演化成了国家、政府、工商企业、学校、医院、社会团体等形形色色的社会组织。随着现代科学技术特别是网络技术的发展，虚拟团队、虚拟社区、虚拟企业等应运而生，并且表现出强大的生命力，具有广阔的社会发展空间。

社会组织的构成要素主要包括两个方面，一方面是作为组织构成有形要素的物质条件，即人、财、物、信息等，构成组织的人流、资金流、物流和信息流；另一方面是作为组织构成无形要素的精神条件，包括组织的理想、宗旨、信念、社会观、价值观等。社会组织通过有形要素的流动，与外部进行能量交换，实现组织的生存与发展。在这一过程中形成的组织观念、组织风格、组织信誉，成为社会组织宝贵的精神财富。

2. 社会组织的特征

（1）目的性

汉普顿说："每当人们联合起来去实现某一目标时，他们就创造了一个组织，或者说是一个社会机器，它有潜力完成任何个人独立所不能完成的工作"。任何社会组织的建立都有着明确的目标，这个目标代表了社会组织存在的意义和奋斗的方向。组织目标是确立其宗旨、原则、规范的依据，是调动组织资源、发挥组织群体效应、完成组织任务的前提和基础，也是区分不同社会的类型、性质和职能的标准。社会的一切活动都是围绕组织目标进行的，组织的行为必须服从和服务于组织目标的实现。没有目标的社会组织的存在是毫无意义的，也是不可能存在下去的。所以，组织目标是社会组织形成的基本条件之一，目的性是组织的根本属性之一。

（2）系统性

社会组织是一个有机的整体，有着严密的组织结构、严格的分工和制度规范。通过计划、组织、指挥、协调和控制职能，实现组织目标。组织的系统性表现在三个方面。第一，社会组织是一个开放的系统。它不断地从外界环境中输入能量，经过内部转化，以新的形态输出出去，通过技术、管理、产品、服务、信息等的交换，使自己适应环境的要求，持续不断地运行和发展。第二，社会组织是一个完整的系统。它由各个子系统组成，彼此相互依存，相互作用，每个子系统既有自身的目标和利益，又必须服从组织整体目标的需要。第三，社会组织是一个复杂的系统。一个组织既包括结构要素和技术要素，又包括管理要素和社会心理要素，不仅体现为物与物的关系，也体现为人与物、人与人之间的关系，彼此交叉，相互作用，错综复杂。所以，在组织活动中，必须统筹兼顾，以组织目标为导向，正确处理好各个方面的关系，形成组织强大的凝聚力和向心力。

（3）变动性

社会组织处于一个变动的社会环境之中，时刻受到外部因素和内部因素的影响，因而经常处于变动之中。组织的变动性具体指两个方面：一是社会环境是不断变化的，要适应这一变化，社会组织就应适时地进行目标、功能、机构及人员的调整。二是社会组织本身也会不断发展变化，在不同的发展阶段，组织的形象目标也会有所不同。因此，组织必须适应环境的变化，不断调整组织战略、经营策略、管理模式、运作方式、人员构成等，以加强和提高自己的应变能力，创造更有利于组织生存和发展的条件。在组织的不同发展时期，上述目标应有所区别。

2.1.2 社会组织的分类

在现实生活中，社会组织数量众多，形式多样。不同类型的社会组织的性质、目标、职能、结构形式和活动方式不同，其公关工作的重点、具体对象、实务活动和运作方法也不同。对社会组织进行分类，是为了开展公关工作时，能够比较准确地判断其组织性质、任务，进而把握其公共关系行为和公众类型，为公共关系工作制订科学合理的对策和措施。

当前，对社会组织尚缺乏统一的分类标准。国内外学者提出了多种分类方法，从不同角度对社会组织进行了分类和阐释。

美国结构功能主义大师塔尔科特·帕森斯把社会组织分为生产组织（包括生产性的企业、服务性组织等）、整合组织（用来调整社会关系、维持社会秩序的组织，如法院等）和政治组织（为了保证整个社会达到自己的目标进行权力分配的组织，如政党等）三大类。

美国社会学家彼得·布劳和里查德·斯科特以分析获利者的类型为标准，把社会组织划分为4种类型：互惠互利组织（这类组织的目标是对所有参加者都有好处，如贸易协会等）、服务性组织（如大学、民权组织等，它使服务的对象受益受惠）、经营性组织（如商店、银行等，组织的目的在于获得利益）、大众福利组织（如邮局、机场等，这种组织为社会和一般公众谋利益）。

美国行为科学家埃尔顿·梅奥等人在进行了著名的霍桑实验之后提出了正式组织和非正式组织的划分。他们指出，正式组织是人们按照一定的规则，为完成某一共同的目标正式组织起来的人群集合体，是具有一定结构、同一目标和特定功能的行为系统。任何正式组织都有明确的目标、任务、结构和相应的机构、职能和成员的权责关系及成员活动的规范。非正式组织一般没有明确的组织机构或章程，其核心人物由于个人威望或影响力等而成为自然领袖，其思想基础与行为准则往往是一些共同的习惯、观点等，组织稳固性不强，主要以感情和融洽的关系为标准，要求其成员遵守共同的、不成文的行为规则。

国内有的专家把社会组织分为营利性组织、互利性组织、服务性组织和公益性组织4种类型。营利性组织指工商企业、金融机构、旅游服务业等以追求利润为目标的社会组织，它们面临的首要问题是经营问题，公共关系方面最重要的任务是与投资者和消费者建立良好关系；互利性组织指党派机构、职业团体、宗教团体等以实现内部成员的共同利益为目标的社会组织，公共关系方面最重要的任务是加强组织凝聚力和归属感，以及健全内部沟通网络；服务性组织指学校、医院、社会福利工作机构，它们以为服务对象谋求利益为目标，公共关系方面要与其资助者、协助者保持稳定良好的关系；公益性组织指政府部门、公共安全机关等以谋求整个社会的公众利益为目标的社会组织，公共关系方面要保证各类公众的利益都得到同等重视和保护。

在我国，较为权威的分类方法是按照社会生活基本领域来划分，把社会组织分为经济组织、政治组织、文化组织、群众组织和宗教组织五大类。经济组织是最基本的社会组织，以实现所有者和经营者的经济利益为目标，包括各类工商企业和营利性的服务性组织；政治组织是以代表和实现某一个阶级、阶层利益为目标的社会组织，政党、政府、军队、监狱等都属于政治组织；文化组织是以满足人们的文化需求为目标，以从事文化活动为基本任务的社会组织，如文化艺术团体、教育科研单位等；群众组织是由某一群体、领域的人们组成的、代表群体利益的社会组织，如工会、共青团、妇联、文联、社科联等；宗教组织是由具有共同宗教信仰的人们组成的社会组织，如佛教协会、道教协会、基督教会等。

目前，较为流行的是公共管理学派分类方法。公共管理学者将社会组织分为公共组织和非公共组织（又称私人组织）。公共组织是以谋取公共利益为目的建立起来的公共权力机关（即政党和各类各级政府组织）和社会公共组织（即学校、社团、社区等组织），其主要职能是制定和实施公共政策，管理社会公共事务，为社会公众服务；私人组织是以谋取私人利益为目的建立的企业及相关组织，其主要职能是从事物质生产和商品市场交换活动。

上述分类方法有助于我们从不同角度认识各类社会组织。但是，从公共关系学研究的角度来看，社会组织分类应着重于分清公共关系学适用于哪些组织，这些组织在公共关系中有哪些特点和作用，采用哪些适宜的方法和策略有针对性开展公共关系活动。所以，本书按照公共关系的对象，将社会组织划分为政府组织、企业组织、社区组织、大众传播媒介组织和事业组织与社会团体。

1. 政府组织

政府，即国家行政机关，是国家权力机关的执行机关，是对社会进行统一、有序管理的权力机构。政府依据国家的法律与法规，对国家和社会各方面事务进行指导和管理。其他社会组织必须服从政府及其职能部门的管理。

与其他社会组织相比，政府是一个权力共同体，在拥有权力、掌握资金、了解信息、控制舆论等方面占有绝对优势。在社会生活中，政府以国家强制力为后盾，依法对国家事务和社会公共事务进行管理，因而具有绝对的权威性。

政府部门作为公共关系主体，应有效地进行管理，争取得到广大公众的信任和支持，其工作重心是提高政府的美誉度，塑造良好的政府形象，提高政府的行政管理效能。在现代社会，公共关系学在政府部门已得到广泛应用，政府公共关系已成为政府从事管理的重要组成部分，成为政府与公众充分沟通和协调内外关系的强有力的手段。

决定政府公共关系状态的关键因素是政府自身的行为与政策。政府或其相关的工作人员推出某项政策或实施某种管理行为，会对公众产生一定的影响。公众在了解或接收到这一影响之后，便以他们自己的价值观去评判该项政策或行为，直接影响到政府的公共关系状态。

所以，政府组织的威信、形象或工作绩效与政府公共关系直接相关。政府组织公共关系工作做得好，政府的威信就高，工作绩效也就越为明显；否则，政府的工作就会极为被动。政府组织公共关系协调工作主要体现在两个方面。其一是主动地、有计划地收集信息。这包括广泛开展各种形式的民意调查，听取公众呼声，接受群众的监督。这就需要建立规范的信息系统，设立专门的调查统计机构，使信息收集、分析处理工作做到科学化、专业化、定期化。其二是及时准确地传播信息。政府应有效地利用各种信息传播媒介和渠道及时向社会公众提供普遍关注的信息，宣传政府的工作方针和政策等。

案例阅读 2-1

也门撤侨：祖国接你回家

也门共和国紧张局势自 2014 年以来持续升级，美国、英国、法国和德国等 10 多个国家已经关闭使馆，要求本国公民撤离也门。2015 年 3 月 26 日，由沙特阿拉伯和埃及、约旦、苏丹等其他海湾国家参加的国际联军在也门发动打击胡塞武装的军事行动。沙特等国对也门展开空袭后，当地局势骤然紧张。

根据习近平主席和中央军委命令，中国海军舰艇编队赴也门执行撤离中国公民任务。2015 年 3 月 29 日中午，海军临沂舰顶着叛军的炮火冲进了也门亚丁港。亚丁港属于交战区，为确保人员安全登舰，海军迅速实施了警戒行动，临沂舰进入一级战斗部署，各战位严密组织观察警戒，各种武器进入战斗值班状态，并且派遣全副武装的特战队员和水兵在码头设置警戒线和标牌，用红色的英语写着："这里是中国海军所设安全区，闲人回避！"在中国海军的严密保护下，第一批侨民，包括 122 名中国公民及两名来自埃及和罗马尼亚的中企所属人员，在 39 分钟内全部登上临沂舰，并于当地时间 29 日晚抵达吉布提共和国吉布提港，之后得到中国驻吉布提大使馆的妥善安置。3 月 30 日，第二批 400 多人在 80 分钟内乘坐潍坊舰顺利离开也门。至此，需要撤出的中方人员已全部撤离也门。

2015 年 4 月 2 日，中国海军临沂舰搭载巴基斯坦等 10 个国家在也门的 225 名侨民自也门亚丁港平安驶抵吉布提港。

此次撤离是中国政府应有关国家请求开展的人道主义救援行动，也是中国政府首次为撤离处于危险地区的外国公民采取的专门行动，充分体现了中国政府"以人为本"的理念和国际主义、人道主义精神。中国政府通过撤离行动，切切实实地向国人和世界传递出了中国军队保卫海外中国公民的决心和能力，展示了负责任大国的光辉形象。经过此次撤侨行动，进一步增强了中国人，特别是海外华人的自豪感、凝聚力，同时，警示其他国家认识到中国作为一个大国的威严，必须给予中国人应有的尊重。

《纽约时报》对此评价说，把人从也门首都运到港口，再送到吉布提，说起来容易，做起来需要巨大的外交协调能力。这显示中国在全球保护公民的能力增强。该报表示，这一"表演"在中国引起沸腾，中国网民几乎众口一词，有人写道：祖国的强大，不在于护照免签国有多少个，而在于能在危险时把你接回家。

资料来源：根据网络资料整理。

2. 企业组织

企业组织是公共关系运用得最多、最充分且是受益最大、最明显的主体。企业组织是一个独立运作的经济实体，营利性是它的显著特征。同时，企业组织是所有社会组织中面临公众对象最多，且需求最复杂、利益矛盾和冲突最为突出的公共关系主体，不仅存在着合作者的利益需求，还存在着竞争者、媒介和政府的种种挑战、监督与制约。因此，企业组织必须建立良好的公共关系，协调好与诸多的公众对象之间的关系，满足各方面公众的需求，得到公众的信任与支持。只有这样，才能使自己在激烈的市场竞争中，立于不败之地。

企业公共关系必须确立顾客至上的信条，以优质的产品、优良的服务满足顾客多方面的需求。要善于捕捉有利时机，大力对外宣传，提高组织的知名度和美誉度，塑造良好的组织形象。重要的是，必须牢固树立形象意识和全员公共关系意识，增强企业凝聚力，通过全体员工的共同努力，实现组织目标。目前，采用"全员PR管理"已成为企业的共识和普遍做法。所谓"全员PR管理"，即通过全员的公共关系教育与培训，增强全员的公共关系意识，提高全员公共关系行为的自觉性，加强整体的公共关系配合与协调，发动全员努力，形成浓厚的组织公共关系氛围与公共关系文化。

案例阅读 2-2

宝洁：消费者至上

始创于1837年的宝洁公司，是世界最大的日用消费品公司之一。2017财年，宝洁净销售额达到651亿美元（约合人民币4 378.30亿元），净利润达154亿美元（约合人民币1 035.73亿元），在《财富》杂志最新评选出的全球500家最大工业/服务业企业中，排名第86位。宝洁公司全球雇员近10万，在全球大约70个国家和地区开展业务，在全球80多个国家设有工厂或分公司，所经营的65个领先品牌畅销在180多个国家和地区，每天为全球50亿的消费者服务。

宝洁公司之所以在170多年的发展进程中不断走向成功，说到底，并没有什么秘诀，也就是许多经营者挂在嘴边的那句话——消费者至上。这一理念已真正成为宝洁人的共识，并已不折不扣地落实到每一个环节之中。早在1934年，宝洁公司就在美国成立了消费者研究机构，成为在美国工业界率先运用科学分析方法了解消费者需求的公司。起初，公司雇用了"现场调查员"，逐门逐户进行采访，征询家庭主妇对产品性能的喜好和建议。到20世纪70年代，宝洁公司成为最早一家用免费电话与用户沟通的公司。宝洁公司建立了庞大的数据库，把用户意见及时反馈给产品开发部，以求产品的改进。迄今为止，宝洁公司每年用多种工具和技术与全世界超过700万的消费者进行交流。此外，宝洁公司还建立了用户满意程度监测系统，了解各个国家的消费者对公司产品的反应。通过坚持用细微但有意义发的方式美化消费者每一天的生活，是宝洁公司得以170多年保持持续增长的关键所在。

1998年宝洁进入中国后，一方面不断进行产品升级、提升产品品质、推出高端系列，来顺应中国市场的消费升级趋势。通过调查了解中国消费者的洗衣方式,宝洁改进了洗衣粉的配方,使洗衣更方便,更干净,更环保;通过调查了解中国消费者口腔保健的习惯,宝洁公司在中国市场推出了含中草药成分的佳洁士多合一牙膏,深受消费者的喜欢。另一方面,在包装、营销等方面,宝洁也越发年轻化、时尚化、精准化,满足了新一代消费者的需求。

资料来源:根据网络资料整理。

3. 社区组织

社区原指居民相对比较集中的居住区。在公共关系中,社区指组织所在区域及与组织相邻的环境,包括政府、学校、企业、其他社团与居民等。地域相邻且利益相关使各类组织和个人结成社区。

社区是组织生存和发展的基础。社区不仅为组织提供生产资料和生活资料,而且还会成为组织稳定的消费市场,为组织发展提供有利的社会环境。两者相互作用、相互影响、相互促进,形成一个有机的利益共同体。社会学者曾指出,社区既可以使组织得到最有价值、最有影响的声誉,也可以使组织遭受危害性最大的指责。所以,社区组织必须注重社区关系,加强与社区公众的沟通,自觉维护社区环境,支持社区公益活动,促进社区的安定与繁荣。

4. 大众传播媒介

大众传播媒介既指作为社会组织的报纸、杂志、电台、电视台,也包括在这些组织中工作的记者、编辑人员。大众传播媒介是社会组织与公众联系沟通的最主要渠道,也是公共关系最主要的传播手段,是影响公众、塑造组织形象最主要的方式。大众传媒的基本特征是:受众数量巨大,分布面广,且传播时间迅速;内容繁简兼备,且能大量复制和文字化;信息客观、真实。

大众传播媒介具有双重人格身份。一方面,它是公共关系的主体,也要树立良好的社会形象;另一方面,它又是组织公共关系的客体,是组织努力追求的公众。因此许多社会组织都重视交结"无冕之王",保持与媒体的良好关系为公共关系的重要内容。

5. 事业组织与社会团体

事业组织通常是指那些由政府出资设立的满足社会某种需要的专门机构,如学校、图书馆等。社会团体是指具有共同利益需求或背景的人们为实现某种社会理想自愿结合而成的非营利性组织,如专业学术团体、宗教团体等。

事业组织和社会团体由于其本身的非营利性特点,其公共关系除了具有与其他社会组织共有的特征外,还有其自身的特色,表现在以下三个方面。第一,确立一种良好的社会认识及道德楷模形象。事业组织与社会团体在社会公众中树立的形象目标是:担当着崇高的社会道义责任;具有强烈的献身于社会的奉献精神;表现较高的文化知识水平和社会道德水准。第二,以自身的行为积极影响社会舆论。第三,积极参与和组织各种社会活动,既可使广大社会公众受益,又可扩大组织自身的影响,并能通过与社会公众的有效沟通得到更多的理解和支持。

案例阅读 2-3

绿色和平组织：环境守护神

绿色和平组织是一个全球性的非政府社会团体，总部设于荷兰阿姆斯特丹，在40多个国家设有办事处，以保护地球环境及其各种生物的安全及持续性发展为使命，致力于全球环境保护，声誉卓著。

中国绿色和平组织于1997年成立，总办事处设于香港，在北京和广州设有联络处。该组织高度关注中国生态环境所受到的严峻威胁，以研究、游说及非暴力直接行动手法引起社会各界对环保的关注；主张公开讨论全球的环境问题，与各国政府及人民一起共同寻找建设性的解决方案，推动中国的可持续发展，致力于使中国发展成一个拥有健康环境的国家；为保持独立的环保立场，从不接受政府、财团或政治团体的资助，工作全赖于热心的市民和独立基金会的捐助。

中国绿色和平组织开展的行动项目包括：发展可再生能源、推广食物安全及发展可持续农业、消除有毒化学物质、保护原始森林等，并以积极的行动取得了令人瞩目的成就。2000年阻止了香港九号货柜码头承建商将有毒淤泥倒入南海；2002年发表了中国第一份有关转基因棉花对中国环境的危害的独立公民研究报告；2004年绿色和平组织揭发金光集团APP在云南省和海南省非法毁林，引起社会舆论对保护森林及环保事业的关注，并促使其向国家林业局承认毁林行为，并承诺以后遵守中国法律；2005年推动中国政府制定及颁布了《可再生能源法》；进行全球服装品牌的中国水污染调查，开展"为中国江河去毒全球行动"，督促全球主要服装品牌生产商承诺在2020年前消除其供应链和产品中的所有有毒有害物质。

资料来源：根据网络资料整理。

2.2 公共关系机构

公共关系工作是一项长期的、专业性的、技术性的工作，随着社会的发展，这项工作的职业化特征也越来越明显。因此需要专门的组织机构和专业人员来从事公共关系工作，公共关系机构便应运而生。

公共关系机构是为贯彻公共关系思想，实现组织公共关系目标，由专职公共关系人员组成，专职从事公共关系工作的组织机构。公共关系机构代理着特定组织的公共关系工作，是实质上的公共关系主体。作为专业化的社会组织，公共关系机构在组织公共关系工作中具有无可比拟的优势，在组织形象塑造、舆论管理、沟通管理、环境监测、预测预警、危机管理等方面，是其他组织机构所不能替代的。

在现有的公共关系机构中，主要分为两类，一类是社会组织内部设立的公共关系部门，如组织内部的公共关系部，或称为公共事务部、公共信息部、公共关系营销部、顾客关系部、企业宣传部、公共关系广告部等；另一类是专门承接公共关系委托业务，代理其他社会组织公共关系业务的服务性机构，如公共关系公司、公共关系事务所等。还有一类就是公共关系社会团体。

2.2.1 公共关系部

公共关系部是社会组织内部设立的，专门负责处理公共关系事务的职能部门（或机构）。作为组织内部机构，其职责、地位、规模是由组织自身状况、公众特点及组织与公众之间的联系状况决定的。随着社会的快速发展，社会组织的形象管理工作日趋重要，公共关系部门的工作也日趋繁重。一个组织要想做好公共关系工作，不仅要在组织机构上设立公共关系部门，更重要的是对公共关系部门的地位和作用、公共关系部门的设置原则、组织机构的规模与模式及组织自设公共关系机构工作的局限性有一个足够的认识。

1. 公共关系部的地位与作用

公共关系部是为实现组织的既定目标而设置的，与组织内部的其他机构（如人事部门、财务部门、业务部门等）一样，公共关系部门也有着特定的职能。公共关系部在社会组织中的地位，既取决于组织决策者对公共关系内涵的把握及对公共关系部门的目标期望，也取决于公共关系部门自身作用的发挥。通常，组织决策者对公共关系部门的目标期望高，公共关系部门自身作用发挥得好，其在组织中的地位就高；反之，组织决策者对公共关系部门的目标期望低，公共关系部门的自身作用发挥得不好，其在组织中的地位就低。

公共关系部门的地位和作用突出表现在以下三个方面。

（1）情报信息中心

公共关系部是组织的信息枢纽，重要的职能之一就是负责搜集与本组织生存和发展密切相关的信息和情报资料，并进行分析、加工和整理，使组织能够及时把握自身所处的环境、公众的状况，了解社会政治、经济、文化等各种因素的变化，预测组织和公众发展走向，提出科学的公共关系建议和计划。

（2）顾问咨询中心

公共关系部不仅要善于对信息进行收集、加工和整理，还要把信息迅速反馈给组织领导层和各个职能部门，为组织决策提供咨询和建议。因而，公共关系部在组织中扮演着"思想库""点子库""智囊库""参谋部"的角色，这方面的作用是其他部门所不能替代的。

（3）宣传部和外交部

公共关系部担负着向公众宣传、解释组织的有关政策和行为、传递组织有关信息的重要职能，通过召开新闻发布会、记者招待会、对外联络、接待访问、社会服务及社会赞助等多种活动，加强组织与社会公众的联系沟通，协调好各种关系，发挥组织的"喉舌"作用，提高组织的知名度和美誉度，获得公众的了解、认同、信任、理解和支持，为组织发展创造良好的社会环境。

2. 公共关系部的职能

公共关系部的基本职能主要包括以下 4 个方面。

（1）信息收集和处理

通过与组织内外各方面的密切联系和交流，搜集一切与本组织密切相关的信息，并进行分析、加工和处理。

（2）监测环境

监测环境即感知和预测影响组织目标实现的公众态度及社会环境的变化。社会组织的环境是由其公众及其他影响组织生存和发展的社会政治、经济、文化等因素构成的。组织的环境是不断变化的，要适应这种变化，就必须对此做出迅速反应。公共关系部的重要作用就是及时、准确地向组织提供环境变化的信息，帮助组织准确地分析并预测环境的变化，从而进行适当的行为或目标的调整。公共关系部要发挥好这一方面的作用，就要不断了解组织内部公众对本组织的意见和建议；了解社会政治、经济、文化发展的现状及变化，并预测其未来趋势；了解外部公众对本组织的方针、决策和行为的反映与评价等。

（3）决策咨询

决策咨询即在采集、整理、分析信息的基础上，为组织目标的实现提供可供选择的决策方案或对已有的决策方案提出咨询意见，协助组织决策者进行科学决策。公共关系部要协助组织决策者分析、权衡各种决策方案的利弊，预测组织决策所产生的社会后果及影响的广度和深度，督促并提示组织决策者修正不利于组织长远发展的政策与行为。

（4）沟通协调

沟通协调即借助各种媒介有效地与公众进行信息传递，获得公众的理解和信任，从而取得公众的支持与合作。组织内部的公共关系机构要不断地向公众宣传组织的政策，解释组织的行为，增加组织的透明度。应通过对外联络、接待访问、社会服务及社会赞助等多种交往活动，为组织广结人缘、发展友谊、化解矛盾、协调关系，避免和减少组织与公众的摩擦与冲突，创造一个充满理解信任、团结合作气氛的良好内部环境。

案例阅读 2-4

海外某上市公司公共关系部的工作职责

- ▶ 收集社会经济、产业状况及各种相关法令的变动信息，并及时向最高管理层作通报；
- ▶ 就自己公司与其他上市公司的经营利益及相关的重要数据进行比较；
- ▶ 与政府部门、行业协会及重要厂商接触、联络，以扩增公司的业务机会；
- ▶ 定期安排政府主管官员、重点厂商与自己公司的相关主管会面、洽商；
- ▶ 主动选择适当题材及相关媒体，以宣传公司；
- ▶ 安排公司领导人接受媒体采访，满足媒体报道需求；
- ▶ 编撰公司简介、通讯、年度报告，组织年庆、股东大会等活动；
- ▶ 与公司福利委员会、工会密切配合，照顾并反映员工需求；
- ▶ 不定期发布公司领导人讲话；
- ▶ 表扬绩优员工；
- ▶ 利用有效渠道，加强公司内部的沟通；

▶ 深入基层，发掘公共关系问题；
▶ 其他专项工作处理。

3. 公共关系部的特点

（1）专业性

公共关系部是社会组织贯彻公共关系思想，实现公共关系目标的专业化机构，因此，必须从组织上和工作内容上保证其专业化的特性。在组织上，公共关系部是由公共关系理念清晰、具有一定的专业素养、勇于开拓进取的公共关系专职人员为骨干组成的精干、高效的专业化工作团队；在工作内容上，公共关系部能够精力集中于与组织的公共关系目标有关的事务上，提供专业化的高质量的服务。

（2）协同性

在组织体系中，公共关系部不像其他职能部门那样具有相对的独立性，而是与各部门保持密切的、良好的合作关系的协调性机构。组织公共关系目标的实现，是各部门互相配合、共同努力的结果，公共关系部起到了协调、组织、沟通的作用。

（3）服务性

公共关系部不是生产部门，不是领导机关，也不是直接的经营管理部门，而是具有服务性的高层次的管理部门，其所从事的工作基本上都是为实现组织目标而开展的服务性工作。

（4）自主性

公共关系部在所处组织中应有独立的地位，其工作具有独立性，在确定的工作范围内可以自主地行使权力，履行职责，能根据外界环境的变化自主进行工作上的调整。

4. 公共关系部设置的原则

公共关系工作在现代社会组织中的重要性越来越被人们所认识。为了做好这方面的工作，使组织处于一个良好的公共关系状态，在组建公共关系部时，必须注重组织设计，按照精简、效率的目标，确定科学合理的管理幅度和管理层次，明确权责任关系，配备适合的工作人员。在设置公共关系部时，应遵循以下三项基本原则。

（1）必要性原则

任何一个社会组织，只要在社会上存在一天，就不可避免地面对一系列的公共关系问题。一个组织是否设置公共关系部门，考虑三个方面：组织对设置这一机构的职能和作用的认识，组织现有专门人才的状况，组织的特定公众对这一机构的认可程度。如果一个组织对公共关系机构的职能与作用认识充分，有主持这项工作的恰当人选，并能被外部公众所接受，则具备了设置公共关系部的必要条件。一般情况下，大型组织适合建立人数较多、门类齐全、分工细致的公共关系部，中型组织可设立人数较少、职能综合的公共关系部，而一些小型组织可以不设置公共关系部，组织的公共关系工作可暂由其他部门（如办公室、宣传处等）负责，组织的大型公共关系活动可委托给某些专业公共关系公司，这是切实可行的。

（2）针对性原则

公共关系部的设置应当有针对性地根据组织的性质和特定的公众来确定。组织性质不同，面对的公众也不同，公共关系工作的目标、内容、方法也不同。有的以内部公众为主，有的以外部公众为主，有的以特定的公众为对象，有的以整个社会公众为对象。组织在设置公共关系部时，就要有针对性，根据组织自身的性质和特定的公众对象开展工作。比如，以出口为主营业务的公司，可以设立"国际关系部"，专门处理与国外客户的关系，既增强了工作的针对性，又提高了工作效果。

（3）专业化原则

公共关系部是专业化机构，面临着文案设计、公共关系策划、客户接待、危机处理等大量的专业性工作，所以，设立时必须保证其专业化的特性。必须配备具有一定的专业素养、勇于开拓进取的公共关系专职人员，避免成为组织的"办公室"、"秘书处"或"接待处"。

5. 公共关系部的组织类型

公共关系部的组织类型可以从不同角度来区分。

从规模上，可以把公共关系部划分为大、中、小三种类型。

大型公共关系部人员众多、机构复杂，通常适合于大型组织设置。

6. 公共关系部工作的优势与局限

公共关系部作为组织内部的公共关系机构，相对于组织外部的公共关系机构而言，有一定的优势，但也存在一定的局限性。

从优势上看，公共关系部熟悉本组织的内部情况与外部环境，有利于开展工作，提高公共关系工作的实效；容易抓住本组织现有公共关系问题的症结，提出有效的改进方案；能够及时提供公共关系服务，随时为决策者提供咨询建议，并可对突发事件提供快速有效的对策；有利于组织内部公众的沟通与协调；能够确保组织公共关系政策及工作的连续性和稳定性；有利于节省经费。

从局限性上看，公共关系部在开展工作的过程中，很难摆脱习惯势力的影响，对组织本身的公共关系问题往往缺乏足够的敏感性；受组织内部人事关系的制约，对情况的反映和处理可能不尽客观和公正；工作人员的经验范围较狭小，公共关系工作难以有大的创新和突破。此外，在协调本组织与外部公众的利益冲突时，由于其自身的角色及立场，很难得到公众的信任与合作。

案例阅读 2-5

客房重复预订之后

某酒店销售公关部接到一日本团队住宿的预订，在确定了客房类型并安排在 10 楼同一楼层后，销售公关部开具了"来客委托书"，交给了总台石小姐。由于石小姐工作疏忽，错输入电脑，而且与此同时，又接到一位台湾石姓客人的来电预订。因为双方都姓石，石先生又是酒店的常客，与石小姐相识，石小姐便把 10 楼 1015 客房许诺订给了这位台湾客人。

当发现客房被重复预订之后，总台的石小姐受到了严厉的处分。不仅因为工作出现了差错，而且违反了客人预订只提供客房类型、楼层，不得提供具体房号的店规。这样一来，酒店处于潜在的被动地位。如何回避可能出现的矛盾呢？酒店总经理找来了销售公关部和客房部的两位经理，商量了几种应变方案。

台湾石先生如期来到酒店，当得知因为有日本客人来才使自己不能如愿时，表现出了极大的不满。这位台湾石先生每次到这座城市，都下榻这家酒店，而且特别偏爱住10楼。换间客房是坚决不同意的，无论总台怎么解释和赔礼，这位台湾客人仍指责酒店背信弃义，崇洋媚外。

销售公关部经理想，石先生既然没有提出换一家酒店住宿，表明对此酒店仍抱有好感，"住10楼比较困难，因为要涉及另一批客人，会产生新的矛盾，请石先生谅解。"

"看在酒店和石小姐的面子上，同意换楼层。但房型和陈设、布置各方面要与1015客房一样。"石先生作出了让步。

"8楼有相同的客房，但其中的布置，家具可能不尽如石先生之意。您来之前我们已经了解石先生酷爱保龄球，现在我陪先生玩上一会儿，在这段时间里，酒店会以最快的速度将您所满意家具换到8楼客房。"销售公关经理说。

"不胜感激，我同意。"石先生惊喜。

酒店的这一举措，弥补了工作中的失误，赢得了石先生的心。为了换回酒店的信誉，同时也为了使"上帝"真正满意，酒店做出了超值的服务。此事被传为佳话，声名远播。

2.2.2 公共关系公司

公共关系公司又称公共关系顾问公司、公共关系咨询策划公司、公共咨询服务中心等，是专门从事公共关系方面的咨询服务或代客户进行公共关系活动的服务性组织。它是由具有专业知识和技能、丰富的经验和较高的职业技术水平的公共关系专家组成的专业公共关系机构。与组织内部的公共关系部不同，公共关系公司是一个独立的营利性机构，它依靠为客户提供服务收取费用而生存。

公共关系公司产生于20世纪初并得到了迅速发展。1903年，现代公共关系之父——艾维·李创立了"宣传顾问事务所"，为企业、财团等社会组织提供咨询策划、代理宣传等服务，标志着公共关系作为一种职业的诞生，"宣传顾问事务所"成为世界上第一家公共关系公司。此后，公共关系公司如雨后春笋般发展起来。1986年，在北京成立了中国首家公共关系公司——中国环球公共关系公司，随后全国各地都纷纷涌现出许多公共关系公司。

1. 公共关系公司的基本职能和业务范围

公共关系公司的基本职能是帮助客户确立公共关系目标，通过调查研究，对客户进行准确的形象定位；制定并实施公共关系计划，帮助客户改善公众形象，在公众中建立良好的信誉。

在业务范围上，公共关系公司可为客户提供以下几方面的服务。

（1）公共关系咨询和建议

公共关系公司可根据客户的要求，为客户提供社会政治、经济、文化、教育、科技等方面的情报，提供市场信息、公众态度、社会心理倾向及社区文化习俗的分析资料；为客户进行公共关系问题的分析与诊断；为客户的形象设计、形象评价及公共关系政策或决策提供咨询等。

（2）传播信息

代为客户进行各种信息传播，包括为客户撰写新闻稿件、选择新闻媒体、建立媒体关系、举行记者招待会（或新闻发布会）；为客户设计、印制宣传资料和纪念物品及统一的标识制品；为客户制作宣传影片、录像带或光盘等视听资料；为客户制定广告投资计划，设计制作产品广告及公共关系广告；协助客户推广产品信息，制造有利的市场气氛等。

（3）公共关系策划

协助客户与相关公众进行有效的联络沟通，帮助客户与政府、社区、媒体等公众建立并维持良好的关系；为客户安排、组织重要的交往活动；为客户策划组织各种专题活动，如剪彩仪式、庆典、联谊及各种社会赞助活动等；组织各种会议，如信息交流会、产品展销会及洽谈会等。

（4）公共关系业务培训

公共关系公司受客户委托，对客户的公共关系人员或全体员工进行公共关系理论和实务的培训，使其具有足够的公共关系理论知识和实际操作技能，以适应岗位的需要。

案例阅读 2-6

伟达公共关系公司业务范围

伟达公共关系公司是世界是最负盛名的专业公关公司，于 1984 年率先设立了北京办事处，1993 年又设立了上海办事处，目前已在 40 多个城市开展工作。伟达以其新颖先进的营销公关活动和全面连贯的企业定位与管理活动建立了自己的信誉，被公认为具有不可比拟的经验、无可争辩的洞察力和极其强大的影响力。

业务范围包括以下内容。

① 危机处理和媒体培训：24 小时危机支持、危机模拟、危机防范材料准备、内部沟通、全球情报监测与搜集、沟通信息的确立、危机相关网页建立、新闻发言人培训等。

② 企业公关及政府关系：围绕"企业声誉管理"和"品牌成长"两个主题，有方向地开展公关活动，包括 CEO 访问、公司定位、企业公民公益项目、企业形象项目、市场进入策略、媒体关系、开业庆典、股东跟踪等。

③ 财经公关：服务项目包括 IPO 和投资者关系协调，进行每日媒体监测，竞争对手分析及媒体消息发布，如简报分析、市场营销、IPO 上市路演、媒体监测及分析、媒体关系等。

④ 市场公关：进行产品发布、宣传资料创意和市场推广，开展广告活动发布、庆典活动、路演、媒体分析及竞争者监测、网上促销、产品发布等。

⑤ 科技公关：对于系统运营商、服务提供商、硬件制造商和软件提供商，提供最新的解决方案，开展公司/产品发布活动、市场开拓及市场定位、战略决策咨询活动等。

⑥ 体育市场公关：进行体育市场营销，举办体育比赛、安排名人到访活动、赞助活动、产品发布、票务销售等。

2. 公共关系公司的基本类型

不同的公共关系公司在规模、结构及业务范围方面有很大差别。从规模上看，有跨地区、跨国度经营的大公司，也有局限于一个地区、一定范围内经营的中小公司；从业务范围上看，有多种业务项目的综合型公司，也有仅承办专门业务项目的专业公司。归纳起来，大体可分为三种基本类型，即顾问型公共关系公司、综合服务型公共关系公司、专项服务型公共关系公司。

（1）顾问型公共关系公司

这类公司是受客户委托，为客户提供公共关系咨询、指导，承担公共关系项目服务的公司，其成员基本上都是有一定名望的某一工作领域的专家，如公共关系专家、新闻传播专家、社会心理分析专家、公众关系协调专家、市场分析与预测专家等。这些专家阅历广、知识新、头脑灵、眼光远，不仅能为客户作决策咨询，还可进行各种公共关系具体业务的指导，有利于帮助组织取得良好的公共关系效果。

（2）综合服务型公共关系公司

综合服务型公司是指规模大、范围广、业务全、实力强的公共关系公司。此类公司一般拥有先进的信息收集系统和信息储存与分析系统，通过多种途径广泛采集世界各国政治、经济、文化、法律、社会政策、风俗习惯及市场动态等多方面信息。公司拥有一大批擅长处理不同方面问题和协调不同方面关系的经验丰富的专家。公司可为不同类型的客户提供多种形式的服务；政府、社区、媒体、顾客及至雇员关系的处理与协调；客户 CI 战略的策划与实施；公众调查及人员培训等。

（3）专项服务型公共关系公司

这类公司是专门提供某一方面公共关系服务，或专门为某一特定行业提供公共关系服务的公司，如专项为客户进行市场调查，或专项为客户组织某种公共关系活动等。专项服务型公共关系公司的人员通常都是某一领域的专家，在该工作领域有广泛的联系和丰富的经验。这类公司较之综合服务型公司的经营规模和业务范围要小。

3. 公共关系公司的工作原则

公共关系公司作为一类特殊的服务性公司，应遵守以下原则。

（1）维护委托者的利益

公共关系公司在开展工作时，不但要注意维护本身形象，更重要的是站在客户的立场上，尽全力为客户办好事、办实事。因此，公共关系公司在制定公共关系活动经费预算时就应该精打细算，不要因为好大喜功，一味地追求轰动效应而铺张浪费；在收取服务咨询费时也应公平公道，不要漫天要价；对于在公共关系活动实施过程中出现的问题，也应本着认真负责的态度及时整改，以达到最佳公共关系效果。

（2）严守委托者秘密，不干涉委托者的内部事务

由于工作性质，公共关系公司可能会接触和了解委托方的生产、经营、管理情况，甚至还会触及委托方的某些商业秘密，而这些信息一旦泄露出去，特别是被竞争者知悉，可能会给委托方带来严重的后果。因此，公共关系公司在工作过程及工作完成以后，都应该严守这些秘密。同时，公共关系公司在为委托方服务过程中，应严格约束自我，把对委托单位的建

议意见和干涉其内务区分开，不得借口工作需要而指手画脚。

（3）严格禁止同时为互相竞争的委托者提供服务

公共关系公司的服务对象遍及各行业、各公司企业，但公共关系公司不得同时为两家互为竞争对手的公司提供公共关系服务，更不能以掌握的信息为资本去为该客户的竞争对手服务，这样做对这两家公司都是不公平的，有悖公共关系公司的职业准则。

4. 公共关系公司的收费方式

公共关系公司是营利性企业，通过为客户提供有偿公共关系服务，满足客户的要求，取得公司的利润。

（1）项目收费

公共关系公司通常是根据服务项目的具体要求来确定所需费用的，即采用所谓的项目计费方式。公共关系公司接受客户委托，办理某一特定的项目，所需支付的经费均由客户支付，以保证项目的顺利完成。项目所需经费通常包括：项目活动费、项目管理费、咨询服务费和劳务费等。项目活动费包括为完成项目、实现项目目标而进行的一系列活动所需的费用；项目管理费则为用于公司行政管理和办公开支的费用，通常按项目总费用的一定比例提取；咨询服务费为支付公司聘请的项目指导专家的费用；劳务费则为项目实施期间所有与项目设计与执行有关的工作人员的工资等。

（2）计时收费

计时收费即按照参加此项目工作人员的工作水平、服务项目的难易程度等，确定单位时间的收费标准，以项目完成所需时间计算费用。它通常按小时收费，包括工资成本、行政管理成本、专业管理费及适当的利润。

5. 公共关系公司的特点

与公共关系部相比，公共关系公司具有以下几个显著的特点。

（1）观察和分析问题更客观

中国有句古话叫"当局者迷，旁观者清"。公共关系公司是组织外的公共关系服务机构，其工作人员和客户之间不存在固有的人事关系，只是聘请与被聘请的关系。他们不受客户内部复杂的人际关系的牵累，也不必听命于客户的某位领导。他们在观察和分析问题时，一般不会受到组织特有的文化和价值观的影响，也没有因长期处在一个企业中而形成的思维惯性或定势，再加上他们和组织之间没有直接的利益冲突，因而他们的观察和分析更客观，能更敏锐地发现组织的问题所在，客观公正地分析和解决问题。

（2）职业水准比较高，建议和方案更权威

公共关系公司是专业公共关系机构，其工作人员一般是由学有专长的专家组成，其所承揽的业务往往是社会组织难以解决的复杂工作，具有明显的智力优势和经验优势，因而工作更具有专业性和权威性。

（3）具有更高的性价比

公共关系公司是一种营利性组织，而且公共关系公司特别是名牌公共关系公司收费相当高，但如果综合起来考虑，选择公共关系公司还是更经济。一方面，组织维持一个公共关系部门的运转，同样需要支付日常费用、人员工资、办公经费等；另一方面，公共关系公司提供的方案往往更合理、更权威、效果更佳,其创造的收益、企业从中获得的直接和间接效益也更大。而且,知名公共关系公司的形象具有扩散效应。对于那些想尽快提高知名度和美誉度的组织来说,聘请知名公共关系公司开展一次或一系列成功的公共关系活动是很好的选择。因此,对那些小型组织而言,选择公共关系公司要比在内部常设公共关系部更经济。

同时,公共关系公司也有自身的不足,比如,对客户的情况了解不深入,影响工作进度和质量;为客户提供服务的时间一般不会太长,难以为客户制定和执行长期的公共关系计划。所以,实际工作中,公共关系公司要注意扬长避短,使公共关系工作取得更好效果。

案例阅读 2-7

聘请公共关系公司的 6 个理由

- ▶ 管理层先前没有开展过正式的公共关系活动项目,缺乏组织公共关系活动项目的经验;
- ▶ 总部所在位置也许与传播或金融中心相距甚远;
- ▶ 公司有着范围广泛的不断更新的接触;
- ▶ 外部公司可以为有经验的行政主管和有创造力的专家提供服务,这些行政主管和专家或者不愿意搬迁到其他城市,或者他们的工资没有一个单独的组织可以承担得起;
- ▶ 一家拥有自己的公共关系部门的组织很可能还需要一些高度专业化的服务,而这种服务是公共关系部门所不能提供的,或者是不需要在全日制和持续不断的基础上提供的;
- ▶ 至关重要的政策问题要求外部旁观者的独立判断。

资料来源:卡特李普. 公共关系教程. 明安香,译. 北京:华夏出版社,2001.

6. 选择公共关系公司应考虑的因素

很多社会组织都缺乏策划和运作影响较大的公共关系活动的经验,组织内部的公共关系部也可能不具备进行综合性服务所需的经验和能力。因此,需要委托专业公共关系公司代理某些特定的业务,此时应着重考虑以下几个因素。

① 公共关系公司的资信情况。认真考察公司成立的时间、现有的规模、专长;所能提供的服务项目和公司以往的业绩、客户的情况及对公司的评价;公司推出的影响较大的公共关系活动;社会公众对该公司的评价等。

② 公共关系公司的人员素质。了解公共关系公司从业人员的背景、经历、知识、技能、业务水平等。

③ 公共关系公司的收费标准。

2.2.3 公共关系社会团体

公共关系社会团体是致力和热爱公共关系事业的团体与个人自发联合起来组建的非营利性松散型的社会群众团体。它包括协会、学会、研究会、专业委员会、俱乐部、沙龙、联谊会等公共关系机构。公共关系社会团体要依照国务院颁布的《社会团体登记管理条例》的规定，到民政部门申请登记，经批准后组建，并在宪法规定的范围内独立开展活动。

1903年艾维·李把公共关系变成一门职业后，各种专业性的公共关系协会（学会）也迅速地发展起来。1915年7月，金融公共关系协会在美国芝加哥成立。1948年2月4日，美国的全国公共关系顾问协会（NAPRC）和美国公共关系理事会（ACPR）合并成立美国公共关系学会。英国公共关系学会（IPR）成立于1948年，有12个地区性的团体，会员超过3 500人，他们在建立和推行职业道德准则方面走在世界前列。在所有专业性协会中，总部设在伦敦的国际公共关系协会（IPRA）是最具影响力的。1955年刚成立时只有5个国家和15名会员，现在已发展到77个国家数千名会员。国际公共关系协会每年聚会两次，颁发"促进世界理解杰出贡献奖"，并出版《国际公共关系评论》季刊。

在我国，最早的公共关系协会是1986年12月成立的上海公共关系协会。1987年5月，全国性公共关系专业组织——中国公共关系协会成立。目前，该协会已有会员22万人。1991年4月，以促进国内外公共关系界交流与协作为己任的中国国际公共关系协会在北京成立。此外，国内比较有名的公共关系协会还有中国高等教育学会公共关系学会等。

1. 公共关系社会团体的特点

（1）群众性

公共关系社会团体是社会群众团体，它在很大程度上成为一种各行各业从事公共关系工作和热爱公共关系事业的团体和个人参加的、广泛的联谊性团体。

（2）松散性

公共关系社会团体与公共关系公司、公共关系部相比，缺乏严格的组织结构，会员入会和离会手续较简单，没有强制性，管理较为松散。

（3）权威性

参加公共关系社会团体的往往是社会上从事公共关系工作和热爱公共关系事业的团体和个人，其中聚集了一批有理论、有实践经验的公共关系专家、学者和实际工作者，他们通过理论研究和优质高效的服务，不仅可满足社会对公共关系的需求，而且也能提高所在社会团体的权威性和信誉。

（4）非营利性

公共关系社会团体不是一个经济实体，因此，它不以营利为目的。

2. 公共关系社会团体的类型

公共关系社会团体的类型多种多样，根据我国公共关系社会团体的现状，可大体分为以下几种类型。

（1）综合型社会团体

这类社团具有指导、协调、监督、管理、服务等多方面的综合职能。如中国公共关系协会、中国国际公共关系协会等，多是跨行业、跨地域的大型社团。

（2）学术型社会团体

包括公共关系学会、研究会等纯学术性的团体。这类社团通过举办理论研讨会、学术交流会等活动，研究公共关系的动态和理论问题，总结公共关系的经验，把握公共关系发展的趋势，为从事公共关系工作的人员进行理论指导。

（3）行业型社会团体

主要指某一行业系统内部成立的公共关系社会团体。如中国煤炭公共关系专业委员会、中国新闻界公共关系学会等。行业型公共关系社会团体有利于公共关系事业在行业内顺利发展。

（4）联谊型社会团体

一般包括公共关系俱乐部、公共关系沙龙、公共关系联谊会。这些形式多样的公共关系社会团体组织的特征是：自发性、多样性、松散性、灵活性、临时性。这类组织通过开展工作可以推广普及公共关系知识，可以使成员之间沟通信息、联络感情等。

3. 公共关系社会团体的职责

公共关系社会团体是一种特殊的公共关系组织，它既是广大公共关系专家、学者及公共关系爱好者组成的民间团体，又是公共关系界与政府、工商企业及其他组织相互联系的纽带与桥梁。其宗旨是宣传公共关系思想、普及公共关系知识、协调公共关系活动。其具体职责有如下几个方面。

（1）发展和联络会员

为了公共关系事业的发展，公共关系社会团体应把社会上各行各业的公共关系爱好者和实际工作者，源源不断地吸收到社会团体中，组织学术和经验交流，研究公共关系理论和实践，以更好地促进我国公共关系事业的发展。同时，还要与会员进行经常性的横向沟通和联络，以便形成网络，进行广泛的协作。

（2）宣传普及公共关系知识

这是公共关系社会团体的一项经常性的工作。通过坚持不懈地向社会公众宣传、普及公共关系知识，来匡正社会公众对公共关系的误解，提高全民的公共关系意识。

（3）组织专业培训工作

公共关系社会团体通过举办培训班、讲习班等形式来培训公共关系专业人员，以进一步提高公共关系专业人员的素质。在中国公共关系协会和中国国际公共关系协会的共同努力下，公共关系员国家职业资格认定于1999年6月获得国家劳动和社会保障部的正式批准，使长期以来一直困扰着广大公共关系从业人员的资格问题，有了职业归属，大大推动了我国公共关系职业的健康蓬勃发展。

（4）交流公共关系信息，开展公共关系咨询服务

公共关系社会团体应建立起公共关系信息网络，将国内外的公共关系信息、市场信息等传播、通报给各方公共关系社会团体，以便各方结合自己的实际，为当地社会组织提供咨询服务，以更好地开展公共关系社会团体的工作。

（5）编辑出版刊物

公共关系社会团体编辑出版有关公共关系的书籍和报刊，这是宣传公共关系的重要手段。如美国公共关系协会编有《公共关系评论》；加拿大公共关系学会编有时事通讯季刊——《公报》；国际公共关系协会的官方出版物是《国际公共关系评论》。

2.3 公共关系工作人员

公共关系人员是专门从事组织机构公众信息传播、关系协调与形象管理事务的调查、咨询、策划和实施人员。公共关系人员是公共关系活动赖以成功的最根本要素,肩负着辅助组织决策、沟通联系组织内外公众、进行公共关系策划、开展公共关系活动、推销组织形象的重要任务,被誉为组织形象的"设计师"。

1999年国家劳动和社会保障部组织编写了《中国职业大典》,将公共关系职业名称规定为公共关系员,确定为专门从事组织机构公众信息传播、关系协调与形象管理事务的调查、咨询、策划和实施的人员。公共关系职业工作描述为:制订组织的公众传播计划,编辑、制作和发行组织的各种宣传材料,负责组织的新闻发布、形象传播工作;监测、收集、整理和分析组织的公众信息,向组织的领导人提供管理咨询建议;制定组织和产品(服务)的形象管理计划,策划和实施各种专题性公众活动,并对其进行评估;沟通、协调组织与内外公众的关系,参与处理组织的公众咨询、投诉和来访接待事务;协助组织发现、处理并监控其与公众之间的矛盾、问题和突发(危机)事件;对组织的其他有关人员进行上述工作的专业培训和指导。这是对公共关系人员最准确的界定和描述。

在现代社会,公共关系受到社会组织的普遍重视并发挥着越来越重要的作用,因而公共关系人员的独特作用日益显现,不仅从业人员数量不断增加,而且成为富有挑战性的重要职业。随着公共关系专业化水平的提高,公共关系工作领域不断扩大,对公共关系人员的意识观念、知识结构与能力素质都提出了新的要求。

2.3.1 公共关系人员的素质

公共关系人员的素质,是公共关系人员在运用传播媒体,实施公共关系活动过程中所表现出来的知识、个性、兴趣爱好、仪表风度、工作风格、文化素养等生理和心理方面的总和。在一些人看来,公共关系人员都是"俊男美女",每个人都是"能言会道"。这其实是对公共关系人员的误解。公共关系工作是一项专业性很强的工作,对从业人员的知识结构、专业技能、心理素质、道德素质等具有很高的要求;形象好、能说会道,只是公共关系人员的基本素质之一。

公共关系人员首先应具备现代人的全面发展的素质,具有现代人的思维方式、知识和能力、意识观念等,同时应具有公共关系职业特征,即以公共关系为核心,以自信、热情、开放的职业心理为基础,辅之以公共关系专业知识结构和能力结构的整体职业素质。

1. 公共关系人员的知识结构

知识结构是知识体系在求知者头脑中的内化,也就是求知者所具有的各种知识的排列组合。

公共关系学是一门综合性的应用科学,其学科体系包括了专业公共关系人员从事公共关系工作所需的专业知识及相关知识构成的全部知识内容。公共关系人员的知识结构是指公共关系人员从事公共关系活动时所需的专业知识及由相关知识构成的知识体系。健全的知识结构不仅是公共关系人员基本素质的重要组成部分,而且是其创造性地开展公共关系工作的保证。其知识结构由三个方面组成。

1) 公共关系理论与实务知识

公共关系理论是公共关系社会实践活动的经验总结,是公共关系社会实践活动的基本行动指南。公共关系理论包括:公共关系的基本概念、公共关系的历史沿革、公共关系的职能和基本原则、公共关系的要素、公共关系活动的程序与方法等。

公共关系实务是公共关系社会实践活动的体现,是在公共关系理论指导下的具体实施。实务知识包括:公共关系调查研究、公共关系策划、公共关系协调、公共实施与评估、公共关系危机的处理、公共关系宣传、公共关系礼仪等。

2) 与公共关系密切相关的学科知识

公共关系学是一门综合性、应用性很强的学科。公共关系人员的知识结构应具有广博性的特点,应涉猎多门学科。主要包括以下内容。

(1) 基础学科知识

公共关系从业人员的基础学科知识包括哲学、思想史、政治学、经济学、社会学、心理学、文学、美学、法学等。哲学是从世界观和方法论的高度对公共关系的学科研究和具体实践进行宏观指导。思想史可对认识人类社会发展历程与规律给予一定的启示。其他学科为公共关系人员提供了完整的文化知识背景,这对于提高其理论修养和分析现实问题的能力是十分必要的。

(2) 背景学科知识

包括管理学、传播学、市场学、营销学等。这些学科知识不仅为公共关系学奠定了理论基础,也为公共关系人员提供了丰富的知识给养。

(3) 交叉学科知识

广告学、创造学、竞争学、人际关系学等学科与公共关系学存在一定的交叉。如广告学是研究广告的艺术,推销的是商品,而公共关系学研究的是组织形象的艺术,推销的是组织形象;公共关系活动是由具体的人实施的,注重人与人之间的交往和沟通,必然涉及人际关系学等。这些交叉学科对公共关系活动具有很强的指导意义,所以公共关系人员必须具备交叉学科的相关知识。

(4) 技术学科知识

公共关系活动重视策划和操作,具有很高的技术含量。公共关系人员要了解和掌握演讲学、写作学、口才学、计算机知识、网络技术、传播技术等,提高公共关系活动的质量和效率。

3) 与组织相关的知识

公共关系人员必须了解本组织的情况,对组织的目标、任务、性质、特点、历史、竞争对手、企业文化、经营方式等要相当熟悉。同时,要密切关注组织环境的变化和组织的变革,不断学习新知识,改善知识结构。

2. 公共关系人员的能力结构

公共关系人员的能力结构是指完成公共关系工作的本领。美国公共关系学家坎托曾这样描述成功的公共关系人员的十大特征：对于紧张状态做出反应；个人主动性；好奇心和学习；精力、活力和抱负；客观的思考；灵活的态度；为他人提供服务；友善；多才多艺；缺乏自我意识。由此可见，公共关系人员应具有较强的综合能力。

一般来讲，公共关系人员的能力结构应包括以下内容。

（1）较强的语言表达能力

语言表达包括文字表达和口头表达两种。文字表达能力就是写作能力。公共关系工作中涉及写作的范围很广，从日常的信件函牍、公文告示到公共关系计划、调查报告、工作总结，从新闻稿、演讲词、广告语到公共关系手册、公共关系策划书，都需要公共关系人员掌握各种文体的写作要点，运用严谨的逻辑思维、朴实流畅的文风进行表达。口头表达能力就是口才。口头表达是公共关系工作中实现信息双向交流的最主要、最直接、最迅速的传递手段。在特定场合，公共关系人员要发表演讲和谈话，要与公众进行交流和沟通，还可能与公众进行谈判等，都要掌握和运用口头表达艺术，并借助肢体语言，增强口头表达的说服力和感染力。

（2）较强的组织策划能力

古人云："谋事在人，成事在天。"公共关系活动是一种创造性活动，体现较高的知识能力水平和创造性精神。公共关系人员要根据组织目标的要求，发挥自己的聪明才智和创造性思维，进行公共关系活动的全面策划和设计。要善于调动、组织、协调组织内外公众的力量和关系，有效地组织与开展公共关系活动，并恰当选择和运用多种传播手段，推动组织既定目标的实现。

（3）较强的社会交往能力

公共关系的建立和维护要依靠人际间的交往来完成。因此，有效的人际交往是组织搞好公共关系工作的基础。衡量一个公共关系人员能否适应公共关系工作需要的标准之一，就是看他是否具备善于与他人交往的能力。社会交往能力是公共关系人员多方面能力的综合表现。公共关系人员应了解并遵循社交场合的礼仪要求，特别是在涉外交往中，既要遵循国际惯例，又要根据本国特点和风俗习惯及特殊的需要灵活变通，树立自身的良好形象，为组织赢得更多的发展机会。

（4）应变能力

公共关系人员既要面对繁杂的日常事务，又可能遇到重大的应急事件，工作并不都是一帆风顺的。这就要求公共关系人员在处理事情时要机智、灵活，有随时解决一切突发事件的能力。在组织发展顺利时，能保持组织的良好形象，并向更高层次发展；在工作不顺心不如意的时候，在遇到棘手的问题难以处理，或面对激烈的矛盾冲突的时候，要保持清醒的头脑，不急不躁，耐心冷静，调控好自己的情绪，理智、平和地面对各种复杂的局面，积极寻求解决问题的方法和途径。

（5）创新能力

公共关系活动是创造的艺术。在不同时间、不同地点、不同对象面前，同一内容的公共关系活动实现方式都会不同，创新成为公共关系活动的一个突出特点。公共关系人员要思维活跃，充满激情，摒弃成规和陋俗，冲破旧有观念的束缚，打破条条框框，想他人不敢想，做他人不敢做的事业。敢于创新、勇于开拓是公共关系人员成功的必备素质。

3. 公共关系从业人员的生理和心理素质

公共关系作为一种职业,需要具备一定的生理和心理素质。这些生理和心理素质是可以通过后天的努力培养出来的。

(1) 兴趣广泛

公共关系人员的职业特点决定了他必须与各方面、各层次的人物打交道,具有广泛的兴趣是建立交往的基础,是寻找共同点和接近点,实现与公众沟通、交流的主要手段。同时,对于公共关系人员来说,具有广泛的兴趣可以博采众长、见多识广,在复杂的环境和关系中机智应变,顺利开展工作。

(2) 意志坚强

公共关系人员应该在错综复杂的公共关系活动中,在面临诸多棘手的困难面前,保持较强的心理承受力、忍耐力和自制力,保持很强的自信心、上进心,敢于承担责任,承认错误,善于动员自身力量从容处置,迎难而进,以达到既定目标。

(3) 性格开朗

人的性格在公共关系交际中具有重要意义。开朗外向型性格的人,常常充满热情、富于朝气,可以使人感到亲切,易于创造交流思想、交流感情的环境,能够使人在困难面前保持乐观向上的情绪,能够使人形成宽容豁达的精神。因此公共关系人员具有开朗、开放的性格,是促进公共关系工作开展的重要心理条件。

(4) 保持良好的仪表和风度

公共关系工作要求经常与公众打交道,从生理的角度看,较好的体形、强健的体格、端正整洁的仪表和潇洒飘逸的风度,会对公众产生天然的吸引力,为进一步发展交往、增进友谊、开展工作打下相应的基础和条件。

4. 公共关系人员的公共关系意识

公共关系意识是公共关系实践活动在人们思维中的反映,是公共关系人员所应具备的各项素质中最为重要的一项基本素质。公共关系意识作为一种深层的思维习惯和行为规范,指导和约束着从业人员的行为。良好的公共关系意识能促使从业人员始终处于一种积极主动的工作状态,可创造性地完成各项公共关系工作。反之,不具有足够明确的公共关系意识是绝不可能干好公共关系工作的。只有具备了良好的公共关系意识,才能使公共关系行为处于自觉化的状态,才能适应环境的变化,迅速反应,灵活处置,建立一种能动、开放、创造性的机制,顺利完成公共关系工作。

公共关系人员所应具有的公共关系意识主要包括以下内容。

(1) 形象意识

公共关系的目标是建立良好的组织形象。在现代社会中,良好的形象是组织的无形资产,公共关系的一切工作都是围绕形象目标而展开的。具有明确的形象意识的人,懂得组织形象对于组织生存和发展的价值,能够自觉维护组织的形象。

(2) 服务公众意识

形象是为组织的特定公众塑造的,公众的需求就是组织形象塑造所追求的目标。"水能载舟,亦能覆舟",任何社会组织的公共关系活动都应着眼于公众的利益,应一切为公众的利益着想,创造一切条件为公众服务,满足公众不断发展的需求。只有牢固树立"公众第一"的观念,明确组织的公共关系工作归根到底就是为了"服务公众",才能承担起组织应有的社会责任,才能真正做好组织的公共关系工作。

(3)互惠意识

公共关系是组织与公众之间的互利关系。公共关系工作既要满足公众的需求,尊重公众的利益,又不能忘记自身的利益,塑造形象、获得公众是不能排斥利己性目的的。所以,公共关系工作是建立在互惠基础上的合作关系。只有具有互惠意识,公共关系人员才能信守平等互利原则,真诚友善,公众与组织利益兼顾,才能得到公众的信任、理解和支持。

案例阅读 2-8

海底捞危机公关 VS 五星级酒店床单群体性危机事件

2017年8月,北京海底捞被媒体曝光老鼠爬进食品柜、火锅漏勺掉下水道等后厨卫生问题,一时间被推到风口浪尖上,几乎震动了大半个餐饮界。对此,海底捞快速反应,在第一时间发布声明,对出现的卫生问题进行道歉,表示愿意承担经济责任和法律责任,并对所有门店进行整改。海底捞仅用半天时间就成功化险为夷,实现"最快"民意反转,将舆论引导至良性方向发展。敢于直面主动承认错误道歉,并且进行彻底整改,是海底捞能够迅速从危机中走出来的重要原因。这一公关事件被有关机构评为2017年十大危机公关成功案例之一。

2017年9月4日,独立测评机构蓝莓测评发布一篇《五星级酒店,你们为什么不换床单》的评测报告。文章称,该机构工作人员近日分别入住北京W酒店、北京三里屯Z酒店、北京X酒店、北京J酒店及北京G饭店5家五星级酒店,发现上述酒店在住客退房后均未彻底更换床品,而马桶、浴缸、漱口杯、浴袍等物品也未做到完全清洁。9月5日,北京三里屯Z酒店最先通过媒体发布了对此事件的回应,表示"该报道不能全面真实地反映我们的服务标准,且我们无法核实该报道的准确性"。随后,G酒店在其官方微博上发布了回应,同样表示"我们尚无法核实其准确性"。9月6日,北京X酒店也在官微上发布了几乎一样的内容,同样表示"尚无法核实媒体报道的准确性"。这五家酒店不遵守行业规则,无视存在的问题,搪塞媒体和公众,给整个酒店行业和自身造成了不良影响。这一事件被有关机构评为2017年十大失败危机公关案例之一。

有无强烈的公关意识,是上述危机公关事件结果天壤之别的主要原因。

资料来源:根据网络资料整理。

2.3.2 公共关系人员的职业道德

职业道德是从事一定职业的人们在职业活动过程中形成的必须遵守的行为规范和道德准则,是一定社会对于特定职业从事者的道德要求,是社会道德在职业劳动中的具体体现。从业者都应该遵守职业道德。公共关系人员同样如此。从一定意义上讲,公共关系工作比其他行业对从业者的道德要求要更高一些。这是因为,公共关系是要通过塑造组织形象、扩大组织的知名度和美誉度来追求组织的经济效益和社会效益的高度统一,从事这一职业的人代表某一组织,其在公共关系工作中反映出来的道德水准不只影响个人,更重要的是影响整个组织。所以,公共关系人员应高度重视自身的职业道德修养,做到以下三个方面。

① 公平、公正、公开。这主要是指公共关系人员应公平地对待每一个顾客、雇主、同行及其他公众,办事公正、公平,用合理、合法、透明的手段去对待每一件公共关系工作。

② 诚实、客观、信用。公共关系人员应忠实于自己所服务的组织,以真诚的态度对待公众,对公共关系事实不夸大、不溢美,言行一致,表里如一,讲求信用。

③ 维护职业形象和声誉。公共关系公司、公共关系组织应比其他任何组织更看重自己的职业形象和声誉,公共关系从业人员应该严格自律,不干有损公共关系行业形象的事,不说对公共关系行业形象不利的话。

1991年5月,在全国省、市公共关系组织第四次联席会议上,正式通过了《中国公共关系职业道德准则》,明确指出:"公共关系工作者肩负着时代的使命,公共关系工作者必须以高尚的职业道德作为完善自身形象的行为准则",并对我国公共关系职业道德做了准确界定。现引述如下:

① 公共关系工作者应当坚持社会主义方向,自觉地遵守我国的宪法、法律和社会道德规范;

② 公共关系工作者开展公共关系活动首先要注重社会效益,努力维护公共关系职业的整体形象;

③ 公共关系工作者在公共关系活动中,应当力求真实、准确、公正和对公众负责;

④ 公共关系工作者应努力提高自己的政治水平、文化修养和公共关系的专业技能;

⑤ 公共关系工作者应当将公共关系理论联系我国的实际,以严肃、认真、诚实的态度来从事公共关系学教育;

⑥ 公共关系工作者应当注意传播信息的真实性和准确性,防止和避免使人误解的信息;

⑦ 公共关系工作者不能有意损害其他公共关系工作者的信誉和公共关系行为,对不道德、不守法的公共关系组织及个人予以制止并通过有关组织采取相应的措施;

⑧ 公共关系工作者应当对公共关系事业具有高度的责任感,不得利用贿赂或其他不正当手段影响传播媒介人员进行真实、客观的报道;

⑨ 公共关系工作者在国内外公共关系实务中应该严守国家和各自组织的有关机密。

本章小结

本章从社会组织、公共关系机构、公共关系人员三个方面进行了系统介绍。涉及了社会组织、公共关系部、公共关系公司、公共关系社会团体等重要概念;社会组织的特征、公共关系机构的类型、特点、优势和不足、公共关系人员的素质和职业道德要求,这是本章的重点;如何根据社会组织的不同类型和特点,设置和正确选择公共关系机构是本章的难点。要求通过理论学习和实践锻炼,正确解决上述问题。

复习思考题

1. 试比较公共关系部门与公共关系公司的优缺点。
2. 公共关系人员应具备的基本素质及能力有哪些?
3. 试述全员公共关系管理。
4. 公共关系从业人员如何树立公共关系意识?
5. 不同类型的社会组织的公共关系目标是什么?

案例实训

案例1:

某电器公司正处于初创时期,产品质量很好,顾客认可度较高。但由于知名度较低,导致产品销售量不够理想。现欲委托一公共关系公司帮助解决这一问题。

思考题:

该公司如何选择公共关系公司?

案例2:

某百货公司由于兼并了其他几家公司,规模不断扩大,业务量激增。但是经营管理中的问题越来越多,顾客投诉量增长了两倍,公共关系问题越来越突出。为改变这种状况,公司决定成立公共关系部,专门负责处理公司的公共关系事务。

思考题:

请为该公司设计一个切实可行的公共关系部组建方案(包括部门类型、机构组成、人员配备、职责划分等)。

第 3 章

公共关系的客体

▶▶学习目标

通过本章的学习，掌握公众的概念和特征，能够正确划分公众类型，根据不同目标公众的特点，制定有针对性的公共关系活动方案。公众的概念和特征、公众的分类、内部公众、顾客公众、媒体公众三类重要的目标公众分析，是本章的重点内容。如何抓住不同公众的特点，采取灵活有效的措施，建立良好的公共关系，是本章的难点，也是学习公共关系应具备的技能目标。

案例导入

三鹿集团：被三聚氰胺摧毁的中国乳业巨头

石家庄三鹿集团股份有限公司（简称三鹿集团）是一家集奶牛饲养、乳品加工、科研开发为一体的大型企业集团，主要业务为奶牛饲养、乳品加工生产，主要经营产品为奶粉。2007年，集团实现销售收入100.16亿元，三鹿品牌价值达149.07亿元，一度成为中国最大奶粉制造商之一，其奶粉产销量连续15年全国第一。

2007年底，三鹿集团收到多宗消费者投诉，指饮用该公司奶粉的婴儿尿液中出现红色沉淀物。自2008年3月起，各地就陆续出现泌尿结石幼儿。6月28日，位于兰州市的解放军第一医院收治了当地首例因食用三鹿婴幼儿奶粉患肾结石病症的婴幼儿。除甘肃省外，陕西、宁夏、湖南、湖北、山东、安徽、江西、江苏等地也都有类似案例发生。经查，上述事件确因三鹿牌婴幼儿配方奶粉受到三聚氰胺污染所致。三聚氰胺是一种重要的有机化工中间产品，主要用来制作三聚氰胺树脂，可用于装饰板的制作、黏合剂、涂料、币纸增强剂、纺织助剂等。目前三聚氰胺被认为毒性轻微，但大量摄入三聚氰胺，会损害人体和动物的生殖、泌尿系统，产生肾、膀胱结石。

2008年5月，公司组成问题奶粉处理小组，一方面继续追查问题源头，另一方面利用公关手段处理投诉。2008年7月，公司已经证实奶粉问题为三聚氰胺含量过高，开始回收产品并控制舆论对事件保密。2008年9月，三鹿奶粉问题事件曝光，震惊整个中国社会。

2008年9月15日，三鹿集团发表声明，对产品给消费者带来的影响和伤害表示歉意，并承诺收回产品。

2008年9月17日，三鹿集团原董事长、总经理田文华被刑事拘留。同日，中国国家质检总局因此次污染事件，宣布取消食品业的国家免检制度。2008年12月24日，三鹿集团被法庭颁令破产。2009年3月4日，三鹿集团部分破产资产在河北石家庄市中级人民法院公开拍卖。三鹿集团最终被三元集团收购。

案例点评：作为中国最大奶粉制造商之一，三鹿集团面对蔓延十几个省份数百名患病的婴幼儿，并未采取及时有效的应对措施，却错误地采用了控制舆论和事件保密措施，严重损害了消费者和患病婴幼儿的身体健康。在处置事态发展过程中，三鹿集团坐失良机，丧失企业人应有的本分和职业操守，最终被自己推入了破产的泥淖。忽视"公众利益至上"这一公共关系的根本准则，采取措施不当，是三鹿集团陷入绝境的主要原因。

3.1 公众的概念与分类

3.1.1 公众的概念

美国公共关系学者杰弗金斯曾说，为何要为公众下定义，主要理由是：为了所有与公共关系工作方案有关的人员和集团，为了在现有经费和条件范围内确定工作的优先点，以便选择新闻媒介和工作技巧，以便准备既能被接受又有实效的信息。由此可见，准确定义公众，是社会组织适应环境需要，有针对性地开展公共关系活动的先决条件。正确理解公众的含义，树立正确的公众意识，对于科学地理解和把握公共关系工作的实质具有重要的指导意义。

目前，公共关系学界对公众概念的表述还没有统一的看法。

管理学者王乐夫认为，公众是指与一个组织机构直接或间接相关的个人、群体和组织，他们对该组织机构的目标和发展具有实际或潜在的利益关系或影响力。

公共关系专家居延安认为，公众是任何因面临共同问题而形成并与组织的运行发生一定关系的社会群体。

公共关系专家余明阳认为，公众是与特定的社会组织发生联系，并对其生存发展具有影响的个人、群体或组织的总和。

我们认为，公众是与公共关系主体利益相关并相互影响、相互作用的个人、群体或组织。这一概念涵盖了公共关系工作的所有对象，凡是公共关系传播沟通的对象都可称之为公众。

概括而言，公众具有以下几层含义。

第一，公众是公共关系主体传播沟通的对象的总称。

它与人民、群众、受众等概念是有区别的。从一般意义上讲，这些词的含义都基本相似，都可以指社会上的人群。但是作为公共关系学中的一个基本概念，公众与它们在内涵和外延上存在着一定的差异。人民是一个政治概念,量的方面泛指居民中的大多数;质的方面指一切推动社会历史前进的人,既包括劳动群众,也包括具有剥削性但又促进社会历史发展的其他阶级、阶层或集团。群众包含于人民之中,通常指从事物质资料和精神资料生产的劳动者。受众是指信息或资料的接受者,是消极和被动的人群。公共关系界把受众划分为积极受众和消极受众,公众特指积极受众,特指任何被共同利益或共同关心的问题联结在一起的群体。这种群体对组织有着重要的影响,因此成为组织传播交流信息的对象。

第二,公众是相对特定组织而存在的,离开了特定的社会组织,公众是不存在的。

第三,公众是因共同的利益、问题等联结起来并与特定组织发生联系或相互作用的个人、群体或组织的总和。

社会组织在具体的公共关系活动中面对的既可能是分散的个人,也可能是由个人构成的群体或组织。公众既是集合性概念,又是具有指向性的概念。

第四,公众是客观存在的。公众作为主体的作用对象,与主体存在着客观的联系,是不依主体的主观意志为转移的客观事物。

公众是一个复杂的社会存在。组织的性质不同、规模不等、层次不一,它所联系的公众也不相同。一般情况下,组织的规模大、层次高,其公众的类别和数量就多一些;反之,公众的类别和数量就会少一些。以商业企业为例,它的公众主要包括:顾客、供应商、企业员工、股东、政府管理部门、竞争对手、社区、大众传播媒介等。

3.1.2 公众的基本特征

公众作为公共关系的对象,具有如下特征。

(1) 广泛性和相关性的统一

公众具有外延上的广泛性。任何组织与个人都有可能成为某一社会组织的公众。因此,公众不是单一的组织、群体和个人,而是与某一组织运行有关的整体环境,在公共关系学里被称为公众环境,它是组织运行过程中必须面对的社会关系和社会舆论的总和。

公众也具有相关性。公众的相关性是指一定社会组织的公众,总是与这个组织存在着某种利益关系,即一个社会组织面对的公众,一般都是要求从这个社会组织获得某些权益的个人、群体或社会组织。他们的意见、观点、态度和行为对该组织的目标和发展具有实际或潜在的影响力、制约力,甚至决定组织的成败。同样,该组织的决策和行为也对这些公众具有实际或潜在的影响力、作用力,制约着他们利益的实现、需求的满足、问题的解决等。这种相关性是组织与公众形成公众关系的关键。

(2) 同质性和异质性的统一

公众的同质性是指同类型的公众都面临着共同的问题,有着共同的意识,因共同的需要、共同的目标、共同的兴趣、共同的背景等而结合。在社会中只要有充分数量的人面临共同的问题,这些人往往就会有"同属一类"的意识,就会形成特定的社会组织的特定公众。如到同一商店购物或购买同一产品的顾客。由于他们面临了"购物"这一共同的问题而结合在一起成为"商店"的公众。

公众又有异质性,即构成公众的不同群体和个人存在着差异性。个人和由个人所构成的社会群体是千差万别的，他们对同一问题所表现出的态度和做法也不同。组织在进行公共关系活动时，对其公众不可依它的同质性一概而论，必须据其异质性区别对待，针对不同公众采取不同方式，做好工作。如超市的公众，有性别、年龄、文化层次、爱好、审美观念、商品偏好程度等各种不同方面的差异等。

（3）多样性与可变性的统一

多样性是指公众的存在不是单一的，而是复杂多样的。就某一组织而言，其日常的公共关系工作对象，包括各种各样的个人关系、群体关系、团体关系、组织关系等。即使是同一类公众，也可以有不同的存在形式。

可变性指公众不是一成不变的，而是处在不断发展变化之中。任何组织所面对的公众，其性质、构成、形式、心理、数量及范围都会随着主体条件、客观环境的变化而变化。公众环境的这些变化，必然导致公共关系的目标、方针、策略、手段的变化，这使公共关系工作富有动态性和挑战性。

3.1.3 公众的分类

公众分类是公共关系理论的重要内容。从公共关系实践操作的角度来看，公众对象的构成是非常复杂的，公共关系政策的制定和公共关系方法、技巧的运用，公共关系调查研究和组织形象评估等，都依赖于对公众构成进行科学的分析。

根据不同的层次、不同的角度、不同的标准，可以对公众做不同的分类。

1. 按照公众对组织的重要程度分类

（1）首要公众

首要公众是指对组织有重要的制约力和影响力，甚至关系到组织的生死存亡，决定组织成败的公众。他们与组织联系最密切、最频繁，对组织具有特殊的意义。首要公众包括两部分：一是组织的工作人员即内部员工。没有这些公众，也就没有组织本身；二是决定组织生存和发展的公众，如顾客、股东、供应商等，此类公众是关系组织兴衰的最基本因素。

（2）次要公众

次要公众是指对组织生存和发展虽有影响，但并不起决定性作用的公众。对于一个组织来说，多数公众属于次要公众。次要公众虽然对组织不产生决定性作用，但也不应完全放弃，要在保证首要公众需求的前提下适当兼顾，因为次要公众也可能转化为首要公众。

（3）边缘公众

边缘公众是指对组织的生存、发展具有一定作用但相关性有限的一部分公众。如相对于企业而言，社区公众、慈善团体、学校等即为边缘公众。对边缘公众，不需要花费专门的力量去研究分析，但要注意到这些公众可能向首要公众或次要公众转化，以便不失时机地开展工作，争取良好的公关效果。

就一个组织来说，它的首要公众、次要公众和边缘公众的区分有着较大的相对性，它们在不同的时期可以互相转化，今天的首要公众可以变成明天的次要公众或边缘公众，今天的次要公众或边缘公众可以变成明天的首要公众。这种变化主要由组织的目标决定，同时也取决于组织的环境条件。要把握这一点，就要求组织的公关部门应根据组织的需要和形势的变化来确定公共关系的主要对象——首要公众,并努力处理好与他们的关系。

案例阅读 3-1

以一家化工厂为例,它的公众分类如表 3-1 所示。

表 3-1　化工厂的公众分类

首要公众	员工、股东、消费者、供应商
次要公众	政府机构、社区、新闻媒体
边缘公众	学校、科研机构、不同行业企业

若该厂建在市郊,在筹建期间,周边农民并未提出任何异议,此时,农民就是次要公众。可是,当工厂投产后,废水、废气对附近的农田造成了污染,农民利益受损,强烈要求该厂采取措施进行治理或者搬迁到别处,否则就会采取进一步措施。此时,本来属于次要公众的农民就成了化工厂能否在生存下去的首要公众。把握首要公众、次要公众和边缘公众的可变性,充分利用其内存的转化机制,对于建立和完善公众关系至关重要。

2. 按照组织对公众的态度分类

(1) 受欢迎的公众

受欢迎的公众是指完全符合组织的需要并主动对组织表示兴趣和沟通意向的公众。如自愿的投资者、捐赠者、赞助者,主动为组织采写正面宣传文章的记者等。这类公众的特点是,主动地对组织表示兴趣和意愿,组织也对其相当重视并期望与之建立和发展良好的关系。受欢迎的公众与组织之间是一种两相情愿、一拍即合的关系,不存在沟通的障碍,沟通的结果对双方都有较为平等的利益。

(2) 被追求的公众

被追求的公众是指符合组织的利益和需要,但对组织却不感兴趣、缺乏交往意愿的公众。如著名的记者、社会名人等。这类公众属于符合组织的利益和需要,组织单方面希望建立和发展关系,而其自身却缺乏相应的热情,即组织一厢情愿的公众。这类公众与组织之间存在较大的传播障碍,不易沟通,需要组织制定较为特殊的传播对策,通过切实有效的公共关系活动,去努力争取和追求。

(3) 不受欢迎的公众

不受欢迎的公众也称须回避的公众,是指那些违背组织的利益和意愿,对组织构成潜在或现实威胁的公众。如各种对组织抱有敌意的人士,或对组织构成额外压力和负担的索取赞助的团体等。这类公众有求于组织,试图与组织建立关系,但他们却对组织不断构成压力、负担或威胁,成为组织的"入侵者"。与这样的公众接触,会使组织感到不安,或受到损害,因而组织不愿意与其交往和接触,力图回避。对待这样的公众,组织往往需要采取针锋相对的传播对策。

3. 按照公众对组织的态度分类

(1) 顺意公众

顺意公众是指那些对组织的政策、行为和产品持赞赏、支持和认同态度的公众。他们是推动组织发展的基本工作对象。这类公众对美化、宣传组织，提高组织的知名度和美誉度，有着极为重要的作用，应该把这类公众作为组织宝贵的财富，悉心维护。

（2）逆意公众

逆意公众是指对组织的政策、行为或产品持批评、反对甚至敌视态度的公众。这类公众是公共关系工作的重要对象，他们之所以产生逆意，定会事出有因。组织的公共关系人员要全面调查逆意公众产生的背景条件，主动进行适时有效的沟通，澄清事实、说明情况，争取谅解、理解和合作，促其改变敌对态度，由逆意向顺意转化，以达到"多交友、少树敌"的目的。

（3）独立公众

独立公众又称中立公众或不确定公众，是指那些持中立态度或者态度不明朗，又或者未表态的公众。由于独立公众的态度具有极大的可塑性，他们既可以向顺意公众转化，也可以向逆意公众转化，是公共关系工作争取的对象。独立公众的态度倾向往往成为组织竞争中的决定因素，因此，是公共关系工作的"兵家必争之地"。公共关系人员要耐心细致地做好这部分公众的工作，努力引导他们向顺意公众转化。

对于公共关系工作人员来说，顺意公众是组织的基本依靠对象，逆意公众是组织急需转化的对象，独立公众是组织值得争取的对象。

4. 按照组织的内外对象分类

（1）内部公众

内部公众是指由本组织内部成员构成的公众群体。它包括组织的管理人员、技术人员、生产人员、销售人员、辅助人员及股东等。从广义上说，员工的家属也可以列入内部公众的范围。

根据内部员工的特点也可以做更详细的划分，如新职工、老职工、高级管理人员、中层管理人员、专业技术人员等。组织的内部公众，是组织内求团结的对象，他们归属于组织，依赖于组织，组织也离不开他们。组织的生存和发展，组织各项目标的实现，包括公共关系目标的实现，必须依靠内部公众。内部公众既是组织公共关系工作的客体，又是组织对外开展公共关系工作的主体，具有身份上的两重性。组织与内部公众的利益是一致的。

（2）外部公众

外部公众是指组织外部对组织的生存与发展有现实或潜在影响力的公众。即除内部公众之外，一切与组织发生相互影响、相互作用的公众，包括消费者、协作者、竞争者、新闻记者、社会名流、政府官员、社区公众等。组织的外部公众，是组织外求生存和发展的条件。一个社会组织只有加强对外交往，同外部进行联系和沟通，获得外部公众的信任和支持，才能发展壮大。

5. 按照公众发展过程的阶段分类

（1）非公众

非公众是指处在社会组织公共关系工作视野之外，并在一定时空条件下与社会组织之间不存在任何关联和相互作用的社会群体。非公众的观点、态度和行为不受组织的影响，也不对组织产生任何作用和后果。因此，可以将这类公众排除在公共关系工作对象之外。实际上，非公众并不是组织的公众。划分出非公众是为了减少公共关系工作的盲目性，提高公共关系工作的准确性和针对性，避免不必要的浪费。

（2）潜在公众

潜在公众是指将来有可能与组织发生直接利益关系的公众。对潜在公众可以有两种理解：一种是指有待开发，但尚未与组织发生任何直接利益关系的那部分公众，或称"潜在顾客""潜在用户"；另一种是指已经和组织发生了某种关系，并由此出现了某些问题，但自己尚未意识到问题存在的公众群体。

潜在公众有转化的可能性。对可能产生正效应的潜在公众善加引导、催化，可以对本组织的生存和发展起到积极的推动作用。而对有可能产生负效应、造成危机、影响本组织生存和发展的潜在公众必须给予充分关注，实行有效的控制，做到未雨绸缪，加强预测，积极引导，密切监视，分析后果，制定多种应对方案，防患于未然；而消极等待、被动应付，认为这类公众还未对组织的生存与发展构成威胁，便不去研究和着手处理的做法，是完全错误的。

（3）知晓公众

知晓公众是由潜在公众发展而来的，指那些已经知晓自己的处境，明确意识到自己面临的问题与特定组织有关，迫切需要进一步了解与该问题有关的所有信息，并开始向组织提出有关的权益要求的公众。知晓公众已经基本明确某个问题的性质、发展趋势和对自身利益的影响，已经开始注意寻求有关信息，构思相应对策，但还未采取相应行动。他们在静待事态发展，并根据事态的发展方向来决定自己的行动方向。他们的行动可能对组织有益，也可能会对组织不利。因此，公共关系部门应该采取积极的公共关系姿态，主动应对、积极沟通，满足公众要求被告知的愿望和要求，使公众对组织产生信赖感，同时使舆论态势得以控制。尤其是对那些可能会对组织不利或产生危害的公众行为，必须及时采取防范性的行动，抢先开展公共关系工作，及时沟通，讲清问题，化解疑虑，求得谅解，防止矛盾的扩大。

（4）行动公众

行动公众是由知晓公众发展而来的，指那些不仅意识到问题的存在，而且准备或正在采取行动，以求捍卫自身利益、解决知晓的相关问题，并迫使组织采取相应行动的公众。行动公众有两种情况，一是行动公众的存在有利于组织的生存发展。组织与公众存在密切联系，双方形成了充分理解和相互信任的关系，呈现出组织与公众浑然一体的状态。二是行动公众不利于组织的生存发展。这种情况下，行动公众往往与突发事件或公共关系纠纷有关，处理不好会对组织的生存、发展构成直接的压力或威胁，或给组织造成较大的困难及十分恶劣的影响。组织要尽力避免这类行动公众的产生，最好能把这类公众的问题解决在潜在或知晓阶段。倘若行动公众已经出现，应冷静对待，集中力量及时进行补救工作，与他们充分交流意见，达成谅解，妥善处理，以免使组织陷入被动状态。公共关系部门必须及时充分协调做好这部分公众的工作，将压力转变为动力和对组织有利的合力。

从非公众到行动公众是一个连续发展的过程。本章开篇提到的三鹿奶粉事件中，事件发展之初，那些从来不购买、食用奶粉的社会群体是三鹿集团的非公众。那些买了三鹿奶粉却还不知情的顾客，就是他们的潜在公众。当顾客发现自己的孩子食用了三鹿奶粉后身体状况不好，或者他们从各种渠道知道有人因为食用三鹿奶粉而死亡，已经清楚问题的存在但尚未采取实际行动，就成了知晓公众。当他们开始行动，要求退货并且赔偿时，就成了行动公众。

一个组织的公共关系部门或人员应该及时注意公众的变化情况。首先，应把工作的重点放在知晓公众和行动公众上，因为知晓公众特别是行动公众与组织有着密切的利害关系，不协调好这部分公众的关系会直接地危及组织的利益和地位。其次，应该考虑到潜在公众，做到未雨绸缪，防患于未然。公共关系人员必须进行细致的调查研究，以利于掌握良好的公共关系机会。

在潜在公众阶段，公关人员要分析问题的严重性，若这个事件已经到了无法挽回的地步，就应该采取适当的办法延缓这个过程，尽量不要让知晓公众成为会对组织机构不利的行动公众。如果公关人员发现这个问题对组织机构有利的，或者通过行动能将对组织不利的形势变成有利的，就应该积极加速这个过程，让潜在公众变成知晓公众，并且让知晓公众变成对组织有利的顺意的行动公众。

6. 根据公众的稳定性程度分类

（1）流散性公众

流散性公众流动性大，分散性强，如飞机上的乘客、观光的游客、饭店的顾客等。对此类公众开展公共关系活动，能取得更快、更好、更广泛的传播效果，有利于扩大组织的知名度。

（2）临时性公众

临时性公众指因某一临时事件、活动或某一共同问题临时聚集在一起的公众，如舞会的来宾，球场、剧院、展览会、运动会的观众，因飞机航班误点而滞留机场的乘客等。

（3）周期性公众

周期性公众指按一定规律和周期出现的公众，如逢节假日出现的游客、购买节日货物的顾客、招生时节的考生和家长、定期到某学校上课的函授班学员等。周期性公众的出现具有规律性，可以预测，这有利于组织做好必要的准备，有计划地开展公共关系活动。

（4）稳定性公众

稳定性公众由于兴趣、爱好、习惯的影响，比较集中地与某些组织发生稳定的联系，是组织的基本公众。定期去某医院体检的老年人、经常购物的顾客、组织的内部公众、社区的居民等均属此类。

（5）权力性公众

权力性公众是组织最为严密、拥有某种行政权力的公众，主要指政府及各级行政管理机构等。

从以上分类方法和标准可以看出，公众的分类是多维度的，每一类公众都可以按各种分类标准细分为相应的类型。但实际上，任何现实生活中的具体公众都不纯粹属于某种类型。某一个体公众或组织公众可能同时承担或被赋予多重公众身份。如一类公众既是外部公众，同时也可能是首要公众、顺意公众、行动公众等。在具体的公共关系实践中，应有针对性、有重点地选择公众对象，在符合公众利益的前提下进一步对公众施加影响，并取得公众的信任和支持。

3.2 公共关系中几类重要目标公众

每个组织都有特定的目标公众对象。组织的性质、类型不同，具体的目标公众对象也不完全相同。比如政府的目标公众对象、企业的目标公众对象、学校的目标公众对象，相互之间会有很大的差异。其中，内部公众、顾客公众、媒介公众被称为三大基本公众。

3.2.1 内部公众

内部公众指组织内部沟通、传播的对象，包括组织内部全体成员构成的公众群体。如企业内部的员工、股东；政府部门内部的干部、工作人员；等等。内部公众既是内部公共关系工作的对象，又是外部公共关系工作的主体，是与组织自身相关性最强的一类公众对象。

组织内部公众一般包括员工和股东两类，其中员工是组织的首要公众。从组织内部公共关系来看，要加强内部公众的沟通，增强内部公众对组织的认知，引导和控制内部公众的行为，形成共同的社会观、价值观，增强组织成员的向心力、凝聚力，培养组织成员的主体意识和形象意识。

1. 员工公众

员工公众指组织内部的全体成员，是最重要的内部公众。它是组织内部公共关系的客体，但对组织的外部公众来讲，它又是公共关系的主体。员工是组织直接面对而又最接近的公众，是组织赖以生存和发展的基础。

建立良好的员工关系，目的是通过加强与员工的联系与沟通，提高组织活动的透明度，增强组织的凝聚力和向心力，培养员工的主体意识、形象意识和全员公共关系意识，建设稳定、忠诚、积极进取的员工队伍。

为实现上述目标，可以从以下方面入手。

1）了解员工对组织的期望和要求

员工对组织的期望和要求，以及这些期望和要求的实现满足程度，决定了员工对组织的态度和表现，是组织一切行为的基点。所以，了解员工对组织的期望和要求，是建立良好员工关系的先决条件。

美国一项调查表明，只要工作合适，员工并不在乎多做额外的工作；员工们要求工作具有挑战性，能运用创造性，并激发他们的潜力；足够复杂多样的工作，能发展新的技能并提供进步和团结的机会；员工们工作中需要友情，他们乐于在良好的合作关系中工作并互相帮助，分享快乐和痛苦，并能了解怎样才能把工作做得更好。导致员工不满意的三个最主要的原因是：报酬不够、工作单调和人情冷漠。由此可知，员工对组织的期望和要求是多方面的，满足员工的需要，提高他们的积极性，发挥他们的潜能与创造力，是组织内部公共关系发展的关键。概括起来，了解员工对组织的期望和要求主要有：合理的工资报酬；稳定的福利保障；良好的工作环境；高素质的领导者和管理队伍；民主的组织管理方式；公开透明的人事制度；良好的经济状况；光明的组织发展前景；等等。上述内容既有物质方面的，也有精神方面的，它们构成了员工对组织基本的期望和要求，是员工关系的重要组成部分。其中，物质需求的满足是员工关系的基本保证。物质利益的需要是人类最基本的需要。根据马斯洛需要层次理论，员工只有在满足基本生存需要的前提下，才能实现较高的需求。合理的收入、应有的福利待遇，是绝大多数员工首先关心的问题，也是能否维持员工劳动热情、激发员工动力的基本保证。因此，组织对于广大员工的物质利益应给予足够的重视，尽量提高员工的工资收入，保证员工的物质利益不断增加；应该严格遵守"各尽所能，按劳分配"的原则，更好地发挥工资收入对员工的激励作用；同时，还要重视组织内部员工的福利待遇，公平合理地解决工资晋升和奖金分配问题，不仅可以免除员工的后顾之忧，而且可以培养他们的集体主义精神，并使之转化为持久的工作热情。最后，组织还应该不断改善内部劳动条件、劳动环境和劳动保护措施。这是组织应尽的义务，也是员工应享受到的合法权益，而且对提高劳动生产率、调动工作积极性、协调企业与员工的关系也具有十分重要的意义。

社会组织还要高度重视员工的精神需要。精神需要既包括人们自由地发挥自己的创造性的需要，又包括人们对各种精神产品的需要。不同的员工因其文化素养、工作性质、个人经历和志趣爱好的不同，其精神需要也存在明显的差异。为了尽量满足组织内部员工的精神需求，组织要充分尊重员工的主人翁地位，提高员工的责任感；要合理地开发和利用人才，增强员工的自信心；努力提高组织的向心力，培植员工的自豪感；善于引导员工在日常工作中寻求生活的乐趣和意义，通过培养员工对本岗位、本企业的责任心、自信心和自豪感，使每位员工获得心理上的平衡与精神上的满足。

2）建立有效的沟通机制

美国"民意调查公司"的一项调查表明，只有1%的员工认为公司的事与己无关，而99%的员工都渴望知道公司的最新动态，希望了解公司的内情。因此，建立有效的沟通机制，把组织的信息及时告知员工，增强组织的透明度，是建立良好员工关系的重要途径。

（1）沟通的内容

① 向员工介绍组织的管理和决策情况，如组织的目标、规模、经济效益、财务收支状况、市场占有率、高层动向、投资方向、新的重大决策等，让员工全面了解组织，争取员工的支持。

② 向员工介绍组织的竞争对手，增强员工的紧迫感和危机意识。

③ 向员工介绍组织的发展历史、取得的成果、技术创新、组织荣誉、模范人物等，增强组织对员工的吸引力，激发员工的自信心和自豪感。

④ 介绍员工动态，如工作经验交流、文体活动、工作职位变动、业绩表彰等，增进员工之间的了解，拉近员工与组织的心理距离。

（2）员工沟通的途径

① 通过管理人员、意见领袖与员工沟通。通过管理人员进行正式的直接双向沟通是最基本、最有效的方法。管理人员可以向员工及时传递组织的信息，解释各项政策，分析讨论各种问题，消除误解等，成为组织员工的纽带。意见领袖的沟通属于非正式沟通，由于他们在员工中拥有较高的威信和较强的影响力，组织应注重调动和发挥意见领袖的作用，通过非正式渠道加强与员工的沟通，弥补正式沟通的不足。

② 通过会议形式进行沟通。管理者可在会上就组织的工作总结、工作计划、新政策、

新产品、新方法等向员工报告或说明，还可以表彰先进、研讨问题、听取意见等，既传递了信息，又加强了管理层与员工的联系。

③ 通过组织内部出版物进行沟通。如员工手册、报刊、广播、影视、板报、墙报、宣传栏等，这些都是进行沟通的有效载体。

④ 建立合理化建议制度。现代组织的显著特征就是职工广泛参与、民主管理，培养员工的参政、议政意识是提升组织管理水平和组织效益的关键，而员工参政、议政的主要形式就是建立合理化建议制度。每个员工都是各自领域内最熟悉情况、最有发言权的人，完善合理化建议制度，就是广泛征集员工对改进经营管理、工作程序、操作技术的意见和有效手段。它一方面使员工的创造能力和工作潜能得到开发利用，另一方面又使员工的精神需要得到满足，个人价值得以实现，从而可以提高员工的自信心和自豪感、责任感。如果其建议被采纳实行，更会使员工感到自己在企业中受到重视，从而又更大地调动起员工的主动精神，形成一种良性循环，促使组织不断发展。推行这一制度，要建立配套的激励机制，对员工的合理化建议进行奖励，并保证落实。

案例阅读 3-2

海尔与"云燕镜子"

海尔公司在组织内部公共关系的实践中，不仅坚持严格管理，用物质利益激发员工行为，还倡导员工自主管理，在精神激励上下功夫。海尔公司有一个女工叫高云燕，是总装车间的一名普通操作工。她看到放置部件的工作台影响操作时的观察，影响了加工的质量和效率，便琢磨利用折射原理，在钻眼机前放面镜子，一试，效果绝佳。公司立即支持其立起一面1平方米的镜子，还为镜子命名为"云燕镜子"。这一举措不但激励了高云燕，还激励了全体员工主人翁的创造精神。集团总裁张瑞敏说："我们追求的是全员自主管理，追求一种自觉状态。"

问题：海尔公司的沟通实践，对所有企业都有一定借鉴作用。

2. 股东公众

股东是股份制经济组织的投资者、资产拥有者。有些股东是社会个人，它们是普通的股票持有者，有些股东是具有法人资格的组织，还有些股东本身是组织内部的员工。从利益关系看，股东是组织的内部公众。

组织的发展与股东密切相关。首先，股东是组织重要的资金来源。股东是组织的投资者，稳定的投资者是组织发展的资金保障。其次，股东是组织重要的信息来源。众多股东分布在社会各个阶层和领域，信息广泛，得到股东的关心和支持，就能获得多角度、多方位的信息。最后，股东和企业的形象息息相关。股东是组织产品、形象和服务的宣传员、推销员。股东若大量抛售股票，将使股票价格下跌，影响企业形象；反之，企业前景好，大量股民加入，将增加企业的资金。另外，股东的身份、股东自身的形象也会在公众心理上暗示企业形象。

股东公众大致有以下三类。

（1）持有不等股份的股东

他们人数众多，是组织的真正所有者，是组织各种权力之源、资金之源。股东也是真正与组织同甘共苦的公众，他们关心组织的经营状况，希望组织兴旺发达；一旦组织经营不善，他们受到冲击也最大。当然，对于上市公司来说，那些小股东的行为可能更像外部公众。他们是出于投机的目的而选择组织的股票，只要时机合适，他们就会买进或卖出股票，很少忠诚地对待一个组织。

（2）董事会

董事会成员一般是占有较多股份的个人、组织或社会名流，他们通常是由股东大会选举产生，并代表股东行使对组织的管理权。

（3）金融舆论专家

这些公众以他们的观点、评论、意见，影响甚至左右股东们的行为，对组织影响很大。

建立良好股东关系的目的是稳定已有的股东队伍，获得股东的信任与支持，创造出有利的投资环境和融洽气氛，争取新的投资者。因为股东的投资利益取决于组织的生产经营活动，作为投资者和资产拥有者，他们具有法定的投资权益。组织应该按照相关法律的要求，最大限度地保护股东权益，通过及时召开股东大会、发布组织年报、加强与股东沟通，听取股东意见和建议等方式，鼓励股东关心组织事务，全面了解组织情况，提高组织及领导者在股东心目中的地位和威望，为组织发展奠定良好的内部公众基础。

案例阅读 3-3

组织内部公众"沟通十戒"

欧美许多学者认为，在组织内部信息沟通过程中，要注意以下 10 个方面的问题：
- ▶ 沟通前做好准备，预测可能发生的事件并制定相应的应变措施；
- ▶ 确定合适的沟通目的，选择适当的沟通语言和沟通方式；
- ▶ 全面观察沟通的环境和氛围因素；
- ▶ 沟通的信息内容要准确、客观；
- ▶ 善于利用最合适的沟通时间；
- ▶ 重视沟通中的体态语言；
- ▶ 信息沟通发送者言行一致，讲究信用；
- ▶ 克服不良的聆听习惯，学会做一个好"听众"；
- ▶ 重视沟通中信息接收者的反馈；
- ▶ 在正确运用语言文字时，酌情使用图表、数据和实物资料，以说服对方。

3.2.2 顾客公众

顾客是组织提供产品或服务的对象，也称消费者，如企业产品的用户、商店的顾客、酒店的客人、电影院的观众、出版物的读者等。在公共关系中，顾客公众既包括个人消费者和社团组织用户，又包括经济组织为之服务的物质产品的购买者，还包括文化组织为之服务的精神产品的购买者；既包括有形产品的购买者，也包括无形产品（即劳务）的购买者。

顾客是组织面对的数量最多、与组织具有直接利益关系的外部公众，是组织对外公共关系的首要对象。20世纪50年代，市场营销理论就从以生产者为中心转向了以顾客，即以消费者为中心；到70年代，消费者关系更上升为直接影响组织生存的核心层次，"顾客就是上帝"成为组织的普遍共识和行为准则。特别是当市场形势由"卖方市场"转变成"买方市场"后，在大多数情况下，已不是商品选择顾客，而是顾客在选择商品，顾客成为组织生存和发展的决定性条件。美国公共关系专家加瑞特说："无论大小企业都永远必须按照下述信念来计划自己的方向，这个信念就是企业要为消费者服务，要为满足人民的需要生产，这是企业的唯一正确的方向。"因此，组织要想获得生存和发展，首先就要建立良好的顾客关系。

第一，良好的顾客关系能够为组织带来直接的利益。顾客是与组织利益关系最直接、最明显的外部公众，赢得顾客就赢得了市场，就赢得了组织生存发展的机会。没有了顾客，组织存在的价值就无法实现。

第二，良好的顾客关系体现企业组织正确的经营观念和行为。公共关系的基本原则之一就是注重公众，要把公众利益放在首位。满足顾客需求，实现顾客利益诉求，作为组织的根本宗旨，充分体现了组织的价值核心。

建立良好顾客关系的目的，是促使顾客形成对组织及其产品的良好印象和评价，提高组织及其产品的知名度和美誉度，增强对市场的影响力和吸引力，为实现组织和顾客公众的共同利益服务。而要做到这一点，组织就要按照"顾客第一""顾客至上"的理念来规划公共关系计划，实现公共关系目标，努力创立良好的组织形象、产品服务形象，争取顾客，开拓市场。

1. 明确顾客权利，满足顾客诉求

要争取顾客对组织的信任与合作，就必须充分尊重顾客在购买产品和服务时所享有的权利，这也是顾客关系的基础。《消费者权益保护法》明确规定："消费者享有自由选择商品或服务的权利。"也就是说，消费者有权主动选择提供商品或服务的经营者；自主选择商品品种或服务方式；自主决定购买或不购买某种商品，接受或不接受某项服务；有权进行比较、鉴别和挑选。

在实际生活中，顾客拥有4项基本权利：

① 有权了解产品质量与使用要求等方面的真实信息；
② 有权比较、鉴别和挑选商品的样式、种类、价格；
③ 有权决定是否购买商品或服务；
④ 因使用商品或服务受到损害时，有权获得赔偿。

顾客诉求，即顾客需求。社会组织提供的产品或服务应该满足顾客多样化的需求。近年来，世界快餐巨头麦当劳在中国市场上成功推出了麦乐鸡、麦辣鸡腿汉堡、麦香猪柳蛋等符合中国消费者饮食习惯的快餐食品，满足了中国顾客的口味，实现了产品的本土化转型。

应该明确，满足顾客需求，不单纯是指跟在顾客后面消极适应，而是应该研究顾客需求的发展趋势，善于引导潮流，创造需求。正如管理学大师德鲁克所说："组织目的的唯一的一个适当的定义：创造顾客。"世界第一台影碟机诞生在中国。1993年9月，留美学者姜万勐、孙燕生将MPEG（图像解压缩）技术应用到音像新产品上制造出世界上第一台影碟机，并斥资在安徽建立万燕电子系统有限公司，为中国人开启了家庭影视的时代。在世界家电巨头都不看好的情况下，万燕于1994年批量生产影碟机，中国消费者开始接受并熟悉影碟机这一新生事物。从1996年开始到1997年，中国的影碟机市场每年以数倍的速度增长，从1995年的60万台猛增至1997年的1 000万台，并且催生了爱多、步步高、新科等内地新名牌。十年时间，形成一个年销售收入达100多亿元人民币的影碟机产业，这种发展速度在中国绝无仅有，在世界工业史上也属罕见。中国人把影碟机做成了一个产业，创造了巨大的市场空间和利润空间。这是创造顾客、创造市场的最好典范之一。

2. 为顾客提供优质的产品和服务

产品和服务是组织满足顾客需求的载体，服务又是产品价值的延伸。社会组织建立良好顾客关系的根本途径就是为顾客提供优质的产品和服务。"蓝色巨人"IBM的经典格言是"IBM意味着服务"，概括了IBM的理念精华，成为IBM企业文化的核心，并自始至终，一以贯之。这种文化创立于老托马斯·沃森时代。老托马斯·沃森在1914年创办IBM公司时设立了"行为准则"：必须尊重个人；必须尽可能给予顾客最好的服务；必须追求优异的工作表现。这些准则一直牢记在公司每位人员的心中，任何一个行动及政策都直接受到这三条准则的影响，"沃森哲学"对公司的成功所贡献的力量，比技术革新、市场销售技巧，或庞大财力所贡献的力量更大。IBM凭借其"尊重个人、给予顾客最好的服务和追求优异工作表现"的原则和信念，构成了特有的企业文化，成就了计算机帝国的伟业。

3. 妥善处理顾客问题

社会组织在提供产品和服务的过程中，经常会遇到顾客的质疑、抱怨，甚至是辱骂和投诉。这种情况下，组织不能无动于衷，听之任之，也不能激发矛盾，站在顾客的对立面上。而是应该恪守"顾客永远是对的"这一顾客关系最高准则，迅速做出反应，给予妥善解决，争取顾客谅解。有条件的工商企业组织，还应尽可能建立顾客关系的科学管理机制，通过开展消费指导、消费教育活动，建立起一支充分信任本组织的稳定的顾客队伍。

奥达克余公司将顾客利益放在首位，当工作出现失误后，便立即着手纠正，不仅赢得了顾客的谅解，更赢得了顾客的尊重与信赖。由此可以看出，妥善处理顾客问题的核心是尊重和维护顾客权益。社会组织要站在顾客的立场上，想顾客之所想，急顾客之所急，认真对待顾客的质疑和投诉，耐心和虚心地听取顾客对产品、对服务的意见建议，积极为顾客排忧解难，就能化危机为时机，赢得顾客的理解、尊重和赞赏，有助于树立良好的组织形象。

4. 加强与顾客的沟通

社会组织应以积极的姿态、热情的态度和主动的精神与顾客保持正常性联系，以增进彼此之间的了解，加深感情，消除误解。除日常工作业务交往外，加强与顾客沟通，主要有以下方式。

① 口头或书面联系。包括面对面的答复及电话答询，建立顾客热线，寄发公共关系手

册、新产品介绍等。

② 内部刊物。组织通过编发定期或不定期的刊物，向顾客介绍组织发展情况，发布新产品，使顾客对组织有较为深入的了解。

③ 公共关系广告。通过加强组织形象宣传，吸引公众注意力，发展顾客群体。

④ 开展顾客联谊活动。如进行慈善募捐、组织社区服务、赞助公益事业等，回馈社会，回报顾客。

社会组织应根据组织的具体情况和目标，恰当地选择与顾客沟通的方式，使双方保持良好的关系。

5. 推进 CS（顾客满意）战略

CS 是英文 customer satisfaction 的缩写形式，CS 战略即顾客满意战略。CS 战略思想产生于 20 世纪 80 年代，最早由瑞典斯堪的纳维亚航空公司提出。该公司坚信"企业利润的增长取决于服务的质量"。这一观点得到了企业界的普遍认同，对客户关系的探讨和实践不断深入，形成了 CS 战略理论并得到迅速推广和广泛应用。作为一种企业行销战略，它要求组织通过发掘在组织生产经营范围内的产品或服务，达到顾客满意的程度，然后使其产品或服务设计向顾客满意需求靠近，实现其产品或服务的个性化，使顾客在接受该产品或服务后达到满意状态。

CS 战略认为，产品满意是 CS 战略的前提和基础，服务满意是 CS 战略的保证，客户忠诚是 CS 战略的目标。它包含了"顾客至上""顾客永远是对的""一切为了顾客"三个基本思想。"顾客至上"要求企业把顾客放在经营管理体系中的第一位，尊重和实现顾客利益，真正善待顾客，让顾客感到自身的价值，获得顾客认同；"顾客永远是对的"思想是"顾客就是上帝"的观点的发展，是企业赢得顾客、赢得市场、获取长远利益的关键；"一切为了顾客"是指企业一切从顾客的角度出发，想顾客之所想，急顾客之所急，最大限度地满足顾客需求。

案例阅读 3-4

互联网创造的新顾客：淘宝族

2003 年 5 月淘宝网创立以来，创造了世界上规模庞大、异常活跃的新型群体——淘宝族。他们坚信在淘宝上可以淘到自己所需要的一切，坚信在淘宝上可以得到生活的一切或一切的生活。网上淘宝不仅仅是一种购物方式，更是一种生活态度。上网淘宝，可以随时随地测试自己购物的想象力，只有想不到的，没有没得卖的。以前我们总是蜷缩在各种交通工具中，并且忍受着人挤人的烦乱去商场、超市购物，然后排着长龙结账，拖着疲惫的身体回家；现在我们网上购物轻点鼠标就可以轻松搞定，把节省的时间用于休闲、健身、陪同家人，这不就是我们在网络上淘的最大的"宝"吗？

在淘宝一族中，女性是主力。某国际组织进行的一项关于女性消费者网络购物行为的调查显示，有网络购物行为的女性消费者不仅在数量上多于男性，而且她们进行网络购物的频率也更高。78% 的受访女性有过网络购物经历，而且在三个月内进行过至少六次网络购物的消费者中，女性所占比例超过半数（58%）。

截至 2017 年，淘宝网站注册用户数超过 8 亿，日活跃用户超过 1.2 亿，在线商品数量达到 10 亿，淘宝网创造的直接就业机会达 467.7 万。2017 年"双 11"，淘宝加天猫成交额达到 1 682 亿元，成为亚太地区较大的网络零售商圈和世界范围的电子商务交易平台之一。

3.2.3　媒介公众

媒介公众指新闻传播机构及其工作人员，既包括作为社会组织的报纸、杂志、电台、电视，也包括在这些组织中工作的记者、编辑人员。

媒介公众是一类特殊的公众，是公共关系工作对象中最敏感、最重要的一部分。这种公众具有明显的双重身份：一方面，新闻媒介受众巨大，传播迅速，客观真实，影响力强，在传播信息方面具有其他组织无法比拟的优势，是组织与公众实现广泛、有效沟通的必经渠道，是组织竭力追求的公众；另一方面，新闻媒介人员又是组织必须特别重视的公众，记者、编辑、专栏作家、节目主持人等新闻从业者对新闻和社会舆论具有很大的操控性，被称为"无冕之王"。可见，媒介公众对于组织公共关系具有特殊的重要意义。

社会组织需借助新闻媒介向公众传递信息，扩大组织的影响，提高组织的知名度，营造一个有利于组织的舆论环境。在与媒介机构交往的过程中，一定要平等相待、以礼相待、以诚相待，相互配合，讲究工作方法和工作技巧。

① 善于发现组织内部具有新闻价值的事件，主动向新闻媒体提供新闻素材。社会组织要熟悉各类新闻媒体的特点及受众情况，帮助收集、提供新闻素材，主要有：组织的结构、经营方针、运作模式、生产技术、人事安排的重大变革；组织的开业庆典、纪念活动、公益活动；组织的新成果、先进人物、先进事迹；与社会知名人士的交往等。

② 善于进行新闻策划，放大新闻效应。新闻策划又称"制造新闻"，指以组织内部发生的真实事件为基础，有计划地推动或挖掘事件的新闻价值，引起公众和新闻媒体的注意，获得新闻效应。新闻策划不是无中生有，凭空捏造，欺骗公众，而是通对真实事件新闻价值的挖掘、放大和升华，推动事件的发展。

③ 加强与媒介公众的联系与沟通。经常与电视台、广播电台、报社、杂志社等媒介联合举办各种活动，提高组织在新闻报道中出现的频率。

3.2.4　其他公众

对于社会组织而言，除了内部公众、顾客公众、媒介公众外，还要面对其他大量的公众，如社区公众、政府公众、名流公众、涉外公众等。

1. 社区公众

社区公众是指组织生活所在区域（市、区、乡、镇、街道、村）的地方政府、其他社团和居民。社区公众与组织之间有着千丝万缕的联系，社区居民可能成为组织的员工或组织最稳定的顾客；社区的其他社团可以成为组织良好的合作伙伴；而社区所在地的政府，则是组织的"父母官"。能否和社区公众建立良好的关系，关系到组织和组织员工能否拥有一个安静、和谐的生产、生活环境。组织必须从以下几个方面与社区搞好关系。

首先，要维护社区利益。应积极参与社区建设和发展，要保护好社区的生态环境，不能给社区公众的生产生活造成负面的影响。当与社区公众发生纠纷时，组织要勇于面对问题，采取积极措施解决问题，及时平息社区公众对组织的批评和不满，尽力消除冲突和矛盾，化干戈为玉帛。

其次，支持社区活动。组织应支持和配合地方政府的领导、管理和监督，积极参与社区内的各项政治、经济、文化活动和社区公益事业。

最后，密切与社区公众的往来，加强双方的沟通和了解。

2. 政府公众

政府是国家权力机关的执行机关，是对社会公共事务进行管理的机构。政府依据统一的法律、法规和政策，代表社会全体公众对社会活动进行管理指导。任何社会组织必须服从政府的依法管理。因此，组织与政府之间形成了被管理者与管理者、公共关系主体与客体的关系，这是一种法定的、固定的关系。

政府和社会其他组织相比，在拥有权力、掌握资金、了解信息、控制舆论上拥有较大的优势，在一定程度上决定和制约着组织的生存与发展。因此，组织必须处理好与政府的关系，争取政府对组织的了解、信任和支持，从而扩大组织影响。美国汽车巨子克莱斯勒公司在 20 世纪 70 年代曾经亏损 116 亿美元，濒临破产。艾柯卡临危受命，在其他方案都行不通的情况下，决定以公司全部资产做抵押向美国联邦政府申请贷款。消息传开，举国大哗然，反对声鹊起，联邦政府一时拿不定主意。为了争取到全国公众和政府的理解支持，艾柯卡发起了强大的舆论攻势。媒介发表了一系列阐述公司主张的有艾柯卡亲笔签名的社论。这些社论的标题和内容是公众最为关心的问题：失去了克莱斯勒，美国的境况会更好吗？克莱斯勒有前途吗？克莱斯勒的领导部门是否有足够的力量扭转公司的局面？卡特政府的官员和国会的议员们每天都拿着这些广告和社论边看边议。同时，艾柯卡还派出专人到国会和联邦政府进行游说活动。这些公共关系活动的开展，逐渐恢复了各界公众对公司的信任，国会也终于在圣诞节前夕通过了贷款法案。有了这笔巨资的支持，克莱斯勒最终起死回生，并在 20 世纪 80 年代东山再起。

那么，如何协调好组织与政府的关系呢？一般来讲，应把握好以下几点。

① 熟悉政府权责范围及运行特点，坚持以国家利益为重，遵守国家法律、法规，合法经营，照章纳税，不做有损社会公共利益的事情。

② 注意和政府的信息沟通。企业组织要及时、准确地向政府通报情况，时刻关注政府法令政策的变动情况，必要时将企业的有关情况向政府汇报，使之了解真实情况，从而影响政府，使之制定有利于组织生存发展的法规、政策。

③ 替政府着想，为政府排忧解难。这样就能够获得政府的好感，得到政府的热情关心、主动支持和友好合作。

④ 多与政府进行感情交流，通过邀请政府领导出席组织的有关活动，加强双方的联系。

本 章 小 结

公共关系是赢得公众的艺术。本章对公众的概念和特征、公众的分类、内部公众、顾客公众、媒体公众三类重要的目标公众，进行了系统的介绍和分析。通过本章的学习，应该对公众有一个全面、正确的认识。

复习思考题

1. 什么是公众？它具有哪些特征？
2. 组织的重要的目标公众有哪些？其特征是什么？
3. 公共关系人员应该如何协调和员工的关系？
4. 公共关系人员如何协调和顾客的关系？
5. 公共关系人员怎样协调和新闻媒介的关系？
6. 公共关系理论一方面强调"公众利益至上"观念，要求组织认真地、公平地对待每一个公众；另一方面，又要区分为不同的公众，并且要分别对待。这里是否有矛盾呢？为什么？

案例实训

案例1：

某商场设有一家女性时装店，专营各类布料高档、款式新颖的女式时装，颇受经济条件优越的时尚女性青睐。某著名报社记者小李偶然看到这家店新款酬宾的广告，打算为在外地工作的女友阿美买一套时装作为生日礼物送给她。恰巧有一天，小李采访回来从该店经过，看见同事小娟和小叶在店里买衣服，顿时大喜，也想进店看看。但门口保安硬是拖住小李不让其入内，原因是小李穿着随意、衣冠不整，像个农民一样，一看就不会买高档时装。小李越解释，保安越不让进。双方吵闹，争执不下，引来许多人议论纷纷，直至商场公关部经理出面调停。

思考题：

1. 材料中人物多数属于消费者公众或顾客公众。请将下列人物的名字与其归属公众发展类型连线。

  非公众   潜在公众   知晓公众   行动公众
  小娟与小叶 小李母亲 女友阿美 小李

2. 公关部经理出面调停，主要执行的是公共关系部的什么职能？
3. 如果你是小李，若公关部经理未出面或调停不令您满意，您会采取什么行动？
4. 如果您是这位公关部经理，将怎样采取措施，让小李由逆意公众转变为顺意公众，及时挽救声誉，树立好的形象？

案例 2：

华帝股份：从经典营销案例到市场反面教材

2018年5月31日，2018年世界杯开幕前，作为法国队赞助商的华帝股份公司（以下简称华帝）启动"法国队夺冠，华帝退全款"的活动，宣传称：如果法国队在2018年俄罗斯世界杯夺冠，则对于在2018年6月1日至30日期间购买华帝"夺冠套餐"的消费者全额退款。6月30日，为庆祝法国队晋级8强，又将"退全款"活动顺延3天至7月3日。7月5日，华帝发布公告称，"夺冠套餐"销售数量在2万套左右，"退全款"活动指定产品的终端销售额共计约7 900万元，其中线下5 000万元，线上2 900万元；华帝自己需要承担的退款费用为2 900万元，其他由经销商承担。7月16日，法国队夺取世界杯冠军，华帝随即宣布退款程序正式启动。据16日微信指数显示，"华帝"这一关键词的热度超过4 800万，飙升3 000%。另据华帝公布的数据显示，此次活动拉动总零售额达10亿元。华帝抓准互联网环境下的中国消费者的心态，将世界杯、市场、品牌三个维度的诉求有机绑定，借势世界杯，用2 900万撬动10亿销售额，实现品牌知名大幅提升和品牌影响力明显增强，因而，此次"退全款"活动被称为"可以引入教科书的市场营销案例"。

但是，"退全款"原本是一次很成功的营销，结果却在退款时引发诸多争议，使很多公众大失所望。根据华帝此前的活动规则，只有在线下门店购买的消费者才能退还现金，线上电商渠道购买"夺冠套餐"的人，只能拿到对应平台的等额购物卡，同时部分经销商称有小票没签协议就不能退款。华帝将"退款"的风险和责任推给了经销商和无辜的消费者，不少投资者在互动平台上表达了对华帝股份的不满。也有投资者认为，法国夺冠后华帝把一手好牌打成烂牌，怒斥其管理层不懂营销和危机公关。此事引起社会多方关注。中国消费者协会18日对"华帝用户退全款遇阻"一事发声表示，"把广告费花在消费者身上，这个营销创意还是挺赞的！希望华帝切实履行承诺，按照售前约定和承诺，切实做好每一位消费者的退款工作。诚信，才是任何营销的完美注脚。"

7月24日，华帝就"法国队夺冠，华帝退全款"活动进展发表声明，介绍了世界杯营销活动的情况和退款流程，对消费者的疑问给予耐心解答和回复，对消费者存有的异议做出回应。媒体评价时称，华帝这一轮的广告营销是一把双刃剑，如果不能处理好后续的退款事宜，"退全款"活动产生的巨大宣传效应，或许会成为重伤华帝的利剑。因"法国夺冠退全款"而创造营销经典案例的华帝股份，却最终身处舆论旋涡，成了反面教材。

思考题：
1. 华帝面对的公众经历了一个什么样的转化过程？
2. 与公众变化相对应，华帝的企业经历了一个什么样的变化过程？
3. 在企业发展的顺境期和逆境期，应该如何改变公众、赢得公众？

第 4 章

公共关系的传播沟通方式

通过本章的学习，了解和把握公共关系传播沟通的基本方式，能够根据组织传播的需要，正确选择传播方式。每一种传播方式的特征和传播方法是本章的重点内容。

案例导入

北京奥运会：一次成功的国家形象公关

2008年8月8日至8月24日，第29届奥林匹克运动会在北京成功举办。来自204个国家及地区的11 438名运动员参加了28种运动、302个项目的比赛。共有32 278名中外记者参加北京奥运会报道，创造了历届奥运会记者人数之最。

本届奥运会秉承"更高、更快、更强"的奥运精神，突出体现了"新北京、新奥运"的主题和"绿色奥运、科技奥运、人文奥运"三大理念，"同一个世界，同一个梦想"（one world one dream）的奥运会口号集中体现了奥林匹克精神实质和普遍价值观——团结、友谊、进步、和谐、参与和梦想，表达了全世界在奥林匹克精神的感召下，追求人类美好未来的共同愿望。

北京奥运会的成功举办，充分展示了中华民族百年奥运圆梦，见证了一个古老国度走向伟大复兴。全世界几十亿双眼睛通过北京奥运会的信息传播，共同感受到了古老中国和现代中国的非凡魅力。北京奥运会是一次成功的国家形象公关，是一场传播活动的盛宴，为世界留下了一份宝贵的物质和精神财富。

案例点评：北京奥运会通过奥运元素的全方位、立体式的广泛传播，全面展示了一个开放的中国、诚信的中国、创新的中国、奉献的中国，完美再现了现代传播在公共关系活动中的独特魅力。

传播媒介的基本社会功能主要有传播思想、实施教育、交流信息、沟通情感、事实报道、社会监督、娱乐休闲、文化传承、艺术欣赏等。公共关系传播的方式多种多样，按照不同的分类标准，可以将传播分为许多不同的类别。根据传播主体的不同，可以将传播分为自身传播、个体传播和组织传播；根据传播媒介的不同，传播又可分为人际传播、大众传播、实物传播和行为传播；根据传播效果的不同，传播又可分为正值传播、负值传播和零值传播；根据大众传播的主要功能和公关活动所涉及的主要传播种类，公共关系传播可分为语言传播和非语言传播两种方式。由于在现代公共关系活动中，广播、电视、互联网等电子媒介融合了语言传播和非语言传播的优势，发挥着举足轻重的作用，所以把电子传播作为单独一节加以介绍。本章将从语言传播、电子传播和非语言传播三个方面加以介绍。

4.1 语言传播

4.1.1 语言传播方式

任何传播媒介都由以下三个要素构成。

① 物质实体。物质实体是传播媒介得以存在的首要因素。没有具体而实在的物质实体，无论多么完美的精神内容也无所依附、无法传播。

② 符号。符号是构成传播媒介的第二种要素。符号是传播媒介与其他普通物质实体相区别的一个重要标志，也是构成传播媒介的重要因素。信息的传播是物质形式的，任何主观的思想，必须依托一定的客观形式，才能实现传播，因而使用各种符号实现交流，就成了传播形成的必要条件，离开了符号，就没有传播。

③ 信息。信息也是构成传播媒介的重要因素。首先，传播信息是传播媒介的基本功能和唯一使命；其次，任何有序的完整的符号都蕴含着特定的信息；此外，信息也是传播者与受传者发生关系、形成互动的理由和前提。

1. 语言符号和非语言符号

施拉姆在《传播学概论》中指出："符号是人类传播的要素，单独存在于传播关系的参加者之间——这些要素在一方的思想中代表某个意思，如果被另一方接受，也就在另一方的思想中代表了这个意思。"按照传播学理论，符号分为语言符号和非语言符号。语言符号是信息传播的主要载体，是人类特有的有声符号集和符号系统，包括语言与文字两类，即口头语言和书面语言。语言既是人际传播的载体，如写信使用文字，面对面的交谈、打电话使用口语；同时，语言又是大众传播的载体，如报纸、杂志多使用文字，而电影、电视、广播多使用口语。正因为这样，习惯上把语言称为"公共关系的第一媒介"。语言对于公共关系传播而言，具有不可分离的重要性。

非语言符号是指不以有声语言为载体，而借助于直接打动（刺激）人的感觉器官的各种各样的信息传播符号，如身体语言等。

2. 语言传播媒介

加拿大著名传播学者马歇尔·麦克卢汉在1964年出版的《理解媒介：人的延伸》一书

中提出，媒介是人体的延伸的命题，如印刷品是眼睛的延伸，收音机是耳朵的延伸，电视机则是眼耳的共同延伸，计算机更是中枢神经系统的延伸。总之，作为媒介的"一切技术都是肉体和神经系统增加力量和速度的延伸"。此后，麦克卢汉又提出了其媒介理论的中心命题："媒介即讯息。"这一观点概括了传播媒介在人类社会发展中的地位和作用，成为传播学的经典理论。

我们认为，传播媒介就是信息传播的介质，它有两种含义：首先是指传递信息的手段、方式或载体，如语言、文字、报纸、广播、电视、电话等；其次是指从事信息采集、加工、制作和传播的社会组织或传媒机构，如报社、出版社、电台、电视台等。为了区别，我们把前者称为媒介，把后者称为媒体。

如前所述，语言传播媒介包括口语和文字两种。

1) 口语传播媒介

口语又称口头语言，是有声的语言。口语传播指传播者（说话人）通过口腔发声并运用特定的语词和语法结构及各种辅助手段向受传者（听话人）进行的一种信息交流。口语的出现是人类进化历程中的一大飞跃，也是人类传播活动的一次巨大变革。口语符号是人最基本、最实用的符号系统，人类的大部分日常交流都借助口语完成。口语是一套构成最为严密、表意最为准确、使用最为便利的符号系统，也是人最重要的交际工具。口语传播在日常接待、新闻发布、演讲、沟通性会议、公务谈判和演说等场合应用非常广泛。

口语传播有如下特点。

① 直接性。口语传播的方式多用于人与人直接面对面的场合，相互之间无须借助其他的媒介，或者只使用个人性的语言沟通工具，如电话。

② 综合性。口语由语音、语义、语境等构成，表达了从生活到思维，由思维到语言的转化过程，是对传播者生活阅历、思维方式、语言表达能力的综合反映。

③ 双向性。参与口语传播者既是"发话人"，又是"听话人"，在沟通过程中双方不断更换传播的角色，只要对话不中断，就能保持双向的交流，从而产生相互的影响作用。

④ 情感性。因为口语传播大多数是在面对面的情况下进行的，因而能够直接表达和感受对方的情绪和情感。

⑤ 反馈性。面对面的语言交流是一种信息反馈性最强的交流形式，参与口语传播者相互之间信息的传递和反馈的间隔时间很短，甚至能够同时进行，双方能够根据对方的反应及时调整自己的语言内容、方式。

⑥ 主观性。口语传播是主观随意性最突出的一种沟通形式。口语不像文字那么严谨，随时可以增加或减少，随时可以中断或改变，并且明显受到个人态度、情绪的主观影响，受个人素质、能力的制约，比较容易出现错误或失真的问题。

2) 文字传播媒介

文字传播媒介是指借助于文字符号传递社会信息的各种载体。文字作为用来记录和传递人类思想的符号形式，是人类文明史发端的重要标志，也是人类信息传播史上的一次革命性飞跃。

与口语传播相比，文字传播具有以下特征。

① 记录性。文字可以将信息资料记录下来，进行跨时空的传播。

② 扩散性。文字传播可以借助各种媒体传送到遥远的地方，扩散到大范围的公众，从而扩大了信息的影响力。

③ 持久性。文字传播资料可以长时间保存，同一信息有可能对读者产生反复刺激和影响；而且读者接受信息的过程比较从容，有利于通过思考来加深理解，因此文字传播的信息持久性比较强。

④ 准确性。文字媒介的信息在制作时可以字斟句酌，反复推敲修改，对信息内容的表达更具条理性、逻辑性和准确性。

在现代社会，文字传播主要通过报纸、杂志等有形载体来实现，因此也称为印刷类传播媒介。它是借助大量复制、快速显现的印刷技术而进行的文字传播手段，以文字、图片形式将信息印刷在纸张上进行传播。

（1）报纸

报纸是最普及、最重要的传播媒介之一，它是以刊登新闻为主的定期出版物，以客观事实报道和评论为主要内容，利用印刷文字，以比较短的间隔定期发行。其特点很明显：报纸是整张发排印刷的；通过版面空间的排列，将各种信息高度结合在一起；报纸的新闻资料一般是公布性和告知性的，时间性较强。另外，报纸的发行是周期性的。作为具有以上特性的报纸，对公关组织宣传自身形象，是一种非常有力又十分有效的手段。

报纸作为公共关系的传播媒介具有许多优点。

① 报纸成本低廉，而且制作简便，这是电影、电视、广播等无法相比的。而且随着现代科技的发展，计算机排版技术的广泛应用，报纸在出版速度和质量上都有了飞速发展。

② 报纸能给予受传者充分的选择余地。读者可以自己控制阅读速度和选择阅读时间、地点，可以根据自身的习惯、兴趣、能力来选择报纸阅读，可以一目十行，也可以逐字推敲。

③ 报纸的信息量大且不受数量限制。报纸可以根据需要增加版面，增加信息的总容量。

④ 报纸便于保存信息。面对面的传播，稍纵即逝，电视媒介传播如不专门录制，很快也会消失。唯有报纸能把各种事实、数字信息有效保存起来。

报纸也有其本身不足之处。

① 即时感染力差。文字比之于口语，因其诉诸视觉和思维，因而具有冷静的理性特征。这就使报纸虽然附有图片和表格，仍不及电影、电视那样形象、生动、直观；也不及广播那样有直接对话般的亲切感，因此导致其即时感染力相对差一些。

② 读者层次的限制影响了它的传播范围。它属于文字和图形的印刷物，对于一些直观的图形来说，也许使人会一目了然，但是报纸绝大部分的内容是文字符号和规范的图形符号，所以报纸阅读比观看、收听更要求受传者具有一定的文化水平和理解能力，这就造成文化程度低的人和文盲无法充分使用和享有这种媒介。

（2）杂志

杂志是报纸向深度和广度发展的媒介，它是以成册装订的形式刊出的定期出版物。杂志的内容含量大、分类清晰、专门性强，对某一方面的信息传播集中、深入，适合专门性研究和信息的获得。另外，杂志对于特殊的内容也可以深入分析，专门传播，目标性和指向性也较突出，学术性比一般的媒介更强。杂志按发行周期划分，可分为周刊、半月刊、月刊、双月刊、季刊；按性质划分，可分为专业性杂志和非专业杂志。在公关工作中，如果侧重于深入宣传和进行公关理论研究工作，就要注意选择杂志。如《公共关系》杂志是国内公共关系领域最具权威性的媒体之一。

杂志具有以下优点。

① 传播信息比报纸更全面、准确。由于杂志发行期较长，因此有充分的时间采集信息、收取资料，版面的制作也有更多的时间准备，因此能给读者留下完整、深刻的印象。

② 便于发行和储存。杂志可以在全国公开发行，不受地域的限制，甚至还可冲破国界的限制。

③ 种类多，专业性强，在特定范围内传播效果明显。大部分专业性杂志读者群比较固定，而且对该专业很有兴趣，深有研究，因而阅读时精力集中，领悟力较强，较易对传播的信息留下深刻的印象。

④ 针对性强。杂志面对的是具有特定年龄、文化、职业、信仰、兴趣、爱好的读者，他们都是特定领域的公众，具有较强的针对性和影响力。

杂志也具有一些本身无法克服的缺点。如：因出版周期太长，新闻性弱，时效性差，传播速度慢；因专业性太强，对读者的文化水平要求高，无法照顾一般读者的阅读水平，而限制了读者群。因此，在公关工作中如果是专业性强，要求具有一定的文化和艺术内容的信息传播，就要选择杂志；如果强调新闻性、快捷性，就应当选择报纸和电子媒介。

（3）传单、图片和招贴

公关工作还要用到一些其他印刷媒介，诸如传单、招贴和图片等，它们具有不定期、不专业、偶然性强和针对性强的特点。

传单属于单张性的宣传印刷品，内容单一，针对目标集中的内容进行传播，如企业简介、产品说明、产品目录、经营特色、促销宣传品和邮递广告等。

图片是通过平面构图传递形象信息的印刷品，具有准确、客观、逼真的特点，适合于直观、快速、醒目地传递公关信息。

招贴即印刷后的图文单页资料，利用公共场所进行公开悬挂和告贴的传播形式。它是其他主要媒介的辅助手段，有醒目、明确的特点。

3. 语言传播的基本原则

（1）目的性原则

目的性原则指语言传播必须为确切传达组织信息、实现公关目标服务。公关活动的根本目标就是树立良好的组织形象，建立良好声誉，赢得组织内外公众的了解、理解、信任和支持。语言传播活动必须服从和服务于这一根本目标，无论是语言表达的内容、语言表达的手段，还是传播媒介的选择，都必须准确传递组织信息，为实现组织特定的公关目标服务。

（2）针对性原则

针对性原则指语言传播必须适应不同公众的特点。在语言传播过程中，传播者对语言形式的选择既要注意其对特定内容的贴近和吻合，又要注意它是否能被公众所准确理解和接受。所以，语言传播应该根据不同的公众及不同公众的不同特点准确适用。

（3）适应性原则

适应性原则指语言传播必须适应特定的语言环境。在不同的时间、地点、场合和不同的文化背景下，语言传播表现的内容、手段、方法是不同的。

（4）规范性原则

规范性原则指语言传播必须遵守语言规范。语言规范是国际国内公认或法定的语言及其具体的语音、文字、词汇、语法标准等。在语言传播过程中，应当使用规范的语言，遵循语音、文字、词汇、语法标准，不读错音，不写错字，不出现语病。

4. 语言传播艺术

公共关系是传播的艺术，这一点在公共关系语言传播中得到了鲜明体现。语言传播是语言的艺术，是传播者在了解和认识传播规律的基础上，对语言加以艺术性运用的一种方法，它是公共关系实务的基本传播手段，在日常接待、新闻发布、演讲、沟通性会议、公务谈判和演说等场合应用非常广泛。

1）口语传播的艺术

口语传播艺术是口头语言运用的技巧和方法，主要体现在说话、听话、提问等环节。

（1）语言要得体、真诚

讲述的内容要用词准确，有感情，声情并茂地表现出诚恳、认真的态度；语言要通俗、生动、口语化，不要用生硬的书面语，更不要用套语和生涩的词语；用语要准确简洁，用最少的、最精确的语言表述最多、最生动的意思；要讲究流畅的语流和和谐的语言表达风格，要准确、传神。

（2）注意聆听

聆听是言语传播的重要技巧。首先，要讲究全神贯注地听，做到尊重说话人及他讲述的内容，理解讲话人表达的意思；其次，要用积极的反馈激发说话人的谈话热情，并运用表情和动作鼓励对方，以增加表达效果。最后，要多听对方的谈话内容，思索对方的每一句话包含的信息，做到尽快与对方沟通。

（3）善于发问

要尽量使用双方习惯和喜欢的问话方式，要做到文明提问，尽量避免直接提问带来的不礼貌；要注意避免一次提多重问题，给对方的回答造成压力；提问时机必须适当，所有的问题必须围绕中心问题展开，不能问不着边际的问题，更不能离题万里。

（4）讲究语言的表达方式

语言的表达方式是多种多样的，由于谈话的对象、目的和情境不同，语言表达方式也没有固定的模式。说话有时要直率，有时要委婉，有时要幽默，要视对象而定。

2）文字传播的技巧和方法

文字传播作为一种特定的信息交流形式，其技巧就在于运用信息刺激接受者，以便引起接受者的注意，最终得以完整准确地接受信息。

（1）文字运用通俗易懂

汉字的词汇量极大，有大量难读、难写的生僻字，公共关系人员在运用文字传播时应该特别注意采用通俗易懂、贴近公众生活的词汇，切勿故弄玄虚，使公众摸不着头脑。汉字的使用也应该规范化，不用未经认同的简化字，也尽量少用繁体字，以免使传播效果受到影响。

（2）文字内容有吸引力

文字表达得越新奇、越精练，就越有吸引力，容易引起接受者的注意。当接受者麻木于干枯俗旧的文字形式时，新奇的内容、优美的文字造成的刺激，会驱使他进一步了解事情发展的原委始末，提高他们接受信息的兴趣。

（3）文字形式的对比性

文字的同质性特点很强，表意相近，这就要求文字传播在表达形式上，要体现出差异性和对比性，以便接受者容易区分各种文字传播形式之间的不同。

（4）注意重复

心理学著名的艾宾浩斯曲线提示我们，实现公关目标，必须对公众进行持续的刺激，才能形成印象和记忆。所以，在文字传播中，控制有度的重复是必要的，只有通过不断的刺激，才能引起公众的注意，才能强化为印象和记忆。这是公关活动中普遍运用的方法。如大规模的广告宣传等。

4.1.2 语义与传播

语言是社会约定俗成的比较高级和复杂的符号。在现时的传播活动中，语言被分解为语音形式、文字形式和语义内容三个方面。换句话说，完整的成熟的语言符号应该是音、形、义的有机结合，它既包括听觉物质化——语音形式、视觉物质化——文字形式，也包括符号信息化——语义内容。

1. 语义的性质和类型

语义就是语言的意义，是人们对词语所指事物现象的认识，是对客观世界能动的、概括的反映，是语言形式所表达的内容。

1）语义的性质

（1）语义的客观性与主观性

语义作为人们对词语所指事物现象的认识，最终来源于客观世界，因此，语义具有一定的客观性。另外，人们对客观事物的认识，并不等于客观事物本身，而归属于主观世界。由于人们的认识能力、认识角度等多方面的影响，人们对客观事物的认识，不可能与客观事物完全一致，总有或多或少的差异。所以，语义具有一定的主观性，它只能在一定程度上反映客观事物的特征。

（2）语义的概括性和具体性

语义作为人们对事物的认识，是一种概括的认识，词语的意义概括了它所指的各个具体对象的共同特征。但是，语义作为人们语言交往的内容，在具体的话语中，又是比较具体的。人们在理解和运用词语时，往往也要经历从具体到概括，又从概括到具体的转化过程。

（3）语义的稳定性和变异性

为了保证交际顺利进行，语义必须具有一定的稳定性。但是，语义又必然具有一定的变异性，因为语义是反映人们对事物现象的认识的，而客观事物现象总在不断变化，人们的认识也在不断变化。为了适应交往的需要，语义必然要随着客观事物的变化和人们认识的变化而发生相应的变化。

2）语义的类型

一个语言单位所表达的语义是复杂的综合体：有语言单位固有的意义，也有语言单位在特定语境中所表达的特定含义,还有社会文化背景所赋予的特殊意义。语言学认为,语义包括语言意义和言语意义两种。语言意义是词语在语言系统中的概括的、一般的、固有的意义,又称外延意义。言语意义是词语在言语交往中的具体的、特殊的、临时的意义,是对语言意义的运用和扩展,又称内涵意义。外延意义是社会成员约定俗成的,是客观的、相对稳定的;内涵意义是在特定的场合和交往环境中产生的,是主观的、变动的。比如新闻报道《中国奥运健儿出兵雅典》中,"兵"的外延意义是"士兵、军人",而在这一特定语境下,内涵意义就是指"运动员"。

2. 语义现象在传播中的运用

语义现象在公共关系传播中主要体现为内涵意义的运用。语言学将内涵意义分为修辞意义、语境意义、历史意义、文化意义。奥斯古德在《意义的测量》一书中指出,在不同的文化环境里,人们对字词的外延意义是比较容易在一定范围内达成共识的,但在价值判断(内涵意义)上常常发生较大分歧。这是因为,前者的客观性、约定性、稳定性等特点只划定了有限的语言空间,而后者的主观性、个人性、临时性等特点却预留了多层面、范围广泛的语意空间。这表明,同一语言符号在不同的修辞方式、语言环境、历史时期和文化背景下,会形成不同的意义。所以,只有正确理解和运用语言的外延意义和内涵意义,才能准确表达组织的意图,才能实现既定的公关目标。

1)正确理解和使用语言

有这样一个广为流传的故事:有一位富翁请客,宾客来了一半,还有一半未到。结果等了半天,时间已经过去很久了,还有很多重要的贵宾没有来。这个富翁心里很着急,忍不住焦灼万分地埋怨道:"唉!好不容易请一次客,该来的没有来,不该来的来了!"那些围桌而坐的客人一听,顿时觉得脸上讪讪的,有些挂不住,心想:原来主人并不是真心邀请自己的,既然主人已经表示了不欢迎,我还赖在这里做什么?这些人越坐越不自在,就一个个悄悄地离席而去。这个富翁一看客人又走了不少,顺口就说:"唉!好容易请一次客,该走的没有走,不该走的走了!"话一说完,那些原先还不好意思走的客人,都一个个满脸怒气地掉头而去了!富翁更着急了,"他们也要走?"之所以产生这样的结果,原因就在于这个人未能正确运用语言表达主观意图,使他人产生了歧义和误解。因此,正确理解语言的含义,把握语言表达的原则和方法,准确运用各种语言形式,明白无误地传递组织信息,是实现公关目标的重要条件。

我们应该遵循的语言传播的基本原则如下。

(1)合作原则

在言语交际中,双方都希望所说的话语能够互相理解,彼此总是需要互相合作的,因此都遵循"合作原则"来达到预期的目的。该原则包括以下准则。

① 真实准则。在人们的交往中,讲真话是基本的行为准则,人们一般都会努力去实践这条准则,说话人会努力使听话人相信所听到的话是真实的;在听话人看来,说话人所说的也应该是真话。

② 相关准则。相关准则要求所说的话要与话题相关,即要切题。

③ 方式准则。方式准则要求表达方式要清楚明白。具体而言就是:要显豁,避免晦涩;要明确,避免歧义;要简洁,避免啰唆;有条理,避免杂乱。

（2）礼貌原则

指人们在言语交际中应遵守社会礼貌规范，包含下列准则。

① 得体准则。尽量减少有损于别人的观点，尽量增加有益于别人的观点，也就是要尽量少让别人吃亏，多使别人获益。

② 赞誉准则。减少表达对他人的贬损；对别人少贬低，多赞誉。

③ 谦逊准则。减少对自己的表扬；对自己多贬低，少赞誉。

④ 一致准则。减少自己与别人在观点上的不一致，尽量增加一致。

2）正确利用语境

语境是人们交往时的具体环境。除了说话人和听话人构成人际环境之外，还有一些相关因素，如时间、空间构成的客观环境，交往双方言谈过程中说出的话语构成的话语环境。这些因素相互作用，共同促成语言传播的语境。语境有广义和狭义之分，狭义的语境指书面语的上下文或口语的前言后语所形成的语境，又称小语境。广义的语境指人们进行语言表达时的具体环境，它除了包括狭义语境外，还包括与人的语言表达行为有关的时间、地点、人物身份、环境气氛、社会背景等，因而又称大语境。语境可以使语义更加明确，使词语获得特殊的、临时的含义，还可以影响词语的感情色彩，丰富词语的内容。人们的语言传播总是在一定的语言环境中进行的，势必受到语言环境的制约。因此，必须熟悉语言环境，充分利用语境条件，才能取得事半功倍的传播效果，也就是所谓"到什么山上唱什么歌""见什么人说什么话"。

（1）充分利用上下文

一般来讲，一个词、一个句子在特定的语言环境中只表示一种意义，只有同它所在的具体的上下文联系在一起才能被正确理解和把握。这样才能消除歧义，避免误解。如孙犁《荷花淀》中写水生妻子等人去寻丈夫不着归来时的心情是："几个女人有点失望，也有些失落，各人在心里骂着自己的狠心贼。"在这里"狠心贼"并不是骂人之语，而是几个女人对自己丈夫的昵称。

（2）注意时间、地点、场合等语言环境

语言传播是在一定的时空环境中进行的，必然受到环境的影响和制约。所谓"听话听声，锣鼓听音"，说的就是对语言的理解并不完全是对话语的字面意义的理解，还会受到语言环境的制约。"女不问年龄，男不问钱财"是公关交往中的一条基本准则，女士的年龄和男士的收入是一个很敏感也很忌讳的话题，在西方国家尤甚。

（3）注意历史文化背景、民族习俗等

语言是文化的表现形式之一，不同的历史背景、文化传统、民族习俗、生活习惯等使语言表现出了较大的差异性。在一次中外聚会中，一位中国男士称赞一位娇小玲珑、温柔可爱的英国小姐："You like a cat"，没想到这位小姐愤然离去。殊不知，猫在中国是受人喜爱的动物，"可爱得像一只小猫"，是常用的语言。而在英国，猫是"包藏祸心的女人"的同义语，两者大相径庭。又如，"龙"在中国是吉祥的，是中华民族的象征，而英语"dragon（龙）"却是喷烟吐火的怪物，所以龙这一中华民族的古老图腾未能成为2008年北京奥运会的吉祥物。因此，在传播和交往过程中，一定在熟知和尊重对方的文化背景、民族习惯等特点，做到入乡问俗，入乡随俗。

4.2 电子传播

电子传播是指运用电子媒介进行信息传播的活动,是现代组织应用较为广泛、最易取得效果的传播方式。电子媒介指电子技术、电子技术设备及其产品,包括广播、电视、电影、录音、录像、光碟、互联网等。

电子媒介的出现是社会发展与科技进步的产物。英国科学家法拉第在1831年提出了电磁感应定律。后来,德国科学家赫兹发现了无线电波产生、发射及接收的方法。1899年3月28日,意大利科学家G.马可尼成功地将一份电报从英国跨越英吉利海峡发至法国,1901年又完成了横越大西洋的无线电报的发收。此后,无线电报事业得到迅速发展和广泛应用。在此期间贝尔发明了电话,成功铺设了世界上第一条海底电缆,连接了欧洲与美洲。由于电的发现和无线电技术的发展,19世纪后半叶开始诞生了包括电信、电话、电影、广播、电视等在内的一大批电子媒介,并且形成了庞大的电子媒介和电信产业,对人类社会产生了重大的影响。人类信息传播速度空前迅速,范围空前广泛,内容空前丰富,信息的复制、扩散和保存能力也空前增强。迄今为止,电子传播媒介已经发生了三次飞跃,一是20世纪初广播的出现,二是20世纪中的电视的诞生,三是20世纪末的网络的兴起。联合国教科文组织1998年已经正式将网络命名为"第四媒体"。四大媒体是报刊、广播、电视、网络。在这4种媒体中,有三种是电子媒介。随着互联网的发展,数字传播也应运而生。

4.2.1 广播

通过无线电波或通过导线向广大地区播送声音节目的传播媒介,统称为广播。广播已遍及世界的每一个角落,成为一种多功能的大众传播媒介。广播分为有线广播和无线广播,它们在传播范围和传播设备上有较大差异。有线广播受线路导引的限制,一般只在某一公共场所或地域(如车厢、宾馆、村镇)等范围内传播;而无线广播则借助于电波信号,只要发射机功率足够,就可将信号传至"天涯海角"。

广播在传播中的优点如下。

① 具有极快的传递信息速度,可以超越时间、地域上的局限,其传播之迅速,覆盖面之广是任何大众媒介所无法比拟的。

② 广播以口语化的语言和音响作为传播的主要手段,且辅之以抑扬顿挫的音调来打动听众,表达亲切感人,较报纸、杂志具有更强的感染力。广播对广大受传者有较强的接近性,因为传播者的传播与受传者的收听同步进行,使受传者获得了相当程度的参与感,双方就好像在进行面对面的交流,更接近面对面的人际传播。

③ 广播不用文字作为传递信息的载体,比较适合不同文化程度的广大受众。而且,收听广播时,不受工作限制,仍可以从事某些机械性的、无须多加思索的工作。

④ 费用较低。广播节目制作方便,设备简单,播出时间也较长。

广播存在的缺点主要有以下几个方面。

① 信息难以储存。广播传播信息稍纵即逝，如不及时录音，信息将无法留存。纵然已经录下，靠磁带储存信息，经济上不太合算而且也不很方便。

② 形象感不强。广播通过语言、音响影响受传者，没有图像，也不能展现图片、图表。因此，在形象感方面比不上电视、电影，甚至比不上报纸。

③ 受传者不能很主动地选择信息。电波频道有限，而频道过多相互之间又会发生干扰，影响传播效果；自由选择节目的范围有限，一次只能收听一个频道，收听某一节目又受节目播出时间的限制，一旦错过就再难收到；收听广播必须按播音顺序来听，不能加速、减速或更换。总之，听众完全受广播预先排定的节目顺序、时间、速度的支配，处于被动接受的地位。

4.2.2 电视

电视是用电子技术传递声音和活动图像的传播媒介。电视虽晚于广播产生，其发展速度却相当迅速，已遍及世界各地，电视节目成为人们获取信息的主要渠道。电视第一次将人的视听结合在一起，在较以往任何传媒都真实的程度上传递信息，它既作用于人的听觉，又作用于人的视觉，是一种较全面的传播方式，更生动、传神、直观、迅速。公关传播活动的首选媒介总是电视。无论在哪一方面，它都是影响最大，效果最好，传播最快的信息传输方式。电视是大众传播的核心媒介。

电视的出现是媒介发展史上的一场革命。1925 年，英国科学家约翰·洛吉·贝尔德利用尼普柯发明的机械扫描盘成功地完成了传送和接收画面的实验。1926 年 1 月 26 日，他在伦敦作公开的示范表演，震惊了世界。英国成为世界上第一个播出黑白电视的国家。贝尔德也因为对电视发展的杰出贡献，被称为"电视之父"。此后，随着电视技术的不断发展，电视事业才开始在各国蓬勃兴起，电视已开始成为一种大众传播媒介。在资讯高度发达的今天，电视作为一种最主要、最有效的传播媒介，在现代生活中发挥着越来越重要的作用。

电视传播的优点表现在以下方面。

① 受传者能获得较强的真实感。电视是文字、声音、图像三者的奇妙组合，观看电视，更接近面对面的人际传播，能给受传者以更真实的感受。电视经常采取现场直播的方式传播信息，时间与被播放事件有同时性，空间上有同位性，使人如临其境、如闻其声、如见其人，增加了信息的可靠性。

② 传播效果持久。电视节目的制作往往融多种艺术手法为一体，综合广播、报纸的长处，主题鲜明，重点突出，形象生动，能加深受传者的印象，给受传者更强烈的刺激，因而传播效果较为持久。

③ 即时感染力很强。聚集在电视屏幕前的是千百万个家庭和各种小群体，他们在同一时间共享同一信息，彼此进行交流与互动，因此情绪容易相互感染，并可能对传播的信息产生共鸣。

④ 电视普及率高，适合多层次的受传者，对受传者的文化水平没有太高的要求。

电视的缺点主要有两个方面。

① 传播的声像信息瞬间即逝，保存性差。

② 受经济发展水平的制约,电视传播的范围受限制。如贫困地区的公众收看电视的可能性较小。有线电视未开通的地区,电视频道较少,且收看时只能选择一个频道,受传者常常只能被动地选择节目,播什么看什么。

> **案例阅读 4-1**

2017 年央视广告招标

中央电视台(以下简称央视)黄金资源广告招标素有中国经济"晴雨表"和市场"风向标"之称,备受企业界、传媒界和学术界关注。央视 2017 年黄金资源广告招标会现场招标最终金额超过 70 亿元。

2017 年,央视改变长期的广告招标的做法,启动中央电视台"国家品牌计划"。据央视广告经营管理中心主任任学安介绍,之所以叫"国家品牌计划",是因为当今中国经济的发展,比任何时候都需要一批能够在全球市场上代表国家形象来参与商业竞争、文化交流的国家品牌。按照央视"国家品牌计划"的规划,该"国家品牌计划"的实施包括公益、商业两部分。其中,公益分为"广告精准扶贫""重型装备制造业品牌传播"项目。而商业部分则是今年央视现场广告招标的主体,分为"国家品牌计划 TOP 合作伙伴""国家品牌计划行业领跑者"两部分。

在央视现场招标会上,海尔、格力、云南白药、美的、京东、鲁花、比亚迪、金一、洋河、东阿阿胶等 10 家企业在"砸出"42.09 亿元抢得该标段的同时,也成了央视的 10 个"国家品牌计划 TOP 合作伙伴"。另外,8 个"国家品牌计划行业领跑者"拍出 20.83 亿元,5 个"CCTV-1、2、3、4、7 春节贺岁套装广告"位置拍出 1.375 8 亿元,合计超过 64 亿元。

此外,现场还有 6 个项目并未公布金额。分别为茅台拍得的"2017 年国家品牌计划-TOP 合作伙伴-中国时间合作企业";碧桂园拍得的"2017 年国家品牌计划-TOP 合作伙伴-中央电视台全媒体合作伙伴";华为和万达分别拍得的"2017 年国家品牌计划-TOP 合作伙伴-特邀 TOP 企业";双汇拍得的"中国肉业领跑者"及金龙鱼拍得的"2017 年国家品牌计划-行业领跑者特邀企业"。按照这些项目的标底价来看,此次现场招标会的金额就已经突破了 70 亿元。

4.2.3 互联网传播

互联网是国际电子计算机互联网络的简称,又叫因特网,出现于 20 世纪 60 年代,被称为报刊、广播、电视之后的"第四媒体"。它把一台台孤立的计算机连成网络,可以用于连续的电子信息传递,包括电子邮件、文件传递及个人或计算机群之间的双向传播。它可以实现全球信息高速传递和共享。包括多媒体计算机在内的计算机只是提高了人类处理、存储信息的能力;而计算机的网络化却大大提高了人类交流信息的能力,它使人与人的联系实现真正意义上的交流,而不仅仅是传播。国际互联网不仅具有报纸、广播、电视等传播媒体的一般特性，而且具有数字化、多媒体、适时性和交互式传递的独特优势。流动在互联网上的信息具有丰富、多样、及时、全球、自由、交互的特点。总之，国际互联网是我们传播媒介的最终方向。对于公共关系及传播来说，逐步地纳入互联网传输是一种必然。

互联网的传播特征主要体现在以下几个方面。

1. 传播方式的交互性

网络传播彻底改变了传统媒体单一传播的模式，从多方面加强和改进了传播者和受传者之间的双向交流。受众除了可以在极大的范围内选择自己需要的信息外，还可以参与信息的传播。网络媒体的读者可以在同一时间与网络媒体的有关编辑进行交流，甚至他们的这种交流本身可以成为网络媒体实时发布的信息的一部分。BBS、网上聊天等是网络媒体交互性的集中表现。

2. 传播速度的快捷性

就时效性而言，传统媒体几乎无法和网络媒体相比。传统媒体受到技术、成本方面的制约，其时效性也受到了限制。而网络媒体则有其独特的优势：网络媒体的版面不受空间的限制、频道的更新也没有固定的周期，添加或者更新信息在操作上十分简便，等等。

3. 传播范围的广泛性

网络媒体不受时间空间条件的限制，传播的范围很广，真正具有一种全球性。信息在通信线路上进行自由传送，不分地区、不论国界，随传随至，既方便快捷又省钱省力。

4. 信息传播的开放性

互联网上，受众获得了空前的自主和自由，任何人都可以简便、快捷地传递某一信息，甚至自己可以成为信息的原始创造者和原始传播者。网络传播的开放性，使得人们可以通过网络媒体获取大量的真实信息。

5. 传播内容的丰富性与手段多元性

网络媒体在信息的传输量上具有无限的丰富性，在信息形态上具有纷繁的多样性。随着网民的不断增多及他们对网络这个新型媒体的不断认可，互联网逐渐成为人们学习、生活、工作中获取信息的重要媒体。同时，人们也不断通过网络媒体发布各种信息，互联网既是新闻信息发布平台，也是生活内容服务平台、电子交易支付平台、娱乐消闲平台，涵盖了人的需求的方方面面，显示了强大的包容能力、兼容能力、变化能力和无限扩展能力。

互联网传播在给人们带来巨大利益的同时，也带来一些负面影响。如：信息安全、信息污染、虚假新闻泛滥、充斥色情暴力、网络安全、对伦理道德的冲击等。在传播中一定要正确对待和使用网络，使之成为助推组织发展的强大武器。

4.2.4 数字传播

互联网带来了全球数字化信息传播的革命。"一网打尽全世界"的互联网宣告数字化时代的到来，以互联网作为信息互动传播载体的数字媒体已经成为继语言、文字和电子技术之后的新信息载体，数字传播也应运而生。数字电视、数字图像、数字音乐、数字动漫、网络广告、数字摄影摄像、数字虚拟现实等基于互联网的新技术的开发，创造了电子游戏、播客视频、网络流媒体广告、多媒体电子出版物、虚拟音乐会、虚拟博物馆、交互式小说、网上购物、微信公众平台、三维空间网站、数字电视广播等全新的信息传播方式，同时也深刻改变着公关活动的性质和内涵、方式和方法。

简单来讲，数字传播就是指以数字媒介为主要传播载体，组合各种数据、文字、图示、动画、音乐、语言、图像、电影和视频等信息，为组织或组织的产品、服务提供数字创意和数字公关事务，以达成组织目标的公共传播活动。它是在语言、文字、声像传播的基础上，为适应从互联网时代走向移动互联、万物互联时代而出现的大众传播，是社会发展的必然结果。在数字传播时代，利用数字技术越来越成为组织形象建设的关键。

1. 数字传播的特征

传统的媒体几乎都是以模拟信号的方式进行存储和传播的，而数字媒体却是以数字信号的方式通过计算机进行存储、处理和传播。

（1）从被动接受到自主选择

在模拟技术时代，传统媒介将广告和信息产品捆绑在一起传递给受众，受众是接收终端，充当着被动的信息接受者的角色，实现的是大众传播过程的简单线性模式。数字技术则将信息接收主动权交到了受众手里，使受众成为真正意义上的"上帝"。一方面，技术的进步使受众自主选择成为可能。人们可以自由地通过技术轻松过滤掉任何不需要的信息，只接收其感兴趣的信息。另一方面，数字时代的海量信息使受众不再被动地"等"信息，而更习惯于去"找"信息，消费者不再被动地接受信息，掌握了选择主动权。

（2）从单向接收到双向互动

数字化传播终结了传统媒介从传到受的单向传播模式，传播者和受众之间能进行实时的通信和交换，使受众不仅能自主地选择信息，而且能够在一定程度上掌握渠道成为传播者，而且越来越具有交互性。这种实时的交互性使反馈变得轻而易举，同时信源和信众的角色可以随时改变。

（3）从互相竞争到多向融合

数字技术改变了传播媒介的形态，创造了微信、App等新兴媒介，推动传统媒体进行了彻底的更新换代，产生手机电视、公交移动电视等丰富的传播形式，促进传统媒介与新兴媒介的融合发展。在媒介融合和产业渗透下，原先各自依托自己独立技术平台的媒介开始相互倾斜、彼此融合。

2. 数字传播的主要载体和方式

（1）数字电视

数字电视又称为数位电视或数码电视，是指从演播室到发射、传输、接收的所有环节都是使用数字电视信号或对该系统所有的信号传播都是通过由0、1数字串所构成的二进制数字流来传播的电视类型。数字电视是模拟电视的升级换代，全国范围的由电视模拟信号向数字信号的转换于2015年基本完成，因其信号损失小、接收效果好，在公关传播上更具优势。

数字电视的发展方向是移动互联。消费者可以在任何安装了接收装置的巴士、轮渡、轨道交通等移动载体中收看到清晰的移动电视画面。同时，可以直接在客厅舒适的沙发上用无线鼠标或无线键盘体验检查邮箱、发送电子邮件、在线玩网络游戏、下载和播放网络视频甚至收看流媒体视频（IPTV）等 PC 的所有功能。

（2）手机

手机，又名移动电话、可以握在手上的移动电话机，是可以在较广范围内使用的便携式电话终端。手机媒体，是以手机为视听终端、手机上网为平台的个性化信息传播载体，是以分众为传播目标，以定向为传播效果，以互动为传播应用的大众传播媒介，被公认为继报刊、广播、电视、互联网之后的"第五媒体"。同时，因其在一定程度上与报刊、广播、电视、互联网互相结合、渗透、融合，又成为一种"全媒体"。

从传播角度看，手机媒体拥有的独特优势有以下几个方面。

第一，手机体积小、分量轻，具有高度的便携性；产品层次丰富，价格多样，几乎每个人都可以拥有一部自己能消费得起的手机；易于使用，无需学习就能掌握它的操作方法。

第二，消除了时空维度对传播的限制，实现了传播的随时性、随地性。手机媒体不仅可以提供线性方式传播，而且可以提供非线性方式的点播和下载，实现了实时性传播，做到即时发布、即时接收。在空间上，由于移动通信网实现全球覆盖和全球漫游，手机媒体彻底打破媒介地域性和疆域性，让地球上的距离对新闻传播的影响减小至可以忽略不计的地步。无论身处世界的哪个角落，只要手机用户愿意，都可以获取需要的信息，实现超越空间的沟通。

第三，消除了不同媒介之间的隔断，实现了媒介融合，使传播走向全媒介化。手机是数字化多媒体终端，既接收音频、视频，又接收图文、数据。这一卓越的物理性能赋予了手机强大的媒介融合能力。通过一个小小的手机，人们可以借助文字、图片、图像、声音的任何一种或者几种的组合来开展传播活动，可以采用手机报、手机广播、手机电视、手机网站、手机播客等不同的形态实现传播的意图，满足传播的需要。

第四，消除了传与受的界线，使传播从单向向多向互动转变。手机不仅是手机报纸、手机广播、手机电视的终端，还是移动电话的终端、无线互联网的终端，可以做到一边收看收听新闻，一边通过电话、短信和 WAP 网等多种方式与手机媒体的内容运营商进行即时的、直接的交流、沟通和反馈。"传受"双方可以随时根据对方的反应修改、调整、补充自己的传播内容，从而实现信息传播的高质高效。

（3）网络流媒体广告

流媒体广告是以流媒体技术在网络上传播产品、服务或品牌信息的广告活动。通过流媒体技术，可以把连续的广告影像和声音信息经过压缩处理后放上网站服务器，由视频服务器向用户计算机顺序或实时地传送各个压缩包，让用户一边下载一边观看、收听。流媒体广告以其集众媒体广告优势于一身的绝对优势，为广告发布者提供了更好的表达产品信息或其他服务信息的方式。

网络流媒体广告具有独特的优势，其主要特点表现为以下几个方面。

一是传播范围广。流媒体广告可以实现边下载边播放，传播不受时间和空间的限制，能够通过网络把信息 24 小时不间断地传播到世界各地。

二是体验性强。流媒体广告强烈的感官冲击彻底改变了传统互联网只能表现文字和图片的缺陷，集音频、视频及图文于一体，使消费者能亲身体验产品、服务与品牌。

三是交互性强。交互性是流媒体广告不同于传统媒体信息单向传播的地方，流媒体广告所传达的信息可实现互动传播,用户可以获取他们认为有用的信息,厂商也可以随时得到宝贵的用户反馈信息。

四是针对性强。流媒体广告可利用独有的流媒体技术对目标受众进行专门发送,用户可以拥有更多自主权和选择权,客户可以更直接命中最有可能的潜在用户。

五是受众数量可准确统计。利用传统媒体做广告,很难准确地知道有多少人接收到了广告信息,而在 Internet 上可通过权威公正的访客流量统计系统精确统计出一个广告被多少个用户看过,以及这些用户查阅的时间分布和地域分布,从而有助于客商正确评估广告效果,审定广告投放策略。

3. 新媒体时代的数字传播策略

新媒体时代是相对于传统媒体而言的,是报刊、广播、电视等传统媒体以后发展起来的新的媒体形态,是利用数字技术、网络技术、移动技术,通过互联网、无线通信网、卫星等渠道,以及电脑、手机、数字电视机等终端,向用户提供信息和服务的传播形态和媒体形态。新媒体概念是 1967 年由美国哥伦比亚广播电视网技术研究所所长戈尔德·马克率先提出的。清华大学熊澄宇教授认为:"新媒体是一个不断变化的概念,在网络的基础上又有延伸。无线移动的问题,还有出现的其他新媒体形态,跟计算机相关的,都可以说是新媒体。"随着互联网的快速发展,新媒体影响力不断增强,传播已经进入新媒体时代。

企业要想在新媒体时代站稳脚跟,必须充分认识到利用新媒体公关的重要性。

第一,善用新媒体平台,积极推进信息传播。对于任何一个企业来说,要了解新媒体,善用新媒体,通过新媒体的平台来积极推动企业自身的发展,树立良好的公众形象。要选择目标受众经常接触的新媒体融入其中,让企业自身成为第一身份的信息传送者,直接将精准信息传送给目标受众,这样不仅可以对沟通内容形成有效的控制,同时,也保证了信息的准确、及时送达。

第二,建立预警机制,加强信息监测。对公众而言,人们的信息来源主要是通过新媒体在内的更多媒体获得的。而新媒体传播速度快、不受限制的性质对企业公关危机的产生带来了很大的隐患,甚至是灾难性的。企业危机的产生往往不是突发性的,而是缓慢临近的。因此,企业必须建立预警机制,加强对媒体信息的监测,及时了解危机事件的发展进程,提前对危机形成正确的看法并由此采取相应的行动,从而减轻或消除危机的危害,防患于未然。

第三,与新媒体建立战略合作关系。媒体资源是企业生存发展的战略性资源,在公共关系的构建及市场营销上,企业与媒体的合作是战略性的,需要加强对新媒体的认识,重视到新媒体的价值,与新媒体建立长期有效的战略合作关系,保持积极主动的态度,找寻出一条适合的公关传播之路。

案例阅读 4-2

新媒体时代的宝洁"4C"模式

宝洁作为一家具有一百多年历史的企业,在品牌传播与品牌建设上从 1923 年成立宝洁公司的品牌管理系统后,一直致力于寻求最优化的品牌传播模式,从传统媒体时期的杂志、广播、电视的广告投放，到今天数字新媒体时期的4C模式建立，宝洁不断总结时代变迁，探寻最新型的品牌传播模式。

Catch（捕捉）：在宝洁公司的品牌理念中，品牌传播的第一步，是要确定并寻找消费者。在以顾客为导向的4C模式中，所有的营销活动都是以顾客为导向因素，顾客接受什么类型的信息，接受信息使用渠道，接受信息的习惯，都是营销主体最关心的要素。在宝洁的4C模式中，将catch放在首位，也反映了宝洁公司品牌传播和品牌建设中始终以顾客为导向，依此作为品牌传播策略的制定标准。如海飞丝在与《中国达人秀》的合作中，海飞丝希望通过品牌传播活动，加大品牌市场占有率，提高消费者品牌忠诚度。在品牌建设catch中分析了目标受众的行为模式、心理因素，选取了勇敢、自信、乐观、主张展现自己的《中国达人秀》，并使用一系列的搜索引擎广告，达到海飞丝的catch目标。

Connect（联系）：宝洁的4C模式中，catch后就是connect。宝洁认为，在品牌传播和品牌建设活动中，第一步成功捕捉到消费者后，接下来如何与消费者联系，提高消费者对品牌的关注度，让消费者积极参与品牌活动是一件非常重要的事情，要让消费者将自身与品牌产品联系在一起，看到品牌产品满足自身需要的一面。在与消费者联系中，主要采用一些数字化工具，如吉列剃须刀，采用了名人推荐的方式，让不同行业有影响力的150名男性进行推荐，他们普遍被认为是极具男性魅力的，将自己的使用感受通过博客、微博、视频网站等数字化平台传播，在互联网上得到了近千次的产品展示，同时利用这些名人作为舆论引导者的地位，不断在网上分享他们对于产品的看法、使用感受，并制作成广告片传播，极大提高了网民的关注度，得到了3 000万网友的反馈，加强了产品与消费者的联系。

Close（接近）：宝洁4C模式中的close就是提高产品购买率，提高消费者购买产品的便捷度。宝洁4C模式中，经过catch和connect之后，就是如何促进消费者购买行为的产生，将品牌传播活动与产品联系在一起。宝洁采取了线上、线下同步销售的模式，力图极大提升消费者购买接近性。海飞丝《中国达人秀》中，在海飞丝官方网站上，受众可以上传视频，积极参与《中国达人秀》节目，在一边观看参赛视频的同时，还可以点击海飞丝的产品，查看海飞丝产品详情，并完成海飞丝购买。宝洁与大型电商合作，除去官网之外，淘宝等电子商务网站，海飞丝都有自己的官方旗舰店。在线下的实体店中，消费者可以使用数码产品查询离自己目前所在地最近的购买点，方便了消费者的购买，也提高了海飞丝品牌销量和加深了品牌定位。

Continue（持续）：作为4C模式的最后一步，消费者完成购买行为后，并不代表品牌传播活动的终止，而要继续保持与消费者的紧密互动，提高品牌关注度，以促进下一次购买行为的发生，培养和保护客户以形成与客户的一种长期稳定的关系，提高品牌忠诚度。在continue步骤中，宝洁采取社交化媒体保持与客户的联系，如新浪微博、品牌专区等互动，持续与消费者联系，形成了一种虚拟的良好的互动。

4.3 非语言传播

人类交流信息，相互沟通，除了使用语言、文字及各种媒介以外，还要使用非语言符号来进行交流。爱德华·萨丕尔称非语言传播是"一种不见诸文字，没有人知道，但大家全都理解的精心设计的代码"。

4.3.1 非语言传播的特点

非语言传播是借助非语言符号进行的传播。非语言符号是指不以有声语言为载体，而借助直接打动（刺激）人的感觉器官的各种各样的信息传播符号，它包括人的表情、手势、神态、穿着、打扮、摆设、环境、实物等，属于广义的无声语言。

非语言传播的特点如下。

1. 非语言传播具有真实性和可靠性

美国心理学家艾德华·霍尔曾经指出，无声语言所显示的意义要比有声语言多得多，因为许多有声语言往往把所要表达意思的大部分，甚至是绝大部分隐藏起来。人类语言所表达的意思大多属于理性层面，经过理性加工后所表达出来的语言往往不能反映一个人的正确意向。而人类的动作多是发自内心的，是难以压抑和掩盖的。因此，非语言传播比语言传播更具真实性和可靠性。

2. 非语言传播具有感染力和吸引力

非语言传播具有强烈的表现力。有时人的某一动作能够同时表达出几种不同的信息，甚至可以在几秒钟之内表达出有声语言难以表述的意义。而且非语言传播中传播者的动作、体态、举手投足，都能体现出他的风度、气质、学识、修养，其所具有的吸引力、慑服力和牵动力，能够引起他人视觉，给人留下深刻的印象，因而更能感染和吸引公众。作家方纪的散文《挥手之间》有一段对毛泽东同志站在机舱口摘下帽子"用力一挥"和向送行人员微笑点头的传神动作的描写："主席伟岸的身形，站在飞机舱口；坚定的目光，望着送行的人群；宽大的手掌，握着那顶深灰色的盔式帽；慢慢地举起，举起，然后有力地一挥，停止在空中。"此时，毛泽东主席虽没有发出声音，却无声胜有声，将一个伟大领袖为国家与民族的利益而置个人安危于不顾的崇高精神，非常深刻有力地表现出来了。所以，在传播过程中，往往一个动作、一个眼神、一种表情，可以强化或减弱口头语言的交际沟通功能，可以代替口头语言的沟通作用。在某种特定环境中，语言往往是多余的，只需要表情和态势。

4.3.2 非语言传播的类型

作为人际传播中重要的媒介，非语言传播大体上有三类。

1. 体态语言

体态语言，又称"人体语言""动作语言""态势语言"，它是用表情、动作或体态来表达和交流思想的辅助工具，是一种伴随语言。

人们在用语言传递信息时，往往会辅以表情、姿势及神态，这三者有助于人们对语言的了解。但是在某种特定情景（如没有语言）下，也存在仅由表情、姿势和神态这样的身体动作表示意义的体态语信息系统，完成信息的传递。体态语言是一个人内在思维和情感的外部显现，它通过肢体的动作将有声语言形象化、情感化、生动化，能够充分弥补有声语言表达的乏力和不足。著名人类学家霍尔指出："一个成功的交际者不但需要理解他人的有声语言，更重要的是能够观察他人的无声语言，并且能在不同场合正确使用这种信号。"所以，在传播活动中，我们应该了解体态语言的功能，学会正确使用体态语言。

1）体态语言的功能

（1）替代

体态语言有时可以暂时代替有声语言传递信息。人们一般用点头表示心领神会或同意，用摇头表示不理解、不明白或反对，挥手表示再见，耸肩、摊手表示无可奈何。但是在不同语境下，同一体语可能有不同含义。例如，点头在双方不愉快的场合可能表示"小子你当心点"，摇头在极个别场合可能表示极度惊叹。

（2）辅助

体态语言能有效地配合有声语言传递信息，表达人物的内心的感受和思想观点。电影《列宁在十月》中有一个经典镜头，列宁将手平肩并朝斜方向用劲伸出，表示取得革命胜利的坚定信心。

（3）表露

主要是脸部表情，能够传达人的情感和内心活动。公关人员对公众笑脸相迎，有利于双方的交流合作；在服务行业中开展微笑服务，则能给所有顾客以良好服务的感受。

2）体态语言的类型

（1）首语

首语是通过头部活动所传递的信息。它包括点头语和摇头语。一般来说，点头语的语义是首肯；摇头语的语义是否定。

有人认为，点头可以表达致意、同意、肯定、承认、赞同、感谢、应允、满意、认可、理解和顺从11种不同的意义；摇头可以表达否定、不满、委屈等含义。

（2）手势语

手势语是通过手和手指活动所传递的信息，它包括握手、招手、摇手和手指动作等。手势作为信息传递方式，是一种表现力很强的体态语言，在日常交际中使用频率很高，范围也较广泛，被语言学家称为"体语"的核心。人们常常以拍桌揣腿表示"高兴"；频频捶胸以示"悲痛"；不停地搓手是"为难"的表现，拍拍脑门为"悔恨"的意思；等等。这些手势语主要是为表情达意增强情感色彩，使语言更富有感染力。

① 握手语。这是公共关系领域中使用得最多的一种见面致意或道别的礼节。俗话说，见面三分情，握手那一种接触的温暖，决定人们之间的交情。握手的次序，往往让女方、长辈、领导先伸出手，以示"尊重"。握手的方式一般是站立，用右手掌稍稍用力握住对方的

手掌，身体可微微前倾，握力适度，面露笑容，注视对方，以示"热情"，一般时间为1～3秒。握手语的一般语义是见面致意或离别欢送。但在一定的场合中，如对方取得成绩时，对方赠送礼品时，发放奖品、奖状时，握手语还表示"祝贺""感谢""相互鼓励"等附加意义。

② 手指语。手指语是一种较为复杂的伴随语言，它是通过手指的各种动作传递信息的体态语言，在公关交往中应用广泛，无论是交谈、谈判还是演讲，都会有意或无意地借助手指语来替代有声语言传情达意。手指语深受文化差异的影响。例如，在中国，一般表示特别的称赞，常常是跷起拇指，其余四指蜷曲。这是因为人们在数数字时，先按下拇指，于是拇指就被认为是"第一"，与"最好"一词的意义有着紧密的语义联系，所以，用这一手指动作表示"最好"。同样，跷起小手指就是蔑视、贬义的表示。第二次世界大战期间，英国首相丘吉尔在结束讲演时，举起握拳的右手，然后伸出食指和中指构成 V 形，以象征英文"胜利"（victory）一词的开头字母，引起了人民的欢呼和共鸣！这个手势十分形象地表达了英国人民战胜法西斯的必胜决心、信心。

(3) 目光语

目光语是在交际中通过视线接触来传递信息，也称眼神。人们形象地称眼睛是"心灵的窗口"，目光接触也就是心灵的接触。美国鲁道夫·阿恩海姆说："许多古代的思想家已经把视觉过程中的物理活动描述为一种积极的活动了。当那种使人的身体保持温暖的柔和的火焰变为一种均匀而又细密的光流从眼睛里流出来的时候，就在观看者和被观看的事物之间形成了一座可触知的桥梁，从外部物体发出的光线刺激便顺着这条桥梁到达人的眼睛，最后又从眼睛到达心灵。"所以，较之其他体态语言，目光语是一种更复杂、更微妙、更深刻、更富有表现力的语言，是人深层心理情感的一种自然表现，如喜、怒、哀、乐等都会从目光的微妙变化中反映出来。在日常生活中，我们时常看到：敢于与别人注目相视而目光不畏缩的人，往往是自信心强的人；反之，不敢与别人目光接触，眼睛只是紧张地转来转去，这种人常常缺乏自信。恋人间爱慕的目光相接触，会迸发出爱的火花来。在人体语言中，目光语占有极重要的位置，它可以传递人们最细微的感情，"暗送秋波""眉开眼笑""怒目而视""瞠目结舌"等成语都是通过目光语来反映人的喜、怒、哀、乐等情感的。

在公关交往中要善于运用目光语言。一是掌握好视线接触的长度，也就是说话时视线接触的停留时间。一般来讲，与人交谈时，视线接触对方脸部的时间应占全部谈话时间的30%～60%；超过这一平均值者，可认为对谈话者本人比谈话内容更感兴趣；低于此平均值者，则表示对谈话内容和谈话者本人都不怎么感兴趣。视线接触时，一般连续注视对方的时间是在 1～2 秒钟以内，以免引起对方的反感。在许多文化背景中，长时间地凝视、直视或上下打量，都是失礼行为，被认为是"对私人占有空间或势力圈的侵犯"，往往使对方把目光转移，以示退让，造成心理上不舒坦，从而影响交际效果。二是注意视线接触的向度，即说话时视线接触的方向。说话人的视线往下接触的（即"俯视"），一般表示"爱护、宽容"的语义；视线平行接触的（即"正视"），一般多为"理性、平等"的语义；视线朝上接触的（即"仰视"），一般体现"尊敬、期待"的语义。三是注意瞳孔的变化，即视觉接触时瞳孔的放大或缩小。瞳孔的变化是非意志所能控制的。表示"高兴、喜欢、肯定"时，瞳孔必然放大，眼睛很有神，传达的是正面信息；相反瞳孔就会缩小，眼睛必然无光，传达的多为负面信息。所谓"脉脉含情""怒目而视"等都与瞳孔的变化有关。四是注意目光注视的部位。交往中视线一般应停留在双眼和嘴部之间的三角区域，这样更有助于表达相互尊重、礼貌友好的信息。

（4）微笑语

微笑语是通过略带笑容、不出声的笑传递信息的体态语言。它是一种世界通用语言，表明了理解，体现了宽容，传递了友谊，代表了赞美和祝愿。在公关传播中，微笑能强化有声语言沟通的功能，增强交际效果。如在公共场所，不慎碰痛了别人，以微笑语道歉："对不起"，立即会消除对方的不满情绪；与部下谈话，边微笑边说话，让人觉得亲切、可信、有诚意，容易沟通情感。微笑还能与其他体语配合，代替有声语言的沟通。如在接见众多的宾客时，只要边微笑边握手，也能代表"欢迎您光临"的话语，同样会使客人感到热情、有礼；在交谈中，碰到不易接受的事情，边微笑边摇头，委婉谢绝，不会使人感到难堪。

（5）姿势语

姿势语也叫体姿语，是通过人的肢体动作来传递信息，包括坐姿语、站姿语、走路语等。

① 坐姿语。坐姿语是通过各种坐姿传递信息。任何一种坐姿都毫不掩饰地反映了人的心理状态。如交叠双足而坐，是一种防范性的心理表示。在社交场合，男性一般张开腿部而坐，语义为"自信、豁达"；女性一般以膝盖并拢的姿势替代架腿，语义为"庄重、矜持"。一个人的坐姿反映了他的个性、气质和修养，在公关活动中坐姿是不可忽视的。如人才招聘、商务洽谈、自我介绍、登门拜访等社交公共场合，优美得体的坐姿可塑造公关人员的正面形象，有利于实现公关目标。在交往中要注意以下一些姿势忌讳：站起来自我介绍，摇头晃脑，全身乱动；斜靠椅背打哈欠、伸懒腰；跷着二郎腿，并将跷起的脚尖冲着他人；用手指敲叩桌面，如入无人之境；踮起脚尖，抖动小腿肚等。

② 站姿语。在公关交往中，优美的站姿有助于树立公关人员的形象。正确的站姿应该身体正直，头颈身躯和双腿应当与地面垂直相平，两臂双手在身体两侧自然下垂，眼睛平视，环顾四周，嘴微闭，面带笑容，下颌微收，目视前方，胸部稍挺，小腹收拢，整个形体显得庄重、平稳。站姿男女有别。女士的站姿有两种：一是双脚呈V形，即膝和脚后跟要靠紧，两脚张开的距离应为两拳。二是把重心放在一只脚上，另一只脚过前，脚斜立而略弯曲，要表现出女性的温顺和娇巧、纤细、轻盈、娴静、典雅之姿，给人一种"静"的优美感。男子站立时，双脚可并拢，也可分开，双脚与肩同宽，身体不应东倒西歪，站累时脚可以向后，或上前半步但上体仍需保持正直，不可把脚向前向后伸得太长，甚至叉开太大。站立时若空着手，可双手在下体交叉，右手放在左手上。不同的站姿，含义不同，可以显示出一个人的性格特征。如：站立时习惯把双手插入裤袋的人城府较深，不轻易向人表露内心的情绪，性格偏于保守、内向，凡事步步为营，警觉性极高，不肯轻信别人；站立时常把双手置于臀部的人自主性强，处事认真而绝不轻率，具有驾驭一切的魅力，但易于主观，性格表现固执、顽固；站立时喜欢把双手叠放于胸前的人性格坚强，不屈不挠，不轻易向困境压力低头，但是由于过分重视个人利益，与人交往经常摆出一副自我保护的防范姿态，拒人于千里之外，令人难以接近；站立时将双手握置于背后的人性格特点是奉公守法，尊重权威，极富责任感，但有时情绪不稳定，往往令人感到莫测高深，最大的优点是富于耐性，而且能够

接受新思想和新观点。

③ 走路语。也称步姿语，它不但显示身体的活动，而且无意之中也告诉别人关于动作人的一些信息。如：走向书架意味着行动者可能要拿书、找书或看书；大步流星、急匆匆地走，则表示行动者有急事；走路轻且缓慢，并低着头，表示行动者在思考问题；行走时昂首挺胸，目空一切，说明这个人可能很傲慢；走路时步伐迟缓，低头慢走，则说明这个人心事重重或一筹莫展。总之，每一个动作都可能具有人们所熟悉的信号，一看便知其意。

2. 类语言

类语言是人在交际过程中发出的有声而无固定语义的信息传播，如各种笑声、叹息、呻吟、叫声等。"类"字这里作"类同"或"类似"释义，即类同于语言的一种符号。在公关传播中，常使用的类语言有笑声和掌声等。

（1）笑声

笑声和微笑一样，都是人们之间各种不同情绪的信息传递。与微笑相比，笑声不仅是发出声来的，而且形式复杂，语义不固定。同一形式的笑声，可能是负载着正面信息，也可能负面载着负信息。如哈哈大笑，有时可能是表示一种"高兴""赞同"的思想感情，有时也可能是一种"不怀好意"的表示；捂着嘴笑，可以是"不好意思"，也可以是"惧怕某人的威严"而不敢放声大笑；直愣愣地笑是"傻乎乎"人的一种特征，但也有可能是太"出乎意料"的意思；含着泪笑，既可能是"激动"时的一种表情，又可能是"有苦难言"的一种流露；等等。笑声语的这种多义现象表明，只有在一定的语境中，语义才是明确的、单一的。

（2）掌声

掌声是通过拍手而发出声响来表达情绪情感的载体，一般语义为"高兴、赞成、欢迎"。在许多盛大庆典活动，或重大会议、演出场合，每当热烈的掌声响起来，其所蕴含的意义常常是其他任何形式的语言信号所难以比拟的。葛洲坝外国语学校初二（6）班向夷文同学在作文《掌声》中写道："走上讲台，突然耳畔传来石破天惊的掌声，其中有温柔有力的掌声，有热情而轻快的掌声……这掌声，绵长而清脆，就像婉转的风铃、山涧的清泉、山顶的风声、滔滔的海浪。无数声音的间杂，在我心中荡起层层涟漪。"为班级赢得全国中学生英语能力竞赛二等奖的荣誉，同学们热烈的掌声是祝贺，是褒奖，是赞美，也是鼓励。这是语言所难以达到的。

3. 实物

实物是物化、活动化、程式化的符号。这是非语言传播的高级层次，绘画、建筑、音乐、舞蹈、服饰、饮食等非语言称号，能够表达语言符号所不能表达的情感意义。

实物传播的形式主要有以下几种。

（1）产品传播

产品是组织最具说服力和影响力的实物符号，它不仅是组织活动的产物，也是组织形象的代表符号之一。在产品身上，凝结了组织的文化价值理念，是物质形象与精神形象的统一体。一般来讲，产品的传播主要有橱窗陈列和产品展销两种形式。

橱窗是社会组织传播信息的一种载体，而陈列则属于一种传播信息的手段。橱窗陈列的功用在于立体地、透明地向公众传递有关企业的经营范围、经营特色、经营实力及产品质量和外形方面的信息。橱窗陈列在实物传播手段的具体运用中，是最具典型性和代表性的，具有形象直观、目标集中、引人注目的特征。组织追求橱窗陈列宣传效果，应当注意使橱窗陈列给公众以强烈的瞬间印象，通过运用空间的排列、造型的艺术、色彩的对比等多种手段，来调动公众的视觉感官。要不断推陈出新，根据产品的特殊性，以及产品诉求的对象，根据季节和时令的变化等因素，来调整和更新橱窗陈列，传播企业的经营观念、经营实力和经营水平，使橱窗陈列对公众具有吸引力。

产品展销就是产品的展览和销售。展览会是产品传播的途径之一。目前，很多产品的销售都是通过展览会实现的。产品销售是企业产生利润的根本途径。在日趋激烈的市场竞争中演化出许多新的形式，如原地推销、上门推销、直销等。任何一种形式的销售都是以实现组织形象和产品的销售为目标的。

（2）环境布置

环境是指社会组织的具体工作环境，如办公室、会议室、生产车间、商店铺面、厂区环境等。而环境布置指的是对工作环境的装饰和美化，其中包括色调的配比和选择、工作环境的总体气氛的渲染和各种设备器材的造型处理等。

工作环境是人们从事社会活动的一个极其重要的环境。据统计，一个公职人员在工作环境中活动的时间，占其全部日常活动时间的1/3。因此，如何通过对工作环境的装饰和美化，来调动人们的精神和情感因素，从而发挥他们最大的积极性，就成为实物传播活动中要努力解决的一个重要问题。心理学研究表明，环境会对人的心理产生巨大的反射作用。当人们处于一个精心布置的环境中时，就会自然产生一种愉悦心理，这种愉悦心理会抵消人的消极的心理活动，如冷漠、对抗等，朝着积极的心理活动，如友好、合作等方面转化。所以，社会组织要注重环境在传播过程中的作用，通过精心设计的、具有组织特色的整体的环境渲染，营造有利于实现组织公关的环境氛围。

（3）服饰

服饰指组织员工的服饰，是员工仪表和组织形象的重要组成部分。人类最初的服饰只有两种功能，一是遮体，二是御寒。在漫长的历史发展过程中，服饰的质料、款式、颜色获得了多功能的含义，服饰具有了传递信息的功能，它表达了国民气质、时代风俗、文化特色、组织的理念及个人的文化素质、社会地位、民族习惯等。比如，云南白族男女都崇尚白色，以白色为尊贵。大理地区的男子多穿白色对襟衣，外套黑领褂，或数件皮质、绸缎领褂，俗称"三滴水"，腰系皮带或绣花兜肚，下着蓝色或黑色长裤。在云南洱源县西山区，每个成年后的白族男子都身挎一个七巧玲珑的绣花荷包，荷包上绣着"双雀登枝""鸳鸯戏水"等字样。绣荷包是爱情的象征，它是白族姑娘聪明智慧的结晶。女子服饰则各地不一。大理地区多穿白上衣，红坎肩，或浅色蓝上衣，外套黑丝绒领褂，腰系绣花短围腰，下着蓝色宽裤，足穿绣花"百节鞋"。未婚妇女梳独辫子盘于头顶，并以鲜艳的红头绳绕在白色的头巾上，红白相衬，相得益彰；腰系绣花短围腰，更显得色彩鲜明，美观大方。已婚妇女改为绾髻。洱海东岸妇女则梳"凤点头"的发式，用丝网罩住，或绾以簪子，均用绣花巾或黑布包头。

案例阅读 4-3

2018 俄罗斯世界杯吉祥物

世界杯吉祥物，不仅是世界杯形象品牌的重要载体，而且体现了举办国家、承办城市独特的文化魅力，已经成为世界杯最具价值的无形资产之一。

通过为期一个月的线上投票，2016 年 10 月 22 日，托姆斯克国立大学学生设计师叶卡捷琳娜·博恰洛娃设计的西伯利亚平原狼形象最终被选定为俄罗斯世界杯官方吉祥物。2018 年世界杯组委会主席穆特科还为他起了一个名字，扎比瓦卡（ZABIVAKA），意思是"进球者"。

设计者叶卡捷琳娜·博恰洛娃这样描述自己的作品："你看，它这么温柔、这么毛茸茸，我非常喜欢它，它有着一双善良的大眼睛。我在想，如果有一天当我看到它被印在各种宣传品上、冰箱贴上，我知道这是我的作品，当然会为自己的设计感到骄傲。"

FIFA 官网是这样描述扎比瓦卡的：他迷人、自信、开朗，一直梦想成为足球明星；最钟爱的体育项目就是足球了，他公平竞赛，尊重队友和对手，技巧丰富，目的明确；他是个开心果，总能用自己的幽默逗乐他人；在球场上他总是戴着眼镜，他坚信这可以使他更好地瞄准射门方向。对了，他还很爱照相。

本 章 小 结

本章从语言传播、电子传播和非语言传播三个方面，系统介绍了公共关系传播沟通的方式，涉及了语言传播、电子传播、非语言传播等一系列重要概念，以及公共关系传播过程、各种传播方式的类型、特点、传播技巧和方法等重要问题。除掌握上述知识外，还需要加强实训锻炼，在实践中加深对知识的理解和运用。

复习思考题

1. 试述公共关系传播的一般过程。
2. 公共关系的主要传播方式有哪些？特点如何？
3. 在公共关系传播中，如何提高语言传播效果？
4. 口头传播和文字传播有何异同？
5. 广播和电视在公共关系传播中具有什么样的优缺点？
6. 非语言传播有哪些类型？其传播形式如何？
7. 新媒体时代的传播特性和传播策略是什么？

案例实训

案例1：

朱军在节目主持中信息传播方式

在主持节目过程中，主持人要被受众接纳，并进一步取得好的传播效果，就需要尽可能地调动一切手段、运用多种信息符号，试图攻破受众的心理防线。在电视节目主持人的种种传播手段中，除语言符号外，非语言符号，即主持人的相貌、服饰、表情、体态，以及使用的道具等亦可成为主持人传播的重要策略。在主持人参与的这种类似人际传播的大众传播中，非语言符号所传递的信息量不容忽视。研究表明，在有两个人传播的局面中，有一半以上的含义是通过非语言传播的。

朱军在主持《艺术人生》时擅长使用特别的道具来引领谈话内容，用意外的礼物来制造悬念，营造谈话氛围。其中一期做影视明星李亚鹏访谈时，说到有一次，李的父亲去北京看他，几天后准备回家。李买了张返程机票，但由于拍戏太忙，竟没顾上给父亲送去，结果父亲乘火车回了乌鲁木齐。没想到一个星期后，其父突发急病去世。当朱军拿出那张机票时，李亚鹏泪水汹涌而出，抽泣着追述父子之情，在场观众无不动容。

在《刘欢特辑》中，朱军开场就拿出"玉泉山"牌啤酒，与刘欢对饮。这瓶酒不仅松弛了气氛，而且由这个20世纪80年代的"玉泉山"品牌，迅速切入刘欢的大学时代——他音乐生涯的起点。

观众特制的小礼物也成了节目中最常见的道具。比如，蒋雯丽那期节目，一位大娘为蒋雯丽即将出世的宝宝献上一套她亲手编织的小毛衣和开裆裤，一个阿姨也专程带来了一本饱含无限关心的《快乐怀孕10个月》。感受此景此情，蒋雯丽能不动容吗？

另外，在《陶虹专辑》《2003春节特辑》的许巍访谈中，朱军都较好地使用了道具。在这些谈话节目中，一件小道具就是谈话嘉宾的一个故事，一段回忆，睹物思人，自然会流露真情实感，而观众的情感也会受到巨大冲击，心灵被震撼，现场气氛就会出现高潮。

思考题：
朱军在主持过程中使用了哪些非语言符号形式？发挥了什么作用？

案例2：

故宫淘宝"奇葩"产品走红网络

故宫在大家的印象中始终都是历史悠久与文化底蕴的象征，经历了600年风雨变迁的故宫，依旧庄严。不过，故宫近几年变得萌萌哒，北京故宫文化服务中心开设的官方销售网店"故宫淘宝"因其品牌亲民化、产品娱乐化、用户年轻化路线和脑洞大开的创意，成了一个超级网红。数据显示，故宫博物院共计研发文创产品8 683种，包括服饰、陶器、瓷器、书画等系列，产品涉及首饰、钥匙扣、雨伞、箱包、领带等，2017年营业额也超过了10亿元。

故宫淘宝刚开业的时候,由于文化产品的店铺销量并不乐观,使得故宫淘宝的前景并不明朗。故宫淘宝并没有因为眼前的困难而放弃,而是在产品上不断创新,利用故宫的悠久历史文化融入大家的生活中,从生活中发现产品,找到属于故宫淘宝独特的产品。如:图案为顶戴花翎官帽的遮阳伞、印有雍正帝"朕就是这样汉子"字迹的折扇、以尚方宝剑为外形的中性笔等产品,朝珠做成的耳机及"奉旨出差"牌等趣味商品。

故宫淘宝借助新媒体,开通微博与公众号,在新媒体上与大家交流互动,软萌贱、逆生长、奇葩脑洞的形象与原来的形象形成巨大的反差,这种反差萌扩大了故宫的受众群体,而且传播力大大增强。比如微信公号一篇名为《就这样被你征服》的文章,在大篇幅地普及完明英宗朱祁镇与也先之间的"恩怨"之后,结果画风一转,推出的竟然是行李牌和公交卡套。

思考题:

分析故宫淘宝是如何在新媒体时代成功突围的?

第 5 章

公共关系的职责和作用

▶▶ 学习目标

通过本章的学习，了解公共关系职责的概念，理解公共关系职责具体内涵，了解公关的作用，能够运用所学的理论进行案例分析和指导公共关系实践。

上海锦江集团的制胜法宝

上海锦江集团的前身锦江饭店，是一家闻名遐迩的高级宾馆。为了适应集团公司业务的拓展，1987年他们成立了直属集团总经理领导的锦江集团公关部，主要任务是为集团拓展业务，提高知名度和美誉度。

锦江集团成立以前的几年中，锦江饭店公关部已做了杰出的成绩。刚开始，饭店公关部职能仅限于接受并妥善解决旅客投诉，其工作大多与服务质量有关，以消极防御性公共关系为主。经过实践和探索，他们逐步确定了"全方位公共关系"的工作方针，并通过多年持续的、有计划的努力使锦江饭店的形象趋向完美。

锦江饭店全方位公共关系活动计划的第一步，是让公众了解锦江，让锦江熟识公众，树立"锦江是属于公众的"这一形象。

长期以来，锦江饭店由政府直接经营，接待对象级别高，层次高，规格高。在一般公众甚至国外宾客的心目中，其形象都是庄严有余，亲切不足。饭店公关部认为，必须在充分掌握公众心理及消费结构的变化，发挥锦江饭店原有高贵豪华形象优势的同时，再赋予它亲切、平和、宜人的情调色彩。

公共关系部提请决策层采取措施，打破森严的壁垒，开门迎客，使锦江园内的新南楼锦丽厅、北楼西餐厅、中楼蝴蝶厅等曾令普通市民望而却步的地方，成了门庭兴旺的场所。他们还通过各种媒介大做广告，使"锦江是属于公众的"这一信息广为传播。锦江饭店在社会公众心目中的形象，由神秘、高傲变成了亲切、宜人。

1985年，锦江饭店先后接待了比利时首相、马耳他总统、西班牙首相、新加坡总理等

52批国宾。每次接待，公共关系人员都周密准备，采集、提供各国风俗人情资料和贵宾个人的生活特点资料。根据不同要求，设计室内装饰，制订饮食起居的服务规程。马耳他巴巴拉女总统到上海时，他们根据女总统的特点，组织楼面经理在总统房内化妆台上放置全套高级"露芙"化妆品、吹风器和珠花拖鞋等，同时又放置了一架钢琴。女总统对精心装饰的卧房十分赞赏，高兴地弹起钢琴，临别时亲笔留言："在上海逗留期间，感谢你们给予我第一流的服务！"

饭店要有活力，要求公关人员树立创新意识，通过公关手段，广泛地介入社会生活。近年来，锦江饭店积极联络社会，承办了各类酒会、招待会、新闻发布会、学术研讨会和各种联谊活动，并从单纯提供活动场所发展到成为各类组织进行公关活动的中介。

近年来，他们积极主动地与香港、日本等企业公关和广告部门取得联系，用赞助和协作的形式印制了大量公关宣传品，所需巨额费用均由外资给予解决。同时，他们在饭店策划和承办了几次外商企业团体的招待会、酒会和文艺演出，都取得了经济和社会形象的双丰收。

案例点评：上海锦江集团公关部成立以后，拓展了业务范围，更有效地发挥了公关部的特殊职能。公关部千方百计为锦江集团穿针引线，使"锦江"不断打入新领地，"锦江"形象不断刷新。

5.1 公共关系的职责

公共关系的职责主要是指公共关系工作者应当担负的职能与责任，它表明公共关系工作者应该做什么。公共关系的职责一般来说，主要包括收集信息、咨询决策、宣传引导、提供服务等。

5.1.1 收集信息

当今社会是信息社会，信息资源对组织的生存和发展的重要性是不言而喻的。公共关系部门如果没有信息，其日常业务就会成为无源之水，无本之木。公共关系作为组织的"耳目"，在组织的管理活动中，首先要发挥其信息情报功能。作为组织的预警系统，公共关系运用各种调查研究的方法，通过广泛收集、整理、分析有关组织生存、发展的信息，了解组织的现状，预测组织发展的未来趋势，帮助组织对复杂的公众环境及其变化保持敏感性，及时调整自己的政策和行为，使之与变动的社会环境保持动态平衡。这种情报功能具有宏观性和社会性，往往是组织中其他职能部门所无法取代的，因此收集信息是公共关系的主要职责之一。

1. 公共关系信息收集的内容

从公共关系工作的角度来看，公共关系所收集的信息主要应包括两个方面的内容。

1) 与组织形象有关的信息

组织形象信息是指与组织形象有关的信息，它包括公众对组织的方针政策、管理水平、产品质量、服务质量、人员素质等方面的印象和评价。组织形象信息直接关系到社会组织活动的开展和组织的未来发展。收集这类信息是改进本组织行为、提高组织人员素质、改善组织形象、有效开展公共关系工作的一个重要依据。

组织形象信息具体可分为产品和服务形象的信息和组织整体形象信息两个方面。

（1）产品和服务形象的信息

组织的产品和服务是组织形象的直接体现，是评判组织形象优劣的一项重要指标，这类信息与社会组织持续发展直接相关，公共关系必须首先注意收集这方面的信息。产品和服务形象信息一般包括顾客对产品的价格、质量、功能、款式及包装的反映和评价；对服务态度、方式、水平、技能的反映和评价；对顾客需求的责任感；向顾客提供咨询建议的诚实感等方面的反映和评价。

产品和服务形象的信息可以帮助组织了解市场的变化、公众需求的变化及科学技术进步等情况，使组织进行正确的决策，从而在竞争中处于有利地位。例如，美国亨氏集团与我国合资在广州建立的婴幼儿食品厂，就是以注重收集产品形象信息打开销路的。建厂初期，为了了解顾客的需求，亨氏集团作了大量的调查，充分听取消费者的意见。该厂公共关系人员多次召开"母亲座谈会"，听取母亲们对婴儿食品的要求与建议，并据此试制了某些样品，让母亲们给婴儿试用，观察婴儿生长的情况。之后，该厂又将样品免费提供给幼儿园试用，并进行跟踪调查，收集幼教人员的意见和要求，相应地调整配方。他们先后征求了上千人的意见，才确定了适合中国儿童生长特点的"亨氏婴儿营养米粉"和"亨氏高蛋白营养粉"的配方方法。因而，这种产品一上市就受到广大消费者的欢迎。

案例阅读 5-1

东风本田 1.5 L 发动机问题召回事件

2018年2月12日，针对搭载1.5 L涡轮增压发动机车型出现的"机油液位升高"，东风本田汽车有限公司（以下简称东风Honda）在北京召开媒体交流会，公布最新的调查情况及解决方案，并准备对相关产品实施召回。

"机油液位升高"是由于附着在发动机气缸内壁的燃油通过机油环进入曲轴箱，混入机油而发生的。通常情况下，混入的燃油会随着发动机温度升高而挥发，并重新返回燃烧室再次燃烧。而在低温环境下短时间行驶车辆，发动机未能充分升温，机油内混入的燃油不能完全挥发，可能出现机油液位升高的现象。

在收到客户反馈后，东风Honda第一时间组织了包括本田技术研究所在内的各方技术专家进行了实验室测试，并在中国北部地区进行了实车行驶诊断。通过以上测试，没有出现发动机异常磨损，不会导致发动机寿命降低。截止到目前，东风Honda尚未收到因机油液位升高导致发动机损伤的报告。在最新的测试中，当机油液位升高超出机油尺上限21毫米，部分车辆可能会出现发动机故障灯点亮。

针对以上情况，东风Honda计划对搭载1.5 L涡轮增压发动机的CR-V和CIVIC车型的ECU进行程序升级，通过调整燃油喷射时机、发动机点火时机及转速，加快发动机升温，让机油中混入的燃油尽早挥发以再次燃烧从而有效控制机油液位升高。同时为了便于用户对于机油情况的检测,东风 Honda 还将在机油尺上下限不变更的基础上,追加确认机油增量的刻线,并同步修订用户手册。

本着高度负责任的态度,东风 Honda 准备对搭载 1.5 L 涡轮增压发动机的 CR-V 和 CIVIC 车型实施召回,CR-V 准备于 2 月下旬开始实施,CIVIC 准备于 3 月初开始实施。其他搭载 1.5 L 涡轮增压发动机的车型也将尽快验证并依次采取应对措施。由于对所有车型展开应对需要一定的时间,在此期间如出现发动机故障灯点亮的情况,建议客户就近前往东风 Honda 特约销售服务店进行车辆免费检查。若车主有其他疑问,可垂询东风 Honda 特约销售服务店或致电东风 Honda 客服热线 4008806622/8008809899。

为了让车主朋友们更安心地用车,让喜爱东风 Honda 产品的朋友们更放心地购车,东风 Honda 已于 2018 年 2 月 2 日对外宣布,针对搭载 1.5 L 涡轮增压发动机的车型延长发动机包修期至 6 年或 20 万公里。

东风 Honda 表示,为消费者提供高质量、高标准的产品是发展的原动力,对于产品品质问题绝不推诿,未来将会用更可靠的产品和服务回报消费者的支持与信任。

资料来源:根据网络资料整理。

(2)组织整体形象信息

公众对组织形象的评价不仅反映在组织的产品和服务上,还反映在对组织在运行中所显示的行为特征和精神风貌的评价方面。收集这类信息能帮助组织及时地发现问题和纠正问题,保证组织正常、健康地发展。组织整体形象方面的信息包括以下内容:公众对组织的方针、政策、管理水平的评价;公众对组织机构的评价;公众对组织人员素质的评价。

2)组织环境中的各种社会信息

任何社会组织都处于一定的社会环境中,组织与环境之间存在着交互作用,对于与组织相关的社会环境变化的各种信息,也是公共关系工作必须注意收集的。社会环境信息主要包括政府决策信息、法律法规信息、科技文化信息、舆论信息、市场信息、竞争对手信息等方面。这些信息对于组织的生存和发展具有直接或间接的影响,收集社会环境信息可以使组织充分利用环境中的有利因素,及时避免环境中的不利因素,使组织在复杂多变的社会环境中保持高度的敏感性和应变能力。从这个角度来说,公共关系是组织的环境监测器和预警系统。

2. 公共关系信息收集的渠道

公共关系信息的收集主要通过公众和大众传播媒介两大渠道。

1)从公众中获取信息

社会组织的活动离不开各类公众,公众的意见和要求是组织行为的出发点和最终归宿。了解公众信息是非常重要的,它为组织决策提供背景和依据。公众信息包括内部公众信息和外部公众信息。

内部公众信息是指从组织内部获取的各种信息。公共关系人员可以通过员工访谈、各部门的工作报告、组织的年度工作报告等方式获取内部公众信息。外部公众信息是指从组织外部获取的各种信息,这些信息收集主要可以用现场观察、与公众交谈、或当面提问的方式来搜集。如去有关商店观察顾客的购买特点;去产品销售现场倾听顾客的意见;采用个人面谈和集体座谈的方式，了解公众对本组织的意见和建议等。

外部公众信息是从组织以外获取的各种信息。外部公众信息可以帮助组织随时了解各类公众对组织的态度和行为的变化，并根据公众环境的变化及时调整组织的运行机制，为实现组织目标创造有利条件。例如，美国玛特耳玩具公司生产了一种玩具娃娃，在美国很畅销，而在日本却很少有人问津。他们通过了解日本的社会习俗、文化心态，以及日本人的爱好，认识到日本人的民族感很强，于是就把玩具娃娃的金发碧眼换成黑发黑眼。由于适应了日本妇女、儿童的口味，很快就打开了销路。

2）从大众传播媒介中获取信息

大众传播媒介具有发布信息的及时性、权威性。公关人员应当经常监测新闻，从报纸、杂志、书籍、电视、广播这些大众传播媒介中捕捉、筛选有价值的信息，这是一种高效益的信息收集方法，也是公共关系信息收集的主要渠道。从大众传播媒介中获取信息比从公众中直接获取信息要省时、省力，而且获得的信息数量更多，范围更广。例如，日本三菱重工财团根据1964年《中国画报》的封面刊出"铁人"王进喜头戴大狗皮帽，身穿厚棉袄，顶着鹅毛大雪，手握钻机刹把的照片和有关新闻报道，揭开了大庆油田的秘密。根据我国当时的技术水准和能力及我国对石油的需求，我国必定要大量引进采油设备。于是，日本三菱重工财团迅即集中有关专家和人员，在对所获信息进行剖析和处理之后，全面设计出适合大庆油田的采油设备，做好充分的夺标准备。果然，我国政府不久向世界市场寻求石油开采设备，三菱重工财团以最快的速度和最符合我国所要求的设备设计获得我国大量订单。

5.1.2 咨询决策

现代管理是一项复杂的科学和艺术。由于现代组织活动的规模较大，社会联系较广，以及信息量膨胀，单凭领导者个人决策已不能适应现代组织管理的需要。因此，组织决策需要吸收各部门专业人员的咨询和决策建议。公共关系部门由于工作需要，掌握和积累了大量信息，清楚组织存在的差距和具体问题，了解员工的愿望和要求。因而它有义务充分发挥手中信息的作用，积极主动地为领导层和组织内的各部门提供咨询和建议，从而有效地保证了组织决策的科学化和民主化。

由于公共关系机构和人员在一个组织内部不是决策者，而是决策者的咨询机构和谋士，因此公共关系人员的主要工作就是围绕组织发展过程中的各个目标，在收集信息的基础上，提出各种可行性方案，供决策者进行选择。

公共关系咨询决策可分为咨询建议和参与决策两部分。

1. 咨询建议

所谓咨询建议，是指公共关系专业人员向组织领导者提供有关社会组织形象和公众动向方面的情况说明和参考意见。公共关系咨询建议一般包括三个方面的内容。

（1）组织形象的咨询

公关人员作为组织的"智囊"，一项基本的职责就是向领导层提供组织形象方面的咨询。组织形象的咨询在于找出组织存在的问题，为组织形象的塑造提出合理化建议，促使组织的形象不断完善。组织形象的好坏，主要用知名度和美誉度来衡量。因此，公关人员要利用手中掌握的公众对组织形象的评价信息，对组织形象进行客观、科学、准确的评估，并及时提供给组织决策部门参考。

（2）公众的一般情况咨询

这类咨询主要是提供社会组织与公众状态的一般情况说明，如内部员工的归属感、组织在社会上的口碑、消费公众对组织产品的反映、新闻媒介对本组织的评价，政府、主管部门对本组织的了解程度、支持程度等。这类信息不仅提供给最高领导层作为组织决策的客观依据，而且还提供给组织的各个专业部门，以便组织的各部门及时了解和掌握公众的一般情况，以及组织运行的整体情况，适时调节组织运行机构，为实现组织目标创造有利条件。

（3）公众心理的分析预测和咨询

公众是公共关系的客体，是公共关系活动的工作对象。了解公众是公关人员有效开展公共关系工作的前提。公关人员不仅要了解有关公众的一般情况，而且还要对公众进行深层的心理分析，把握公众的各种态度和意向，并对公众的心理状态和行为动机、对公众心理的发展变化进行科学的分析和预测，并将分析、预测的结果及时传递给决策层和有关管理部门，作为组织决策参考。由于组织面临的公众是多方面的，因此公关人员必须分析、预测不同公众的心理特征，进行相应的咨询。

2. 参与决策

决策，通俗地说是指如何确定社会组织运行的具体目标及实现目标的方法和步骤。决策是组织针对存在的问题，确定解决问题的行动方案的过程，是组织对自身条件和外界环境经过缜密考虑比较后所作出的决定性选择。由于组织环境和公众在组织的生存和发展中的作用越来越大，因此，公众是否会接受组织的方针、政策与方案，是组织进行决策时必须考虑的重要因素。在组织的决策过程中，公共关系部门必须参与决策的全过程，并在组织决策中发挥其独特的作用。只有当公共关系成为组织管理层进行决策的一部分时，公共关系活动才能最有效。具体来说，公共关系在组织决策过程中的参谋作用主要表现在4个方面。

（1）帮助组织确立决策目标

决策的第一步是确立决策的目标。无论在哪个社会组织中，处在不同地位的人都是从不同的立场和角度，从不同的方面进行决策，确立决策目标。如生产部门往往从生产的角度确立生产决策，技术部门从技术的角度确立技术开发决策，市场营销部门从市场营销角度确立市场营销决策等。各职能部门的管理人员往往将决策的焦点高度凝聚于本部门的职能目标，难以从全局和社会的角度考虑整体决策目标。由于公共关系是以公众为对象，以树立良好的组织形象为目的。因此公共关系对组织决策的咨询建议，不同于组织其他职能，它更关心公众利益，注重从社会公众和整体环境的角度评价决策的社会制约因素、社会影响和社会效果。在确立组织决策目标的过程中，公共关系要求本组织必须站在公众立场上，充分考虑公众的利益和需求，避免只顾自身利益而忽视甚至损害公众利益的片面性倾向，使组织的决策目标体现组织利益和公众利益的统一，近期目标与长远目标的统一，经济效益与社会效益的统一，从而有利于组织形象的塑造。

（2）为组织决策提供有关信息，为公众提供信息服务

信息的充分性是组织进行决策的基本条件，公共关系部门以其掌握大量信息的优势，为组织提供各种决策信息，包括内部公众和外部公众信息。公共关系在为决策提供各种信息的

同时，还为各类公众提供信息服务，帮助公众了解组织的方针政策、组织的目标、组织的现状、组织的未来发展等信息。组织决策信息的广泛性，促进决策程序民主化和科学化。

（3）运用公共关系信息，协助拟订决策方案

决策方案是实现决策目标的各种方法和措施的总和。公共关系在拟订决策方案和实施方面也发挥着参谋作用。公共关系运用公关手段，利用自己占有的数据、信息、资料等，使公共关系目标成为组织决策的有机组成部分，组织决策才是合理的。

（4）通过公关渠道评价与反馈决策效果

公共关系参与决策的作用，还表现在通过公关渠道评价、反馈决策实施的公众影响和社会后果。并根据评价的结果，提出改进建议，弥补组织决策的缺陷，从而为组织调整和改变决策目标、完善实施方案和制定新的决策提供依据，促使决策者不间断地改善组织形象。

咨询建议和参与决策是公共关系高层次的职能，它已越来越多地为我国各类组织所利用，在组织管理、组织发展中发挥着积极、独特的作用与影响。

案例阅读 5-2

"芭蕾"珍珠霜香港市场开发

"芭蕾"珍珠霜是江苏一家并不引人注目的工厂，以珍珠为原料生产的一种护肤霜。1981年前，这家工厂曾多次想让"芭蕾"珍珠霜进入香港市场，均因方法不对而问路无门。后来，厂领导从外国一位公关专家谈企业经营与公关的关系中得到了启发，决定按照公关专家的建议，在香港当地选择一位经销商，树立企业形象，打开产品销路。

这位经销商的条件是：有爱国思想并愿为祖国出力，最好是江苏人，愿为家乡办事，在香港有一定的实力和地位，具有较大的社会影响，并热衷于"芭蕾"珍珠霜的经营。为了寻找具备这些条件的经销商，他们做了大量工作，最后终于选中了一位苏州籍的香港粮商。这位粮商在公关方面有一套成功的实践经验，特别在公关宣传和装潢设计方面颇有才能。工厂邀请此经销商一起参加产品设计、试制和投产的全过程。他又根据自己在香港的多年公关经验，建议把包装盒设计成底色为白色，中间是一双金色的手，双手托着一颗珍珠。整个设计简洁大方，醒目突出。代理经销商又从自己的公司中拨出150万港元，为"芭蕾"珍珠霜进入香港市场大张旗鼓，鸣锣开道，以致"芭蕾"珍珠霜还没运到香港，不少市民就知晓其名，翘首以待。

"芭蕾"珍珠霜抵达香港后，只一个月的时间，就建立了130个经销点，形成了庞大的销售网，使"芭蕾"珍珠霜的销售量打破了香港化妆品市场的销售纪录。

5.1.3　宣传引导

现代社会组织与组织之间、企业与企业之间的竞争，不仅仅是技术、资金、人才、市场、价格、服务等的单方面竞争，更是组织整体形象的竞争。组织业绩良好，是组织形象的物质基础。但是，具备了这一前提条件，并不等于就一定能够在公众中树立起良好形象，组

织良好形象的塑造还离不开传播沟通。公共关系工作是信息收集和传播科学的具体运用，是一种收集和传播的艺术。组织的公共关系部门不仅要做组织的"耳目"，还要做组织的"喉舌"。通过传播，大力开展宣传活动，积极引导公众舆论，为组织的发展创造有利的条件。

1. 公共关系宣传的任务

公共关系在组织管理中发挥着宣传的作用。公关作为组织的"喉舌"要不断地通过各种传播媒介，将组织的有关信息及时、准确、有效地传播出去，以便让公众了解组织，从而理解、信任和支持组织的政策和行为，树立组织形象创造良好的公众舆论。公共关系的宣传工作包括以下三方面。

① 向公众宣传组织的政策，解释组织的行为，增加组织的透明度。

一个组织要获得公众的了解和理解，取得公众的支持和合作，需要不断地向公众说明和解释组织的政策和行为，促使公众的认同与接受。这种"告知公众"的信息传播是公关宣传工作最基本的工作。当公众对组织缺乏认识和了解的时候，组织就需要主动地宣传自己，宣传组织的政策和行为，使组织的政策、决定和措施为公众与社会所理解，使组织的处境和意愿为公众与社会所理解，使组织的努力、善意为公众和社会所理解，从而消除公众的疑虑，避免舆论的误解，建立良好的公众形象。

② 运用各种传播媒介为组织及其产品推广形象、扩大影响、提高组织的知名度和美誉度。

组织的良好形象必须建立在组织自身做得好的基础上；同时，还要大力向公众宣传本组织的情况，加强公众对组织的印象，深化公众对组织的了解，提高组织的知名度和美誉度。在组织的不同发展时期，公共关系信息宣传的侧重点应有所不同。在组织的初创时期，应进行全方位的、广泛的宣传工作，创造声势，力求扩大组织的知名度，给公众以较深的"第一印象"，增加组织的吸引力；在组织推出新的产品和新的服务项目时，要注意宣传开发新产品的目的及新产品的性能；在组织发展顺利有了基本的公众印象及良好的评价之后，需要注意坚持不懈地做宣传推广，不断维持、扩大已享有的知名度和美誉度，保持、强化良好的社会舆论气氛，不断积累、巩固公众对组织及其产品的良好印象。

③ 引导公众舆论，控制组织的形象。

首先，调节组织的信息输出量，缩小不利舆论的影响，引导公众舆论向积极、有利的方向发展。例如，被称为"经济动物"的日本，为了开拓美国市场，不断派出大批能干的公关人员到美国各地开展广泛的宣传，而且每年都花费大本钱去笼络美国国会参众两院中的一批"职业说客"，让他们为争取有利于日本企业的法案或者取消不利于日本企业的法案而游说。公关人员的积极宣传，为日本产品打进美国市场创造了良好的条件。其次，根据舆论反馈适当调整组织的行为，维护组织的形象。如在组织的形象受到损害时，首先，应迅速查明原因，是公众的误解或是人为的破坏，还是其他外部客观原因，导致人们对组织产生不良的看法；其次，应根据事实进行必要的解释，纠正人们的片面印象。对谣言，应尽快通过各种渠道，让人们了解事实真相，纠正舆论误解，并设法将消极影响减少到最低限度。同时着力于改善自身，然后将改进情况公之于众，化消极为积极，尽快重振声誉。

案例阅读 5-3

决战优酷之巅的王罗 PK

2014年8月,独立评测机构 ZEALER 发布锤子手机 T1 的评测视频,称其远没有达到"东半球最好的手机"的评价。8月12日,罗永浩发微博称,做什么事情都是光明正大的,并约战 ZEALER 创始人王自如,称如果问心无愧,就去优酷现场直播当面对质。王自如随后应约。

8月27日,这场"决战优酷之巅"正式开始,优酷视频全程同步直播,三个小时中,罗永浩和王自如就锤子手机 T1 的屏幕、散热设计、静电问题等进行了辩论。

事件以老罗大获全胜告终,9月1日,王自如发布《致歉&声明》,对"T1测评视频当中的技术错误和语言表达错误"致歉。罗永浩对此的反应是"不可救药"。

2. 公共关系宣传的主要方式

公共关系宣传的方式具有多样性,可以说从古老的人际传播到现代化的大众传播都是公关宣传的有效方式。一般来说,公共关系宣传主要采取三种方式。

(1)借助各种大众传播媒介

公共关系宣传的目标,一般不是少数人而是大量的各种类型的公众,因此信息宣传的面越广越好,所以公共关系的主要宣传途径是大众传播媒介。在现代社会,被应用于公共关系活动的大众传播工具主要有5种:报纸、杂志、广播、电视、新闻影片。由于大众传播媒介覆盖面广,信息传播迅速及时,影响较大,因而它成为社会公众与各行各业获取信息的重要来源。公共关系如能借助大众传播媒介的公开宣传报道,及时将组织的新情况和新动向,通过传播媒介扩散出去,就能收到事半功倍的效果。

(2)制作、散发组织的各种资料

这是运用组织自身直接控制的各种媒体,根据公众的需要,为公众提供详尽的资料来开展宣传活动的方式。采用这种方式可以使宣传推广工作更加主动,能够紧密配合组织的需要,增进公众对组织的了解。资料制作类型主要有组织自办刊物,年度、季度报告,组织的简介,图片消息,视频等。

(3)举办公共关系专题活动

专题活动需要运用多种媒介和方式,如实物、文字、演讲、图片、音响、模型、幻灯、电影、彩旗、气球等宣传品,现场示范和表演等。因此,利用专题活动进行宣传较易吸引公众的注意力,从而能够进一步加强组织与公众的联系,加深公众对组织的了解,使公众更真切地感受到组织的存在和作用,感觉到组织的特点。专题活动的具体活动方式包括组织的仪式庆典活动、开放参观活动、各种文艺演出活动、各种体育竞赛活动、展览活动和赞助活动等。

(4)利用新媒体进行传播

新媒体技术的日新月异,使得公众对新媒体的依赖性越来越高,甚至超越了对原有大众媒介的关注。因此，社会组织要想获得公众的注意力就要借助新媒体力量，如微博、网络视频直播、抖音等，加大与公众的互动。通过这些新媒体传播信息，可以更好地接近公众，影响公众，乃至让公众主动互动、主动传播，最终达到塑造社会组织良好形象的目标。现在很多企业组织把"两微一抖"看作是开展公共关系的标配，政府组织也开始开辟抖音号来扩大自己的影响力。

案例阅读 5-4

抖音上的政府：从神坛走向亲民

当下最火的短视频平台成了继微博、微信公众号后第三个被政府部门抢占的新媒体阵地。政务传播的方式是与时俱进的，哪里最新、年轻人最喜欢、人最多，政府的宣传阵地就在哪里。

"太燃了！太燃了！成功被圈粉！""震惊！帅到爆炸！小哥哥们来成都我请吃火锅！"这些评论声并不是出现在热播剧中的弹幕，也不是出现在篮球比赛的现场，而是北京市公安局反恐怖和特警总队官方抖音账号"北京SWAT"发布的第一条抖音视频下面的评论，这条视频的点赞量已接近900万次。在视频中，以火遍抖音的"98K"音乐为背景，穿着统一的反恐特警们完美地配合音乐中枪击声的节奏完成一系列不同难度的射击动作，甚至还出现了只能在警匪片中见到过的直升机索降、实战演习等精彩镜头。得到抖友的高度认可后，"北京SWAT"还在评论下面调侃道："能不能火，就看你们的了！"这似乎与我们以往印象中的特警不同，他们不再是高冷、神秘、遥不可及的存在，潮、炫酷、热血成了网友给他们的新标签。今年6月洋葱智库联合卡思数据发布的《抖音政务账号分析报告》显示，"北京SWAT"以375.9万的粉丝量在抖音政务类账号中排名榜首，并被称为"现象级的大号"。今年开始，多个政府机关都在抖音上开通了政务账号，这一当下最火的短视频平台成了继微博、微信公众号后第三个被政府部门抢占的新媒体阵地。

在刷抖音一段又一段短视频时，偶尔还会出现一些我们意想不到的身影。

儿童节前夕，国有资产监督管理委员会新闻中心官方抖音账号"国资小新"发布的一条题为"严重卖萌事件"的视频，让国资委新闻中心主任毛一翔成了新晋的"网红官员"。

平日里形象严肃的官员，在视频里一脸愁容的托腮思考"儿童节到了，送点啥礼物"，随后画风一转配上美少女战士变身时的音乐，毛一翔展开双臂，一转身将自己变身成为一只胸前带桃心的人形玩偶，送到小朋友的手中。

官员卖萌视频改变了网友对政府部门严肃刻板的固有印象，得到了粉丝的一众支持："这样的官媒才更亲民""官媒越来越贴近生活了"……

在"网红官员"的带动下，也让刚刚上线一个月的"国资小新"迅速圈粉，粉丝量已经达到了26万，收获点赞超百万。

"大家好，我是'局座'张绍忠，我在团团的直播间等你！"中国军事理论家张绍忠穿着海魂衫，手中拿着一只披着超人斗篷的兔子玩偶，突然出现在了抖音的精选推送上。

"'局座'也来抖音啦？""我小时候是看您的节目长大的。"这条抖音的评论区瞬间被一众军事迷覆盖。

细看评论才知道，这次的主角是张绍忠手里的"兔子"，这只超人兔子名叫团团，它是抖音里有186万粉丝的"网红"。团团是共青团中央开设的抖音政务号"青微工作室"对自己的称呼。

团团带我们在抖音里见到了英烈归国、火箭发射、消防员的英勇无畏……在团团的带领下抖音的网友们好似到达了全国的各个角落。

博物馆你去过，会跳舞的陶俑、唐三彩、青铜器你见过吗？

前段时间，在抖音上突然出现了很多文物集体秀舞技的视频。那些我们只在历史课本和博物馆见到的击鼓说唱陶俑、绕襟衣舞俑、三彩釉陶女俑等陶俑就像"活"了起来，跟随着抖音音乐开始抖动跳舞。

"看了好多遍，太魔性了根本停不下来""感觉文物可爱起来了"，这些文物的"舞姿"让抖音上的粉丝直呼过瘾。

热议后细心的粉丝们发现，日常里肃穆端庄的国家博物馆突然来到了身边，悄悄地成了音乐短视频的发布者。

国家博物馆官方抖音的签名也提到"没想到我会来吧"，如此接地气的博物馆粉丝也是第一次见到，在评论中纷纷笑称"博物馆也好调皮"。

亲民、贴心、调皮……越来越多这类词汇频繁地出现在一些政务抖音的评论里。许多网友认为，政务机关开通抖音体现的是理念的转变，是在放下姿态，以坦诚、平等、互动的互联网态度，与公众进行诚挚的沟通交流。

微博、微信公众号一直是近年来各大政府部门宣传政务的重要阵地，但从今年开始，抖音这一音乐短视频App似乎成了各大政府新的抢滩阵地。

根据6月12日抖音公布的数据，目前入驻抖音的政府机构和媒体数量超过500家，其中包括国资委、平安北京等权威机构。截至2018年6月，抖音上政务号相关的视频播放量已经超过16亿。

有些抖音政务号在微博中也曾崭露头角，如曾经在"紫光阁地沟油"事件中发声的共青团中央的"青微工作室"，中央政法委官方新闻网站中国长安网等有较高知名度的官方大号。

除此之外，地方政府政务的传播阵地也开始由微博向抖音转移。

江苏省徐州市公安局官方微博"平安徐州"在微博上已经有56万的粉丝数量，在4月下旬"平安徐州"也开通了官方抖音账号，在《抖音政务账号分析报告》中"平安徐州"在抖音政务类账号中排名前十。

活泼、接地气、年轻化的短视频语音表达方式，高效的宣传效果成了"平安徐州"加入抖音平台作为宣传阵地的主要原因。

"平安徐州"新媒体负责人、徐州市公安局新闻中心民警张译之在接受《法治周末》记者采访时表示："政务公号此前已广泛在微博、微信上运用，但大多是以严肃刻板的固有方式出现。入驻抖音后，如何'抖'也是我们一直在思考和摸索的问题。"

向网民宣传防范诈骗知识、教网民应急处置方法、记录平日训练和出警记录一直是公安系统政务在各平台官方账号中传播的主要内容。

而在抖音政务账号中，时常能够发现拍灰舞、吃鸡视频、手指舞、抖音快闪 PPT 等抖音热门视频的警察版本。

除了传统的政务宣传、抖音上的火热跟风作品，在政务账号传播中更增加了一些温情的片段：一个身高不及栏杆的小姑娘踮着脚扒着栏杆，向对面执勤警察的一句"警察叔叔，辛苦了"；凌晨3点，一名执行完任务忘记带钥匙的民警，为了不吵醒睡眠不好的妻子，直接找了两个编织袋铺在家门口睡到天亮……

这些温情的片段似乎更能让网友动容，用多个15秒的片段增加了网友对警察这一行业的尊重和理解，很多网友直言被圈粉。

"微博上有些内容比较严肃，有些微信做得挺好看，但是抖音普遍都很好看。"一位惯常使用手机浏览资讯的"90后"认为，短视频的形式让政府部门更加"接地气"，相比长篇大论的枯燥式表达，这让自己更易于接受，也更真实亲切。

资料来源：根据网络资料整理。

5.1.4 提供服务

服务是公共关系的根本职责，公共关系正是通过为公众提供各种各样的服务来建立社会组织的形象，实现其工作目标的。公共关系的服务对象大体上分为两类，一类是组织的内部公众，另一类是组织的外部公众，公共关系的服务功能就体现在对内部公众和外部公众的服务方面。

1. 服务于内部公众，使组织内部运转顺畅与协调

公共关系对组织内部公众的服务表现在三方面。

（1）为组织决策层和各个职能部门提供服务

在组织管理系统中，公共关系部门处于中介性的服务地位，它在组织内部不直接生产和推销产品，但却利用其信息传播手段为决策层和各个职能部门服务，渗透到组织管理的各个环节中去。如公共关系通过监测环境，收集信息，捕捉有利于组织发展的信息，为组织决策和各部门提供信息咨询服务。

（2）为协调组织内部的各种关系服务

在一个组织内部，各种纠纷是不可避免的。组织内部纠纷主要发生于上下级之间和同一层次中的各部门、各单位之间。对于组织而言，关系不协调就会影响到组织内部的团结协作。而要实现关系的协调，就必须开展公共关系活动。通过公共关系的协调和服务活动，创造内部公众良好的合作气氛，增强组织各部门的活动的同步化、和谐化。公共关系在协调组织内部关系方面提供的服务，主要采用的是沟通信息渠道，加强各部门之间的联系等方法。

（3）凝聚员工服务

一个组织要在激烈的竞争中生存发展，必须具备很强的竞争能力。而组织内部员工的团结合作，则是组织竞争力的基本保证。公共关系以倡导"企业精神"入手，强调社会组织成员对其组织的权利和义务，通过情感沟通和运用传播手段，增强员工对组织的凝聚力和向心力，使组织成员团结一致，自觉为实现组织的目标而努力。

公共关系为组织内部公众提供的各种服务直接关系到组织的整体效能。一个组织内部公关服务做得越好,则组织内部运转得就越顺畅协调,组织的整体效能也就越高。

2. 服务于外部公众,使组织与外部环境更加和谐协调

公共关系对组织外部公众的服务也表现在三方面。

(1) 为公众提供信息服务

公共关系信息传播在公共关系工作中占有重要的地位,是联系公共关系主体与客体的桥梁和纽带。公共关系通过各种有效的传播媒介把组织有关的信息传递给公众,以增强组织与有关公众之间的信息交流,加深公众对组织的了解和理解。公共关系为组织外部公众提供的这种信息服务,一方面可以影响或改变公众的态度和行为,创造有利于组织的舆论环境;另一方面又使组织适应社会环境的发展或者引导社会环境的变化,有利于建立良好的社会形象。

(2) 为协调组织外部的各种关系服务

任何社会组织都不是孤立地存在的,它与社会其他组织和个人有着千丝万缕的联系。当组织与其他组织或个人发生矛盾和冲突时,公共关系就充当组织与公众之间的调解员角色,为协调双方之间的关系服务。由于公共关系遵循的是组织利益与公众利益相结合的原则,并特别强调公众利益的满足。因此从某种意义上说,公共关系是为公众提供最直接服务的工作部门,公共关系工作本身就是一种服务工作。

(3) 为社会提供各种服务

为了帮助组织取得社会公众的信赖和好感,创造一个有利于组织发展的社会关系环境。公共关系还通过为社会提供各种社会服务来进一步增进组织与公众之间的相互了解和情感交流。公共关系为社会提供的社会服务内容丰富,形式多样。如利用自己的经济、技术、人才、设备、信息等优势,带动周围社会组织的发展;保护和改善社会的生态环境;为社会文体教育活动和社会福利事业提供赞助,促进文体教育和社会福利事业的发展等。这些社会服务既有利于提高社会整体效益,又有利于组织建立良好的社会形象,增进组织的自身效益。

公共关系为组织外部公众提供的各种服务直接影响到组织在公众中的形象,一个组织外部公关服务做得越好,则组织在公众中的形象也就越好。

案例阅读 5-5

被传统媒体"围攻"的今日头条

今日头条在 2014 年 6 月刚拿到 1 亿美元的 C 轮融资,就陷入了传统媒体的版权围剿之中。2014 年 6 月 7 日,拥有《广州日报》网络传播权的广州市交互式信息网络有限公司,起诉今日头条著作权侵权。两天后,《新京报》发表针对今日头条的社论,并要求其停止链接跳转其网站的内容。6 月 24 日,搜狐对今日头条提起诉讼,索赔 1 100 万元。越来越多的传统媒体包括地方性媒体,也加入了这场版权之争中。

这场纷争中,今日头条在表态中一再重申,它只是依靠数据挖掘与机器学习来为用户自动推荐信息的工具,像搜索引擎一样,并不存在侵权问题。创始人张一鸣也承认部分做法"有争议",并且表示,会尊重内容生产者的选择,包括考虑以传统的版权购买形式与之合作。张一鸣在演讲中郑重表示:"我不是一个媒体人,我只是一个码农。"7月9日,今日头条以商业诋毁为由起诉搜狐。

2014年6月18日,《广州日报》和今日头条和解。9月,国家版权局发话:"今日头条"构成侵权,但已积极整改,并主动全面与媒体洽谈使用作品的版权采购事宜,版权之争尘埃落定。

5.2 公共关系的作用

公共关系作用是指公共关系机构或从业人员在具体履行职责的过程中所产生的影响和效用。根据对公共关系职责的分析,可以将公共关系的作用依次归纳为凝聚作用、监测作用、调节作用和应变作用。

1. 凝聚作用

公共关系的凝聚作用是对组织内部而言的。公共关系是一门"内求团结、外求发展"的艺术,因此,它必然有凝聚作用。

社会组织无一例外地都由人构成,人的能动作用对社会组织来说始终存在着正反两方面的作用。从正面来说,正是社会组织的能动作用,组织才能保持活力,运行才能正常,离开了人的能动性,组织就会失去活力,变得空有其名了。但同时,正因为社会成员都是具有能动性,所以它们也可能产生内耗,以致四分五裂。这就是人的能动性对社会组织潜在的负面影响。公共关系的凝聚作用就在于它能使这种潜在负面影响向正面效能转化,从而使得组织内部团结一致,为社会组织的正常运行扫除内部障碍。

社会组织内部成员关系的维系,常常是由经济因素决定的,但又并不仅仅受制于经济因素。它还常常依赖于相互之间的情感沟通和心理认同,有时甚至要依靠带强制性的行政命令。公共关系凝聚作用的发挥既不靠行政命令,也不靠经济奖励,它通过信息交流、人际互动来沟通社会组织成员的心理情感,从而使他们团结起来,同心协力地为实现组织的各项目标而工作。因此,公共关系的凝聚方法常常更具有持久性。

2. 监测作用

公共关系的监测作用通过信息的采集、处理和反馈来发挥,其实质是对信息资源的一种有利、有理的运用。我们正处于一个信息量急剧膨胀的"后信息"时代。为了生存和发展,任何一个社会组织必须学会对信息资源有利、有理地运用。公共关系工作正是同资源打交道的工作,而公共关系监测作用的发挥就是通过对信息资源有利、有理的运用来实现的。所谓公共关系的监测作用,就是在信息资源筛选的基础上,对公共关系主体和客体的行为或态度实行监视和监测所获得的一种结果。所以简单地说,公共关系的监测作用体现在对内监视和对外监测两个方面。

(1)对内监测作用

对内监测是对主体即社会组织的。它通过不断地信息采集、处理和反馈,通过对社会组织内部和外部的各种细微变化的把握,来对组织运行状态和组织目标实现的可行性进行监测。

对内监测，需要采集和处理社会组织内部的和外部公众两个方面的信息。如果只注意收集内部信息，忽视外部信息，那么，公共关系至多只能发挥其监视组织自身运行状态的作用，而不能起到预测它运行的发展趋势和各种目标实现的可能性的作用；反过来，如果只注意收集外部信息而不顾内部信息，那么，公共关系的对内监测作用就更无法发挥。只有同时注意了内外两个方面的信息收集和处理，公共关系的对内监测作用才能充分发挥。

公共关系的对内监测作用是通过控制论的反馈原理来实现的。所谓反馈，就是把系统的输出通过一定的通道再返回输入端，从而对系统的输入和再次输出施加影响的作用过程。公共关系的监测发挥是社会组织的反馈功能。公共关系工作人员把通过采集而掌握的最新信息，源源不断地输送到决策层那里，以使组织作出相应的回应，采取必要的措施，让组织的运行与公众的要求一致起来，以减少公众信息的输入对社会组织输出的负面影响，使社会组织的运行持续在相对平衡的过程中，最终保证了组织目标的实现。

举例来说，一家工厂生产了一种质量问题的产品，公共关系工作人员一旦获得这一信息，立即向决策层报告，工厂领导根据这一"输入"的信息，及时改进工艺流程式，对产品生产过程加强监控，加强产品质量进行检验，保证了产品质量，这样，工厂重新"输出"的产品就变得符合消费者的需求了。这就是公共关系对内发挥监测作用的过程。信息反馈过程往往不是一次性的，它通常要经过多次反复才能使输入与输出达到相对平衡状态。同样，公共关系对社会组织的某一行为的监测也不是一次就能完成的，它也要经过从信息采集、信息反馈到输出更新这样的多次反复过程。

（2）对外监测作用

所谓对外监测，是对公共关系的客体即公众对社会组织的行为或态度的监测。这种监测必须通过各种信息媒介，及时掌握与自身组织有关的各种信息及其走向，以监视和公众的态度及其行为变化趋势。这种监测的目的是使社会组织在自身运行过程中，能及时拿出应变对策，以防当公众意向发生变化时，公共关系不能适应公众的变化。

社会组织要监测的范围可能很广，但不能因此而忽视了重点监测目标。这个重点监测目标就是大众传播媒介。大众媒介传播的信息不但影响大，而且是一切社会组织都可以共享的信息资源。同时，从信息沟通的意义上来说，大众传播媒介已成为组织与社会、组织与组织之间联系的主要桥梁。因此，公共关系特别要监测大众传播媒介传播的信息，不但要注意当前与社会组织直接有关的信息，也要注意今后可能会对社会组织产生影响的信息。

3. 调节作用

对于任何社会组织来说，确立正确的组织目标是首要的，但只有目标还不够，组织还必须通过正确无误的运行来实现目标。由于公共关系强调直接渗透介入到组织运行的每个过程及每个环节中去，因此它不但能在宏观上实现对组织进行监测，并且在微观上也能表现出经常性的调节作用。这种调节作用具体说来表现在以下方面。

首先是对各种日常摩擦的调节。任何社会组织在其运行过程中都必然会产生各种摩擦，公共关系的调节作用具有减小这类摩擦系数的成效，就像"感情互动""上下对话""礼貌待人"等公共关系部门组织的专门活动，能直接减少和避免矛盾的发生，达到防患于未然的效果。其次，当摩擦或纠纷发生时，公共关系要求组织成员首先虚心地听取公众的意见，然后在查清事实的基础上，与公众交流彼此的看法以达成谅解。再次，摩擦或纠纷发生之后，公共关系职业人员并不去一味地为自己组织作辩护，更不是去压服公众，而主要是通过各类传播活动来争取公众的谅解。最后，了解公众对摩擦或纠纷及处理措施的反馈，要把这种反馈信息反映给组织的决策层，还可向决策层提供改进社组织运行状况的建议，以免摩擦和纠纷的再度发生。

4. 应变作用

由于社会组织是在复杂的现实环境进行运行的，即使是专门以了解信息、传递信息和发布信息为主要任务的公共关系职能部门，也不能对组织运行中可能发生的情况作出完全准确的预见。因此，社会组织在其运行中就不可能保证自身形象永不受损，也不可能自身与公众的关系始终处于最佳状况。事实上，问题不在于保证社会组织形象永不受损，而在社会组织形象受到损害，组织与公众关系遭到破坏时，如何进行弥补工作。在这里，公共关系又表现出自己特殊的应变和抵御作用。

（1）社会组织因自身原因形象受损或与公众的关系出现问题

为改变这种不良状况，公共关系就要发挥其应变作用。当社会组织形象受损或与公众的关系出现问题时，公共关系职能部门应首先假定公众是对的。换句话说，在事实真相查清之前，不可让公众先担起责任来，这样在今后的工作中才不至于处于被动状态。"假定"一旦确认为事实，即公众果然是对的，社会组织形象受损或与公众关系不佳确系组织自身原因引致，那么公共关系就应及时作出积极应变，以改变社会组织的运行状况来改善组织形象。公共关系职能部门是社会组织的"信息窗口"，常常最了解组织形象受损或组织与公众关系不佳的原因，对如何改变组织运行状况也最有发言权。一个明智的领导会特别重视公共关系部门的意见，同时公共关系专业人员也应该主动、经常地向决策层提供咨询建议，以充分发挥自己的应变作用。

（2）社会组织因外部原因形象受损或与公众的关系出现问题

为改变这种不利于组织的状况，公共关系就要发挥其抵御作用。

社会组织形象受损，常常是由组织外部的原因引起的，如假冒商品的出现，公众中以讹传讹的现象等。当有确凿证据证明社会组织形象受损或与公众关系不佳的责任不在自身，而来源于组织外部的因素时，公共关系职能部门就应发挥它应有的抵御作用。公共关系的这种抵御作用并不是通过行政、法律等刚性手段来实行的，而主要是采用柔性的信息传播手段来发挥的。例如，当市场上出现了假冒商品，企业就可以而且应该利用各种大众传播媒介来加以揭露，以引起公众的注意和警惕。又如当社会组织与某协作单位之间发生法人关系纠纷并查明主要责任在对方时，它就可以让公共关系工作人员或领导出面主动要求交换意见，以寻求解决纠纷、重新修好的途径。由于公共关系活动是各种柔性手段，所以在其发生抵御作用时往往能避免采用刚性手段时无可退路的短缺点。用柔性手段常常能使问题得到合理的解决，又不留后遗症。当然，在公共关系协调失败后，社会组织也可以诉诸行政、法律等刚性手段来解决问题，以起到强制抵御的作用。

案例阅读 5-6

海底捞老鼠门事件

2017年8月25日,国内著名的餐饮企业海底捞爆发老鼠门事件,随即海底捞的公关部门做出快速反应,事后,这一次的危机公关被许多业内人士称为实体企业的标杆案例,是公关行业的经典案例。

一、事件回顾

2017年8月25日《法制晚报》发布的一篇名为《暗访海底捞:老鼠爬进食品柜,火锅漏勺掏下水道》的调查报道,将海底捞推进了舆论的旋涡。毕竟在当下的环境中,人们对"食品安全"这四个字高度敏感。据报道,记者发现海底捞存在以下现象:后厨多个房间出现老鼠,劲松店请除鼠公司清理过一次老鼠,但很快复发;后厨人员一边打扫卫生,一边洗碗;扫帚和簸箕不仅用来清扫地面、墙壁和下水道,还会用作清理洗碗机和储物柜。单看洗碗机,簸箕和抹布会被放入里面清洗,机内只清洗表层,内部的油污并没有祛除;机箱盖散发恶臭,内壁上沾满了油渍和腐烂的食物残渣,机内的蓄水池满是黄色的污水。除此之外,海底捞还使用顾客用餐后的漏勺清理堵塞下水管道的垃圾杂物,漏勺使用完毕后,会被放入装餐具的锅中一起清洗。这就是2017年著名的海底捞老鼠门事件。

二、海底捞的危机公关

事件发生后,海底捞的公关部门做了下面几件事情。

1. 在事件发生3个小时后,海底捞发出第一份回应声明,向公众致歉。

2. 随后2个小时,海底捞发出了一份处理通报。关于这两份通告(致歉信和处理通报),业内普遍给出了超高的好评。第一份通告(致歉信)声明有两大亮点,第一,迅速!在新闻爆出后3小时内,海底捞迅速做出了反映;第二,承认所披露的问题属实,并愿意承担相应的经济责任和法律责任,没有甩锅给其他主体,也没有"临时工"的出现。第二份通告(处理通报)发布了更具体的七条措施,包括暂时关停两家涉事的门店、主动向政府主管部门汇报事件进展、欢迎消费者前往门店检查监督、迅速与第三方虫害治理公司研究整改措施等。这一份通告有两个最大的亮点,第一,每项整改点名道姓落实责任人(都是高层);第二,不忘安抚基层员工,涉事门店员工无需恐慌,责任在管理层,在公司董事会,海底捞没有背锅"临时工"。可以说,这两份通告,没有一味地护犊子,也没有出现常见的甩锅,而是扛下绝大部分责任,在中国企业以往的危机公关中,这样的态度相当罕见,这也是海底捞此举获得业内好评的根本原因。

3. 联系媒体转移视线。随后,海底捞的公关部门联系自己熟悉的媒体及国内有影响的媒体发声,让广大吃瓜群众的视线不再是海底捞的食品安全,而变成了海底捞的公关活动,努力树立海底捞负责任、有担当的形象。不可否认的是,这一点,海底捞做得非常好,不到一天时间,各个媒体关注的不再是海底捞的食品安全,而是众人一口称赞的海底捞的危机公关。

4. 发动水军混淆视听。水军的存在,不需要讳言,每每遇到重大的危机事件,公关公司或部门都会发动水军，有目的、有步骤地控制公众话题，控制舆论的导向。这一次海底捞的危机公关也不例外，具体的过程不需要赘述。这些水军的言论，给广大吃瓜群众形成了下面的印象：(1) 所有饭店的后厨卫生都是这个德行，海底捞绝对不是最差的；(2) 海底捞的后厨环境是有问题，可是海底捞的服务是最好的；(3) 海底捞有事不抵赖，不甩锅，勇于承担责任。这样的印象形成以后，吃瓜群众的心理就变成了：海底捞还是不错的，有些小毛病，改了就好。

三、公关效果

按照"清博舆情大数据系统"的监测数据，在8月25日上午10时被曝光之前，海底捞的网络口碑以正面为主，占据了74.75%的高比例，相对应的负面口碑仅有9.22%，另有16.03%的中性评价。而在食品安全事件曝光后，海底捞不仅在网络的关注度暴涨，口碑也急转直下，负面口碑占据了49.15%，而正面却陡降至11.07%。清博舆情在分析中指出："这种舆论情感的骤变源于网民的心理落差，源于这一近乎被'神话'的餐饮企业出现食品安全隐患后的形象坍塌。"然而，对海底捞一边倒的负面评价所持续的时间出乎意料的短暂。在8月25日海底捞连发两次声明后，两天之内，与下列标题大同小异的文章在网络平台上大量出现——《海底捞的危机公关，你也学不来》《海底捞"哭"了，但员工不"哭"！》《这锅我背，这错我改，员工我养，这次海底捞危机公关100分！》《向海底捞学习，创业公司如何做好危机公关？》。这类文章，有多篇获得"10万+"阅读量。此后，舆论的导向开始迅速发生变化。清博舆情公布的数据显示，8月26日，针对海底捞的负面信息占比降至25.93%，正面信息占比则大幅提升至33.92%；而8月27日新公告发出后，比例的变化更为惊人，正面评价以46.95%的占比重新占据主位，而负面评价仅剩下19.05%。可以说在海底捞公关部门、合作媒体和水军的协同努力下，海底捞的品牌形象得到挽救，海底捞的公关部门也就此收兵庆功了。

资料来源：https://www.sohu.com/a/168923484_467356.

本 章 小 结

公共关系的职责主要是指公共关系工作者应当担负的职能与责任，它表明公共关系工作者应该做什么。一般来说，公共关系的职责主要包括收集信息、咨询决策、宣传引导、服务社会等。

公共关系作用是指公共关系机构或从业人员在具体履行职责的过程中所产生的影响和效用。根据对公共关系职责的分析，将公共关系的作用依次归纳为凝聚作用、监测作用、调节作用和应变作用。

复习思考题

1. 公共关系基本职责包括哪些内容？
2. 公共关系信息收集的基本要求有哪些？

3. 公共关系咨询建议一般包括哪些方面？
4. 简述公共关系作用的基本内容。

案例实训

20世纪80年代，美国约翰逊制药公司发生了一起因某种止痛药沾上了氰化物，导致了数名患者死亡的事故。事故的发生引起了公众和舆论的强烈不满。为挽救公司，公司公关部门采取了一系列紧急行动和措施，如立即通过媒介向社会和消费者道歉；立即设法通知医院、医生和批发商在内的45万个用户停用该药品，并将其退回公司检验；立即派出医务专家对药物进行化验并将结果及时报告公众；立即与警方联系以防不法分子破坏等。结果，很快查明：事故是某犯罪分子放毒所致。了解真相后，公司将全部有毒的药物予以销毁。最后使公司的信誉得以恢复。

思考题：
1. 公司公共关系部应用了哪些原理？进行了哪些事故处理？
2. 该事故处理程序对我们有哪些启发？

第 6 章

公共关系工作程序

了解公共关系工作程序的4个步骤及相互关系,熟悉公共关系调查的原则及内容,掌握公共关系策划的方法、实施步骤和公共关系效果评估。

案 例 导 入

优衣库新中产品质生活报告

项目概述

优衣库与《第一财经周刊》合作开展有关"中国城市新中产品质生活方式与消费趋势"大调查,在全国超过50个城市收集12 000多份有效样本,同时进行新中产代表定性访谈,产出《2017中国新中产品质生活报告》,定义中国新中产五大生活和消费方式为:① 品质为先;② 热心文创;③ 健康至上;④ 智能生活;⑤ 体验为王。

同时,优衣库联合《第一财经周刊》、QQ音乐等共同发布《2017中国新中产品质生活报告》,以发布会造势吸引业界关注,以深度报告洞察消费趋势,持续建立优衣库在"新中产品质生活方式"上的行业前瞻性与领导力,引发媒体、品牌商及广大消费者的热切关注和讨论,帮助优衣库迅速提升品牌影响力、公信度与美誉度。

项目背景

优衣库是全球领先的服装零售企业迅销公司旗下的实力核心品牌,在各大坡市开设众多门店,为更多消费者带来优质服装与美好体验。截至2017年6月,优衣库在中国约120个城市运营约540家店铺。在主力城市快速拓展并不断下沉至三、四线城市的同时,如何把握快速变化的生活消费趋势,始终占据消费者生活方式的领导品牌地位,进一步提升品牌知名度和公信力,是优衣库品牌传播要回答的重要问题。

《第一财经周刊》是中国极具公信力和行业影响力的权威财经媒体,与此同时,新中产群体正越来越多地出现在大众的视野——他们经济相对独立,是社会和家庭的中坚力量;拥有相对一致的生活方式,"品质"和"个性"是被提及较多的关键词。新中产正在改变的生活和消费习惯也极大影响和改变整个零售业的消费走向，影响更多消费者对品质生活的追求。

项目调研

1. 项目挑战

如何既能贴合当下热点趋势，引发消费者共鸣，又能将优衣库品牌、产品和体验的价值巧妙融入话题的内容传播当中。

如何把握与中国权威财经媒体平台的合作，在实现双赢的同时，将媒体影响力和客观的内容产出最大化为品牌所用，为优衣库品牌背书。

如何让优衣库的品牌、商品、体验与消费者生活场景、新中产品质生活的几大趋势建立强关联，从而提升品牌影响力。

2. 消费者洞察

作为中国正在崛起的消费中坚力量，新中产群体正越来越多地出现在大众视野中，他们生活方式和消费方式的改变，将对零售乃至全行业带来重要影响。

现在的消费者，尤其是贯彻典型新中产生活方式的年轻人，尽管对品质生活的要求在不断提高，但始终没有被清晰界定，他们需要一个强有力的数据调研结果将自己正在改变的生活方式清晰化，客观认识自己对品质生活的追求。

中国的消费者热爱文创、热爱艺术，同时也对品质和个性有自己的要求，在全民健康潮流下，他们也更关注自己和家人的身心健康，更看重智能科技在生活中的应用，同时热爱体验新鲜事物。他们对品质生活的需求不仅是他们的主动选择，同样他们也渴望被品牌创造的创意商品、智能体验、线上线下联动的消费形式等激发自己对美好生活的态度。

项目策划

1. 项目目标

引领行业趋势，强化品牌认同。

建立优衣库国际知名服装领导品牌形象，实现优衣库在新中产、品质生活方式议题设定上的领导地位，为中国消费者带来更美好的品质生活。

强化中国消费者，尤其是二、三、四线城市和年轻的新中产消费群体，对优衣库品牌理念、核心产品价值、新零售体验的认同与渗透。

2. 传播策略

以当下中国正在崛起的新兴消费群体新中产为研究对象，优衣库联合《第一财经周刊》发起相关社会大调查，总结新中产五大生活方式关键词——品质、文创、健康、智能、体验，激发消费者内心共鸣与生活灵感。从与《第一财经周刊》合作，将优衣库与"新中产品质生活"链接。

完整融合品牌、产品及体验，以优衣库极具个性、品质的经典商品及国际设计师合作系列、新零售体验、智能便捷的店铺服务与数字平台，向中国消费者尤其是新中产群体介绍最符合他们品质生活的商品、活动及消费体验。

线下发布《2017中国新中产品质生活报告》，邀请近300位业界、媒体权威人士参与发布会。权威人士背书《2017中国新中产品质生活报告》及优衣库品牌，利用名人效应，引发更广泛关注。

3. 媒介策略

4类媒体主动选择，各取视角预设话题：选择4大类媒体为活动预设话题并传播造势。根据"新中产生活方式"的话题属性及对优衣库品牌、零售行业的影响，优先选择行业媒体及生活方式媒体，为优衣库建立行业影响力及生活方式领导者形象。同时根据各类媒体属性及受众情况分别预设话题。

引爆现场盛况，实时现场播报，激发媒体刷屏，引发大量关注：发布会活动当天，现场布置贴合新中产5大生活方式，极具创意的落地活动及"干货"不断的发布会，引起在场媒体火爆刷屏，自发播报活动盛况。

4. 传播内容

《2017中国新中产品质生活报告》：定性、定量解读新中产生活方式和消费趋势。

优衣库品牌理念：从新中产话题打造、社交网络预热、内容传播，到线下创意发布会现场自然植入，将优衣库品牌理念融入消费者每一天日常生活和服装需求中。

由社会调查发现的新中产5大生活和消费方式——品质为先、热心文创、健康至上、智能生活、体验为王，与优衣库品牌、产品及体验的巧妙结合。

优衣库与腾讯QQ音乐跨界打造"衣·乐人生"电台，让消费者率先感受"数字+零售+社交"的购物体验。

项目执行

项目包括话题预热传播、集中爆发、延伸报道，共计覆盖近1亿人。

1. 预热传播：新中产社会大调查+话题预埋

2017年6月29日—2017年7月10日，优衣库和《第一财经周刊》共同在全国收集12 000多份有效调查问卷，对4名不同城市典型新中产代表定性访问，通过"品质、文创、健康、智能、体验"五大关键词及相关话题传播，吸引大批"粉丝"及消费者关注。

2. 集中爆发：《2017中国新中产品质生活报告》发布会+落地活动

2017年8月4日，优衣库联合《第一财经周刊》在上海举办发布会，活动现场邀请近300位业界、媒体权威人士，腾讯音乐娱乐集团副总裁侯德洋、上海第一财经传媒有限公司CEO周健工、复旦大学管理学教授金立印、优衣库全球品牌代言人井柏然等行业领袖及业界精英也出席线下发布会。

活动现场创意打造品质生活方式装置展，将优衣库理念融入现场布置中，体现新中产向往的美好生活；发布会现场创意"干货"不断，行业领袖及品牌代言人分享自己的美好生活。

3. 延伸报道

2017年8月4日—2017年8月31日，各大主流门户及财经、服装、零售类行业媒体、自媒体陆续报道优衣库及《2017中国新中产品质生活报告》。

项目评估

此次活动，优衣库与《第一财经周刊》的合作凭借深刻洞察、消费趋势前瞻和创意传播落地，将优衣库品牌理念、核心产品价值及新零售购物体验，与中国新中产品质、文创、健康、智能、体验5大生活方式关键词结合，传递到更为广泛的消费人群当中，引起越来越多新中产的共鸣和媒体高度关注。

问卷调查覆盖全国超过50个城市，收集12 080份有效样本，反映真实的新中产生活、消费态度和选择。

短期内300多家媒体报道，共计覆盖近1亿人。其中，平面、电视等媒体报道覆盖近200万人，数字媒体用户浏览量超过630万。

项目亮点

1. 与中国权威财经媒体成功合作

优衣库与《第一财经周刊》基于双方共同的价值观和方向，深度合作实现双赢，合作模式引发业界关注。

2. 聚焦社会话题，邀请媒体背书，强化品牌影响力

优衣库与《第一财经周刊》基于对中国当下消费升级和市场趋势的洞察，聚焦新中产群体，通过将品牌内容与新中产生活方式关键词联动，引发群体共鸣和社会关注，带来品牌高曝光的同时，深化"Life Wear服适人生"品牌理念。

3. 品牌现场的自然植入

活动现场品牌理念与创意融合，贯穿现场布置和活动流程的方方面面，巧妙的品牌露出及与生活方式的深度结合获得到场媒体的好评。

资料来源：金旗奖编委会. 2017最具公众影响力公共关系案例集. 北京：中国财富出版社，2017.

案例点评：优衣库与《第一财经周刊》合作开展有关调查，以中国新中产的5大生活方式关键词（品质、文创、健康、智能、体验）为切入点，激发消费者共鸣与生活灵感，联合相关媒体及业界领袖共同发布了《2017中国新中产品质生活报告》。

优衣库借助该报告的发布会造势吸引业界关注，以深度报告洞察消费趋势，强化优衣库在热门话题、生活场景与品牌间的连接，扩大影响力。

策划方将调查发现的新中产的5大生活和消费方式（品质为先、热心文创、健康至上、智能生活、体验为王）与优衣库在这5方面的对应特点巧妙联系，较好地连接并融合了"品牌+产品+体验"并使"优衣库品牌的产品与体验正好符合报告中发现的生活方式趋势"这一核心传播点不断得以突出，较成功地预埋了话题并达到了传播造势的目的。

6.1 公共关系调查

公共关系调查是公关"四步工作法"的第一步，是组织卓有成效的公关活动的前提和基础。了解公共关系调查的各种工作方法和技巧，提高公共关系调查针对性和有效性，为公共关系决策提供可靠依据，从而提高组织公共关系工作的效率。

6.1.1 公共关系调查的含义及原则

1. 公共关系调查的含义

公共关系调查是社会调查的一种表现形式。它是运用科学的方法，有步骤地考察社会组织的公共关系状态，收集必要的资料，进而分析各种因素及其相互关系，以达到掌握实际情况、解决面临问题为目的的一种实践活动。

公共关系调查在公共关系行业是非常普遍的，与我们常听到的市场调查，二者之间是既有联系又有区别。公关调查和市场调查在调查方法上都是采用问卷调查法、抽样调查法、访问调查法等调查的一般方法，但二者在调查目的、调查对象和调查内容上有差异，见表6-1。

表6-1 公关调查与市场调查的差异

比较项目	公关调查	市场调查
调查目的	了解与组织有关的社情民意、公众意见、形象评估等，分析研究公众对组织的整体要求	了解商品形象，分析研究购买者的需求与动机、购买意向与行为及购买后的感受等，以寻求维护和开拓市场的方法
调查对象	组织的相关公众	一般是商品的供求方、竞争者及其他相关部门
调查内容	组织的环境调查、组织知名度和美誉度的调查、公共关系活动调查和社会环境调查等	为达成市场目标所进行的社会环境调查及包括产品供应调查、购买需求、产品价格、竞争者状态、销售渠道及促销等微观市场调查

2. 公共关系调查的原则

为了保证公共关系调查资料真实可靠，在实施公共关系调查中，应遵循如下原则。

（1）全面系统原则

即尽可能做到对调查对象的全面调查，对其中具有典型性样本重点调查，提高调查的针对性。

（2）代表充分原则

由于调查对象在数字上是巨大的，在分布中又是十分广泛的，因此在公共关系调查中通常采用从调查对象的总体中抽取样本的方法进行。样本的代表性对反映总体全面情况的质量至关重要，因此样本的选择，应采取随机抽样的方式，力求样本具有代表性，能够反映总体的特征。

（3）客观公正原则

指在公共关系调查实际操作中要有一个统一的标准尺度。在公共关系调查中，往往需要很多人共同完成一个调查课题。因为每个人对问题的分析能力、理解能力不同，如果没有一个客观的标准，对同一问题就会出现不同的调查结果，这样就失去了调查的意义。在设计调查问题时，要尽量客观具体。

（4）科学准确原则

对调查问题的实质及各种不同情况做出具体的、科学的分析和评估，保证公共关系调查从事实到结论都经得起严密的逻辑推敲和实践检验。

（5）尊重公众原则

要尊重公众的人格、宗教信仰、民族习性、生活方式和兴趣爱好等，这样才能得到公众的配合与支持。

6.1.2 公共关系调查内容

公共关系调查内容是公共关系活动中的实务操作性工作，其内容十分广泛，涉及社会组织公共关系状态的方方面面及影响因素，社会组织通过公共关系调查找出自身差距和存在的问题，为社会组织策划公共关系活动提供依据，公共关系调查的内容主要有以下4个方面。

1. 组织自身公共关系状态调查

对于企业而言，"知己"乃是第一大事。首先要了解企业经营理念和战略目标，企业经营理念的实施和战略目标的实现遇到哪些公共关系障碍；企业管理层和企业员工的素质状况；企业运行状况的数据和运行效率。通过这些公共关系调查，了解组织运行状况，理顺组织运行态势，达到内求团结的目的。

2. 组织外部公共关系状态调查

组织的社会形象是存在于公众心目中的印象，一个组织的社会形象对组织的生存与发展极其重要。公共关系部门应与外界保持信息畅通，经常测定组织在公众心目中的形象，并及时反馈到组织的决策层。

社会公众对组织的认同感主要用知名度、美誉度和信誉度衡量。知名度表示公众对社会组织的知晓程度；美誉度表示社会公众对组织的赞誉程度；信誉度表示公众对社会组织的信任程度。

（1）公众调查

公众构成情况：包括内部公众构成情况、外部公众构成情况。

公众评价情况：公众对社会组织的各种评价（也就是组织形象）。包括对组织产品的评价、对组织服务质量的评价、对组织管理水平的评价、对组织人员素质的评价、对组织外向活动的评价。

（2）传播媒介状况调查

传播媒介状况调查包括传播媒介的分布情况、传播媒介的功能作用情况和传播媒介所需信息情况的调查。

3. 组织所处的社会环境公共关系状态调查

公共关系中所谓的社会环境是指与组织发生联系的公众和社会条件的总和。社会环境调查的主要内容有：基本社会环境调查、具体市场环境调查和所属行业环境调查。

（1）基本社会环境调查

基本社会环境一般指社会组织所处的一个国家或地区的政治、经济、文化等因素构成的宏观社会环境。主要内容有人口环境状况、政治环境状况、经济环境状况、文化环境状况等。

（2）具体市场环境调查

具体市场环境是指与社会组织的公共关系活动相关联的市场因素组成的社会环境系统。以营利为目的的经济组织，对市场环境的调查对组织的生存与发展起至关重要的作用。具体市场环调查的主要内容构成有市场需求状况、消费者状况、市场竞争状况等。

（3）所属行业环境调查

所属行业环境是指社会组织所在特定行业中各种组织构成的微观社会环境系统。主要内容构成有所属行业的基本状况、特定组织状况、横向协作状况和行业竞争状况等。

4. 组织的公共关系活动效果调查

每一次公共关系活动完成以后，都要评价公共关系活动效果，衡量公共关系目标是否达到预定的目标，如果没有达到预期的目标，要分析原因，找出改进和补救的措施，总结经验教训，为后续公共关系活动提供借鉴。公关活动效果调查可以用对比法、跟踪法和回访法等来检验。

6.1.3 公共关系调查的方法

公共关系调查的方法主要是借鉴一般社会调查的方法，结合公共关系调查的特点而形成的。目前使用较多的有抽样调查法、访问调查法、问卷调查法和观察分析法。

1. 抽样调查法

抽样调查是公共关系调查的最基本方法之一，是从调查对象总体中按照一定的比例抽取一部分作为样本代表总体样本，根据部分样本的结论推断总体样本的结论的方法。在实际生活中使用较多的是随机抽样调查。

2. 访问调查法

这种方法是指调查人员根据事先确定的主题、内容与调查对象进行面对面的访问与谈话，以获取所需信息与资料的方法。访问调查法有多种多样的方法，各种方法的成本也不同，短信访问和电话访问成本低，而问卷调查成本较高，但不同的调查方法获取资料的全面性不同。在各国的竞选活动中，候选人的支持率调查都采用电话调查。

3. 问卷调查法

这种方法是调查者根据调查的目的将所要调查的内容和问题设计成统一的问卷表，选择相应的群体发放问卷，让他们根据自己的情况和见解进行作答以获取调查材料。

4. 观察分析法

这种方法是指公共关系人员在自然条件下有目的、有计划、有重点地借助自己的感官或各种测量仪器观察和研究他人的言行表现，以获取相应的公共关系材料的过程。

6.1.4 公共关系调查的一般程序

公共关系调查的程序，是指具有一定规模的公关项目，从调查准备到调查结束全过程的先后顺序和具体步骤。一般的公共关系调查经历以下 4 个过程：确定调查课题，制订调查计划，收集、整理分析资料，写出调查报告。

1. 确定调查课题

确定调查课题是公关调查活动的第一步，主要是明确调查的目的。

2. 制订调查计划

调查计划是对公关调查工作的总体规划和安排，主要包括调查本身的设计和调查工作的具体安排。

3. 收集、整理分析资料

即对公关调查中收集的原始资料进行去粗取精、去伪存真的过程，以取得公关活动所需要的材料过程。

4. 写出调查报告

根据公关活动的目标，结合公关调查过程所收集的资料，在充分分析论证的基础上，形成调查结论，以供决策时参考。调查报告框架见表 6-2。

表 6-2　调查报告框架

报告框架		常用形式	报告内容	写作要求
标题		公文式 新闻式		直接、确切、精练、新颖
正文	导言（导语）	总结式 提问式 叙述式	介绍调查工作概况（比如调查时间、地点、经过、范围、方式、内容和目的等）	点明主题、高度概括、精练简短
	目录		报告文本的主要章、节、目及附录资料的标题	办公软件自动生成
	报告主体	横式结构 纵向结构 交叉结构	现状资料汇总，分析造成现状的原因，提出解决措施和建议	结构严谨、逻辑性强、条理清楚、重点突出、材料典型
	结尾	归纳式 口号式	概括和归纳	渲染全文、加深印象
署名		标题之下或全文之后	调查单位、写作时间	简单明确
附件		相关资料调查表或典型资料数据库	相关资料调查表或典型资料数据库	为正文服务，起补充作用

6.2 公共关系策划

公共关系策划是在公共关系调查的基础上，对组织的公共关系工作或组织的专项公共关系活动进行谋划，是公共关系理论与实践的精华，是公共关系实务的灵魂与核心。

6.2.1 公共关系策划的含义和原则

1. 公共关系策划的含义

所谓策划，简单地说，就是计划、运筹、打算。策划就是以既定的目标为出发点，对相关信息进行分析，制定针对性的策略及行动方案，以实现目标。

所谓公共关系策划，就是策划人员为了达到组织的目标，在充分调查研究的基础上，对组织总体公共关系战略、对组织重大的公共关系专项活动进行谋划和设计工作。

2. 公共关系策划的原则

公共关系策划必须坚持以下基本原则。

（1）服务公众的原则

服务公众是公共关系策划的基本原则。对公共关系活动来说，公共永远是上帝，公众利益压倒一切。因为公共关系的根本目的是通过有效的信息传播，实现组织与公众之间的双向沟通，使公众对组织产生良好的印象，进而为组织营造良好的运营环境。

（2）求真务实的原则

公共关系之父艾维·李倡导的"说真话，讲实情""公众必须被告知"原则，是公共关系活动的一条最基本的准则。公众作为公共关系活动的诉求对象，有权知晓与其有正当权益相关的信息。任何社会组织都不能隐瞒事实真相，更不能弄虚作假，欺骗公众。

（3）可行性原则

在策划公共关系方案中，既要考虑组织期望实现的公共关系目标，又要考虑外部环境的影响力及组织现有的资源状况。因此，公共关系方案的策划必须使组织的公共关系目标与组织外部环境、组织的现有资源（内部条件）处在动态的平衡中。只有这样，公共关系方案才能具有可行性。

（4）灵活机动原则

公共关系活动设计是根据组织形象的现状和目标要求，设计最佳方案的过程。公共关系活动环境发生变化了，公共关系的策略也要随之变化，切不可认为计划周密，就可以不顾外部环境的变化。一个好的策划方案，应在战略上能够确保既定目标的同时，在战术上具有一定的弹性。根据环境变化适时调整方案，以利于目标更好地实现。

（5）连续与创新原则

良好的组织形象不是一次或者两次公关活动能够实现的，而是要在科学发展观的指导下，与时俱进，随组织活动环境的变化，在内容和形式上不断创新，使公关策划活动不断完善。

6.2.2 公共关系策划的步骤

公共关系策划是一个动态的过程，由准备阶段、实际策划阶段和撰写策划书三个阶段构成。

1. 准备阶段

公共关系策划之前，首先应把握情况，做好调查分析，对搜集的材料、信息进行研究，为策划工作做充分准备。准备阶段的工作可分为组织形象分析和确立目标两个步骤。

（1）组织形象分析

公共关系人员在前期调查的基础上，对资料进行整理，确认材料的真实性和可靠性，从中找出有价值的信息，然后分析组织形象现状，将组织应有的形象和实际形象进行比较，找出差别和分析存在的问题。

（2）确立目标

确立目标就是在调查分析、确认问题的基础上建立公共关系目标系统。公共关系目标系统可以从不同角度进行分类：从时间上可分为长远目标、中期目标和短期目标；从目的上可分为传播信息目标、沟通感情目标、改变公众态度目标、引起公众行为目标；从对象上分为一般目标和特殊目标。公共关系目标确立要符合4个要求：一是确定性；二是具体性；三是系统性；四是可行性。

2. 实际策划阶段

准备工作就绪以后方可进入实际策划阶段。

1）主题的设计

在公共关系策划中，主题是策划的灵魂、核心，贯穿于整个策划之中，是公共关系活动内容的高度概括。它提纲挈领，对整个公关活动起主导作用。主题设计是否精彩、恰当，对公关活动成效影响很大。主题设计可以表现为一个口号、一句陈述或一个表白，如"新北京，新奥运""潘婷——爱上你的秀发"。

2）分析公众

任何一个社会组织都有其特定的公众，公共关系工作是以不同的方式针对不同的公众展开的，确定与社会组织有关的公众是公共关系策划的重要任务之一，只有确定了目标公众，才能策划出具有特色和具有影响力的公共关系活动。分析公众一般分为两步。第一，鉴别公众的权利要求；第二，对公众的各种权利进行分析，找出共性，区别个性，谋求组织与社会公众利益最大化。

3）选择传播媒介

公关活动以传播信息为目的，要借助各种媒介。媒介是公共关系信息传播的载体，信息传播媒介多种多样，各有其特点，恰当选择媒介能够实现事半功倍的效果。

（1）各大传媒特点比较

各大传媒特点见表6-3。

表 6-3　各大传媒特点一览表

种　类	优　点	缺　点
报纸	覆盖广，可选择，易保存，较周详	受文化水平限制，不够迅速及时
杂志	读者稳定，易保存，图文并茂	受文化水平限制，周期长
广播	迅速、及时，传播面广，制作简单，并行性，费用最低	储存性差，缺乏形象性
电视	真实感强，多媒体，综合效果强，感染力强	成本高，不易储存
互联网	实时交互，资源共享，平等性	成本高，匿名性
手机	伴随性强，融合性高	信息的可靠性难以辨别

（2）选择媒介的标准

① 根据公共关系工作的目标和要求选择传播媒介。如果社会组织的目标是提高知名度，则可选择大众传播媒介；如果是协调内部各方面的关系，则可通过内部人际传播和群体传播，解决内部不协问题。

② 根据经济条件选择传播媒介。不同的传播媒介成本费用不同，现代程度越高的传播媒介费用越高。成功的公共关系策划，应当选择适当的媒介和方式，争取以最小的支出取得最好的效果。

③ 根据不同对象选择传播媒介。不同的对象适应于不同的传播媒介。如出租车司机可采用广播、动画的形式。

④ 根据不同传播内容选择传播媒介。各种传播媒介都有鲜明的特点和一定的适用范围。选择媒介时应将信息内容的特点和各种传播媒介的优缺点结合起来综合考虑。广播覆盖面广、传播速度快但持久性差；电视传播生动逼真，但时空限制性强。

4）经费预算

公共关系工作或公共关系活动都需要一定的经费支持。在经费预算中既要考虑公共关系工作或公共关系活动本身对经费的客观需要，又要考虑组织的经费承受能力。要按工作或活动的轻重缓急统筹兼顾，调配好经费的使正。

经费预算一般包括行政开支和项目开支两部分。行政开支主要有工资、福利、奖金及各种补贴、房屋租金、水电费、保险费、电话费、维修费等；项目开支是该项活动单列的支出，如调研费、咨询费、招待费等。

公共关系经费预算是一件复杂的工作。在进行预算时，应本着勤俭节约、精打细算的原则，力求少花钱，多办事。制定预算应有详细的费用清单，要确保每一项开支的必要性、准确性和可测性。

5）审定方案

公共关系策划者在完成上述步骤后，初步的策划书已经形成，为了确保计划的可行性、可控性和高效性，对策划书的审定是一个不可缺少的步骤。参加审定的人员一般包括：组织高层领导、公共关系专家、项目负责人及具体工作人员。审定的内容主要有：对目标、主题及活动开展的各要素如资金、人力、时间、传播计划等进行论证分析；对公共效益和社会效益综合评价；对潜在风险的综合评价；根据既定的目标，从各种可供选择的行动方案中进行择优实施。

3. 撰写策划书

公共关系计划在经过充分论证后，最终是以策划书的形式表现出来的，是条理化、系统化的书面材料。

一份完整的公共关系策划书包括以下10个方面的内容。

（1）封面

封面应注明策划的形式与名称、策划主体（公司或部门）、策划日期、文件编号。此外，还可以加上简短新颖的文字说明。

（2）序文

扼要说明策划背景，概括提炼策划书要点，篇幅不超过400字。

（3）目录

对内容提纲挈领，体现策划精髓，给人以一目了然之感。

（4）宗旨

宗旨是策划的大纲，应将策划的重要性、活动目标、社会意义、操作实施的可能性体现出来，展现策划合理性和重要性。

（5）内容

内容是策划书的主体和最重要的组成部分，说明策划书的具体内容，切忌冗长，要求一目了然，层次分明，逻辑性强。

（6）预算

预算是按照策划的目标进行的，是经费支出的明晰化。

（7）策划进程表

策划进程表是把策划活动的全部过程拟成时间表，标明各时间段的具体内容。

（8）相关人员目标责任分配表

相关人员目标责任分配表是根据目标管理原则，明确各项目标、各项任务由何人负责和所有相关人的责、权、利等。

（9）策划所需的物品和活动产地安排

对活动所需的各种物品和产地事先周密安排，并逐项落实。

（10）策划相关的资料

策划相关的资料，一般包括有关的背景资料、前期调查结果、类似项目及竞争对手情况。

案例阅读 6-1

世界杯营销"玩心跳" 蒙牛携手梅西出线

每四年一次的世界杯，对各大品牌来说无疑是一次大显身手的时刻，但是对公关人员来说则是每四年一次的大考。在2018年俄罗斯世界杯中，蒙牛成功携手梅西成为本次世界杯除了比赛之外公众关注的又一亮点。

1. 广告宣传——"哪有天生强大，只有天生要强"

回顾梅西职业生涯，5岁开始踢球，11岁查出患病，13岁征服巴萨，18岁拿下金球和金靴双项大奖……梅西靠着难以想象的训练和意志，才成长为我们今天所看到的足球偶像。

蒙牛签约梅西的初衷，除了看重球星本身能够为品牌带来巨大的流量外，主要看重了其与蒙牛"自然力量，天生要强"品牌精神高度契合。竞技场上输赢总有时，而天生要强的信念，才能带领企业或者个人克服困难、不断创造辉煌。此次梅西带领球队在悬崖边重生，也很好地印证了蒙牛的"眼光"。

虽然梅西率领的阿根廷队在赛场上一波三折，期望与结果之间的极致反差也让蒙牛的品牌热度噌噌地往上涨，截至目前，蒙牛在微博发起的#自然力量，天生要强#的话题阅读量已经突破25.4亿，评论量更是高达521万。蒙牛也尝试了一次最"玩心跳"的营销。

在这当中，蒙牛的广告片虽然遭到恶搞，但却阴差阳错地让所有人记住了蒙牛、梅西与世界杯三者间的关系，意外地在众多世界杯营销的品牌当中脱颖而出。

在本届世界杯，代表中国队出击的企业品牌方可谓"出线"强队，成为国际足联赞助商方阵中举足轻重的力量。英国《卫报》的一篇文章说，来俄罗斯看世界杯的球迷们会喝中国奶制品、看中国电视机和用中国手机，还会骑上中国电动滑板车。

英语是国际通用语言，大多数企业设计广告主视觉时都会特意展示英文Logo及广告语，以迎合更多的国际球迷。蒙牛却反其道而行之，在广告投放时采用了全中文的品牌名称+广告语的视觉设计，于是，观看世界杯的球迷可以看到，在一串被英文"包围"的广告展示位上，由中国汉字显示的广告语"自然力量，天生要强"赫然出现在世界杯赛场边，显得格外"出众"。

在世界杯现场，蒙牛执意用中文展示"自然力量，天生要强"，这既是蒙牛的品牌主张，更是在向8万名现场球迷和全球的200余个国家和地区观众彰显中国这个东方大国的要强力量。

"哪有天生强大，只有天生要强"也道出了蒙牛乳业的发展历程，从内蒙古的草原到世界的舞台，蒙牛的强大并不与生俱来，而是蒙牛人坚持"天生要强"的信念一路走来。

2. 借力小程序，强互动引爆销售转化

此次促销活动以小程序为中心媒介，连接微信红包卡券、微信运动、微信社交分享，为消费者提供丰富流畅的用户体验，一方面加深蒙牛品牌与世界杯的强关联，另一方面帮助品牌快速完成销售转化、用户引流。

（1）红包卡券、竞猜活动带货，强互动直达核销场景

从今年3月15日开始，当你买了印有#玩转FIFA世界杯 扫码红包100%#标志的蒙牛系列产品后，扫描产品上方二维码，便能够进入蒙牛FIFA世界杯小程序，100%领取高至666.66元现金红包，引发用户广泛参与。

从3月15日至6月13日，除红包激励之外，扫码还将获得定制版虚拟牛卡。以世界杯比赛为背景，品牌推出"前锋卡""后卫卡"等7种真牛卡。集齐真牛卡即可参与一次真牛卡奖池抽奖，获取蒙牛优惠券等奖励，而集齐真牛卡和一张超牛卡还可参与超牛卡奖池的抽奖，赢取世界杯观赛双人游及世界杯门票的大奖，成为再次引爆扫码热情的途径。

自6月14日零点起，蒙牛小程序又带来刺激的世界杯竞猜活动。消费者通过购买蒙牛

活动产品，扫码获得竞猜卡，参与世界杯比赛竞猜投注，将有机会赢取积分奖励，每阶段总积分在一定以上，即可平分百万现金红包。

同期还推出 DIY 独特喝彩照片等活动，让用户为心中的球队加油打气。活动一方面与消费者一起玩转世界杯，增强了"蒙牛×世界杯"的品牌记忆，竞猜人气不断飙升的同时，品牌好感度也急剧上升！另一方面，通过参与购买活动产品才能获取竞猜机会，从而赢现金红包的活动机制，激发了用户购买产品的高度热情，为品牌实力带货！

丰厚的现金、抽奖奖励和简易的操作机制吸引着消费者参与其中。活动上线两个月扫码破亿。其中，集卡抽奖的互动形式拥有超强的"带货"属性，刺激着消费者二次购买，人均购买次数达到 3 次。同时，小程序开放多接口，使得消费者还能够通过本次促销活动，关注企业公众号；还可跳转到官方线上旗舰店，直接购买。

（2）微信步数调取，促销场景丰富化

在过去 3 个月的集卡活动中，除了扫码获取牛卡，消费者还能通过微信运动来获得牛卡。每走 10 000 步可兑换一张牛卡，每个用户每天最多可兑换牛卡一张。微信运动步数换卡机制让用户不再只是一条窝在沙发上看比赛的咸鱼，激励用户跟着世界杯的足球小将一起动起来！乳制品所主打的"健康"形象与微信运动天然契合，品牌通过激励消费者多运动，使得蒙牛"健康"形象更加深入人心。

（3）好友赠卡、游戏 PK，社交裂变扩大影响力

在先前的蒙牛小程序活动中，基于微信的社交属性，蒙牛借助小程序易分享和二次传播的优势，让消费者以向好友索取、转赠的方式搜集牛卡。同时，用户可以参与小程序内嵌游戏，邀请好友一起 PK，兑换品牌电商优惠券。借助小程序的分享机制，通过"呼朋唤友"，引发社交裂变，扩大促销传播范围。

3. 微博话题互动

蒙牛在微博发起的#自然力量，天生要强#的话题阅读量已经突破 25.4 亿，评论量更是高达 521 万。

4. 线下活动——"踢球吧！少年强"

蒙牛通过助力"踢球吧！少年强"，从各地足协、足球俱乐部、学校、公益组织、民间组织中选拔 88 位足球小将，向世界展示中国足球少年的风采。

2018 年 6 月 14 日开幕式到整个世界杯期间，88 名从蒙牛"踢球吧！少年强"活动中走出的中国足球少年将在 8 场正式比赛的开场哨吹响之前登上赛场，向全世界展示了中国青少年足球的风采。少年强则中国强。中国少年足球队不仅让世界看到了中国足球未来的新希望，也将蒙牛的影响力带到全球。

5. 公益活动——中国文化的传播

蒙牛的诸多努力让中国字成功火到了世界杯的赛场，对于蒙牛的这一"反常"表现，蒙牛集团副总裁高飞解释道："将品牌推广升级为对中国文化的推广是蒙牛世界杯创新营销打法的重要组成部分。作为迄今为止连续使用时间最长的文字，中国字承载了上下五千年的中国文化，蒙牛结合世界杯场景及自身品牌提炼出中文关键字，借助世界杯营销的契机进行传播，不仅实现了品牌露出，还能向全球展示中国字的魅力，这对于扩大中国字的国际认同、持续扩大中国文化在全球的影响力具有重要的意义。"

"我们不仅要输出产品，更要输出中国精神，输出中国自信。"蒙牛总裁卢敏放表示，"世界杯是一个全球化的舞台，作为乳品行业的领军企业，蒙牛在进行世界杯营销时，不仅要考虑到自身品牌的曝光，还要考虑到与公益的结合，利用世界杯的影响力践行企业社会责任。"

综上所述，从世界杯赛场内外，从线上到线下，从国际到国内，在"世界赛场"的舞台上，蒙牛不仅让世界看到了中国品牌的民族自信，也让国人感受到，作为中国乳业的领军企业，蒙牛正带领着中国品牌、中国文化、中国足球的未来，在世界舞台，到一个新的高度。

资料来源：根据网络资料整理。

6.3 公共关系实施

公共关系的实施是将公共关系计划所规定的目标和内容变为现实的过程，是整个公共关系工作程序中最为关键的环节。

6.3.1 公共关系实施的意义

公共关系工作者必须充分认识到公共关系的实施具有重要意义，公共公共关系的实施是一项创造性的工作，实施比策划更重要。公共关系实施的意义体现在以下几个方面。

1. 公共策划的实施是实现组织公共目标的关键环节

公共关系工作或公共关系专项活动的策划过程是根据组织的发展战略和组织的公共关系目标，对当前组织的公共关系状态进行分析，而后提出问题和制定解决问题方案的过程。组织的公共关系目标若不能实现，再完美的公共关系策划也没有意义。只有将策划付诸行动，才能实现组织公共关系目标。

2. 公共关系的实施程度决定了公共关系目标的实现程度

好的公共关系策划方案可能被无效的实施所抵消，而一个不十分完善的公共关系策划方案可能被有效地实施而达到预期目标。虽然在公共关系策划中，策划者都尽可能地完美策划方案，但是与实际需求完全一致是不可能的，因为实施公关策划的环境动态是不断变化的。因此，公共关系的实施不是"照葫芦画瓢"，而是一项富有创意性的工作。

3. 公共关系的实施可以检验策划工作的水平

公共关系策划方案只有通过实施，才能检验公关策划的科学性、针对性、策划方法和技巧的创意性。

6.3.2 公共关系实施的原则

为了确保公共关系实施方案的高效性，公共关系实施应遵循以下原则。

1. 目标导向原则

所谓目标导向原则，是指在公共关系计划实施过程中，保证公共关系活动不偏离公共关系计划目标。执行目标导向原则实际上是加强控制的一种手段。在公共关系实施方案过程中，为了使目标导向原则得到正确运用，人们常常采用线性排列法和多线性排列法，将所有公共关系行动和措施按先后顺序有机排列组合起来，然后再加以实施。线性排列法是按公共关系行动、措施的内在联系为先后顺序逐一排列出来，逐步地向目标迈进；多线性排列法是将几个行动同时展开，共同向成功迈进的方法。

2. 整体协调原则

所谓整体协调原则，就是在计划实施过程中，使工作所涉及的方方面面达到和谐统一的状态。协调强调实施过程中的各个环节之间、部门之间及实施主体与公众之间的相互配合，减少分歧和矛盾，保障计划的顺利进行，保证各参与部门在规定的时间内完成本部门所承担的工作职责。

在实际工作中最常见的协调有两类：纵向协调和横向协调。纵向协调是上下级之间的协调，横向协调是同层次之间协调。无论是纵向协调还是横向协调均要依赖信息沟通，沟通过程中传递信息应具有明晰性、一致性、正确性和完整性。

3. 反馈调整原则

反馈来源于控制论的一个概论，对公共关系实施有一定的指导作用。反馈就是将产生的结果再输回来，并对信息输出发生影响的过程。通常将反馈信息运用于公共关系实施调整，因而又称为反馈调整。

6.3.3 影响公关实施的主要因素

影响公共关系计划实施的因素很多。既有方案本身的问题，也有在实施中发生的问题，这样实施过程就不会一帆风顺。因此，在实施之前或实施之中，都要随时对实施中可能出现的问题进行分析，这样才能有利于达到预期的目的。

1. 目标障碍

公关目标拟定得不正确或者不具体而给公共关系实施带来障碍。如某食品厂在一次公共关系活动中，将公共关系活动的目标确定为"较大幅度地提升企业品牌的知名度和美誉度"，由于"较大幅度"这一目标不够具体，过于笼统，缺乏必要的量化标准，给实施操作带来诸多不便和困难。

为了保证公共关系策划工作的有效实施，在公共关系策划工作实施之前，有必要从 5 个方面检查公关目标：一是目标切合性；二是目标可衡量性；三是目标可控性；四是目标与组织期望一致性；五是目标完成期限性。

2. 组织障碍

组织障碍是由于组织的结构设置不合理而导致组织的内外信息不能有效地传递。主要有以下几个方面的表现：组织层次过多，造成信息传递速度慢且容易失真；条块分割，造成信息通道的断裂，使信息传递受阻；沟通渠道单一，造成信息量不足或传递渠道狭窄而无法做到信用充分传播和沟通而形成障碍。

解决组织障碍的方法是健全组织机构,合理配置中间环节,提高人员素质,强化团队合作精神,保障信息渠道畅通,构建高效信息传递机制。

3. 沟通障碍

公共关系策划的实施过程事实上是一个传播和沟通的过程。传播和沟通不畅都会影响公共关系的实施效果。因此,要研究传播和沟通中的障碍并设法排除它,这是保证公共关系活动顺利开展的重要内容。沟通障碍主要包括语言、心理、观念障碍和风俗习惯的障碍。

(1) 语言、心理、观念障碍

语言是人类交流思想的工具,也是公共关系传播的工具,如演讲、记者招待会,都是通过语言传播的方式来表达传播者及其所代表的组织思想、理念,以寻求传播对象的理解和支持。但语言的运用又是一个异常复杂的问题。常言道"话不投机半句多",说明语言交流要考虑对象、时机和场合,只有对象、时机、场合恰当,语言交流才能达到预期的效果,实现预期目标。

(2) 风俗习惯的障碍

风俗习惯是指在一定的民族、文化、宗教、信仰等历史背景下形成的具有固定特点的调整人际关系的社会因素,如道德习俗、礼节、审美观等。风俗习惯是世代相传的一种习俗。不仅不同国家、不同民族的风俗习惯不同,有时同一国家、同一民族也会因距离的远近不同而习俗不同。在经济全球化的趋势下,组织的公共关系范围不断扩大,跨国界的公共关系活动已经成为组织公共关系工作的重要组成部分。因此,了解目标公众的风俗习惯,克服由此产生的障碍就十分必要了。中国有句古话"入境而问禁,入国而问俗,入门而问讳"是值得我们借鉴的。

此外,组织还会受到意外事件的障碍。组织内外出现意外事件是在所难免的,这些事件极有可能对组织产生负面影响,有时甚至会危及组织的生存。当意外事件不幸降临时,必须保持清醒的头脑,在公共关系实施中注意选择时机,客观陈述事实真相,并派专人联络媒介公众,确保对外宣传渠道畅通。

6.3.4 公共关系实施的方式

公共关系实施的方式根据不同的角度可以划分为两种分类方法,第一种根据组织自身发展的不同状态确定的公共关系实施方式是战略型公关模式,第二种根据公共关系的功能和针对的对象确定的是战术型公关模式。

1. 战略型公关模式

任何社会组织从建立到稳定再到扩张,在每个阶段都需要实行不同的公关模式来塑造组织的形象或加强公众对组织的认知。根据组织自身发展的不同状态来确定的公共关系实施方式被称作战略型公关模式。

(1) 建设型公关

建设型公关适合于组织初创时期,是为了塑造良好的"第一印象",提高组织在社会公众中的知名度和美誉度，社会组织会精心策划公关活动的一种公关模式。此类公关的主要形式有广告宣传、开业庆典等活动，目的是要引起公众注意，提高公众对此品牌的记忆力和关注度。

（2）维系型公关

维系型公关适合于组织发展稳定时期，这一时期组织需要不断地维系与公众之间的关系，巩固公众对组织的良好认知及态度。

（3）防御型公关

防御型公关主要是组织在监测外部环境时，预测到此事件可能会危及组织的生存和发展而展开的公关活动，目的是防御外部环境对组织的危害，保持组织良好的形象。

（4）矫正型公关

矫正型公关又被称作危机公关，是当组织的利益或形象遭到损害时，社会组织通过新闻发布会、公告等实际行动来挽回公众对组织的态度的一种公关活动。任何社会组织都不可避免要遇到危机，在危机来临时的公关活动才是考验组织的真正时刻。若处理得当，遵循危机公关"5S原则"就有可能转危为机；若一味掩盖真相，就会陷入万劫不复的境地。

（5）进攻型公关

进攻型公关主要是指组织在与外部环境发生激烈冲突时，为了摆脱被动局面开拓新局面而采取的主动进攻型公关模式。

案例阅读 6-2

农夫山泉的公关活动

农夫山泉股份有限公司原名浙江千岛湖养生堂饮用水有限公司，成立于1996年9月，2001年6月改制成为股份有限公司。

1. 产品差异，营销利剑

在娃哈哈和乐百氏面前，刚刚问世的农夫山泉显得势单力薄，而且农夫山泉只从千岛湖取水，运输成本高昂。因此，农夫山泉要想异军突起，必须走差异化营销之路。一番酝酿之后，"农夫山泉有点甜"的广告策划出笼，随着"课堂"广告从4月中旬开始在中央电视台播放，"农夫山泉有点甜"的声音飞越千山万水。

在1999年4月24日，农夫山泉做出了一个"惊人"之举，宣布全面停产纯净水，只出品天然水。原因是科学实验表明，纯净水对健康无益，而含有矿物质和微量元素的天然水对生命成长有明显促进作用，并播放在天然水和纯净水中种水仙后得到不同结果的广告。农夫山泉的这一决定可谓掀起水市狂澜，立即激起了全国生产纯净水厂家的公愤，一时间，农夫山泉四面楚歌，疲于应付。

2. 搭乘体育营销快车

农夫山泉结合中央电视台世界杯赛事节目的安排投放自己的广告，并在体育频道高频率播出，许多足球迷和体育爱好者对农夫山泉留下了深刻的印象。农夫山泉还出巨资赞助世界杯足球赛中央电视台五套演播室，使品牌得以更好地宣传。结果，仅1个月的时间，农夫山泉就成为一个家喻户晓的饮用水品牌，市场占有率从原来的第十几位跃到第3位，被誉为饮用水行业中杀出的一匹"黑马"。

1999年春夏之交，中国乒协和中国国家乒乓球队实地考察了农夫山泉的水源和生产基地，选择了农夫山泉为乒乓球"梦之队"的合作伙伴。当时正好是第45届世乒赛在荷兰举行，农夫山泉随着中国乒乓球队的完美表现再一次让人们留下了深刻的印象，提高了知名度，树立了优质饮用水的美好形象。

自1999年起，农夫山泉连续4年成为中国乒乓球队的主要赞助商。农夫山泉还全力支持中国奥运代表团出征悉尼奥运会，凭借"天然、健康、安全"的优秀品质成为2000年悉尼奥运会中国代表团训练、比赛专用水。

3. 舞动公益公关大旗

2001年农夫山泉股份有限公司与北京奥申委联合主办了"一分钱一个心愿，一分钱一份力量"活动。公司从2001年1月1日至7月31日销售的每一瓶农夫山泉中提取一分钱代表消费者支持北京申奥事业，并请孔令辉、刘璇担任申奥的形象大使。到截止日，农夫山泉的销售量达4亿瓶。

2002年3月28日，农夫山泉在北京召开新闻发布会，启动"阳光工程"，继续推出"买一瓶水，捐一分钱"活动，以支持贫困地区的体育教育事业。从4月1日到12月31日，每销售一瓶农夫山泉饮用天然水（550 ml装），公司就代表消费者捐出一分钱用于阳光工程，然后汇集所有的钱统一购置基础体育器材捐赠给贫困地区的中、小学。从4月至9月，农夫山泉通过预提销售利润向24个省39个市、县的397所学校捐赠了价值501万元的体育器材。

4. 发布纪实广告片与"5秒可跳过"的暖心设计

从2014年起，发布第一支长达3分钟的广告片《一个你从来不知道的故事》以来，随后的《每一滴水都有它的源头》《水源到产品——你不知道的农夫山泉》等几支广告片，农夫山泉都将拍摄的目光放在了对自家水源地、技术工艺的细致入微的介绍上。

2016年在农夫山泉20周年的时候，它陆续发布了4支专门为周年拍摄的系列广告片：《一百二十里》，武陵山水源地的水质检测员——肖帅的故事；《最后一公里》，西藏业务代表——尼玛多吉的故事；《一个人的岛》，千岛湖取水口的守护员——徐忠文的故事；《一天的假期》，长白山工厂厂长——饶明红的故事。在这次的周年系列广告，农夫山泉在介绍水源地的基础上，把员工这一品牌最好的代言人与其结合在一起，一箭双雕，既感激了员工的坚守付出，又低调地把自家产品从水源地到取水过程，再到最后的配送都夸了一遍，并配合每支片子最后都会出现的一句"每一个员工的坚守，成就了农夫山泉20年的品质"，在20周年作为系列片推出不失为一次聪明的营销宣传。

在其他竞争对手还停留在用华丽广告词宣传产品特点的时候，农夫山泉靠着纪实风格拍摄手法及"5秒可跳过"的人性化观看功能这些反其道而行之的举动，如一股清流将自己与其他众多饮用水广告区别开来。

资料来源：https://wenku.baidu.com/view/26f35cf876a20029bd642d99.html？from=search
https://socialbeta.com/t/99626.

2. 战术型公关模式

社会组织在选择公关活动时会根据公共关系的功能和针对的对象来确定公关模式，这种分类方式被称作战术型公关模式。

（1）宣传型公关

宣传型公共主要是运用各种传播媒介等宣传性手段，迅速传递组织的信息，让各类公众充分了解组织，进而形成有利于组织的社会舆论，使组织获得更多的支持者与合作者，达到促进组织发展的目的。

具体形式：发新闻稿，拍广告，印刷发行公关刊物和各种视听材料，举办演讲、展览、技术交流会和新闻发布会等。

特点：传播范围广，迅速及时。

蒙牛作为中国一家比较大型的乳制品企业，不断通过广告来曝光自己的新产品。从"酸酸甜甜就是我""不是所有牛奶，都叫特仑苏""蒙牛真果粒，每粒有新意"，到现如今"我不是天生强大，而是天生要强"，每一句广告词都朗朗上口、深入人心，完整且完美地把新产品、新理念传递给公众。

（2）交际型公关

交际型公关是以人际交往为主，运用各种交际方法和沟通艺术，为组织广结良缘，协调关系，创造平等和谐的气氛，建立广泛的社会关系网络，形成有利于组织发展的人际环境。

具体形式：各种各样的招待会、座谈会、舞会、宴会、参观游览、接待和专访，以及邮寄节日卡、贺年卡等。

特点：直接沟通，形式灵活，信息反馈快，富于人情味。

有一个人乘坐北方航空公司的飞机去长沙出差。飞机降落之后，他提着随身带的一捆资料，走到了机舱门口。空中小姐在向他微笑道别的同时，递给了他两块小方布，说："先生，请用小方布裹着绳子，不要勒坏了您的手。"人非草木，孰能无情！这位先生备受感动，从此每次出差或带家人出门，总是首选北航。一句话和两块小方布，换来了一生的光顾，真是划算。

（3）服务型公关

服务型公关是一种以提供优质服务为主要手段的公关活动形式，其目的是通过实际行动来加深公众对组织的了解，建立自己的良好形象。

具体形式：售前咨询、售后服务、顾问服务、免费送货等。

特点：以行动为最有利的语言，实在实惠，最容易被公众所接受，特别有利于提高组织的美誉度。

海尔为了让客户享受到更好的服务，不断提高自己的售后服务。1994 年的无搬动服务；1995 年三免服务；1996 年先设计后安装服务；1997 年的五个一服务；1998 年的星级服务一条龙，其核心内容是从产品的设计、制造到购买，从上门设计到上门安装，从产品使用到回访服务，不断满足用户新的要求，并通过具体措施使开发、制造、售前、售中、售后、回访 6 个环节的服务制度化、规范化；1999 年海尔专业服务网络通过 ISO 9000 国际质量体系认证；2000 年星级服务进驻社区；2001 年海尔空调的无尘安装；2003 年海尔推出了全程管家 365。

（4）社会型公关

社会型公关以组织的名义发起或参与社会性、公益性、赞助性的活动，在其中充当主角或热心参与者，其目的是扩大组织的社会影响，提高组织的社会声誉，塑造良好的社会形象。

具体形式：本组织的开业庆典活动、周年纪念活动、赞助社会福利事业、赞助公共服务设施建设、举办各种竞赛活动等。

特点：社会参与面广，与公众接触面大，社会影响力强，形象投资费用高，能较有效地提高组织的知名度和美誉度。

案例阅读6-3

加多宝的公益公共之路

加多宝集团在公益之路上，积极参与各类公益活动，获得社会的普遍认可，荣摘"首家全民公益示范企业""中华慈善奖""2008中国民生行动先锋"等诸多公益奖项。

2001年，加多宝出资5.3万元帮助13名温州贫困高考生圆梦大学，自此一直坚持投资教育事业。截止到2016年，加多宝累计资助了全国15 275名学子。

2008年，加多宝向汶川地震受灾同胞捐赠人民币1亿元。

2009年，加多宝资助了25个阳光操场的建设，改善了25所小学操场状况，直接受益者10 000余人。

2009年起，加多宝资助1 000名孤儿，项目覆盖9省10县，持续3年资助，每位孤儿每年获得1 500~2 000元资助。

2009年4月，加多宝成立"加多宝扶贫基金"，并启动加多宝扶贫基金月捐计划，组建加多宝欢乐大家庭。

2009年，加多宝与中央电视台合作，宣传公益理念，影响带动了11 078名社会公众通过发送手机短信参与捐赠，其中5 523人创建了个人爱心基金。

2010年，加多宝向玉树地震灾区捐款人民币1.1亿元，其中部分善款用于玉树地震灾区建设蔬菜大棚、市场项目、德达村奶业基地、甘达村运输队、玉树宣传等项目，支持玉树地区的可持续发展。

2010年，加多宝捐赠人民币2 000万元用于舟曲泥石流受灾地区重建，并用于灾难应对研究。

2011年4月，加多宝向清华大学教育基金会捐赠1 350万元，用于支持清华教育事业的发展。

2011年10月，加多宝援助200万元人民币，加入"筑巢行动"，帮助贫困、偏远地区学校搭建宿舍楼，推动农村寄宿制学校的有力发展。

2013年4月，四川芦山发生7.0级地震，加多宝在震后第一时间为灾区紧急运送3 000箱加多宝凉茶和1 000箱昆仑山矿泉水，并随后通过中国扶贫基金会向地震灾区捐助善款1亿元，用于灾后重建。

加多宝的持续社会公关，实现了品牌价值持续提升。

资料来源：根据网络资料整理。

(5) 征询型公关

征询型公关运用收集信息、社会调查、民意测验、舆论分析等信息反馈手段，了解社会舆论与民情民意，把握时势动态，监测组织环境，为公众服务，为组织经营管理决策提供参谋咨询，使组织的行为尽可能地与国家的总体利益、市场的发展趋势及民情民意一致起来。

具体形式：开办各种咨询业务、建立信访制度和合理化建议制度、组织社会调查、设立热线电话、分析新闻通讯、开展预测工作、举办信息交流会等。

特点：以输入信息为主，具有较强的研究性和参谋性，是双向沟通中不可缺少的重要方式。

著名的美国通用汽车公司雪佛莱部的车主关系部专门建立了特别用户名册，它任意抽选雪佛莱车用户共 1 200 名，聘为用户顾问，分客车和卡车两部分，公司以定期函件联系，征询他们对雪佛莱的产品及服务的意见，并将这些意见提供给公司的业务部门，作为改进与车主关系的指导。

6.3.5 公共关系实施的过程

公共关系实施是一个完整的过程，它包括以下内容：首先是实施的准备阶段，包括设计准备方案，制订对公共关系的行动、沟通计划，确定实施的措施与程序、实施机构、训练人员，并向训练人员介绍计划内容和实施条件；其次是实施的执行阶段，按照设计好的实施计划，落实各项程序，如果在执行计划的过程中由于外部环境的变化或内部条件发生的变化导致实施进程不顺利，需要及时对策划方案进行调整、修改，保障计划实施的顺利进展；最后是实施结束阶段，为下一步的效果评估做好相应的准备。如果说公共关系计划的制订是策划过程，那么计划的实施则是行动过程，行动过程比计划过程更重要。

案例阅读 6-4

"青春不止北上广"话题事件营销

项目概述

依托新媒体平台全力打造"青春不止北上广"话题，引导网友形成 UGC 圈地。为了更好引导出"青春不止北上广"这样一个极具社会议题的话题，巧妙地以一封信作为与受众嫁接情感的输出方式。而为了引发更多在小城市或大城市打拼的青年的共鸣，主人公人设为自主创业者。后期传播上透过网易核心媒体深挖，有效将话题与驭胜 S330 产品做了强关联。将品牌产品有效贴合及露出，强化品牌产品"青春梦想座驾"的传输理念。

项目背景

基于"逃离北上广"话题在网络上被热议的背景，驭胜给出一个更具热点 IP 特性的营销命题"青春不止北上广"。无论在北上广追梦,还是在小城市打拼,每段青春都值得被歌颂。驭胜 S330 以严苛造车工艺及"年轻化"的设计理念,捕获年轻受众的心,在致力于为消费者提供高质、有活力的可靠产品的同时,亦主张"我就这 Young"的青春品牌价值观,与此次"青春不止北上广"命题不谋而合。

项目调研

如何激活网友主动参与到"青春不止北上广"内容讨论中,成为本次项目核心首要解决的问题。基于该话题属性自带流量、易产生共鸣感的特点,驭胜将传播的首要阵地放在新媒体渠道。同时与网易新闻合作,深度探索相关命题。

本项目前期阶段以"第三方"口吻抛出话题,透过网易及其他核心媒体平台将内容话题与品牌产品驭胜 S330 有效捆绑。在话题发酵成功之际,官方继而借势为驭胜 S330 "青春梦想座驾"定位做内容背书。

项目策划

1. 目标

打造强化内容的独特性、趣味性和互动性,集中资源打透权威媒体和核心意见领袖,实现行业占高位、品牌立形象、产品强实力、用户深共鸣的传播目标。

(1) 行业目标:将"青春不止北上广"话题有效发酵,达成网络标杆热议话题,借由话题声量与性质,将流量引至产品端,从而提升驭胜的行业美誉度。

(2) 品牌目标:依托驭胜"青春不止北上广"典型车主,为驭胜品牌赋予更深刻的可靠、年轻化印记,捕获年轻受众的情感共鸣。

(3) 产品目标:通过话题事件策划,体现驭胜 S330 产品目标。

(4) 消费者目标:通过与网易跨界深度合作,深挖话题的多面性,触达更广泛的受众群,在"年轻"的产品定位上,增加更多人性化产品形象认知。

(5) 社会目标:传递青春正能量,驭胜 S330 亦将是奋斗路上的伙伴,充分彰显驭胜 S330 可靠、务实的核心产品价值观。

2. 传播策略

(1) 以"写给上铺兄弟的一封信"作为传播基点,从信中身在小城市打拼的创业青年与身在北上广追梦挚友的真挚故事,传递出"青春不止北上广"的营销主题。以微博作为核心传播主阵地,强势冲击话题榜单。

(2) 网易新闻作为核心合作媒体,深度挖掘"青春不止北上广"话题的故事主人公(写信青年)背后的故事,讲述驭胜 S330 车主在小城市创业故事。驭胜 S330 联合网易在武汉、广州打造涂鸦墙,通过自带流量的媒体属性,引导网友关注。

(3) 官方以借势"青春不止北上广"的口吻传递"小城亦有大梦想"及驭胜 S330 为青春梦想座驾的理念。

项目执行

1. 微博发起"写给上铺兄弟的一封信"活动

来自小城景德镇的主人公,写给在北京打拼的自己的上铺兄弟一封信,讲述自己从大城市回到小城,经营着自己的陶瓷事业,内心依旧充实,他对自己的上铺兄弟说,如果在大城市累了,就来我这里坐坐。

2. 小城来信——核心媒体新闻报道

7月，又是一年毕业季，选择北上广还是回故乡？这是一个老旧又现实的问题。一封写给北漂兄弟的信《睡在我上铺的兄弟，你在帝都还好吗》，引起了网络热议，这封信可能给正面临选择烦恼的毕业生一些启发。大城市、小城市之间的比较与取舍并没有选择的高低，只是价值观的不同。其实，无论是选择大城市还是选择小城市，只要拼搏过，奋斗过，回想往事的时候不后悔，那就是一个好的选择。

3. 小城来信——评论文章观点引导

由一封《睡在我上铺的兄弟，你在帝都还好吗》的信在网络上引起了热议引发权威主流新闻媒体评论"青春不止北上广"话题并给出中性观点：无论是"青春就要北上广"还是"青春不止北上广"，都要主动去选择。追求更好的生活，而不是以一种逃离的姿态面对这些。

4. 小城来信——车主故事深挖

《睡在我上铺的兄弟，你在帝都还好吗》的作者董先生和他的"青春合伙人"安安在小城景德镇接受了专访，讲述了一段属于小城的追梦故事，用青春演绎着他们的专注与热爱。

董先生还是一位驭胜S330的车主，驭胜S330鼓励每一位怀揣梦想的活力青年车主投身活力小城去创造、去圆梦，去发现人生各自精彩，因为，青春不止北上广。

5. 青春不止北上广——涂鸦墙产品配合传播

结合产品创作相应标语，制作涂鸦墙。

项目评估

1. 广告主评价

企业对于本次"青春不止北上广"话题事件给予高度好评，活动诠释了驭胜品牌贴近年轻受众的心理诉求，同时充分展现了驭胜S330可靠、可依赖的"青春梦想座驾"形象。

2. 受众反馈与评价

话题在官方微信的曝光率十分亮眼，众多受众纷纷称赞本次活动，对驭胜品牌和产品更有信心。

3. 媒体反馈与评价

新闻、行业媒体对话题发酵到品牌产品引导的传播形式都给予了点赞，对驭胜S330"青春梦想座驾"的产品调性有了更加深刻的记忆点加持。

项目亮点

（1）微博建立#青春不止北上广#话题，同时驭胜官方微博发布相关微博，阅读量768.9万次，配合整体活动的传播，提升关注度。

（2）精选网易新闻"青春不止北上广"话题专题网友互动留言评论，设计3张青春宣言海报，在微信、微博平台传播，提升话题的关注度。海报下方有效露出专题区二维码，实现话题引流。

（3）精选"写给上铺兄弟的一封信"故事主人公工作时匠心照片，搭配走心的文案，表明小城奋斗匠心的态度，同时其中一张海报传递出驭胜S330同样用"匠心工艺"造车，为小城青年梦想保驾护航的品牌态度。整套海报起到话题助推的传播效果。

（4）制作青春宣言海报，结合"青春不止北上广"话题和小城逐梦的力量同时植入进驭胜S330车型信息，搭配青春宣言的文案，既能起到话题传播效果，又能对车型的传播起到很好的作用。

（5）通过大城市与小城市两种截然不同的生活方式的对比，传递出两种不同的奋斗人生，以新颖的刮刮乐互动设计，有效植入进此次"青春不止北上广"活动的主题和车型信息，同时也为后续品牌终端做了引导。

项目策划人表示，驭胜S330产品口号是"我就这Young"，口号明确锁定了年轻用户群体，但是怎么样让这一主张更加贴近年轻用户，更好与年轻群体互动，让品牌鲜活起来，是他们面临的课题。

在这个移动互联的时代，想要赢得大范围用户的互动和认可，需要有社会化的热点事件和话题引发年轻用户的共鸣，同时考虑到驭胜的主销区域多在二、三线市场，关于如何引发这些区域用户的共鸣，我们经过几轮的创意风暴，锁定"青春不止北上广"创意，主要结合时下逃离北上广、北上广房价高、大学生返乡创业等社会热点，引发人们反向思考：青春是不是一定要在北上广？小城是不是也可以成为梦想的天堂？同时在7月，这个大学生面临人生选择的特殊时间点，我们发起由一封小城的来信引发的"青春不止北上广"的讨论，引发在职的年轻人和马上面临就业的年轻人的关注和互动——其实"青春不止北上广"，小城也有追梦的力量。

资料来源：金旗奖编委会. 2017最具公众影响力公共关系案例集. 北京：中国财富出版社，2017.

6.4 公共关系评估

公共关系评估就是根据特定的标准，对公共关系策划、实施及效果进行对照、检查、评价和估计，以判断其优劣。在公共关系工作程序中，评估是最后一个环节，也是一个很重要的环节，它不仅可以考察组织当前公共关系工作状况，而且可以为组织下个阶段公共关系工作的开展提供参考性的依据。

6.4.1 公共关系评估的意义

1. 可以提高员工的工作能力和水平

一般来说，组织的公共关系工作或专题的公共关系活动在经历了深入的公共关系调查、公共关系策划、公共关系实施之后，成功的概率还是很高的，会产生积极的影响。比如，组织开展的是以提高自身形象为目的的公共关系活动，组织的知名度和美誉度都得到了空前的提高。把组织所获得的这些成就客观地向职工宣传，使职工了解到组织所拥有的良好的社会声誉及在社会中的地位，提高职工凝聚力和竞争力，使职工个体工作目标与企业总体目标保持一致，形成合力。

2. 可以使公共关系工作不断得到完善

公共关系效果评估工作，一方面是肯定成绩，以此来鼓舞全体职工；另一方面，也可以检查和发现公共关系工作中存在的不足。虽然组织的公共关系工作在主体上是成功的、值得肯定的，但是缺点和不足还会客观存在。为了有效开展后续公共关系工作，我们必须吸收公关活动的成绩，并在以后的工作中加以推广；对工作中存在的不足和缺点，在以后的工作中加以改进和完善。

3. 为组织决策层的其他决策提供依据

组织的决策，无不与组织的公共关系状态有关。以企业组织为例，企业决策层对企业的发展战略进行决策时，他们依据的是企业的内部环境与外部环境的实际状况。内部环境中主要有员工的状况、企业文化、组织管理、技术开发、产品竞争力等；外部环境主要有企业的知名度、美誉度和诚信度等。例如，我国著名企业青岛海尔集团，提出了企业的发展战略是"创出世界名牌，进入世界500强"，这个重大决策的基础就是青岛海尔集团经过多年发展已经形成了自己的独特的企业文化、完善的组织管理制度、一流的管理团队、良好职工素质和很高企业的声誉，为企业的产品开发和市场占有率的提高提供了基本保障，促进了企业持续健康发展，使海尔的品牌成为世界著名品牌成为现实。

6.4.2 公共关系效果评估的标准

公共关系效果评估是一种总结性的评估，是对公共关系活动成效的一次全面结论式的评估。建立正确的评估体系，是确保评估客观性和有效性的基础。而公共关系效果评估的标准的制定，又因组织的公共关系工作或专项的公共关系活动的目的、内容、方式、对象等不同而不同，必须区别对待。就一般性而言，公共关系评估标准主要有主观标准和客观标准。

1. 主观标准

主观标准，就是公共关系工作或公共关系专项活动的计划（或方案或策划书）中制定的目标。而目标是经过深入的公共关系调查，经过反复的推敲、筛选后形成的，它是公共关系活动的出发点和归宿点。例如，上海市为申办2010年世博会主办权而开展的公共关系活动，该活动的公关目标是"塑造上海国际大都市形象，展现上海魅力，最终夺取2010世博会主办权"。这项活动是否成功，就是根据预期的目标，即最终夺取2010世博会主办权进行判断。如果国际展览局成员国在2002年12月3日国际展览局举行的第132次大会上对2010年世博会主办国进行投票表决，中国没有获得2010年世博会的主办权的话，那么这次活动是不成功的，因为没有实现预期目标。

2. 客观标准

客观标准，就是以公共关系实践活动的社会效果为标准。用这一标准，既可以判断组织在公共关系工作或公共关系专项活动的计划（或方案或策划书）中制定的目标是否符合实际，又可以判断组织的公共关系活动是否对社会公众产生积极的影响，以及影响的程度如何，这是一种全面的公共关系效果评估。

6.4.3 公共关系评估程序

对公共关系成效的评估,一般应遵循以下程序。

(1) 调查研究

评估内容和方法虽然很多,但对某一公关活动而言,总有一种或若干种方法最有效。因此公共关系部门应根据评估的目的、标准及具体内容,选择最合适的调查研究方法。

(2) 统一评估标准

检验公共关系活动是否成功的最佳标准是目标本身,制定统一的评估标准,可以保证评估统一方向,为参与公共关系活动的部门指明工作方向,为客观评价公共关系活动提供衡量尺度。评估目标应当明晰化、具体化、层次化。

(3) 量化目标

为了使评估工作具有可操作性,使计划实施明确化和标准化,应当分解量化目标,制定评估和测量标准。例如,市场占有率达到5%,企业产值达到2 000万元等。

(4) 评估效果

经过调查和研究资料的汇总,在获得足够评估资料的基础上,对公共关系策划方案做出评估,最终形成评估结论。

(5) 制作评估报告

以适当的方式,将评估方案告知决策层,这是公关评估工作的必要程序。其作用体现在以下两个方面:一是保证企业管理层及时掌握情况,有利于进行全面协调;二是检验公关目标与企业总体目标的一致性。

公共关系总是以一定的社会环境为活动空间的,活动期间所发生的效用,有的是公关活动导致的,有的却是非公关的其他社会因素作用的结果。因此,科学的公关评估需尽量显示外部效应性,显示公共关系净价值。

6.4.4 公共关系评估方法

公共关系效果的评估是对整个公关活动过程的评估,要实施动态评估,通过评估,不断完善公共关系方案,保证公共关系方案实施的效果。

1. 民意测验法

民意测验法即选择一定数量的调查对象,用问卷、表格、访谈的方式,了解他们对相关问题的态度和看法,再加以统计分析,得出一定倾微向性结论。

2. 专家评估法

专家评估法是由一定数量的专家组成的评议小组,根据获得的有关资料,对公共关系活动效果进行评价。

3. 观察法

公共关系人员以当事人的身份亲自参加公共关系活动,通过对公共关系活动过程的观察，来评估公关活动效果。

4. 反馈统计法

针对公共关系数量指标，对有关数据进行统计，来描述公共关系绩效的一种方法。

6.4.5 公共关系评估的内容

公共关系评估的目的，是获得关于公共关系工作或公共关系专项活动过程、工作效率和公共关系效果的信息，并依此总结成功的经验、吸取失败的教训，为制定后续的公共关系工作计划提供依据。因此，公共关系效果评估的内容包括以下四个方面。

1. 公共关系调查过程评估的主要内容

在公共关系调查过程中需要评估的内容包括公共关系调查的设计是否合理，能否据此收集到有用的公共关系工作信息；公共关系调查方法的选择是否得当；公共关系调查工作的组织实施是否科学合理；公共关系调研的结论分析是否科学等。

2. 公共关系策划过程评估的主要内容

公共关系策划在整个公共关系工作中是非常重要的一个环节。在评估时要注意公共关系策划的目标是否正确；公共关系策划的目标是否可行、合理；公共关系战略构思是否科学；公共关系目标公众是否正确；公共关系媒介选择及媒介策略是否得当；公共关系经费预算是否合理。

3. 公共关系实施过程评估的主要内容

公共关系实施过程中需要评估的内容包括信息收集和信息传递方面能否满足公共活动效率要求；公共关系准备是否充分；公共关系实施方式是否新颖和有创意；实施过程安排是否合理、细致、周到、灵活、创新；信息制作水平如何；公共关系活动的效果是否显现。

4. 公共关系总体效果评估

公共关系总体效果评估需要考虑组织既定目标的实现程度；组织形象的提升程度；公众的观点、态度、行为是否认同组织发展战略和组织运行方式。

案例阅读 6-5

世界互联网大会·乌镇峰会成功举办

项目概要

世界互联网大会（World Internet Conference）由中国国家互联网信息办公室和浙江省人民政府联合主办，乌镇被确定为永久会址，每年举办一次。会议主要邀请国家和地区政要、国际组织的负责人、互联网企业领军人物、互联网名人、专家学者，涉及网络空间各个领域，体现多方参与。

第二届世界互联网大会于 2015 年 12 月 16 日至 18 日在浙江省嘉兴市桐乡市乌镇举办，

以"互联互通、共享共治,共建网络空间命运共同体"作为大会主题,在全球范围内邀请2 000位来自政府、国际组织、企业、科技社群和民间团体的互联网领军人物,围绕全球互联网治理、网络安全、互联网与可持续发展、互联网知识产权保护、技术创新等诸多议题进行探讨交流,展示了中国积极走向全球、参与世界互联网治理架构的姿态。

项目调研

世界互联网大会旨在搭建中国与世界互联互通的国际平台和国际互联网共享共治的中国平台,让各国在争议中求共识、在共识中谋合作、在合作中创共赢。

中青旅联科成功服务过2014年首届世界互联网大会·乌镇峰会,与之相较,第二届互联网大会规格更高、内容更多、形式更新、规模更广、难度更大。面临挑战,项目团队凭借多年运作大型国际会议的熟练经验和专业实力,既着眼于细节又宏观把控全局,以专业的能力、严谨的态度、创新的精神为互联网大会的现场活动管理运营保驾护航。

项目策划

1. 精准的方案策划

互联网大会的方案包括:会议议程、领导人动线、现场流程、AV技术、场地划分、人员分工等。筹备期间,参会人员不断变化,需求不断改变,策划人员需要逐个统计并调整,改写了100多版方案,确保项目团队根据最终的方案操作执行,保证现场所有人员的安排平稳有序。

2. 创新的大会形象设计

良好的形象设计是一个活动给人印象深刻的标志之一。作为世界互联网大会的活动管理伙伴,中青旅联科已经连续两年负责会议的主视觉设计和制作。此次会议中整体形象包装、会场环境设计、舞台设计、延展物料等,都将乌镇的江南元素与国际化元素相结合,尤其是会场入口处的大会主形象标识背板,更成为乌镇的地标性建筑,吸引了数以千计的游客纷至沓来。

与首届世界互联网大会相比,第二届会议主形象有了更多的创新,也更具内涵——以相互交织的"C"为元素,表达大会着力打造的"3C模式"(用户consumer、中国China、共识consensus)。"C"形交织主形象是一个由点、线、面构成的立体球,三种元素的过度最终形成互联网发展探寻之路。点,代表广大用户;线,体现连接的过程;面,表达共同体。通过点、线、面的变化形成的立体球,则代表着命运共同体及地球的概念,从而进一步印证了世界"互联互通、共享共治,构建网络空间命运共同体"的大会主题。

3. 国际标准化的运营保障

基于互联网大会国家级、国际性、综合型的规格定位,在确保会议运营安全无误的基础上,执行团队更注重会议流程的顺利流畅、设备系统的安全稳定、参会嘉宾的与会体验。通过图纸模拟和预搭建演练等管理运营上的创新和突破,实现更加高效、务实、稳健的会议管理。

规范的图纸设计是施工、工程竣工验收、日常检查维护的依据。针对不同的会议场地,通过大量考察,在逐杆丈量、逐线核对、逐个统计、逐项备案的基础上,逐一绘制了包括平面图、3D图、CAD图的近百张图纸,将各种设备材质和系统连接方式如实记载并准确反映在图纸上。

项目组前期制定了严密的工作计划,包括前期筹备、进场卸车规划、搭建施工进度、搭建人员分工与排班、会议期间人员分工排班、保障方案等，同时还着力进行了各项重点设备的实战演习。预搭建演练最大限度地进行了现场还原，测试了各系统功能的联通性和兼容性，预测了整体搭建时间，有力地规避了风险，排除了理论演练的盲点。

项目执行

项目团队涉及核心人员50余人，分为会议活动板块及会务接待板块，包括主会场组、分会场组、晚宴组、设计及物料组、技术设备组、语言组、交通接待组、注册组等共12个职能小组。经过竞标、策划，与中央网信办、浙江省政府、桐乡市政府联合办公，服务时间逾6个月，项目筹备、执行期内主要完成了以下工作。

（1）项目策划：会议整体方案策划、协助日程及场地的排期与统筹。

（2）活动管理：开幕式、闭幕式、晚宴及22场分论坛的现场布置、流程管理与统筹。

（3）会议形象设计：会议对外宣传、现场环境布置、物料等整体形象设计与包装，会议相关物料及礼品的设计与制作，完成共76项物品的设计，制作的成品重达4吨。

（4）技术保障：现场视频、音频、灯光、同传、直播、转播等设备与技术的集成与管理。

（5）语言服务：此次大会涉及中、英、俄、法、西班牙、阿拉伯等六种语言的交传及同传，共计译员41名、速记14名，除此以外，还有前期所有文字的笔译校对工作，共计近10万字，执行期协调管理所有同传、交传译员和速记的甄选、联络、统筹。

（6）嘉宾邀请、注册与接待：协助主办方进行嘉宾邀请及注册管理工作，为2 000多名中外嘉宾提供注册、接待等服务，统筹调度车辆共计560辆，在上海、杭州两地六个口岸，为所有嘉宾、陪同人员及媒体提供接机、送机等服务。

项目评估

第二届世界互联网大会举办了包括开幕式、闭幕式、分论坛、晚宴及新闻发布会等近30场活动，探讨包括网络文化传播、互联网创新发展、数字经济合作、互联网技术标准、互联网治理等22个议题，展示中外互联网发展前沿技术和最新成果，是中国举办的规模最大、层次最高的互联网大会，是互联网治理中国主张和中国态度的大阐释，是一次国际交往、全球合作的大盛会，是世界互联网互联互通、共享共治的大平台，也是一次浙江形象、中国魅力的大展示。

本届互联网大会知名度高、热点丰富、传播范围广，得到境内外媒体的高度关注与多角度主题报道，14个国家和地区的百余家媒体的700多名记者报名参加，包括美联社、法新社、俄罗斯塔斯社、日本读卖新闻、日本NHK电视台等20多家境外媒体记者，港澳台及人民日报、新华社等中央和部分省市媒体记者。

本 章 小 结

公共关系调查是社会调查的一种表现形式。它运用科学的方法，有步骤地考察社会组织的公共关系状态，收集必要的资料，进而分析各种因素及其相互关系，以达到掌握实际情况、解决面临问题为目的。公共关系调查的原则主要有全面系统原则、代表充分原则、客观公正原则、科学准确原则、尊重公众原则。公共关系调查的内容有组织自身公共关系状态调查、组织外部公共关系状态调查、组织所处的社会环境公共关系状态调查、组织的公共关系活动效果调查。公共关系调查的方法主要有调查法、访问调查法、问卷调查法和观察分析法。公共关系策划是在公共关系调查的基础上，对组织的公共关系工作或组织的专项公共关系活动进行谋划，是公共关系理论与实践的精华，是公共关系实务灵魂与核心。公共关系策划是一个动态的过程，由准备阶段、实际策划阶段和撰写策划书三阶段构成。公共关系的实施是将公共关系计划所规定的目标和内容变为现实的过程，是整个公共关系工作程序中最为关键的环节。公共关系效果评估就是根据特定的标准，对公共关系调查、策划、实施及效果进行对照、检查、评价和估计，以判断其优劣。

复习思考题

1. 公共关系调查的含义及其原则各是什么？
2. 简述公共关系调查的内容。
3. 简述公关实施的步骤。
4. 怎样进行公关效果评估？

案例实训

华帝 2018 年世界杯营销事件

华帝股份有限公司（股票代码 002035）成立于 2001 年 11 月 28 日，是我国厨卫行业中首家上市的厨电专业企业。目前，华帝产品群已覆盖灶具、热水器、油烟机、消毒柜、蒸箱、烤箱等多个触电产品。燃气灶具连续十六年中国产销量第一，抽油烟机、燃气热水器分别进入全国行业三强。

2018 年 5 月 30—31 日，华帝在《南方都市报》刊登一则董事长潘叶江签名的活动海报：法国队夺冠，华帝退全款。并同步在官方微博更新了这份公开的促销承诺，随即引发众多网友热议。

6 月 1 日，华帝在全国主要电梯媒介打出"法国队夺冠，华帝退全款"的广告。

6 月 14 日，世界杯开幕。华帝又推出了一支"＿＿夺冠，你会怎么庆祝"的 H5，再次以华帝董事长潘叶江的名义宣称："法国队夺冠，华帝退全款。"当天，华帝新聘形象代言人林更新也同步推送了华帝这条官微，并作出"如果法国队夺冠，我送一千张'狄仁杰四大天王'电影票"的承诺。借助明星的流量优势让这一波宣传迅速在网络上发酵扩散。

6 月 29 日，华帝第二大经销商跑路。

6 月 30 日，法国队进入 8 强，华帝乘势将世界杯活动加时 3 天。随着法国队一路披荆斩棘，持续晋级，华帝的"法国队夺冠，华帝退全款"的世界杯营销热点也越炒越高。

7 月 16 日，法国队力捧大力神杯，华帝通过官微宣布"退全款"启动。

众所周知，法国队是本次世界杯夺冠大热门，华帝作为法国队的赞助商放下了这样极富噱头的广告，与蒙牛的"天生要强"系列广告一道，成了本次世界杯期间广告营销的正面案例。虽然期间出现了华帝供应商跑路的相关新闻，但这并没有妨碍华帝在世界杯期间上涨的热度。

法国队夺冠之后，华帝也第一时间放出了退款流程。当人们看到最终的退款流程时，也发现了其中的一些问题。其中，退款返还顾客的并非现金，而是等额的猫超卡、京东 E 卡、苏宁礼品卡和美通卡。

根据华帝官方的说法，此次世界杯退款所需要的费用大约为 7 900 万美元。不过，这些资金和华帝在世界杯期间投入的资金相比根本算不上什么，也远远低于世界杯官方赞助费用。海信作为世界杯官方赞助商，总共投入了 10 亿元人民币以上，而优酷和咪咕等公司的投入也只多不少。周一 A 股开盘之后，华帝股份股价大涨 7.19%，可以说是对华帝此次营销成功的一个佐证。

不仅仅是股票，此次营销活动受到最直接影响的还是华帝的销售额。在活动期间，华帝在线下渠道零售额预计约为 7 亿元，同比增长 20%，其中"夺冠退全款"套餐销售额约 5 000 万元；另一边，同一时期华帝在线上渠道零售约 3 亿元，同比增长 30%，其中"夺冠退全款"套餐销售额约 2 900 万元。也就是说，无论是线上渠道还是线下渠道，华帝退款的份额并不多，但销售额却直接被拉升了约 25%。

因此纵观整个事件，华帝通过一个完整的互联网营销事件，使用远低于 FIFA 赞助费用的价格真切提升了自家产品的销量，并且在传播影响力和企业形象上也远超于那些在央视投放广告的互联网企业。可以说，华帝这家实体经济公司用互联网思维打败了一票互联网企业，尤其是在一片"你知道吗"和"为什么要上马蜂窝"声音中。但是，华帝的算盘打得很精，在达到出乎意料的营销效果之后，用"退款变购物卡"的方式有效避免了现金流所带来的压力，同时又促进了各大平台的二次消费。但是面对华帝此前打出的"法国队夺冠，华帝退全款"的承诺，这样的"套路"方式让广大消费者感到愤怒。

资料来源：根据网络资料整理。

思考题：

针对华帝股份有限公司世界杯营销事件，分析华帝公司所采用的公关策略并评价其公共关系效果。

第 7 章

公共关系谈判与演讲

▶▶ 学习目标

通过本章的学习，了解公关谈判的概念、特点和原则，掌握公关谈判的程序，熟练运用公关谈判技巧和策略；了解公关演讲的概念、作用和语言艺术。

中国入关谈判的策略

2001 年 11 月 10 日，世界贸易组织（WTO）第四次部长级会议做出决定，接纳中国加入世界贸易组织。它意味着历经 15 年的奋争与期待，中国终于昂首跨入世界贸易组织大门！

那么，为什么会谈得这么细，这么苦，这么久？

外经贸部首席谈判代表、中国代表团团长龙永图坦率地说，谈了 15 年，我们在原则问题上坚持了 15 年。如果我们什么都答应的话，谈判早就结束了。谈判过程之难，时间之长，正说明我国为维护自身根本利益所付出的巨大努力。另外，谈判多打几个回合，也为国内产业和企业争取了固本强体的缓冲期。

中国复关和入世谈判大致可分为三大阶段：第一阶段从 20 世纪 80 年代初至 1986 年 7 月，主要是酝酿、准备复关事宜；第二阶段从 1987 年 2 月至 1992 年 10 月，主要是审议中国经贸体制，中方要回答的中心题目是到底要搞市场经济还是计划经济；第三阶段从 1992 年 10 月至 2001 年 9 月，中方进入实质性谈判，即双边市场准入谈判和围绕起草中国入世法律文件的多边谈判。

1994 年年底，因以美国为首的一些发达成员漫天要价，无理阻挠，中国复关未果。1995 年 1 月，世界贸易组织取代关税及贸易总协定；同年，中方决定申请加入世界贸易组织，并根据要求，与世界贸易组织的 37 个成员开始了拉锯式的双边谈判。从 1997 年 5 月与匈牙利最先达成协议，到 2001 年 9 月 13 日与最后一个谈判对手墨西哥达成协议，直至 2001 年 9 月 17 日世界贸易组织中国工作组第十八次会议通过中国加入世界贸易组织法律文件，这期间起伏跌宕，山重水复。而最难打的硬仗，莫过于中美谈判，其次是中欧谈判，其中中美谈判进行了25轮，中欧谈判进行了15轮。

寸步不让的意志比拼，唇枪舌剑的讨价还价，15年来的每一场谈判，中方"从来不打算减少一美元、从来没想少说一个字来求得妥协"。经过艰苦斗争，美欧等发达国家不得不同意"以灵活务实的态度解决中国的发展中国家地位问题"，中方最终与所有世界贸易组织成员就我国加入世界贸易组织后若干年市场开放的领域、时间和程度等达成了协议。双边谈判的结果是平衡的，符合世界贸易组织的规定和我国经济发展的水平。这样，第一，我国赢得了过渡期和市场开放的主导权；第二，我国在经济可以承受的范围内做出了必要的灵活反应；第三，迫使谈判对方在谈判中满足了我方一些最根本的要求，美国承诺给予我国永久正常贸易关系（即最惠国待遇），放弃一般保障条款（即在我国加入世界贸易组织后美国随时可与我方中断世界贸易组织关系的条款），同意放宽高技术对华出口限制等。从长长的加入世界贸易组织谈判清单上也不难发现，中方代表为国内产业赢得了宝贵的调整时间和必要的保护手段。

中国加入世界贸易组织谈判的整个历程，充分体现了以江泽民同志为核心的中国第三代领导集体的高瞻远瞩和正确决策。江泽民总书记亲自给这场谈判确定了三条原则：① 世界贸易组织没有中国参与是不完整的；② 中国必须作为发展中国家加入；③ 坚持权利和义务的平衡。这些原则对加入世界贸易组织谈判具有重大深远的指导意义。

备受瞩目的中美谈判范围广、内容多、难度大，美国凭借其经济实力，要价非常高，立场非常强硬，谈判又不时受到各种政治因素干扰。对此，党中央、国务院以大局为重，审时度势，运筹帷幄。朱镕基总理等在最后一轮中美谈判中亲临现场，坐镇指挥。我方代表坚持原则，经过六天六夜的艰苦谈判，这场最关键的战役取得双赢的结果，于1999年11月15日签署了双边协议，从而使加入世界贸易组织谈判取得突破性进展，为谈判的最终成功铺平了道路。2000年5月18日，中欧谈判几经周折后也正式达成双边协议。

15年，相对于人类历史长河实在是极短的一瞬间，而对于所有参与或关注这场马拉松式谈判的人来说，15年又是一次十分漫长曲折甚至带有戏剧性色彩的征程。15年来，伴随着复关和加入世界贸易组织谈判，中国现代化、市场化进程又向前迈出一大步，社会面貌和经济生活发生了沧桑巨变，成为21世纪全球经济舞台上举足轻重的一员。

案例点评： 中国的复关谈判的过程是中国代表团运用各种谈判策略和技巧获得成功的经典案例，通过谈判策略技巧的运用，争取到了我国在世贸组织中作为发展中国家成员应得的权利。公共关系谈判既是一门科学，也是一门艺术，在公共关系实践活动中起着重要的作用。

7.1 公共关系谈判

7.1.1 公共关系谈判概述

1. 公共关系谈判的概念

沟通和协调是公共关系的重要职能，而公共关系谈判则是沟通和协调的一种基本手段。

社会组织在其运行过程中，不可避免地会与各类公众发生利益等方面的矛盾，尤其是在市场经济条件下，社会组织更需要通过与各方交往和合作，来有效实现自身的各种目标。因此，谈判也就成为公共关系实践工作的一项重要内容。

所谓公共关系谈判，是指社会组织与社会公众之间，为寻求一致的观点和利益，通过洽谈、协商，最终达成一致协议的一系列行为活动的总称。

2. 公共关系谈判的特点

（1）直接性

公共关系谈判一般是以谈话方式进行的口头洽谈、协商。谈判的每一方都能面对面地观察对方的态度、举止、谈吐及特点，随时调整自己的态度与意见。

（2）自愿性

参加公共关系谈判的每一方都是在自愿的前提下达成谈判意向的，这样的谈判才会有诚意，才会有成功的可能。

（3）多样性

公共关系谈判的种类是多种多样的，如单边谈判和多边谈判；交易性谈判和非交易性谈判；建设性谈判和矫正性谈判；经济性谈判和非经济性谈判等。客观上要求公共关系谈判使用的策略要灵活多样，以针对不同的情况和条件采用不同的谈判策略，取得圆满的谈判效果。

（4）利益性

公共关系谈判可能进行的条件是，各方都存在着尚未满足的欲望与需求。因此，欲望与需求的满足是谈判的共同基础，成功的谈判是双方利益都能获得相对满足，应是"双赢"的结果。

7.1.2　公共关系谈判的基本原则

1. 平等互利原则

坚持平等互利原则，就是要在公共关系谈判中做到：谈判的双方主体在地位上具有平等性。无论组织大小、实力强弱，也不管谈判者的地位高低、身份贵贱、人数多寡，都应一律平等。对于谈判中出现的不同观点和意见，只能以协商的方法妥善解决，以适当的让步寻求一致，不能以压、逼方式把自己的意志强加于对方。

2. 开诚布公原则

在公共关系谈判中，公共关系人员只有采取诚挚、坦率的态度，开诚布公地进行谈判，才能达成双方的协调与合作，创造一个良好的谈判环境。同时，当谈判发生冲突时，只有以诚相待，才能以心换心，化干戈为玉帛，达到"精诚所至，金石为开"的效果。因此，谈判最忌弄虚作假，口蜜腹剑。

当然，坦诚并不意味排斥谈判的艺术和策略。相反，在公共关系谈判中不仅要坚持诚实、坦率、开诚布公，还要注意把握谈话的时机，讲究谈判的方式，力求委婉而又客观地提出公正合理的要求。

3. 沉着冷静原则

在公共关系谈判中，由于涉及范围广泛，谈判内容复杂，应付局面变化多端，一件事或一句话处理不当，都有可能造成谈判失败。因此，谈判者要始终保持冷静的头脑，在谈判前做好充分准备，知己知彼，"遇乱不惊，遇乱不慌"，促使双方相互沟通。

4. 求同存异原则

公共关系谈判本身就是协调沟通的过程，谈判双方存在利益上的矛盾是必然的。面对这样的情况，要使谈判顺利，必须在相互理解、相互合作的基础上，相互让步，以达到利益的一致性。古语所说的"将欲取之，必先予之"就是这个道理。

5. 信誉至上原则

公共关系的一切活动都是为了树立社会组织的良好形象，所以讲信誉是谈判的基本准则。在谈判中，应以维护本组织的形象为出发点，不能为了眼前利益而损伤组织的形象。做到"言必信，行必果"，协议一经达成，就要遵守诺言，实践诺言。

7.1.3 公共关系谈判的程序

随着经济的飞速发展和对外交流范围的不断扩大，公共关系谈判所涉及的范围越来越大，涉及的关系越来越复杂，谈判中所面临的问题越来越多。与这一趋势相适应，谈判者往往都将谈判划分为若干阶段，并针对不同阶段的具体情况采取不同的策略与技巧，于是逐渐形成了具体、完备的谈判程序。

正规的谈判多数划分为以下几个阶段。

1. 准备

准备阶段包括以下几个方面的工作。

（1）收集信息

即摸清对方的实际情况，以求"知己知彼，百战不殆"，这是进行谈判的必要条件和重要步骤。

（2）拟订谈判策略

即在收集信息的基础上，对自己和对方的情况进行充分的估计和认真的分析，确定在谈判过程中所要采取的策略。

（3）制订谈判计划

制订计划首先要用精练的语言准确地描述谈判的主要议题；其次是确定谈判要点，如目标、人选、对策等；最后是安排谈判的日程和进度。

（4）做好物质准备

主要是指谈判场所的布置，各种资料的准备，谈判人员的食宿安排，以及安全保卫等工作。

2. 开局

在开局阶段，谈判双方应首先通过自我介绍，增加彼此之间的了解，并尽力创造出轻松愉快、友善和谐的气氛。切忌开门见山，单刀直入，不加铺垫地直接涉入主题。

3. 交流

交流即所谓"谈"的阶段。这一阶段的主要目的是探测对方的虚实，所以应广开言路，对各种合作途径进行探讨，不要拘泥于单一的话题，也不要互相询问，更不能纠缠于枝节性的具体问题。在这一阶段，应敏锐地体会对方的意图，有针对性地调整原定的谈判方案、谈判策略，为下一阶段的正面交锋做好准备。

4. 磋商

磋商是谈判的主体阶段，是"谈"和"判"的真正展开。在这一阶段，谈判双方的对立状态毫无保留地显现出来，各方都为了掌握谈判的主动权而大显身手。随着谈判的进行和各种谈判策略、技巧的使用，会出现时而风和日丽，时而剑拔弩张，时而唇枪舌剑，时而斗智斗勇等激烈的场面。双方的目的都是要千方百计地说服对方最大限度地接受自己的观点。

5. 签约

签约从形式上宣告了谈判的结束，是磋商结束的体现。值得注意的是，契约和合同的行文应特别注意条款的完备和语言的精确，对双方意见一致的重点议题一定要力求准确无误，对那些还有不同意见的枝节问题应予以回避或采用含混的表达方式。

7.1.4 公共关系谈判的技巧

众多的谈判技巧是谈判艺术殿堂中灿烂的瑰宝，高水平的谈判无时无刻不闪耀着智慧与艺术的灵光。下面介绍几种谈判的技巧。

1. 发问技巧

公共关系谈判的过程也是沟通的过程，在沟通中如何"巧妙提问"，即"问什么""怎样问"才有针对性，才能方式得当，都需要讲究一定的技巧。发问的技巧有很多，如利用选择式诱问，往往以"能不能""可以不可以""要不要""是不是"等形式出现。这样发问，限制了对方回答问题的范围，使其无法含糊其辞，从而使其观点明朗化；利用假设式诱问，是谈判者在假设某种前提下一种故意的发问形式，它往往可以使对方麻痹大意；隐含式诱问，是谈判者将难以使人接受的观点隐含在问话中的一种故意发问，其表现手法更高明。

2. 说服技巧

说服技巧是一种很复杂的技巧，其复杂性体现在如何从多种多样的说服技巧（如软硬兼施、旁敲侧击、对症下药、随机应变、先下手为强或后发制人等）中选择一种恰当的方式来说服对方。特别要注意，谈判开始时，要先讨论容易解决的问题，然后再讨论争论较大的问题；如果同时有两个信息要传给对方，其中一个是较遂人心意的，另一个较不合人意，则应先讲第一个；强调双方处境的相同要比强调彼此处境的差异，更能使对方了解和接受；强调合同中有利于对方的条件，能使合同较易签订；说出一个问题的两面，比单说出一面更有效；重复地说明一个信息，更能使对方了解和接受；与其让对方做结论，不如先由自己清楚地陈述出来。

3. 答复技巧

公共关系谈判人员要使自己的回答巧妙，令对方心服口服，除了要具有广博的知识外，必须做到回答问题时，思维要有确定性。具体表现为：回答问题时要明确、具体，使回答有利于问题的解决；谈判者在回答问题时，要针对提问者的问题进行回答，不能答非所问；谈判者的回答不能含糊其辞，叫人捉摸不定；不要彻底回答对方所提的问题，答话者要将错就错将问话者问话的范围缩小，或者对回答的前提加以修饰和说明；回答问题时要严密、滴水不漏，减少问话者继续追问的兴致和机会。

4. 拒绝技巧

公共关系谈判中，当无法接受对方所提出的要求和建议时，如果直截了当地拒绝，就可能立即造成尖锐对立的气氛，对整个谈判产生消极影响。在向对方说"不"时，必须讲究技巧。一定要注意：态度要诚恳，把你心有余而力不足的遗憾心情淋漓尽致地表现出来；拒绝的内容一定要明确，切忌模棱两可，让对方心存侥幸；同时应尽可能提出新的建议来代替拒绝；还可从对方的角度来说明拒绝的利害关系，措辞力求委婉。

7.1.5 公共关系谈判的策略

1. 声东击西策略

声东击西策略，是指在谈判过程中，双方出现僵局，无法取得进展，于是巧妙地变换议题，转移对方视线，从而实现自己目标的方法。这种方法的特点是富于变化，灵活机动，既不正面进攻，又不放弃目标，而是在对方不知不觉中迂回前进，从而达到自己的目的。

2. 旁敲侧击策略

旁敲侧击策略，是指在谈判桌上很长时间难以取得进展时，不妨除在谈判桌上同对方较量外，还可用间接的方法和对方互通信息，与对方进行情感与心理的交流，增加信任，使分歧得到尽快解决。

3. 红白脸策略

一个唱红脸，一个唱白脸，又称红白脸策略。是指在谈判过程中，两个人分别扮演"红脸"和"白脸"的角色，或者由一个人同时扮演这两种角色，软硬兼施，使谈判的效果更好。

4. 共识演绎法策略

共识演绎法策略，是一种在谈判中善于发现并及时抓住对方谈判中与我方具有共识的某一观点，加以强调，并以此为前提，推演出必然性结论，从而实现谈判目标的逻辑方法。

5. 真诚赞美策略

在公共关系谈判中真诚地赞美，即诚挚而不虚伪地赞扬对方，显示出对方的重要性。因为在谈判中，对方受到赞扬和褒奖，心情愉快，神经兴奋，此时，最容易表现出宽宏大度，豁达开朗，而不至于在一些可让步的问题上斤斤计较或争执不休。

6. 时间限制策略

时间限制策略也叫最后通牒策略，是指公共关系人员已确认对方非常渴望谈判成功，而且是在朝着这个方向努力，只不过是对于某些具体细节犹豫不决，拖拖拉拉，故意设置障碍。这时可施展一下时间限制的威力，或许会使他们一下子明白过来，抛开细枝末节，在急于谈成的心理和限定的时限双重压力下，屈从对方的意志，促进协议的及早拟订和签署。

案例阅读 7-1

美国夏威夷大学教授亨登总结14条公关谈判技巧

1. 要有感染力：通过你的举止来表现你的信心和决心。这能够提升你的可信度，让对手有理由接受你的建议。

2. 起点高：最初提出的要求要高一些，给自己留出回旋的余地。在经过让步之后，你所处的地位一定比低起点要好得多。

3. 不要动摇：确定一个立场之后就要明确表示不会再让步。

4. 权力有限：要诚心诚意地参与谈判，当必须敲定某项规则时，可以说你还需要得到上司的批准。

5. 各个击破：如果你正和一群对手进行谈判，设法说服其中一个对手接受你的建议。此人会帮助你说服其他人。

6. 中断谈判或赢得时间：在一定的时间内中止谈判。当情况好转之后再回来重新谈判。这段时间可以很短，出去想一想；也可以很长，离开这座城市。

7. 面无表情，沉着应对：不要用有感情色彩的词汇回答你的对手。不要回应对方的压力，坐在那里听着，脸上不要有任何表情。

8. 耐心：如果时间掌握在你手里，你就可以延长谈判时间，提高胜算。你的对手时间越少，接受你的条件的压力就越大。

9. 缩小分歧：建议在两种立场中找到一个折中点，一般来说，最先提出这一建议的人，在让步过程中的损失最小。

10. 当一回老练的大律师：在反驳对方提议时不妨这样说："在我们接受或者否决这项建议之前，让我们看看如果采纳了另外一方的建议会有哪些负面效果。"这样做可以在不直接否定对手建议的情况下，让对方意识到自己的提议是经不起推敲的。

11. 先行试探：在做出决定之前，可以通过某个人或者某个可靠的渠道将你的意图间接传达给对手，试探一下对手的反应。

12. 出其不意：要通过出人意料地改变谈判方式来破坏对手的心理平衡。永远不要让对手猜出你下一步的策略。

13. 找一个威望较高的合作伙伴：设法得到一个有威望的人的支持，这个人既要受到谈判对手的尊重，也要支持你的立场。

14. 讨价还价：如果你在同时和几个竞争者谈判，就要让他们都了解这一情况。将同这些竞争者之间的谈判安排在比较相近的时间，并让他们在会晤前等候片刻，这样他们就能够意识到有人在和自己竞争。

案例阅读 7-2

韩国商人谈判技巧

韩国商人在长期的对外贸易实践中积累了许多经验。他们在参照国际惯例的基础上，根据本国的国情采取了一些独特的做法，常在对己方不利的贸易谈判中，战胜对手，被西方发达国家称为"谈判强手"。

韩国商人常用的谈判方法有两种，一是横向协议法。即在进入实质性谈判时，先把需要讨论的条款统统罗列出来，然后逐条逐款磋商。从头到尾商议一遍后，再从第一条款开始检查有无分歧或需要补充的内容，直至最后一款。在此基础上，就分歧或补充内容进行磋商，寻找共同点。二是纵向协商法。即对共同提出的条款，逐项进行磋商，在出现的问题或争议得到解决后，才转入下一条款的磋商。此外，有的韩国商人在谈判中将"横向协议法"和"纵向协商法"结合使用，即在磋商前后两部分条款时分别采用纵、横两种协商方法。这主要视条款内容而定，以选择有利于自己的谈判方法为前提。

韩国商人常用的技巧与策略有两种，一是声东击西。即在谈判中利用对自己不太重要的问题吸引和分散对方注意力。假如在谈判中韩国商人最关注运输问题，而对方把注意力放在价格上，韩国商人就会提出付款问题，把对方注意力引到这一问题上来，以求迷惑对方，并相应给对方一点好处，以诱迫对方在关键条款上作出让步。同时，也可为协商最重要条款争取准备时间，并缓解争议，以变换手法，采取新的对策等。二是先"苦"后乐。即在谈判中以率先忍让的假象换取对方最终让步。如韩国商人打算要求对方降低价格，但已探明不增加购货量对方很难接受，而自己又不愿增加购货量，这时，他们会先在产品质量、运输条件、交货期限、付款条件等问题上向对方提出严格要求，然后在磋商上述条款时，极力让对方感到他们是在冒受损风险作出让步，这时再提出降价问题，对方大多会给予考虑的。此外，韩国商人还针对不同的谈判对象，经常使用"疲劳战术""限期战术"等。

7.2 公共关系演讲

7.2.1 公共关系演讲的基本概述

1. 公共关系演讲的概念

在公共关系传播中，公共关系人员只有掌握了良好的语言艺术，才能引起公众的注意，形成互相理解、互相协调、互相支持的良好氛围，产生最佳的社会效应。因为语言是人类交流思想、表达感情、传递信息、进行交际的最重要的工具。正如 19 世纪俄国伟大的民族诗人、俄罗斯文学和文学语言的奠基者普希金说过的"用语言去把人们的心灵点亮"。演讲就是演讲者在特定的时间和场合，面对听众，采用有声语言和态势语言相结合的艺术方法，发表自己对某个问题的意见，抒发自己的情感，以求感召听众的一种交流思想和观点的社会活动。

公共关系演讲，是指公共关系人员为了提高社会组织的知名度和美誉度，塑造良好的组织形象，争取内外部公众的支持，在特定的时间和特定环境条件下，运用语言艺术，向社会公众发表声明、宣传主张、抒发情感，以感召听众的一种社会实践活动。

2. 公共关系演讲的作用

① 公共关系演讲是塑造社会组织良好形象的一种重要方式。它以语言为中心，融声音、表演、形象、时境等综合因素为一体，比单一形式的口语或文字表达，更具鼓动力、感染力和说服力。

② 通过内部公共关系演讲活动的开展，可以调动社会组织内部员工工作的热情和生产的积极性，协调各方面关系，进一步增强爱岗敬业精神。

③ 通过外部公共关系演讲活动的开展，可获得外部公众对社会组织的了解、合作、谅解和支持，进一步提高组织的知名度和美誉度。

7.2.2 公共关系演讲的语言艺术

1. 公共关系演讲开场白的语言艺术

（1）开门见山式

演讲的开场白是演讲者与公众进入交流的第一步。采用开门见山式，简明扼要地阐述演讲的主要论点，可使公众直接明了演讲的主要内容。开门见山式的特点是明快简洁，能够尽快把握住听众的注意力，使他们聚精会神地围绕你的思路展开联想。

（2）设问、祈使式

演讲的开场白还可使用设问句、祈使句来开头。这种方法的运用能够起到使听众由被动转为主动的效果，达到发人深省、催人振奋，易引起共鸣。这也是公共关系演讲中常用的一种方法。

（3）幽默导入式

演讲的开场白在幽默风趣中开始，可以使听众在轻松愉快的气氛中不知不觉地进入角色。这种方法不仅能较好地表现出演讲者的智慧与幽默，而且能与公众快速沟通，尽快接受演讲者思想，相互在笑声中融为一体。

（4）名言警句式

演讲的开场白采用与主题相关的名言警句开头，可以强化演讲的分量，强化演讲的主题效果。这种方法要求公共关系人员平时注意提高文学素养，多收集整理一些至理名言，做到有备无患。

（5）提出问题，引起关注式

演讲的开场白采用演讲者首先提出问题的方式，能够起到吸引公众的关注，增加悬念的效果，而问题的答案，正是演讲者通过演讲所要揭示出来的。这种方式可起到拉近与公众的情感距离，达到由表及里、由浅入深的演讲效果。

自然，演讲的开头方式还有很多，而且在实践中还将不断有新的发展。

2. 公共关系演讲主体部分的语言艺术

公共关系演讲的内容主要集中在主体部分。在这一阶段应注意以下几个问题。

（1）演讲的内容既要真实，也要充实

众所周知，演讲应该具有鼓动性，具有说服力和感染力。而要取得这种效果，主要靠的就是真实和充实的内容。正如列宁所说："没有明确的、深思熟虑的、有思想性的内容，宣传鼓动就成了漂亮的空话。"

（2）中心要突出

一次演讲，必须突出一个中心思想，以便讲清楚一种意见、一种看法、一种思想观点。

（3）层次要清晰

一次演讲要说明一个中心观点，就必须按照一种结构顺序，有条理、分层次地讲下去。如果演讲时结构紊乱，层次不清，公众就很难弄清你演讲的思路和意思，继而产生厌烦情绪，不愿意听下去。

（4）语言要通俗、精练

通俗是用浅显的话语说明深刻的道理，通俗易懂；精练是指语言精辟、精湛、精彩，观点鲜明。

3. 公共关系演讲结束语的语言艺术

公共关系演讲的结束语是演讲的最后一步，是保证演讲成功的重要环节，绝对不能忽视。"编筐织篓，难在收口"就是这个道理。通常结束语可采用以下表现形式。

（1）画龙点睛式

演讲结束时演讲者采用精练的语言，将演讲的主题思想进行概括和强化，可深化公众对演讲主题的印象，起到画龙点睛的效果。

（2）鼓动感召式

演讲结束时演讲者运用一些情感激昂，富有鼓动性、感召性的语言做结尾，可以起到进一步强化公众的情绪、信念，以带动起今后行动的作用。

（3）对比结尾式

演讲结束时演讲者运用对比的手法，可以起到强化演讲主题的作用，不仅使公众在比较中明辨真伪，更能增强公众的心理感受力。

（4）引用名言式

演讲结束时演讲者使用名言警句，可以提高演讲者与公众的心理撞击度，发挥名人效应，使演讲的气氛得到升华。若开头也是以名言警句开始，还可达到首尾呼应的效果。

同样，演讲结尾的方式还有很多。但要特别强调演讲结束时切忌草率收兵或离题千里，只有紧扣主题，达到言已尽而意无穷的效果，才是不同凡响的结束语。

案例阅读 7-3

亚伯拉罕·林肯葛底斯堡演说

87 年前，我们先辈在这个大陆上创立了一个新国家，它孕育于自由之中，奉行一切人生来平等的原则。

我们正从事一场伟大的内战，以考验这个国家，或者任何一个孕育于自由和奉行上述原则的国家是否能够长久存在下去。我们在这场战争中的一个伟大战场上集会。烈士们为使这个国家能够生存下去而献出了自己的生命，我们来到这里，是要把这个战场的一部分奉献给他们作为最后安息之所。我们这样做是完全应该而且非常恰当的。

但是，从更广泛的意义上说，这块土地我们不能够奉献，不能够圣化，不能够神化。那些曾在这里战斗过的勇士们，活着的和去世的，已经把这块土地圣化了，这远不是我们微薄的力量所能增减的。我们今天在这里所说的话，全世界不大会注意，也不会长久地记住，但勇士们在这里所做过的事，全世界却永远不会忘记。毋宁说，倒是我们这些还活着的人，应该在这里把自己奉献于勇士们已经如此崇高地向前推进但尚未完成的事业。倒是我们应该在这里把自己奉献于仍然留在我们面前的伟大任务——我们要从这些光荣的死者身上吸取更多的献身精神，来完成他们已经彻底为之献身的事业；我们要在这里下定最大的决心，不让这些死者白白牺牲；我们要使国家在上帝福佑下自由地新生，要使这个民有、民治、民享的政府永世长存。

7.2.3 公共关系演讲的整体要求

公共关系演讲不仅是一种以讲为主的宣传活动，同时也是一种以演为辅的艺术性活动。它对演讲者的素质、气质、风度，有声语言表达能力及态势语言的表达能力都有一定的要求。

1. 公共关系演讲人员要有良好的气质和风度

随着人们的物质文化生活水平的提高，人们对精神境界的追求，也日趋新颖和高雅。在同一时间、同一空间，从内容到形式都要获得更多的美感享受。这就要求公共关系演讲者既要有美的语言、美的行为，还要有引人注意的庄重仪表、翩翩风度、典雅气质。俗话说："惠于心而秀于言"。外部语言的魅力首先来自内在气质的高雅，有了高雅的气质，才会有富有个性的风度和富有魅力的语言。我们国家的一代伟人都有其自身独特的气质。毛泽东通今博古，气魄宏伟，表现出政治家和军事家的伟大风度；周总理雄才大略，运筹帷幄，谈锋机敏，语言幽默，具有政治家和外交家的风度；朱德正直淳朴，驰骋疆场，戎马一生，构成了他金戈铁马的大元帅风度。领袖人物的才干、风度是我中华民族的楷模，也是公共关系人员学习的典范。只有不断提高自身的修养、素质，在公共关系演讲活动中才能运用自如，达到言如其人。总之，演讲者的稳重端庄、风度高雅及气宇轩昂的良好精神面貌，不仅会吸引公众的注意，给人以赏心悦目之感，而且会使演讲效果更好。

2. 公共关系演讲的过程是展示语言魅力、展示能力的过程

语言是人们交流思想的工具，它可以展现一个人的水平和修养。语言的准确与幽默，内容的真实与感人，可以给人以启迪，给人以教益，使人愿意听，更容易接受，引起共鸣。同时，语言的沉稳与清晰，高而不喊，低而不散，表达得体，委婉中听，易博得人的好感，也易吸引人，显示演讲者的自身魅力。20世纪80年代著名的演说家和教育家李燕杰，短短的几年时间，为近20万听众做了近200场演讲报告，受到了热烈欢迎和一致好评。其诀窍之一，就是以广博的知识，启迪听众的心智，展示自己的魅力。他深知青年人都有较强的求知欲和好奇心，为此，在演讲中，用了大量的材料将中外历史上著名的爱国人士及他们不屈服于生活的残酷、向命运挑战的动人故事，用生动的语言介绍给渴求知识的青年一代，如音乐家肖邦、贝多芬，画家齐白石，以及屈原、文天祥等著名人物。李燕杰的语言精湛、富于哲理，起到了在当时情况下，教育青年和感化青年的作用和目的。由此可见，演讲时积极做到了解实际情况、有的放矢、材料典型、用生动的语言打动听众是最重要的。

3. 公共关系演讲过程中辅助性手段的应用

公共关系人员在演讲过程中，不但要运用有声语言，还要使用一些无声语言作为辅助手段。如面目表情、手势、身体姿态等体语的表达。

（1）演讲者的面目表情在演讲中的运用

人的面目表情可以传递人的内心世界。在公共关系演讲中合理地将语言的表达与表情有机结合，可以真实表达演讲者的真实感情。如在演讲中伴随其演讲的内容，该喜则喜，该忧则忧，眼神坦荡、清澈，可表现出演讲者的为人正直和心胸宽广。

（2）演讲者的手势和身体姿态语言的运用

在公共关系演讲中，既可以借助情意手语表达演讲者的思想感情；也可以运用显示听众视觉范围内事物的指示性手势；还可以伴随演讲高潮而来的一些比较激动的心情的象征性手势。手势这种无声语言的运用，可进一步带动听众的视觉，使其获得更多的信息。如仰手表示赞美，覆手表示反对，手指伸出表示数目，握拳表示激烈的情绪等。但是需要注意，用手的姿势，应简单、适宜，不要多次重复。

（3）演讲中演讲者身体的姿态也很重要

如上台时稳健的步伐，挺拔的站姿，向公众行礼的动作，双手的位置，伴随演讲内容而适当变化的姿态和动作等，都会对演讲的效果产生直接或间接的影响。

总之，不论是在日常的公共关系实践活动中，还是在公共关系专题活动中，公共关系演讲都是公共关系人员常用的一种群体传播手段，公共关系人员应该努力把握并运用好这一传播手段。

案例阅读 7-4

丘吉尔 1944 年 12 月在美国度圣诞节的即席演讲

各位为自由而奋斗的劳动者和将士：

我的朋友，伟大而卓越的罗斯福总统，刚才已经发表过圣诞节前夕的演说，已经向全美国的家庭致友爱的献词。我现在能追随骥尾讲几句话，内心感觉无限的荣幸。

我今天虽然远离家庭和祖国，在这里过节，但我一点也没有异乡的感觉。我不知道，这是由于本人的母系血统和你们相同，抑或是由于本人多年来在此所得的友谊，抑或是由于这两个文字相同、信仰相同、理想相同的国家，在共同奋斗中所产生出来的同志感觉，抑或是由于上述几种关系的综合。总之，我在美国的政治中心地——华盛顿过节，完全不感到自己是一个异乡之客。我和各位之间，本来就有手足之情，再加上各位欢迎的盛意，我觉得很应该和各位共坐炉边，同享这圣诞之乐。

但今年的圣诞前夕，却是一个奇异的圣诞前夕。因为整个世界都卷入一个生生死死的搏斗中，正在使用科学所能设计的恐怖武器来互相屠杀。假若我们不是深信自己对于别国领土和财富没有贪图的恶念，没有攫取物资的野心，没有卑鄙的念头，那么我们在今年的圣诞节中，一定很难过。

战争的狂潮虽然在各地奔腾，使我们心惊肉跳，但在今天，每一个家庭都在宁静的肃穆的空气里过节。今天晚上，我们可以暂时把恐惧的忧虑的心情抛开、忘记，而为那些可爱的孩子们布置一个快乐的夜会。全世界说英语的家庭，今晚都应该变成光明的和平的小天地，使孩子们尽情享受这个良宵，使他们因为得到父母的恩物而高兴，同时使我们自己也能享受这种无牵无挂的乐趣，然后我们担起明年艰苦的任务，以各种的代价，使我们的孩子所应继承的产业，不致被人剥夺；使他们在文明世界中所应有的自由生活，不致被人破坏。因此，在上帝庇佑之下，我谨祝各位圣诞快乐。

本 章 小 结

公共关系谈判，是指社会组织与社会公众之间，为寻求一致的观点和利益，通过洽谈、协商，最终达成一致协议的一系列行为活动的总称。公共关系谈判的特点表现为直接性、自愿性、多样性和利益性。公共关系谈判的原则体现为平等互利原则、开诚布公原则、沉着冷静原则、求同存异原则和信誉至上原则；公共关系谈判的程序划分为准备、开局、交流、磋商和签约5个阶段。公共关系谈判的技巧主要有发问技巧、说服技巧、答复技巧、拒绝技巧。公共关系谈判的策略主要有声东击西策略、旁敲侧击策略、红白脸策略、共识演绎法策略、真诚赞美策略、时间限制策略。

公共关系演讲，是指公共关系人员为了提高社会组织的知名度和美誉度，塑造良好的组织形象，争取内外部公众的支持，在特定的时间和特定环境条件下，运用语言艺术，向社会公众发表声明、宣传主张、抒发情感，以感召听众的一种社会实践活动；公共关系演讲的作用表现为公共关系演讲是塑造社会组织良好形象的一种重要方式。公共关系演讲是一种艺术，主要由公共关系演讲开场白的语言艺术、公共关系演讲主体部分的语言艺术、公共关系演讲结束语的语言艺术组成。

复习思考题

1. 什么是公共关系谈判？基本原则有哪些？
2. 在公共关系谈判中可以采取哪些策略？
3. 公共关系演讲中应注意讲究哪些方面语言艺术？

案例实训

60亿日元的特大索赔案为何能交涉成功

某日，中日双方在北京就FP-418型货车质量问题举行公关谈判，双方都为这场公关谈判进行了精心的准备。为此，我方在公关谈判前摸清了对方的情况，并制定出几套公关谈判方案。

正式会谈开始，我方代表简单介绍全国各地对FP-418型货车损坏的反映。这是开场白，引而不发，对索赔问题一字不提。

日方深知，FP-418型货车质量问题是无法回避的，他们采取避重就轻策略："如有的车子轮胎炸裂、挡风玻璃炸碎、电路有故障、铆钉震断，有的车架偶有裂纹……"

果不出我方所料，日方所讲的第一句话，言辞谨慎，是经过反复研究推敲的。看来有必要予以回击："贵公司的代表都到过现场的，亲自查看过，经商检和专家小组鉴定，铆钉非属震断，而是剪断的；车架出现的不仅仅是裂纹，而是裂缝、断裂；而车架不能用'有的'或'偶有'，最好还是用比例数字来表达，则更为科学准确……"

日方怦然一震，没料到自己的对手竟是如此之精明，连忙改口："请原谅，比例数字，未作准确统计。"

"贵公司对FP-418型货车质量问题能否取得一致意见？"

"当然，我们考虑到中国的实际情况，因此这批车是专门为中国生产的。"

"至于我国道路情况，诸位先生都已实地查看过了，我们有充分理由否定那种中国道路不佳所致的说法。"

日方想步步为营，我方却步步紧逼。室内烟雾浓度增加，标志着公关谈判气氛的紧张度上升。

日方对这批车辆的损坏程度提出了异议："不至于损坏到如此程度吧？这对我们公司来说是从未发生过，也是不可理解的。"

我方拿出商检证书："这里有商检公证机关的公证结论，还有商检拍摄的录像，如果……"

"不，不，不！对商检公证机关的结论，我们是相信的，无异议，我们是说贵国是否能够作出适当的让步。否则，我们无法对公司交代。"

对FP-418型货车损坏归属问题上取得了一致的意见。日方的一位部长不得不承认，这属于设计和制作上的质量问题所致。这样一来，在公关谈判桌上，天平失去了平衡。这是个大前提，为下一步索赔金额打下了坚实有力的基础。

随即，围绕着索赔金额，进行着报价、要价、提价、压价、比价，一场拉锯战展开了。

我方一代表，专长经济管理和统计，精通测算，在他的纸上，在大大小小的索赔项目旁，布满了密密麻麻的阿拉伯数字。他在公关谈判的前夕，翻阅了许多国内外有关资料，他深知在技术业务公关谈判中，不能凭大概，更不能靠"浑身是胆雄赳赳"，只能靠科学的依据，准确的计算，豁达的气度，才能折服对方。这每一组数字都凝聚着他的心血。根据多年的经验，他不紧不慢地提出："贵公司对每辆车支付加工费是多少？"

"每辆10万日元，计5.84亿日元。"日方又反问："贵国提价是多少？"

"每辆16万日元，此项共9.34亿日元。"

久经沙场的日方主公关谈判淡然一笑，与助手耳语了一阵，神秘地瞥了一眼中方代表，问："贵国报价的依据是什么？"

我方将车辆损坏的各部件，需要如何修理、加固，花费多少工时，逐一报出单价。"我们提出这笔加工费不高。如果贵公司感到不合算，派员维修也可以。但这样一来，贵公司的耗费恐怕是这个数的好几倍。"

日方对此测算叹服了："贵方能否再压一点？"

"为了表示我们的诚意，可以考虑。贵公司每辆出多少？"

"12万日元。"

"13.4万如何？"

"行。"

这项费用日方共支付7.83亿日元。

中日双方争论最大的项目，是间接经济损失赔偿金。因为这项金额达几十亿日元。双方不能不争。

日方在谈这项损失费时，也采取逐条报出。每报完一项，总要停一下，环视一下中方代表的反应，仿佛给每一笔金额数目都要画上不留余地的句号。日方提出支付30亿日元。

我方代表琢磨着每一笔报价的奥秘，把那些"大概""大约""预计"等含糊不清的字眼都挑出来，指出里面埋下的伏笔。

在此之前，我方有关人员昼夜奋战，光标不停地在电子计算机的荧光屏上跳动着，显示出各种数字。在公关谈判桌上我方报完每个项目后，讲明这个数字测算的依据。在那些有理有据的数字上，打的都是惊叹号。最后，我方提出赔偿间接损失费70亿日元！

日方代表听了这个数字后，惊得目瞪口呆，老半天说不出话来，连连说："差额太大，差额太大！"于是，进行无休止的报价、压价。

"贵国提出的索赔额过高，若不压半，我们会被解雇的。我们是有妻儿老小的……"日方代表哀求着。

"贵公司生产如此低劣的产品，给我国造成多么大的经济损失啊！"我方代表说，"但我们不愿为难诸位代表，如果你们做不了主，请贵公司决策人来与我方谈判。"

双方各不相让，只好暂时休会。

即日，日方代表接通了公司的电话，与公司决策人密谈了数小时。

接着，公关谈判又开始了，先是一场激烈鏖战，继而双方一语不发。室内显得很沉闷。

看来，公关谈判的热度，骤然降到冰点了。

我方代表打破僵局："如果贵公司有公关谈判的诚意，彼此均可适当让步。"

"我公司愿付40亿日元，这是最高突破数了。"

"我们希望贵公司最低必须支付60亿日元。"

这一来，公关谈判又出现了新的转机。但差额毕竟还有20亿日元呵！后来，双方几经周折，提出双方都能接受的方案：中日双方最后的报价金额相加，除以2，等于50亿日元。

除上述两项达成协议外，日方愿意承担下列三项责任：

——确认出售到中国的全部FP-418型货车为不合格品，同意全部退货，更换新车。

——新车必须重新设计试验、精工细作和制造优良，并请中方专家试验和考察。

——在新车未到之前，对旧车进行应急加固后继续使用，由日方提供加固件和加固工具等。

一起罕见的特大索赔案交涉成功了！

资料来源：林汉川. 公关策划学. 上海：复旦大学出版社，1994.

思考题：

1. 在公关谈判过程中，双方各运用了哪些谈判的技巧？
2. 在公关谈判过程中，双方采用了什么具体的谈判策略？
3. 这一成功的公关谈判案例可以给我们怎样的启示？

第 8 章

企业公共关系

学习目标

通过本章的学习，主要了解企业公共关系的含义、特征和职能；掌握企业内部公共关系、企业外部公共关系；熟悉 CIS 战略的内涵、功能、构成与开发设计等。

"双汇"广告巧入天安门

1994年6月28日一大早，首都天安门广场彩旗飘扬，锣鼓震天，数百人组成的锣鼓队、秧歌队的精彩表演，引得许多人驻足观看。上午9点整，当北京市和国家有关部门领导同志宣布"逛北京、爱北京、建北京"大型旅游活动正式开始时，数千只信鸽同时起飞，把人们的目光引向天空。这时，人们惊讶地看到十多个色彩鲜艳的气球下面拖着一条长长的布幅。微风吹来，布幅上红艳艳的大字格外醒目——"华懋双汇集团漯河肉联厂祝逛北京活动圆满成功"。率先报道这一消息的是"双汇"所在地的《漯河内陆特区报》。之后，包括《河南日报》、河南广播电台在内的河南很多新闻媒体都竞相报道了这件事。《河南日报》的评论文章把它誉为"河南省最成功、最典型的一次企业公关活动"。《河南商报》在7月15日的星期刊头版头条位置上，以硕大的标题、足够容纳3 000字的版面刊登了一则仅800字的新闻——双汇高扬天安门。很快，这一消息重返北京，得知消息最早却顾虑重重的首都新闻界不再"沉默是金"了。先是《中国青年报》的《社会周刊》刊登了一幅新闻照片，图片下的文字说明中有这样一句耐人寻味的话：能否在天安门广场做广告，这个话题争论了好久，如今却被来自河南的一家火腿肠厂定论了。8月5日《中国经营报》把"广告首入天安门广场"的这条新闻放在了四版头条。值得一提的是，这则不足千字的短文同时配发了足有1 200字的评论。这则题为"中国广告史上的新一页"的评论称："广告首入天安门广场这一既成事实告诉中国的企业家——请再大胆一些！天安门广场为'双汇'做广告，将作为一个极成功的企业公关策划活动写入中国公关广告史、中国CI史中。"在新闻媒介爆炒"双汇登上天安门"这一事件中，"双汇"的拥有者——华懋双汇集团肉联厂无疑是最大的受益者。这个1991年产值和利润仅分别为1.2亿元和463万元的名不见经传的小厂,自1992年上马"双汇"火腿肠以来,其经济实力迅速壮大,如今已是产值15亿元、利税1.2亿元的国家大型一类企业了。"双汇"的迅速崛起,很大程度得益于该企业对广告、公关的一贯高度重视。据悉,双汇集团年广告费支出达2 000万元以上。

说起来也许难以置信,双汇集团让自己的广告进入天安门,仅仅破费了12万元,尚不及《人民日报》半个套红广告版面的花费。当初,精明的双汇人获悉"逛北京、爱北京、建北京"大型旅游文化活动将在天安门广场隆重举行开幕式时,就已经酝酿要制造一起轰动全国的特大新闻了。于是,"双汇"派出最得力的公关人员,终于以一个气球一万元的价格,成功地赢得了北京市有关部门的审批通过。当有关领导同志还为组委会人员"反正开幕式活动需要气球助兴,何不挂个企业条幅多收入12万元"的做法深为赞许时,并没有意识到新中国成立以来企业广告首次进入天安门将成为事实。从某种意义上说,如果没有新闻界的渲染,人们最多回忆起当时有彩色气球飘扬在天安门广场上空。

据说,"双汇"闯入天安门广场做广告的消息传出后,不少企业纷纷找到天安门广场管理委员会,提出愿出数百万元重金购买寸土做广告,均被婉言谢绝。当企业以"双汇"何以能入天安门做广告相质问时,答曰:是给"双汇"钻了空子,一不留神巧做了广告。

案例点评:双汇集团利用天安门广场作为企业公共关系的载体,体现了双汇集团公关的独创性。

8.1 企业公共关系概述

8.1.1 企业公共关系的含义

企业公共关系,是指企业在运营过程中,有意识、有计划地与社会公众进行信息双向交流及行为互动的过程,以增进社会公众的理解、信任和支持,达到企业与社会协调发展的目的。

在这里,社会公众并不是一个宽泛的概念,而是有其特定的含义,即对企业具有直接影响与作用的社会群体。具体可以分为企业外部公众和内部公众。

为了完整、深刻、具体地理解企业公共关系的含义,应从以下几方面内容加以把握。

1. 它是有意识、有计划的活动

企业公共关系活动并不是盲目、随意的,而是主观上有明确的意识、正确的观念与具体的目标,并且以严密、具体、可操作性的系统计划方式去加以完成,才能收到良好的效果。比如2011年7月至9月联想集团举办了第三次微公益大赛,主题为"微公益,做不凡",目的就是鼓励大家发掘身边微小的社会需求,把爱心付诸行动,创作不平凡的力量。联想为了扩大影响力,让公众广泛参与,公益大赛进行了前期的计划与编排,整个大赛分为四个阶段:第一个阶段是微公益征集,第二个阶段是微公益培训,第三个阶段是微公益实战,第四个阶段是成果展示和颁奖典礼。获奖的参赛者为微公益之星,得到联想三个方面的支持。首先,联想会提供专业的培训,把整个的公益生态系统里面的组织和力量嫁接在他们身上,让他们变得更加强大。其次，联想将为每位获胜选手提供3万元到10万元的公益创业基金。最后，就是联想一千多名志愿者，将常年从各个方面支持。再加上贾樟柯9月份由联想集团投资完成的纪录片《爱的联想》获得的持续深度反响，将"公益，做不凡"的主题进行了深度提升，最终将联想集团打造成一个有爱有责任的企业。因此，企业要想真正长久地发展下去，保证产品质量是一方面，而另一关键因素是进行公益公关，在社会公众中为企业打造一个有担当、懂感恩、热衷于公益事业的企业形象，以便成为社会公众在购买同类产品或服务时感到放心、有好感的企业。

2. 它是信息双向交流的过程

企业要想使其经营活动与变化的经济及社会相协调，就须不断进行信息的双向交流活动。它具体包括4个层次的任务。

（1）沟通情况

使企业与社会公众相互间达到充分的了解，这是企业公共关系活动的基础性工作。

（2）沟通情感

通过建立企业与社会公众的友善关系，求得社会公众的理解与信任，这是确立企业与社会相协调关系的基本手段。

（3）沟通观念

以此形成和确立企业适应自然与社会经济发展要求的经营观念，进而取得社会公众的认同与支持，这是企业公共关系活动的基本任务。

（4）沟通导向

企业与社会公众乃至整个社会的和谐相处，共同发展，取决于双方在价值取向上的一致性。一方面企业依据社会公众的愿望与要求，实现正确的经营；另一方面，企业又引发和指导社会公众，起到提升生活质量、指导消费和改变生活方式的作用，这是企业公共关系活动的基本目标。由此可见，信息双向交流在企业公共关系中的重要性。

3. 它是一个行为输出的过程

社会公众对企业的理解、信任与支持，并不是依靠甜言蜜语或口惠而实不至的"承诺"来达到的。换而言之，信息的沟通与交流仅仅是企业公共关系活动的一个方面。更重要的是企业必须做出切实的行动，来解决自身在经营与管理中引起社会公众不满的种种问题；不断改进、完善与提高自身的经营与管理水平，才能够取得社会公众的信任与支持。这是有效的公共关系的基本要求。比如2017年8月25日，《法制晚报·看法新闻》记者历时四个月暗访海底捞并发表文章，内容涉及"火锅漏勺掏下水道""老鼠在后厨地上乱窜"等，一时之间把海底捞推到风口浪尖上。之后，海底捞企业领导迅速做出反应，及时采取措施，有效地解决了消费者的疑虑与不满。海底捞官方网站发布信息，关于海底捞火锅北京劲松店、北京太阳宫店事件的道歉信，接着又连续发了处理通报、整改与欢迎群众监督的通告。一是道歉，首先承认媒体反映的情况属实并公开道歉，之后自己披露每个月公司都会有处理这类食品安全卫生事件并公之于众。二是承担责任，承诺立即整改，并且表态愿意承担经济责任和法律责任，欢迎媒体和公众监督。这样做或多或少消除了公众的不满情绪，有效地建立起两者之间的信息交流与互动。三是各门店全面整改，吸取教训，涉事的店进行停业整顿，所有门店进行逐一排查。整个危机处理有条不紊，及时有效，用实际行动消除了公众的疑虑，解决了引起公众不满的问题，重新赢得了公众的信任，重塑了企业形象。

4. 它将公众利益置于首位

企业要想与社会、经济环境相协调，实现共同发展，必须将社会公众利益置于首位，不断用实际行动增进公众利益。在此基础上，企业才能获得一个良好的生存与发展环境，社会公众不仅理解和信任企业，而且会大力支持企业的发展。这是实现企业利益与社会利益有机结合的基本前提，也是企业公共关系活动能否达到预期目的的核心问题。

5. 它是一种管理职能

公共关系在某种意义上讲，是企业运营不可或缺的社会资源，因而必须将其纳入到企业的管理过程中，使之成为企业经营者进行资源优化配置决策中一个重要组成部分。换而言之，如果不能对企业的公共关系实施有效的管理，企业的人、财、物就无法有效和充分地发挥其作用，企业的经营与管理目标就无法实现。

8.1.2 企业公共关系的特征

1. 以公众为对象

企业是公共关系的主体，公众是客体。企业通过公关活动求得公众的信任与支持，这就意味着企业必须将公众利益置于首位，通过信息交流和行为互动，才能达到相互协调、共同发展的目的。

2. 以美誉为目标

追求美誉、塑造良好的企业形象，是企业公共关系活动的基本目的。这样才能使企业获得良好的生存和发展环境。

3. 以长远为方针

企业追求永续发展，公众对企业的认识与评价也是在长期中逐渐形成的。因此，企业公共关系活动必须着眼于长远效果。急功近利，只会适得其反。

4. 以真诚为本

公众对企业的理解、信任都是建立在企业以诚为本这一基础上的。因此，企业无法与公众进行有效的沟通，更谈不上取得公众的信任与支持。

5. 以沟通为手段

沟通是形成和发展企业与公众关系的桥梁。企业要想更富有实效地开展与公众的种种联系，必须重视对多元化沟通手段的研究与利用。

6. 以互惠为原则

企业公共关系的形成是以一定的利益关系为基础的。换而言之，在市场经济中，互惠互利是企业与社会共同发展的基本保证。这意味着，实现和增进公众与企业的利益，形成"双赢"的相互依存、相互促进的局面，才能推动经济社会的长久发展。

8.1.3 企业公共关系的职能

公共关系作为企业管理的一项重要职能,通过以下方面的具体职能体现出来。

1. 信息搜集职能

信息搜集、整理、分析与评估的作用,在于监测企业的外部环境的变化,以便企业与外部环境的变化保持动态的平衡。企业的外部环境是由公众及影响企业生存、发展的社会政治、经济、文化等因素构成。企业必须对外部环境的变化保持高度敏感性,特别是对其中潜在的问题和危机及时发出预报,并能够随机应变,采取科学的对策,企业才能顺利运营。

从企业公共关系角度处理信息资源,基本包括以下两方面内容。

1) 企业公共关系的形象信息

企业公共关系收集的信息是企业的公众形象信息,即了解公众对企业产品、行为、政策、人员等各方面的印象、看法、意见和态度及企业在公众中的形象,具体分为产品形象要素和企业其他形象要素两方面内容。

(1) 产品与服务形象信息

产品与服务是企业的产出。在市场上了解公众对产品与服务的形象评价,可以反映企业市场形象的好坏。产品与服务形象价值与其品牌、商品的知名度和美誉度直接相关。因此,收集、了解产品与服务在公众中的知名度与美誉度,是了解产品与服务形象的两个具体途径。

(2) 企业形象信息

企业在公众中的形象,反映的是公众对企业经营方针、服务水平、经营与管理效率、员工素质等多种因素的综合印象与评价。它同样可以通过调查企业的知名度和美誉度的方法,得到确认与评估。

2) 企业公共关系中的公众环境信息

企业公共关系收集信息的目的是监测环境的变化,以便提高企业的应变能力。因此公众环境信息是企业公共关系收集信息的一个极其重要的方面。它具体包括:目标公众变化的信息和社会环境的动态信息两个具体内容。由于企业所处的公众环境是开放式的,则企业目标公众的数量、构成乃至分布的范围,就是不断变化的。只有充分了解这一变化,并相应调整企业公关活动的目标、方针、政策和手段,以适应这种变化,企业公关活动的效果才能稳定和不断提高。企业身处社会大环境之中,社会政治、经济与文化诸方面的任一变化,对企业而言都有直接或间接的有利影响或不利作用,充分了解这方面的变化,企业既可以抓住机会,又可以及时规避风险。

2. 决策咨询职能

公共关系在企业的运营过程中,起到咨询、建议和参谋等作用,这是由企业公共关系活动所处的特定地位所决定的。企业公共关系对企业决策的影响与作用,立足于从社会公众、企业形象和传播沟通的角度,为企业决策者提供咨询服务,因而不同于企业内其他部门。这些部门主要是从技术、经济、业务、人力资源等方面,对企业决策提供可行性意见。

企业公共关系的咨询范围主要包括以下内容。

① 确定目标公众。

② 设计企业的公众形象。

③ 制订企业的传播方案与策略。具体包括：制定目标——回答"对谁说"的问题；设计内容——回答"说什么"的问题；选择媒介——回答"用什么方式说"的问题；实施的时间与地点——回答"何时何地说"的问题；预算费用——回答"资金合理投入"的问题。

④ 制订公共关系应变对策。对此，企业主要关注问题处理和危机处理。所谓问题处理，是指企业公关部门既对有关宏观环境的又对企业有潜在影响、即将进入立法程序的问题，进行分析、评估与预测，并制订相应的应对方案。所谓危机处理，是指企业公关部门面临突发事件和不利影响时，采取灵活有效的对策，化解危机。总之，使企业在变动的环境中保持主动性和应变力。

企业公共关系咨询的方式主要有：为确立决策目标提供建议；为决策提供各种所需信息；协助拟订和选择决策方案；从公众角度评估决策效果。

由此可见，在决策的全过程中，企业公共关系部门均发挥咨询和参谋的作用。

3. 传播推广职能

公众对企业的了解、信任与支持，都同企业公共关系部门传播推广的作用大小密切相关。企业公关部门通过运用各种传播媒介，将企业的经营宗旨、目标、方针、战略等信息，及时传递给公众，求得社会各界的理解和认同，进而争取公众的关心与支持。

为此，要完成以下几个方面的任务。

（1）制造舆论，告知公众

在媒体非常发达的现代社会，利用媒体制造有利于企业的舆论，无论是对于提升品牌形象，还是危机公关，都有积极作用。"农夫山泉停止生产纯净水，全部生产天然水"就是农夫山泉产品定位的企业公关活动。

（2）强化宣传，扩大影响

2002年1月1日起，中央电视台综艺频道、央视网联合推出《著名企业音乐电视展播》。作为一种全新的企业信息、品牌文化传播方式，让企业和消费者共赴美丽的玫瑰恋河。一滴水可以折射太阳的光芒，一个故事可以喻示伟大的哲理，《著名企业音乐电视展播》以其独特的视听感受、强大的感染力，震撼打动了亿万观众的心灵。自展播以来，五粮液集团、张裕集团、神龙汽车、吉利集团、奥康鞋业等著名企业的音乐电视作品参加了展播，受到亿万电视观众及社会各界的广泛关注和高度好评，被誉为全新传播的创举。对于企业形象起到了举足轻重的塑造和宣传作用。

（3）引导控制，塑造形象

2016年7月9日，美国俄勒冈州的一家汉堡王着火了。当消防员赶到的时候，大火已经烧到了屋顶。而类似这样的事件新闻也出现过，分别是2004年和2015年，汉堡王本应该按照传统处理方法开启危机公关模式，但是汉堡王并没有这样做。2017年2月27日，这家美国连锁汉堡公司将大火的场景，加上自己的广告文案，做成了平面广告，强调其"专注火烤烘焙"的理念。这样处理危机的方式，有效地控制了舆论，并且将产品的理念进行了深度宣传。

4. 协调沟通职能

企业的运营面对着错综复杂的社会、经济与人际关系，因此，建立一种有效的协调沟通机制，是企业公关的一项最基本的职能。它起到减少矛盾、调解冲突、疏通渠道、发展关系的诸多作用。协调沟通的目的是实现内求团结、外求和谐的良好生存状态。2015年一篇文章"爆红的老干妈却不用家乡贵州的辣椒"将老干妈推至风口浪尖上。原来贵州的辣椒品质在全国属于最好的，但是当时的价格多在每斤12～13元，而河南辣椒的价格为每斤7元，关于老干妈重利润不重品质的报道在网上蔓延开来。而陶华碧却宣称贵州辣椒与杂交品种相比，产量低、抗病性不强、品种退化等缺点，引起贵州本地人民强烈的不满，更使得老干妈陷入前所未有的品牌危机。可见在企业经营出现危机的情况下，沟通协调能力显得尤为重要。

8.2 企业公共关系的内容

企业要打开市场，对内离不开员工的共同努力，对外离不开社会大众对于企业的认可。因此，企业公共关系的内容主要表现在两个方面：一是企业内部公共关系，二是企业外部公共关系。概括起来就是，一方面内求团结，加强内部沟通，增强企业凝聚力；另一方面，外求发展，做好对外传播，提高市场竞争力。

8.2.1 企业内部公共关系

企业内部公共关系是指企业与员工、经营管理者、企业各部门及股东之间的关系。内求团结是企业内部公共关系的基本目标。

1. 员工关系

它是指企业内部的人际关系。员工关系是企业内部公共关系中最基本、最重要的关系。员工关系的重要作用体现于：它决定着企业各项目标的实现；它体现企业的素质和形象；它决定着企业的管理效能。如果企业内部公共关系不和谐，员工之间就容易出现纠纷，于是员工们将更加在意自己的帮派属性，甚至会出现破坏他人工作的行为，最终影响到整个企业的发展。

因此创造和谐的员工关系，显得尤为重要。企业必须要做到：一是满足员工物质和精神需求。比如在物质上，一方面，针对特困员工的生活问题，相应的管理部门应当给予一定程度的帮助，从而获得员工的认可；另一方面，适应于企业发展的阶段性需要，应该对薪资进行阶段性的调整，最终提升员工的工作积极性。在精神上，要积极解决员工的个人问题，比如进行相亲联谊会。二是实行民主管理，即以人为本。要积极广纳民意，倾听民声，听取意见和要求，将员工的利益与企业的利益相结合，最终促进企业健康发展。三是加强信息沟通，减少矛盾与摩擦，在网络新媒体环境下，信息的沟通和交流更加便捷有效。四是培育企业文化，增强企业凝聚力。比如定期举办年会，加强员工之间的情感沟通等。

创造和谐的员工关系，必须要做到：满足员工物质和精神需求；实行民主管理，调动员工积极性；加强信息沟通，减少矛盾与摩擦；培育企业文化，增强企业凝聚力。

2. 领导层内部的关系

它是指企业经营管理者之间的人际关系。现代企业的领导者通常是由若干人组成的具有一定层次结构的集体，又称为领导层。其内部关系如何，对企业各方面的影响重大。

3. 部门关系

企业内部各部门是联系企业与员工的中介，又是企业运营的关键环节。加强部门之间的关系协调，关键在于信息的沟通。可以采取职工大会、文件传达与情况通报、个别谈话、内部刊物、座谈会、茶话会、建议制度等诸多形式实现充分的信息交流，以达到相互理解、信任与合作的目的。

4. 股东关系

股东关系是股份制企业内部关系的一种形式。这种关系处理得得当与否，对企业的发展有直接的影响和制约作用。只有尊重股东权益，让股东充分了解企业的客观经营情况，才能增进股东的信任与支持；开展良好的股东关系活动，通过各种形式保持企业和股东密切的信息沟通和情感联系，使股东关心和支持企业发展。

8.2.2 企业外部公共关系

它是指企业与社会公众，主要是与消费者之间的关系。主要包括以下内容。

1. 顾客关系

它是企业外部公共关系中最重要的关系。这是由企业的经营性质所决定的。企业与顾客不仅仅是商品交换上的经济利益关系，同时还广泛存在信息交流、情感沟通等多方面的社会关系。换而言之，良好的顾客关系是建立和维系稳定的经济利益关系的基础。

与顾客保持良好关系的方法主要有：提供优质商品与服务；创新经营，指导消费；妥善处理顾客投诉；强化信息交流与情感沟通。

2. 社区关系

它是指企业与所在地居民及其他社会组织的关系。社区对企业而言，既是企业的生存空间，又是企业的服务对象，因而具有公共关系上的重要性。协调社区关系的主要方法有：增进相互了解；维护社区环境；支持社区公益活动；促进社区繁荣。

3. 新闻界关系

它是指企业与新闻传播机构、新闻界人士的关系。与其他外部公众相比，从公关的角度看，其特征一是非经济性。即除商业广告外，企业与新闻界的关系是非经济导向的。换而言之，企业不能用经济利益关系去处理与新闻媒介的关系。二是舆论导向性。这使得企业极其重视新闻媒体在提高企业知名度、树立企业形象等方面的作用。

与新闻界协调关系的主要方法有：主动提供新闻；适时召开新闻发布会；利用新闻媒体

做广告；保持长期联系。

2012年5月16日，加多宝就败诉裁决召开新闻发布会，在新闻发布会上，加多宝宣布王老吉正式改名为加多宝。但这并不是新闻发布会的真正目的。在这次媒体公关上，加多宝集团充分利用公众对于国企的抵触心理，利用各种手段塑造加多宝的悲情者形象，向公众传达其弱者的公关形象，让部分媒体和公众人士对加多宝的处境产生同情进而纷纷站到加多宝这一边，使得舆论导向倾向于加多宝。2013年2月4日又利用微博创造了"对不起体"，连发四条微博，分别配以婴儿哭泣的图片，最终赢得了公众对其的同情与认可。由此可见，有效利用新闻媒体，召开新闻发布会是建立企业与公众之间交流的关键信息渠道。

4. 供应商关系

它是指企业与各类生产、流通企业之间的协作关系。处理这方面关系的原则是：互惠互利，加强协作。通过建立信息交流制度，实现信息共享；密切人际交往关系，增加信任与了解。

5. 政府部门关系

它是指企业与政府主管部门及工商、税收、财政、物价、环保、卫生、审计等部门的关系。企业照章纳税，守法经营，并加强与政府各部门的信息沟通，争取政府各部门的支持，是企业处理好与政府关系的基本要求。

6. 竞争者关系

它是指企业与同行企业的关系。企业必须树立公平竞争的观念，用公平竞争的方式参与竞争，决不采取不正当竞争手段去排斥对手。2016年汉堡王曾经被麦当劳调侃，在麦当劳的广告牌旁边，麦当劳特地树立了一块高出好几倍的广告牌，上面标明到汉堡王门店还需要258公里。言下之意就是汉堡王的门店太少了，如果想找一家汉堡王填饱肚子的话，估计会饿死。面对这样赤裸裸的调戏，汉堡王直接利用一则广告进行回应。故事内容是一对情侣开车路过麦当劳特别设立的广告牌，于是驾车5公里买了两杯咖啡，广告语"大杯的哦，我们还有很远的路要走"，因为他们的目的地是汉堡王。广告的最后汉堡王特别感谢麦当劳开了那么多门店，才可以使汉堡王的爱好者开车到那么远的门店。利用广告有效地应对了麦当劳的调戏，有力地宣传了企业形象。

7. 社会名流关系

它是指企业与那些对公众舆论和社会生活有较大影响力的人物之间的关系。与社会名流建立良好的公共关系，能够充分利用他们的见识、才能等为企业的经营管理提供有益的意见咨询。因为，有些社会名流是专家权威，能够在与他们的交往中获得广泛的有效社会信息或宝贵的专业信息，无形之中给企业创造了巨大的知识信息财富。有些社会名流虽然不可能为本企业直接提供信息咨询或管理服务，但由于其与社会各界关系密切，或者有某一方面的特殊关系与才能，企业便能通过他们与有关公众对象疏通关系，扩大社会交往范围，最终提高企业的知名度。最关键的原因是，公众普遍存在崇拜心理，借助于明星或者名流的名望，提高企业在公众心目中的位置。比如从《偶像练习生》一炮而红的蔡徐坤，代言养生堂面膜，据网上数据显示原网销0.3万飙到1.5万，一下午便创造了两百万的销售额，不得不承认明星的重要影响力。

8.2.3　企业公共关系的基本程序

从其过程看，可分为以下 4 个步骤。

1. 公共关系调查

主要是收集和分析信息，以了解企业公共关系现状，明确企业公共关系的问题和目标。企业在公众中的知名度与美誉度是调查的重点内容，据此可发现问题，找出差距，明确目的。

2. 制订公共关系计划

它是在前期调研基础上形成的、为达到既定公共关系目标的行动规划。公共关系目标的确定，应符合三个要求：目标的确定性、目标的具体性和目标的可操作性。

企业的公共关系目标可分为三个层次：第一层次是最低目标，即消除公众对企业的不良评价和印象；第二层次为中间目标，即扩大企业在公众中的知名度；第三层次是最高目标，即提高企业的美誉度。

在设定公共目标后，要形成可操作性的具体计划，以此为实现目标的有利手段和保障。

3. 实施公共关系计划

其主要任务是协调各方面关系形成合力，以确保计划按时间安排，内容要求圆满完成。要提高计划实施的成功率，就应该有效地排除实施中的各种障碍。

在计划实施过程中，通常遇到的障碍如下所述。

（1）企业自身障碍

这是企业内部对计划实施的整体协调性差所导致的，其原因是多种多样的。

（2）公共关系计划自身的障碍

主要来自计划不切实际，致使计划难以达到预期效果。

（3）沟通障碍

传播沟通方式多样，影响因素复杂，往往使沟通效果大打折扣，从而使预期目标难以实现。

在实施过程中，可以针对不同情况，选择战术性公共关系模式和战略性公共关系模式作为实现计划目标的有效手段。

4. 公共关系评估

它是整个公共关系策划过程的最后一个步骤，又是新一轮公共关系工作的起点。评估过程的三个环节如下所述。

（1）明确评估标准

它是对公关计划实施过程与结果的客观衡量尺度。评估标准不明确或含糊不清，就无法对公共计划的最终结果作出切合实际的判断。因此，明确评估标准是进行科学评估的基础性条件。

（2）衡量公共关系工作绩效

依据评估标准对公关过程是否按计划与目标要求，以及其带来的社会效益与经济效益进行判断、估价。

(3) 纠正工作偏差，确定下一个工作过程

企业公共关系活动是一个持续不断的过程，评估的目的是在总结经验、发现问题的基础上，为新的公关活动奠定良好的基础。

8.3 CIS 战略

CIS 是英文 corporate identity system 的简写，译为企业识别系统，简称 CI。CIS 产生于市场经济，成熟于国际商品大战。纵观历史，CIS 发源于美国，深化于日本，得益于韩国等国家和地区的进一步推广。

8.3.1 CIS 的基本含义

企业识别系统是指一个企业（社会组织）为了塑造自身的形象，通过统一的视觉设计，运用整体传达沟通系统，将企业的经营理念、企业文化和经营活动传递出去，以彰显企业的个性和精神，与社会公众建立双向沟通的关系，从而使得社会公众产生认同感和共同价值观的一种战略性的活动和职能。

从 CIS 的目标上看，它是为了塑造企业组织的形象而服务的。做 CIS 的最主要的目的，在于塑造良好的企业形象，使得企业赢得公众，立于不败之地。因为在以形象竞争为导向的时代，只有企业的形象好、知名度高、美誉度增强，才能得到公众的认同、理解和支持。当然，这需要企业把自己的特色、理念、文化、行为活动通过整体的视觉设计体现出来，并需要运用一定的技法和手段推向公众。

从 CIS 的职能上看，它要处理好企业与内外公众之间的关系。这也是搞好 CIS 活动的基础和前提。企业总是处于不断变化的环境之中，其生存和发展须解决、处理好各方关系，才能走向成功。CIS 中所追求的良好的公众关系是指企业与消费者、企业内部员工、社区公众、国际市场、新闻媒介单位、地方公众团体、政府、同行同业人士、潜在就业人员、股东（投资者）、金融机构、供应商、代理商等之间的关系。处理好关系的关键是使得企业的理念、文化、行为活动等，符合时代的要求和社会发展的趋势。这就要求企业要有社会使命感、与社会利益一致，这样来达成社会对企业的认同感和共同的价值观。

从 CIS 所运用的方式和手段看，它是利用整体传达沟通系统进行信息传播。塑造企业形象最为快速、最为便捷的方式和手段就是 CIS，它是以理念识别 MI、行为识别 BI 及视觉识别 VI 等融合而成的情报资源，建立一套完整独特的系统。

从 CIS 的活动效果看，其表现是长期性、全局性、战略性的。企业推行、导入、实施 CIS（战略），必须树立长期、全局、整体的观念，考虑企业的发展与整合，而不能头痛医头、脚痛医脚。只有经过长期扎实的工作、持续不断的努力，企业形象才能在各种公众中建立。可见，其影响是深远、长期、全局性的。

综上所述，从 CIS 的定义中，可以清楚地了解到 CIS 特有的属性，其本质是一种以塑造

企业形象为目标的组织传播行为。

8.3.2 CIS 的功能

CIS 的主要功能就是通过传播媒介，整体性传达企业应有的态度，以表现出企业本身和外界所共同承认的存在意义，进而树立良好的企业形象，最终目的则是为企业带来更好的经营效果。CIS 的具体功能，主要体现在以下几个方面。

1. 管理功能

在开发导入 CIS 过程中，要作出理念的确定、行为活动的规范、视觉的设计，相应需要配合战略管理，开展企业形象调研及其定位与策划，总结企业历史，做广告、公共关系，进行市场开拓等，其最终结果是要制定出一个 CIS 手册。把它作为企业内部宪法，让企业全体职工共同遵守执行，进而塑造企业形象，提高企业实力，提高经济效益。

2. 识别功能

通过导入 CIS 以后，能够区分出企业形象，展现企业间形象的差异、企业内部形象的统一；同时，树立起企业产品、服务、环境、职工等良好形象，使得社会公众对企业产生偏好，建立信心，取得他们的同情、理解与支持。

3. 协调功能

对大企业、集团公司而言，其组成单位部门很多，地域很分散，通过运用 CIS 可以加强各环节的归属感和向心力，使其齐心协力地为整个企业的美好未来而效力，从而形成强大的竞争群体，发挥群体效应。

4. 应变功能

CIS 不是静止、固定不变的，它也要随机应变。在一定时期保持相对稳定的条件下，随着企业内部条件和外界环境的发展，CIS 也允许作出一些局部相应的调整，甚至全部改变。要以足够的应变能力来塑造企业形象，适应时代的变化要求。世界上一些著名公司也都曾对 CIS 作出过调整。

5. 传播功能

搞 CIS 离不开利用各种媒介、采用各种方式方法在企业内、外传播企业的理念（MI）、表现规范的活动（BI）及表现视觉统一（VI），以实现企业的规范化、标准化、同一性、一致性；同时展现出企业的特征、差异，树立良好形象。否则，无法取得社会认知，更谈不上取得社会公众的接受、同情、理解和支持。当然，传播时要注意做到：传播要经济有效；传播内容要统一；加强信息传播的频率和强度，增强传播效果。

6. 文化教育功能

导入 CIS 能够使得企业处在一种最佳的文化生存环境之中，将理念提升为一种文化氛围，产生口号、标语、座右铭等，用标准、规范指导人们的统一行为。具体表现就是：

① 通过实施 CIS 增强文化整合功能，对相关要素作出重新组合、重新协调、重新确定，进而增强企业整体性、同一性和凝聚力，使得企业有序、协调和统一运转；

② 通过实施CIS，增强文化导入功能，推动企业发展，包括提供知识更新的认知，在企业中采用最新的科学技术理论等，以提高管理水平。

8.3.3　CIS的基本特征

CIS的定义和功能，决定了它的基本特征是客观性、社会性、战略性、系统性、整体性、独创性、标准性和稳定性。

1. 客观性

企业导入实施CIS，首先必须遵循实事求是，从自身的实际情况出发，这是开展CIS并取得成功的坚实可靠基础。导入CIS要注意做好调研工作，对企业原有的形象进行科学分析评估，不能人云亦云，这样，形成的CIS相关概念、企业形象的定位等，才能符合企业的实态。可以说，CIS是企业主观作用于企业客观，主观和客观的和谐统一，而客观性恰好是塑造企业形象的基础。

2. 社会性

企业是社会系统中进行生产、服务、流通的一个有机组成部分。那么，企业的生存发展就离不开社会公众的理解、支持和合作。从这个意义上讲，企业利益和社会利益是一致的，两者并不矛盾，还要相互联系、相互促进。所以，企业的CIS必然具有社会性的特征，也只有这样，CIS才能被传播、为社会认同。讲CIS的社会性，首先，应把社会利益、公众的利益放在首位；其次，企业领导要有社会责任感和历史使命感，这一点极为重要；最后，理念的准确表达，也必须建立在企业目标和社会需求完美的结合上，它不能是恩赐性的。

3. 战略性

CIS着眼于企业全局和长远发展目标，在方方面面、时时刻刻表现战略思想。坚持CIS战略观念，首先需要强化企业领导者的战略意识，企业领导特别是高层管理者要有战略眼光。其次，当企业的近期利益或眼前利益与战略目标发生矛盾冲突时，应把长远的战略目标放在首位，甚至为了长远利益要牺牲或者舍弃眼前利益。最后，CIS战略还表现在当企业形象价值与企业经济效益发生不可调和的矛盾冲突时，应把企业形象摆在首位、牺牲经济效益换取企业的形象利益。

4. 系统性

从CIS的构成内容看，CIS主要由理念识别系统、行为识别系统和视觉识别系统组成，它们是有机联系的，缺一不可，不能偏废，必须在统一的企业理念的指导下，规范标准地表达出企业系统、整齐划一的形象，而不能是对企业实行简单的平面外表包装，零敲碎打、花里胡哨的设计。另外，CIS应以理念为灵魂，向行为规范、视觉传达的设计扩展，"3I"交相辉映，形成一个内在密切联系、不可分割的整体。

5. 整体性

CIS的整体性特征表现在两个方面，首先，CIS是MI、BI、VI三个方面的整体性表现，而不是一个或两个方面；其次，CIS是企业内、外活动的整体性。

6. 独创性

强调 CIS 应具有"新、特、奇"的特点，不能千篇一律。雷同，没有生命力；机械模仿，会缺乏存在价值。

7. 标准性

它是指 CIS 必须在企业整体上得到贯彻，并施行标准化的管理，如标准字、标准色的使用都应有严格的规范。企业在导入 CIS 时也应得到企业员工的认同，逐步接受和实施 CIS 的具体规定。

8. 稳定性

CIS 在现实的稳定中求得变化，在动态的发展过程中求得发展。变与不变、变化多少取决于企业所处的环境、经营规模、消费者的认同结构。那么，一旦改变 CIS，其理念、行为和视觉表现也应相应作出调整，结果必然达成企业理念、行为和视觉传达的和谐性，能够实现企业整体形象与产品、员工、环境等的一致性，能够做到企业经营方针、精神和文化的同步性，用整合的 CIS 不断塑造企业新形象。

8.3.4 CIS 的构成内容

总体来说，企业识别系统 CIS 主要由企业的理念识别系统 MIS、行为识别系统 BIS 和视觉识别系统 VIS 三个部分构成，CIS 是这三个子系统相互协调运作的整合性成果，共同塑造企业形象。

1. 企业理念识别系统（MIS）

它是企业在生产经营活动过程中的经营理念、经营信条、企业使命、企业目标、企业哲学、企业文化、企业性格、企业座右铭、企业精神和企业战略等的统一化。换言之，企业理念是企业在开展生产经营活动中的指导思想和行为准则。它包括企业的经营方向、经营思想、经营道德、经营作风和经营风格等具体内容。

例如，美国国际商业机器公司（IBM）的经营理念是"IBM 就是服务"。这句话就概括了 IBM 公司经营全过程的基本风貌、传统习惯、成功经验和经营道德的基本特色。北京同仁堂的经营理念是"济世民生"。上海幸福摩托车厂以"创造幸福"为企业的理念。

2. 企业的行为识别系统（BIS）

它是指企业在实际生产经营活动中的一切具体行为，在操作活动中的规范化、协调化、系列化，以便达成经营管理的统一化。

例如，长春国贸商场早晨营业前举行的宣誓升旗仪式，可口可乐分销点的班前宣誓，各大宾馆、饭店营业前的短会、宣誓等。行为识别系统要以理念识别系统作为核心和依据，体现理念识别的内涵。它是 CIS 中的动态识别形式，主要包括企业的对内行为识别系统和对外行为识别系统两块内容。

3. 企业视觉识别系统（VIS）

它是指纯属视觉信息传递的各种形式的统一。视觉识别系统是企业识别系统中分列项目最多、层面最广、效果最直接的部分，它受到理念识别系统的制约，配合行为识别体现理念识别的内涵。它是 CIS 中的静态识别系统，包括基本要素系统和应用要素系统。

可见，MIS、BIS、VIS 共同构成了 CIS，其中理念识别系统是 CIS 的灵魂，是企业的基本精神所在，是建立其他子系统的基础和依据，也是整个系统运作的原动力。它影响着企业内部的动态、活力和制度、组织的管理和教育，并扩展到对社会公益活动、消费者的参与行为的规划，即影响 BIS；VIS 则是配合行为识别系统，传达企业营销的外在信息，易于直接塑造企业形象，达到企业识别目标的外在体现。

值得一提的是，有人把企业识别系统 CIS 形象地比喻为一棵大树，认为理念识别系统 MIS 是树根，行为识别系统 BIS 是树枝，视觉识别系统 VIS 是树叶。只有根深，树枝才能繁茂，树叶才能郁郁葱葱。还有人作出这样的比喻：MIS 相当于人的心，BIS 相当于人的手，VIS 相当于人的脸。这些都有助于对 CIS 及其构成的记忆、理解和应用。

8.3.5 CIS 设计开发

1. 企业理念识别（MI）设计开发

首先，要对企业现有的理念进行进一步的明确和调整；其次，要浓缩提炼企业形象的标语和企业文化；再次，要思考企业自身定位问题，即企业定位、市场定位、产品定位等；又次，确立企业竞争者和进行竞争性定位；最后，制定竞争性营销策略。具体如下所述。

（1）企业精神

这是企业的最高思想境界。创业企业在树立自己的企业精神时要有特性。如果企业把质量当成命根子，那么精神就定为"一点都不能差"（冠球公司的企业精神）；如果企业把创新当成看家宝（IT 业、广告业等），那么就可以采用"我们每天都是新的"。浙江宁波雅戈尔集团的企业精神——"装点人生，服务社会"概括得很好，突出了行业特点，有独具的文化魅力和丰厚的内涵。

（2）工作作风（行动口号）

工作作风是对全体人员的工作态度要求，是企业行为的个性表达。金塔王的工作作风是"想在前头，做得更好"，而一家广告公司创业之初的行动口号是"努力就有机会"，一眼便看出了企业的鲜明个性。

（3）客户观

不同于原来的服务观念，而是一种由注重企业内部资源转向注重外部（客户）资源的管理文化变革，树立与客户建立一对一互动沟通的观念，由提升企业自我价值转为提升客户价值。例如金蝶公司，一开始便确立了"帮助顾客成功"的经营理念。

（4）诚信观

真诚守信是立业之本，创业企业极易因时利而背离此道，最后把企业带入死胡同。树立诚信形象观是沟通员工、赢得商誉的法宝。

（5）质量观

创业必须确保质量，树立"$100-1=0$"的质量危机意识。金塔王的"始终超越国标，永远满足客户"是全体员工恪守的质量目标。

（6）学习观

树立团队学习观念和建立学习型组织是 21 世纪创业企业快速抢占先机，营造整体竞争优势的必由之路。这一点往往被千头万绪、忙得不可开交的创业者所忽视。

（7）道德规范

受社会道德观念的影响，但应有本企业鲜明的特点。

2. 企业行为识别（BI）设计开发

BI 是 CI 的动态识别形式，包括对外回馈、参与等，对内组织、管理和教育等。通过企业 BI 的运行，把企业的理念点点滴滴地渗透于社会公众，以表企业之"心"。企业内部活动识别开发包括：增强企业内部组织的活化性，强化企业内部的宣传、教育、培训工作，具体活动有：编写制作 CI 说明书、幻灯片、企业报、CI 简讯、员工手册、宣传海报，奖励使用公司产品活动，设置企业留言板、意见箱，促进自我启发，改善电话应对态度，推行礼貌运动，借助企业影响力表现企业的精神和风范，形成强大的凝聚力。当代市场竞争日趋激烈，产品日新月异，企业必须不断更新产品，以适应产品生命周期日益缩短的趋势。特别是企业要注意形象广告宣传，注重奉献社会，立足情感诉求，以治理公害为己任，树立企业形象。

3. 企业视觉识别（VI）的设计开发

VI 设计主要针对企业名称、品牌名称、图案、颜色等设计。VI 设计的基本原则是：以 MI 为核心，人性化、民族化、化繁为简、化具体为抽象、化静为动，习惯化，法制化。VI 设计开发工作包括：基本设计要素开发、应用设计系统开发、实施设计和实施系统开发等。

案例阅读 8-1

IBM 公司 CIS 战略策划

美国国际商业机器公司创建于 1924 年。开业伊始，公司就实行了标准化管理，员工服饰也在统一之列。进入 20 世纪 50 年代，计算机新技术沉重打击了公司老产品，在市场与效益严重滑坡的危难之际，小托马斯·沃森于 1955 年接替父亲就任公司总裁。上台不久，小托马斯·沃森就制订和实施了一系列战略决策：第一，集中公司人力、物力、财力，设计开发计算机硬件系统，特别是软件系统和联网技术。第二，推行全天候、全方位、全球性的限时维修服务，特别是全过程联网化、系列化、伙伴化的潜在市场外发性服务。第三，把产品识别标志和企业识别标志统一起来，并且系统地应用于产品系列、时空环境、信息流程等企业经营活动全过程。

该公司的识别标志由几何图形造型的 I、B、M 三个大写字母并列构成，M 的体量恰好是 I、B 两者的体量之和，名称、字体、图形三者合为一体。首先 IBM 是公司全称 International Business Machines Corporation 的缩写，立足于企。其次，突出 M，实际上强调计算机。最后，I、B、M 三个字母并列组合，既象征了计算机产品系列及其联网技术，又使人联想公司开发计算机企业发展战略和提供优质服务的企业行为规范。以企业识别标志 IBM

为中心的企业识别系统,简洁明了、易读易写,一目了然。

小托马斯·沃森实施的三大战略抓到了公司发展的关键:第一条是企业发展战略,规定了企业经营性质和发展方向,这是企业经营的精神动力和智力支持。第二条是企业行为规划,以高素质的文化服务开发带动高科技潜在市场,这是推行实现企业发展战略的必要途径和根本保证。第三条是企业识别标志,形象地传播和展示了既独特又统一的企业发展战略和企业行为规范。三者相辅相成、相互作用,使IBM公司成为美国公众信任的"蓝色巨人",并在美国计算机行业占据了霸主地位,而且IBM的产品识别标志也进入了世界十大驰名品牌识别标志行列。

资料来源:朱健强. 企业CI战略. 厦门:厦门大学出版社,1999.

本章小结

企业公共关系,是指企业在运营过程中,有意识、有计划地与社会公众进行信息双向交流及行为互动的过程,以增进社会公众的理解、信任和支持,达到企业与社会协调发展的目的。企业公共关系具有信息搜集、决策咨询、传播推广和协调沟通职能。企业公共关系的内容主要表现在两个方面:一是企业内部公共关系,二是企业外部公共关系。企业公关包括调查、策划、实施和评估4个步骤。CIS是英文corporate identity system的简写,译为企业识别系统,简称CI。企业识别系统是指一个企业(社会组织)为了塑造自身的形象,通过统一的视觉设计,运用整体传达沟通系统,将企业的经营理念、企业文化和经营活动传递出去,以彰显企业的个性和精神,与社会公众建立双向沟通的关系,从而使得社会公众产生认同感和共同价值观的一种战略性的活动和职能。

复习思考题

1. 简述企业公共关系的含义和特征。
2. 企业公共关系的基本内容是什么?
3. 越来越多的企业领导和员工都知道"企业文化是企业管理的最高境界",也知道企业文化会给企业的经营管理和发展带来巨大的作用,很多人都知道优秀而独特的企业文化是使世界500强出类拔萃的关键。但是在实际的经营管理实践中,能有机地运用企业文化于企业经营、管理及其发展过程中的企业却是凤毛麟角。结合本章的学习,请你分析一下其中的原因。

案例实训

路遥知马力,患难识公关

厦门宏泰发展公司是香港鑫港实业公司投资兴办的独资企业,1986年建厂,当年产值7 000万元,1987年达1亿元,1988年增至1.8亿元,1989年1—5月,突破2亿元。而进入6月份，由于国际政治形势发生变化，遇到西方国家所谓"经济制裁"。在这种情况下，有人提出一个方案，如把产品"Made in China"改为"Made in HongKong"，即从香港转口。但这一方案被经理否决了。

作为土生土长于厦门的经理，他主持的宏泰公司，从管理、技术到操作，全部都从内地招聘，产品的国产化率达50%以上。公司的一大特色是注重内、外部公关，全厂上下关系密切，敢于迎难而上！宏泰的愿望就是在国际上打出中国商品的品牌。经过认真分析和策划，一个方案得以迅速制订并付诸实施。通过电话、电报、传真，公司耐心地向各位老客户解释、沟通与保证，并努力开辟新客户。这一方案很快有了回音。美国代理商来厂考察后，当场签下10万台电话机的订单，很快美国人来了，日本人来了。得出的结论大致相同：宏泰公司干劲大、产品好、信誉好。

快到国庆节时，刚刚松了口气的宏泰人宣布放假4天，消息传出后，全厂职工早早作了安排。由于宏泰是年轻企业，职工平均年龄只有21岁。30日上午公布放假通知，中午不少人就订了第二天的旅游车票。但这时一批6 500部电话机的订货必须10月3日运抵香港，拖延一天，付1%赔偿费。

在此情况下，总经理皱眉了，既不能取消放假，又不能违约，也许这批订单是客户的一个试探，考验你的应急能力呢！于是，经理用了5分钟的时间，如实向职工交代情况，他不强求，想玩的可照常去玩，能来加班的，请来加班。"拜托了！"他说。

第二天的情况出乎意料又在意料之中，全厂工人一个没落，全部到岗，10月2日，6 500部电话机全部发出！

由于宏泰出色的内、外部的公关行为，赢得了企业的良好形象。在当时的严峻形势下，产值仍然升至2.3亿元。

思考题：
1. 怎样认识组织内、外部公关之间的关系？
2. 内、外部公关主要有哪些作用？
3. 内、外部公关工作目标有哪些？工作的重点是什么？
4. 你认为宏泰公司的内、外部公关还存在哪些需要改进的地方？如何改进？

第9章

政府公共关系

▶▶ 学习目标

通过本章的学习,了解政府公关的含义与特征,了解政府公关的职能;掌握政府公关的原则,熟悉政府公关的方式。

北京成功申办2008年奥运会

2001年7月13日,是全国人民永远难忘的日子。随着国际奥委会主席萨马兰奇的一声"Beijing",全中国都沸腾了,举国上下成为一片欢呼的海洋。中央电视台随即在屏幕上打出了4个大字"我们赢了",各地也举办了多种多样的庆祝活动,可以说,北京申奥的胜利也是中国政府公关的胜利。

北京申奥过程是经过精心策划和实施的。公关主体是中国,是北京。李岚清副总理在申奥报告陈述时说:"在过去20年改革开放的过程中,中国已成为世界上经济发展最快的国家之一。我们将继续保持政治稳定、社会进步和经济繁荣。"国际奥委会执委何振梁则说:"选择北京,你们将把奥运会第一次带到世界上拥有1/5人口的国家,让十几亿人民的创造力和奉献精神为奥林匹克服务。"任职国际奥委会主席长达21年之久的萨马兰奇卸任时最大的心愿就是把奥运会带到世界人口最多又有巨大经济潜力的中国。正如刘淇市长在申奥成功报告会上所说:"北京申奥成功是因为有了日益强大繁荣的祖国做后盾。"由此可见,中国已经成为受世人关注、有重要影响力的大国。

北京申奥成功的一个重要原因是具有最高的民众支持率。95%支持北京申奥的民众和受中国奥运情绪感染的国际奥委会委员,这是北京申奥最重要的目标公众。挪威籍国际奥委会委员乔恩·奥拉夫感慨万分地说:"北京申奥给我印象最深的是来自中国民众的支持。就我个人来说,我从北京得到的申奥信息是其他4个城市之和的2倍。所有这些信息里都包含着同一个主题,那就是给正在腾飞的中国再一个全面腾飞的机会吧!"

北京奥申委确定了"新北京,新奥运"的申办口号,提出了"绿色奥运,科技奥运,人文奥运"的申办理念，提供了一部长达500页，涉及17个主题的申办报告，并把"95%的公众支持率"的调查结果写进其中，还制作了精美的北京申奥宣传片。投票前夕的新闻发布会上，北京奥申委秘书长慷慨陈词："我们有信心创造历史。这将是奥运会第一次来到有近13亿人口和五千年文明史的东方大国。"在2008年奥运会期间，各国媒体可以享受百分之百的新闻报道自由。

2001年4月4日，是申奥揭晓倒计时100天，北京奥申委提出了4月4日为全国支持北京申奥统一行动日的倡议。这个倡议得到了全球华人的积极响应，申奥热潮风起云涌。5月8日，全球华人支持北京申奥联合委员会在德国杜塞尔多夫市举办了以"全球华人心连心，齐心协力申奥运"为主题的系列活动。

2001年6月12日，北京奥申委派代表参加了在肯尼亚举行的非洲国家奥委会联合会第9次大会。6月23日晚上，古老的紫禁城飘荡起世界三大男高音帕瓦罗蒂、多明戈和卡雷拉斯激昂高亢的歌声，全世界都为这种中西文化合璧之美而赞叹，这是一个难眠的"6·23"奥林匹克之夜。作为国际奥委会副主席、北京申奥代表团顾问的何振梁，从2001年2月以来的5个多月里，他就有69天在国外和飞机上，出访11次，走了20多个国家和地区。所有这些都是为发展外部公共关系而做的努力。

北京奥申委汲取了悉尼申奥的成功经验，"不要光自己说，更要让人家看"。为此，北京奥申委主动与西方媒体广泛接触，邀请外国记者来华访问，让世界了解中国、了解北京。2001年2月21日，以海因·维尔布鲁根为主席的国际奥委会评估团一行17人，对北京进行了为期4天的考察。维尔布鲁根说："评估团看到了一个真实的北京，北京申办奥运会得到了政府和民众的大力支持，北京奥申委的工作是积极有效的。"7月13日北京申奥团陈述报告一结束，立刻就有各国奥委会委员轮番提问，涉及环境、场地、语言、运动设施、反兴奋剂、资金盈余等问题。代表团成员用英语一一作答，列出了令人信服的事实数据。正如北京申奥代表团助理所说："提问多是一件好事，说明大家对北京特别关注，很想知道详细情况。"

北京申奥团的陈述与众不同。它包含了三个基本方面：一是坚实的保证，二是明确的优势，三是调动国际奥委会委员的情感。在平淡中隐含着"玄机"，那就是中国人民的真诚、朴实和实在。难怪美籍国际奥委会委员德弗朗茨女士在投票结果后说："很多委员都被何先生的真诚所感动。"2000年9月9日，国家主席江泽民致信国际奥委会主席萨马兰奇，表明中国政府完全支持北京申办2008年奥运会。2001年7月13日，北京申奥代表团第一个出场陈述的李岚清副总理庄严承诺："如果此次奥运会发生盈余，我们将用它来建立一个奥林匹克友谊基金，来帮助发展中国家的体育事业；如果发生赤字，将由中国政府承担。"这不仅增强了国际奥委会委员对北京办好2008年奥运会的信心，而且激发了国际奥委会委员对中国的好感和敬意。这为中国塑造了良好的公众形象。

任何组织的发展和成功都有赖于良好的公众环境，都需要得到公众舆论的认可和支持。北京奥申委秘书长在申奥投票前的新闻发布会上，陈述了北京能够申办成功的六点理由：第一，北京市民对申办的支持率达到95%。北京奥运会的确代表"人文奥运"；第二，近20年来，越来越多的北京市民参与到文化与体育交流中，渴望成为国际体育大家庭中的一员……北京在申奥投票第二轮就以56票的绝对优势胜出，其中很多票源自亚非拉国家。因为中国政府力所能及的帮助，使这些国家中的部分国家的体育基础设施状况有了极大的改善。不仅如此，中国政府还承诺用奥运会所得来发展这些国家的体育事业，这些国家虽然不大，影响力有限，但在国际奥委会大家庭中却享有平等投票权。中国奥申委的这一系列举措，使这些国家的成员们大为感动，所以支持北京申奥也就成了理所当然。正由于中国有这种良好的公共关系，才确保了北京申奥的成功。

社会组织往往借助各种传播手段实现与公众之间的双向沟通，在双向沟通中达到双向的信息传递。由著名导演张艺谋执导的北京申奥宣传片《新北京新奥运》，成功地在短时间内把北京辉煌的成就、迷人的风采和中国人民对奥运的期盼表现得淋漓尽致。由于国际奥委会委员中至少有一半未来过中国，该片除了从运动员、运动会角度展现外，还从历史的角度来展示中国的历史和现状，来展示北京的历史和现状，从而满足了国际奥委会委员对中国、对北京深厚的心理文化需求，使他们对中国、对北京更加了解，更为中国、北京的变化所惊叹，深深地被中国、被北京所吸引，起到了很好的宣传效果。

案例点评：中国申办奥运会的成功，正是中国政府利用有效的公关手段，打动了国际奥委会委员。中国政府申奥的成功，是中国政府公关的成功。

9.1 政府公共关系的含义、特征和意义

9.1.1 政府公共关系的含义

政府公共关系是以各级政府为主体、以广大内外公众为客体的一种特殊的公共关系类型。政府公共关系活动是指政府为了更好地管理社会事务、争取公众对政府的理解和支持的持久关系，以便在公众中塑造良好的政府形象，运用传播手段与社会公众建立、协调、改善关系的政府行为。这个定义至少包含着以下三层含义。

1. 政府公共关系是政府与公众之间的关系

政府是公关主体，是政府公关活动的组织者和发动者。没有政府，就谈不上政府公共关系。政府公共关系活动的状况和效果既依赖于政府，又影响着政府。公众是公关客体，是政府公关活动的对象。政府的形象如何，政府公关效果怎样，最终的评价权掌握在公众手中。

2. 政府公共关系的目标是塑造良好的政府形象

政府的所有公关活动实际上都是围绕这一目标展开的。政府公关的内容相当复杂，每一种具体的公关活动的直接目标可能各不相同，但任何具体目标都必须统一到塑造良好的政府形象这一最终目标上来。

3. 政府公共关系的途径和手段是传播

各种传播手段、沟通手段是连接政府与公众之间的桥梁，正因为如此，一个社会的传播媒介是否先进，传播渠道是否顺畅，往往会直接影响到政府公关活动的效果。

9.1.2　政府公共关系的特征

政府公共关系是公共关系的一种形式,它既具有一般公共关系的基本属性,又具有区别于其他公共关系的特征。这些特征归纳起来主要有以下几个方面。

1. 公关主体的特殊性

政府公关的主体是国家行政机关。它不仅在性质上根本不同于各种经济组织,而且也不同于其他政治组织。首先,政府拥有行政权力。它可以制定政策,颁布法令,实施行政管理,这是其他任何组织都不具有的特权。其次,政府在整个社会中是独一无二的。政府的独占性,意味着它可以超然于其他任何社会组织之上,不受游戏规则的制约。最后,在表现形式上,与其他的社会组织相比,政府的行政体系完整。从基层到中央,政府机构形成了一个完整的体系,其规模也是非常之大,组织严密。

2. 公关客体的特殊性

政府公关客体的特殊性,主要表现为公众范围的广泛性、公众结构的复杂性。这是其他任何组织在开展公共关系时都不曾遇到的。

3. 公关目的的特殊性

与其他一些社会组织,特别是企业相比,政府公关不以营利为目的,其根本的目的是提高行政效率。政府是为公众服务的,它行使自己的职权时具有很高的权威性,如果这种权威性不是建立在公众信任和支持的基础上,就必然使政民关系受到影响,从而降低政策的效率。

4. 公关手段的特殊性

传播是开展公关活动的手段。与其他组织的公关工作相比,政府公共关系的传播条件具有无可比拟的优势。

(1) 政府拥有着巨大的信息资源

收集信息,是公关活动基本程序的第一步;收集信息的准确全面,是整个公关活动取得成功的前提。与其他社会组织相比,政府机构不仅发布各种信息,而且汇集各类信息,是社会各类信息的汇集地,因而政府信息资源丰富。

(2) 政府直接或间接控制传播媒介

在现代信息社会,传播媒介对公关活动的成功影响巨大,一场公关活动,它是否能取得成功,能否充分利用传闻媒介,是非常关键的因素。对大众传播媒介进行公关,引起传播媒体的关注,是现代社会组织进行公关活动时一项非常重要的公关项目。以我国的大众媒介体制为例,报纸、广播、电视等大众传播媒介都归口于政府管理,因此政府在进行公关活动时,能直接使大众媒介为自己所用;我国台湾地区是以私有制为主体的大众媒介体制,大众媒介主要由商业团体掌控,政府不直接拥有大众媒介,但政府可以通过法律、政策和新闻检查、书报检查等制度来间接地控制大众媒介。政府这种直接或间接掌控传播媒体的优势,客观上使得政府在开展公关工作时,能通过运用传播工具牢牢地掌握着信息的话语权,确保公关计划顺利实现。

（3）政府拥有严密而迅速的组织传播

许多社会组织在一定范围内传播效率尚可，一旦组织过大，则往往成为松散的集团，组织传播的效率就会降低。政府机构虽大，却组织严密，对组织传播无论是纵向，还是横向都非常有利，可以使信息准确而迅速地在组织内部流动。

（4）政府公共关系经常综合、交叉使用各种传播渠道、传播手段和信息载体

政府的许多政策都是先采取文件形式实施内部的组织传播，而后再采取大众传播方式；有时则两种方式同时并用。这种多头并举的方法，在其他组织中比较少见。它是政府公共关系有效沟通的优势所在。

9.1.3 政府公共关系的意义

政府公共关系是政府机构在特定环境中通过传播来协调其与公众关系的行政管理行为，这种行为的目的是充分发挥政府的效能。政府公共关系在政府管理活动的意义，归纳起来有以下几点。

1. 有利于树立良好的形象

良好形象是政府治理国家的根本条件。政府在公众中有一个好的形象，公众就从心底里信任它、支持它，政府的政务活动就能得到公众的合作和支持，政府的各项政策就能顺利地实施。

2. 有利于决策的制定

政府制定政策，特别是一些重大的方针政策和改革措施的出台，关系到千家万户，涉及千家万户的利益，必须通过公共关系活动了解人们的愿望和要求，调查舆论，体察民情，并对原决策作出修改或调整。例如我国许多重大政策出台，首先进行广泛宣传，在试点取得一定的经验后，再进行推广，往往效果较好。

3. 有利于政令的实施

要使政府决策的实施取得最佳效果，必须依靠公众的理解、信任和支持。一项新法律、新政策要得到社会公众的接受和承认，往往要通过向公众做大量的宣传工作才能实现。忽视这一事实，常常会使政府部门考虑不周到或传播不力，从而导致有关新法律、新政策不为公众所接受和承认。如2005年3月法国《首次雇用合同法》在法国全境引发抗议，其主要原因是该法案在法国国内分歧较大，导致该法案不能顺利实施。

案例阅读 9-1

上海建立新闻发言人制度

2003年5月，上海出台一项新的规定，要求政府机关各部门逐步建立新闻发言人制度。其中上海市政府新闻发言人制度将率先启动，接下来这项制度还要推广到上海市人大、政协、高级法院和检察院等部门。

根据新的规定，上海市政府将在固定的发布厅举行暂定为两周一次的新闻发布会，届时新闻发言人向中外记者介绍政府工作的权威信息。

无独有偶，2003年以来，中国其他省市也纷纷推行新闻发言人制度，北京市在年初就要求各政府系列的局级以上单位都要建立新闻发言人制度，设立一名主要负责领导担任新闻发言人。地处内陆的河南省则于5月28日举行座谈会，筹备在各个省市机关设立新闻发言人；而山东省青岛市公安局、市检察院、市中级人民法院、市司法局首次新闻发布会也将于5月30日召开。

上海复旦大学国际事务与公共关系学院浦兴祖教授说："作为公开披露政府信息的规范化程序，新闻发言人制度在全国范围内的．'升温'说明中国新一轮政府'透明工程'的开始。"

在中国两千多年的封建历史中，普通百姓始终无法窥见国家权利的行使过程，而只能被动接受权利运行的结果。他们只能感慨"法藏官府，威严莫测"，而统治者则轻蔑地说"民可使由之，不可使知之"。

20世纪90年代，随着现代行政制度的建立，中国国家机关开始了历史上首次大规模的政府透明化进程。要求"公开办事原则和办事结果，接受人民群众监督"的"两公开，一监督"制度是这一轮政务公开最集中的代表。一些原本讳莫如深的"红头文件"也首次对老百姓开放。

不过这种主导权完全掌握在政府手中的政务公开，仍然遭到一些要求享有信息知情权的公民的抱怨。54岁的上海市民崔俊山说："事实上，凡是可以公开的都是不重要的，凡是重要的都是不可以公开的。"

政府向社会单向传递信息的弊病在突如其来的非典危机中暴露无遗。在2003年4月20日卫生部举行的新闻发布会上，公布的非典病例数字较过去成倍增加，一时间人人自危。而在接下来的日子里，政府以"决不允许缓报、漏报和瞒报"的承诺重新赢得民心，根据中国社会科学院的最新统计，超过7成的北京市民对赢得抗击非典的最终胜利充满信心。

"非典并不是本轮政府透明化的直接原因，但这次意外说明了政府转变的必要性和正确性。"浦兴祖教授说："过去那种认为信息公开会导致混乱的观点，现在被证明是根本站不住脚的。"

广州市从2003年1月1日起正式实施《政府信息公开规定》，这是我国第一部地方政府"阳光法案"，其中破天荒地提出一个对中国人稍显陌生的概念：政府是信息公开的义务人，老百姓是信息公开的权利人。

上海建立新闻发言人制度，对于规范上海重大新闻的发布，营造公开透明的环境信息，实现人民群众的知情权，具有重要意义。

9.2 政府公共关系原则

政府公关的基本原则是指政府在开展公共关系活动中必须遵循的准则和所要达到的基本要求。在前文对政府公共关系含义、职能、意义等理论问题已作了阐述的基础上，概括出政府公共关系的几条基本原则。

9.2.1 求实原则

政府公共关系的求实原则，是指政府在开展公共关系活动中实事求是地传递信息，通过同内外公众之间的双向信息交流以建立并维护相互信任的关系，树立政府在内外公众中的良好形象。政府公共关系工作必须以事实为基础，它是开展政府工作的前提条件。100年前艾维·李创建公共关系时，就提出了一个根本性的观念："向公众说真话"。信任公众、依靠公众是搞好一切公关工作的前提，也是唤起公众支持政府政策的依据。

2003年中国人民抗击"非典"的战斗，使我们的政府切实认识到在政府公关坚持真实性原则的重要性。在抗击"非典"初期，原卫生部和北京市政府的负责人采取对公众隐瞒疫情的政策，导致北京疫情的急剧扩大，影响了北京正常的生产和生活秩序，使我国政府形象在国内和国际上遭到了相当大的损害。反之，到4月20日中央改组卫生部和北京市领导班子后，在公关政策方面作出了重大的调整，坦诚地承认在初期工作中存在的错误，及时真实地向国际、国内公众充分地公布疫情，不仅没有引起全国大乱，而且安定了人心，使党和政府在人民心目中的威信空前提高，为抗击"非典"战斗的成功营造了较有利的条件。

9.2.2 公开原则

在公关界中，经常流传着打造"玻璃屋"的说法。所谓的玻璃屋，原是20世纪30年代初法国一公共关系从业人员公会的名称，象征着公共关系是一种开明的现代经营观念和方式。企业家要接受公共关系观念，把追求企业利润与满足公众需要结合起来，按照公众的要求塑造企业形象，谋求公众和社会舆论对企业的好感和合作。

对于政府，从公共关系的角度来说，同样要求实行"公开化"，增强"透明度"。在民主社会里，政治权利结构应向所有公民平等地开放。公众享有了解权和知情权，这是构成现代民主政治制度的思想基础。"公开原则"对我国当前反腐败工作具有重大的现实意义。腐败最见不得阳光，"群众的眼睛是雪亮的"，只要政府及时、全面、真实地向公众公开自己的一切政务活动，腐败事物自然无处遁形。

此外，国内外的许多案例也证明，在政府处理公共关系工作中，若能很好地坚持公开原则，往往能使政府摆脱困境、转危为安；反之，则有可能使事态更加恶化，政府与公众的关系更加紧张。

案例阅读9-2

水门事件与尼克松下台，性丑闻与克林顿连任

1971年6月，尼克松批准建立了一个监视组，它的任务是堵住机密情报失密的漏洞。翌年6月17日这个小组的5名成员在华盛顿水门公寓民主党主席典丰赖恩办公室安装窃听器，被警察当场逮捕。水门事件开始被《华盛顿报》的青年记者伍德沃德和伯恩斯坦披露于报端。美国国内舆论哗然，社会上关于尼克松政府采取了不道德做法的传闻广为传播。尼克松对此保持沉默，奉行"鸵鸟政策"。他对两位高级助手说："我们对此少说为妙，传闻自会过去，不必为此顾虑。"尼克松还试图以控制政府方面的新闻发布来控制新闻界的消息来源。尼克松为采访调查设置的障碍及"闭口不言，充耳不闻"的做法，未能熄灭水门之火，反而使人们对水门事件的关注更加强烈了，最终导致在社会舆论的压力下尼克松被迫辞职。

1998年春，美国媒体爆出克林顿与白宫实习生莱温斯基的性丑闻。在事发之初，美国总统矢口否认与莱温斯基有性关系，误导公众及国会，令其妻子希拉里、阁员、下属及朋友先后站出来替他辩护，并且在向大陪审团作供词时，更拒绝回答部分有关他与莱温斯基身体接触的提问。克氏这种瞒天过海的做法，激起了公众的愤怒，媒体对此案刨根究底，国会提出了弹劾总统的议案。此时，聪明的克林顿在事实真相逐步大白于天下的情况下，迅速改变了应对措施，承认了与莱温斯基不正当关系，并向公众作了真诚的忏悔。他的做法很快赢得了美国公众的同情，许多公众转而对国会、参议院、众议院对此案穷追不舍的做法表示了反感，在克林顿连任的竞选中，继续得到了美国绝大多数公众的支持，成功连任。

9.2.3 利益原则

公共关系本质是利益关系，利益是建立和维持良好公共关系状态的基础。利益原则也是政府公关活动中必须遵守的一条重要原则。政府公关的客体是政府，主体是公众。很显然，此处的利益指的是政府与公众之间的利益。那么，在政府公关中如何才能处理好政府与公众之间的关系呢？

在谈论此问题之前，首先需要对此处的公众进行划分。从国别来看，政府公关的公众可分为国内公众和国外公众，因为它们与政府利益关系的不同，决定了政府公关时，所奉行的利益原则也应该有所区别。

首先国内公众。与其他组织的公关公众相比，政府公关的公众范围相当广泛，成分相当复杂。从数量多少的角度把其划分为三类：一般广大人民群众，部分群众和团体，极少数群众和团体。根据这三类公众，政府公关采取的利益原则如下所述。

对于第一类公众，应该坚持公众利益至上的原则。在我国，政府是广大人民群众的政府，为社会公众服务，为公众的长远利益、整体利益和根本利益负责，是政府的主要职能。因此，政府公关中，必须时刻想着广大人民群众的利益。政府政策的制定、法律法规的出台、计划项目的实施，都应该想想人们的实际收益，所谓的"想公众之所想，急公众之所急"。把人民放在心上，切实为老百姓排忧解难，这样的政府公关活动自然会赢得公众的欢迎，这样的政府必然会赢得人们的拥护。目前，在我国一些地方的城市建设中，不顾地方经济实力，不顾百姓的利益，盲目攀比，大面积圈地、非法拆迁，大搞绿化，大建形象工程，结果常常是城市变靓了，可百姓也变苦了。这就是因为这些地方政府片面考虑了自身的所谓形象，而不顾广大人民利益所造成的。

对于第二、三类公众，也分具体情况分别采取不同的利益原则。若这两类公众的利益与广大人民利益相冲突，那么政府应该毫不犹豫地站在广大人民的角度，取得利益；反之，若与广大人民利益不相冲突，那么政府应该实施共同利益的原则，既考虑到公众的利益，又考虑到政府的利益，争取取得双赢结果。

对于国外公众，许多国家的政府在进行国际外交活动时，实行的是国家利益原则，即国家利益高于一切的原则。而对于我国政府来说，更多的是奉行互惠互利的原则，既考虑到本国的利益，又兼顾他国的利益。实践证明，这种外交政策是非常成功的，因此在政府进行国际公关时完全可以采纳该原则。

总之，基于政府公关客体的复杂性，在处理和公众利益关系时，不能实行一刀切的做法，应该在对目标公众进行细分的前提下，采取不同的利益原则。

9.2.4 整体原则

所谓整体原则，是指政府公共关系机构和公共关系人员在从事政府公共关系时，要从政府公共关系的整体出发，即为了政府的整体效应而彼此配合协调，也就是从整体角度来审度政府的公共关系。整体原则是由政府工作的整体性所决定的。政府不像其他组织那样具有独立性，政府的政策都是国家利益的体现，各级政府机关没有离开国家整体利益的自己的特殊利益。政府工作的整体性决定了政府公关必须坚持整体原则。

整体原则涉及的内容比较广泛，综合起来，主要包括以下两个方面。首先，应从整体上来处理外部公众关系。政府公关的公众是多方面、多层次的，但就具体的公关而言，面对的只是部分公众，此时政府在处理与公众的关系时，不能就事论事，而应该从整个社会公众的整体利益出发来考虑，把局部利益、部分利益放到全局利益的范围内考虑，避免出现"能闹的孩子有奶吃"的现象，从而维护政府公共关系的整体性和统一性。其次，应从整体上来处理内部公众关系。政府内部各部门虽有着不同的职能，各有自己特殊的工作范围，但它们都是以公众利益为最高利益，都是为了最大限度地实现公众的利益。因此，实现政府与公众的沟通，并不是政府公关机构一个部门自己的事情，而要靠政府全体成员自觉维护政府的整体形象，互相配合，互相协作，有效发挥政府整体系统的功能。

9.3 政府公共关系的方式

政府在公关活动中采用的公关方式是否得当，直接影响到政府在公众中的形象和公关效果。由于政府的公关对象不同，公关的具体目标不同，因此公关的方式也多种多样。概括起来，政府可选择的常用的主要公关活动方式有以下几种类型。

9.3.1 宣传型公关方式

宣传型公关方式，是指政府主要利用大众传播媒介或其他宣传渠道，将自己的工作和活动情况主动及时地向内外公众发布，宣传自己，如政府的服务宗旨、服务项目、工作目标、各项政策等。目前政府进行自我宣传的渠道主要有以下几种。

1. 新闻发布会

新闻发布会，又称记者招待会。它是指以某一社会组织的名义邀请新闻机构的有关记者参加，由专人来宣布有关重要信息，并接受记者采访的一种特殊会议。与其他的信息传播方式相比，新闻发布会有以下特点：以新闻发布会发布消息，其形式比较规范、隆重，可信度高；在新闻发布会上，记者可从不同的角度进行现场提问，这有利于更好地全面、客观地发布信息；举行记者招待会工作量大、任务重、耗资较高，其传播的效果往往与支持人和发言人的水平有很大的关系。

目前，记者招待会已成为各国政府常用的一种信息发布形式，如大家经常看到的美国总统记者招待会和新闻发言人的记者招待会。我国自党的十三大以后，已形成了经常举行新闻发布会制度，如全国人大、国务院及国务的有关机构的发言人，就经常就我国的内政外交方面的重大问题召开记者招待会。实践证明，政府举行新闻发布会，有利于决策程序的科学性，重大问题告知公众，重大问题经公众讨论，可以促进政府改善与公众之间的关系、树立良好形象。

2. 运用新闻媒介进行宣传

从传播学的角度来看，广播、电视、报纸、网络等新闻媒介，是目前使用信息传播范围最广、影响力最大的传播手段。政府面对的公众非常广泛，如何使政府公布的信息传达给如此广泛的公众呢？目前，最佳的途径就是运用新闻媒介。此外，正如前文所说，与其他组织相比，政府在运用大众传播媒介有自身独特的优势。政府是社会信息资源积聚的场所，决定了新闻媒介会主动和政府接触从而获取信息。政府自身的权威性，又促使新闻机构会积极向政府获知其对某些信息、事件的看法；政府掌控大众媒介话语权的优势，又使得政府很容易使新闻机构按照自己的意图来进行宣传。运用新闻媒介进行宣传是目前政府机构发布日常信息、宣传自己的常用的方式。

3. 政府公关广告

政府公关广告是指政府机构依靠购买印刷媒介物的篇幅或在电子媒介上购买时间，以语言或其他形式，不受编辑人员干涉地宣传自己。与一般的广告相比，政府公关广告有两个不同点。一是广告的对象不同，一般广告的对象主要是消费者，而政府公关的对象是国际、国内的社会各界公众，后者比前者范围要广泛得多。二是广告的目的不同，一般广告的目的是要在最短的时间里，直接推销某种产品或服务，而政府公关广告的目的是就政府机构的方针、政策、法律、法规或就社会所关心的政府经济、教育、社会公益等方面问题与社会公众沟通信息，联络感情，寻求公众的好评与赞誉，一般广告具有很强的营利目的，而政府公关广告具有很强的公益色彩。

政府公关广告，目前已成为政府向公众宣传政策、方针及影响公众言行的重要传播形式。美国政府的广告费每年达2亿美元，其中国防部和邮政总局花费最多。政府广告主要鼓励人民购买公债、号召青年入伍、提醒人们不要酒后驾车、告诫人们防止森林火灾等。我国中央电视台每天新闻联播节目之后播放的《广而告之》节目，即可以看成是一种政府公益广告。

4. 举办展览会

展览会是政府公关活动中经常采用的形式。它综合运用各种文字、图片、实物、模型、讲解、幻灯片、录像、音响、环境布置、现场示范、现场咨询等传播手段来宣传政府的方针、政策、法律和法令。这种形式直接、直观，知识性、趣味性、实用性强，往往能引起公众的注意力和兴趣，并为政府提供一个与公众详细了解、咨询、交流的机会。

9.3.2 征询型公关方式

征询型公关方式，是指政府主要通过征求和询问内外公众对自己的意见和建议，了解社会信息而开展的一种公关方式。由于这类公关方式的功能主要在于为政府管理活动提供科学依据，设计适宜的或最优化的理论、策略和方法，以及对有关情况进行预测，它能起到"政府智囊"的作用。

征询型公关方式的工作手段主要有以下几种。

1. 民意调查

民意调查是一种运用现代化科学方法及数理统计手段，及时、准确地搜集、整理、统计、报告民众意见，测定社会舆论变化的活动。其功能在于如实反映各阶层公众对某人、某项政策、某个社会问题引起的看法、意见、态度和评价，提供给各级政府作为决策或改进工作的依据。这种公关手段科学、准确，容易操作，已成为现代政府获知民情、了解民意、提高民主而普遍运用的方法。

2. 信访工作

信访工作，是指社会公众到政府部门走访，或给它们写信，其内容包括批评、建议，或提出要求、申诉、检举或控告。对于政府公关来说，信访工作便于收集信息，民情反馈，接受监督等作用。在我国，政府机构从上到下都设立信访部门，接待上访者，及时落实上访者反映的问题，对保障社会秩序和社会稳定，发挥了重要作用。

3. 访谈

访谈是社会调查中最古老、最常用的方法之一，在政府公关中也被广泛应用。它是通过与调查对象进行交谈，收集访谈资料的一种调查方法。它通常是在面对面的情况下开展，由调查人员就所要调查的问题，向调查对象提问，并由访谈人员将回答内容及交谈时观察的动作行为及印象详细记录下来。访谈一般可分为集体访谈和个别访谈。访谈的优点在于，了解的信息比较全面、深入，富有人情味，如个别访谈的保密性较好。

9.3.3 交际型公关方式

交际型公共关系活动方式，是指政府主要通过与公众之间的人际交往而开展的一种公关方式。政府可利用正式或非正式场合，工作或业余时间，采取茶话会、鸡尾酒会、晚会、慰问、祝贺等形式，与广大公众直接接触，当面传递信息和收集资料，进行感情沟通。交际型公关，已成为国内外政府非常流行的一种公关方式。政府通常是以严肃认真的面目出现，在与公众沟通交流时，常会给人留下距离感、陌生感，甚至排斥感。在茶话会、鸡尾酒会等场合，气氛轻松活跃，很容易拉近人与人的距离，增加亲近感，从而促进公众与政府之间的情感交流，树立政府的"亲民、爱民"形象。国外一些公关专家认为这些公关形式是施展政府公关工作技巧的最好方法。

9.3.4 矫正型公关方式

矫正型公共关系活动，又称为补救型公共关系或危机处理型公关，是指政府对已经发生的影响到公众关系或利益的问题，采取正确对待、及时纠正、妥善解决的一种公关方式。

政府公共关系除了以上4种类型的公关方式以外，还有许多，如通过赈灾、资助、扶贫等活动的公益型公关，聘请政府监督员、实行政府工作双向评价制度、政府人员述职报告、设立电话热线、公告政府公共电子邮箱、政府现场办公等都是非常好的公关手段。对于政府公关人员来说，除了要具体掌握这些公关的方法和技巧之外，更重要的是要树立一种强烈的公关意识，思想上有了公关的意识，才能积极主动地去运用这些公关手段。此外，还需要提出的是，这些公关方式并非割裂开来，政府公关人员在具体的实施过程中往往需要把它们综合起来运用。

本 章 小 结

政府公共关系是以各级政府为主体、以广大内外公众为客体的一种特殊的公共关系类型。政府公共关系的特征主要表现为：公关主体的特殊性、公关客体的特殊性、公关目的的特殊性和公关手段的特殊性4个方面。政府公共关系的意义表现为：有利于树立良好的形象，有利于决策的制定，有利于政令的实施。政府公共关系原则主要有：求实原则、公开原则、利益原则、整体原则。政府公共关系的方式主要有宣传型公关方式、征询型公关方式、交际型公关方式和矫正型公关方式等。

复习思考题

1. 政府公共关系的含义与特点是什么？
2. 政府公共关系的原则有哪些？
3. 政府公共关系的方式主要有哪些？

案例实训

上海市的政府公关活动

在企业公关如火如荼的时候，政府公关也浮出水面。

2001年12月27日，上海市优秀公关案例评选中，浦东新区政府与黄浦区建委两个公关项目双双获得上海市优秀公关金奖。

据悉，政府公关项目获奖，在全国也是头一回。专家评论说，其意义远远超过了获奖本身。它表明，政府越来越注重对自身形象的塑造。注重沟通与互动，将成为一个现代政府的重要标志。

公共关系专家对浦东新区政府获奖项目"浦东开发开放10年回顾与展望"给予了很高的评价。区委宣传部副部长华信祥是项目的主要实施人之一。他介绍，通过这个项目，成功地向世界传递了下面的信息。

浦东的投资环境进一步优化，不仅包括高速增长的经济，也包括符合国际惯例的运行规则。

今天的浦东概念，实际包含三个层次：地理概念，浦东处在长江和太平洋沿岸T字形交叉口，条件优越；经济概念，浦东代表高速增长、运转规范的经济区域；政治概念，浦东是上海现代化建设的缩影，是中国改革开放和形象的标志。

2000年12月，一位中央党校省部长班学员说，浦东的10周年宣传攻势可真大，在北京就感受到了。2001年6月的一次浦东海外招聘会上，原计划2 000人的规模，结果竟有4 000人参加。

良好的政府公关，为浦东带来了直接的财富效应。在全球经济一片低迷的情况下，浦东的综合经济、外商投资和商品进出口额保持高速增长，并以崭新的城市面貌成功地接受了APEC2001年会的考验。

谈及实施这个项目的初衷，华信祥说，浦东新区政府调研发现，10年开放极大地提高了浦东的国内、国际知名度。但究其认识的深度、广度，尚有欠缺，国外直接投资仍有很大潜力，海外主流社会仍需更多了解浦东。

因此，活动从一开始，就运用现代公关理念，坚持在"品牌化、连续性、针对性"上下功夫，时时不忘突出浦东的品牌效应。

作为"中国改革开放的重点，上海现代化建设的缩影"，浦东在任何场合都重点突出这一点。通过媒体报道、系列研讨、庆祝联欢、各界人士看浦东等活动，制造了一个又一个舆论高潮，活动延续了近两个月。

而晨曦中的黄浦江畔矗立的东方明珠和金茂大厦，更成了浦东的地标。

华信祥说："这幅照片是经过精心选择的，与浦东的定位非常吻合。因此，我们在很多场合，反复使用，从而使人们无论是在世界哪个地方，一看到这幅图画，马上就会想起这是上海，这是浦东，就像20世纪30年代的一样。"

黄浦区建委的获奖项目是："延安路高架动迁"。它凸现了公关在沟通公众与政府关系上的重要作用。

俗话说，动迁难，难于上青天。延安路高架工程动迁任务艰巨，东段工程黄浦区指挥部承担的任务，全长2.6公里，沿线有2 809户居民、282家单位、4户个体户，占到全部东段问题的2/3以上。如果政府不能赢得动迁方的理解与配合，势必困难重重。因此，指挥部经过精心策划之后，把工作重点放在与群众沟通上。结果，仅用两个多月就顺利完成了任务。

作为一个新生事物，政府公关从幕后走向前台，其实在浦东也经历了一个认识过程。华信祥对此深有感触。以前，当地官员对此认识也不很深，后来在国外考察时发现，美国的各级政府都专门设有公关官员，专门负责推介政府形象，沟通民众与政府的关系。公关在政府事务中起到了相当重要的作用。

从1995年开始,浦东新区政府就每年邀请境外记者前来浦东采访报道,让在浦东投资的中国公司现身说法。现在,这已成为浦东的常设项目。2001年,浦东新区政府光接待境外记者就达260多人次。

同时,他们聘请专业公关公司帮助打理,进行浦东形象包装。每年,浦东都编辑一本《浦东概览》,还出版了浦东发展白皮书。

浦东新区政府也十分强调公关的针对性。英国《金融时报》曾花了16个版面对浦东进行全方位报道,在全球都引起反响。很多留学生激动地打电话说,国际著名媒体拿出如此多的版面来报道中国,前所未有。而浦东新区却没有花钱。

华信祥部长说,这是因为我们在政府公关中,找到了一个各方利益的平衡点、结合点、共同点。

记者获悉,在浦东新区人大常委会,官员的公关沟通能力已经成了衡量政绩的一个指标。华信祥同时也是新区人大常委。他说,入世以后,政府也面临转型,如果缺乏与社会各界的沟通能力,那么一个官员的能力是不完整的。

作为与公众沟通的强有力手段,公关正越来越受到各级政府的重视。众所周知,北京申奥成功,良好的公关功不可没。

事实上,政府公关,不仅被当成政府从事管理活动的一个重要方法,也被看成是社会政治生活民主化程度的一个标尺。政府公关从幕后走向前台,折射出一个信号,一个现代化的政府将是一个互动的政府,是一个注重民众参与与沟通的政府。

思考题:

结合本案例和近年来政府公共关系实践,谈谈政府公关的发展趋势。

第 10 章

危机公关

通过学习,熟悉危机的概念和特点,了解危机公关的意义;掌握危机预测与预防的主要任务、危机处理的原则和一般流程。

案例导入

顺丰公司:辟谣同时承认错误,承担责任

2017年10月5日,杭州的王先生四川南充一位亲戚因脑干出血入院,后委托王先生在杭州购买"申捷针"用于抢救治疗,但药品于10月9日通过顺丰速运寄出后,直到14日药品才抵达四川省南充市,而病人已于13日被宣布脑死亡。顺丰集团官方微博于10月16日14:08给出回应。

在辟谣"病人已脑死亡"这个说法之后,顺丰集团称,因所寄药品为粉末状,根据相关法律法规,无法通过航空方式寄运。王先生10月9日寄递时,我司员工已说明只能使用陆运方式寄递且时效预计四天,客户考虑后决定寄出。后快件因中转环节操作失误,导致延误一天,客户最终于14日14:19分签收。顺丰集团表示,事件发生后,已立即成立专项工作小组,同时成立24小时陪护小组,相关人员已于15日抵达南充当地并探望患者。对于品牌而言,危机公关水平不能完全代表其整体水平,但对于外界消费者而言,却是决定其对于品牌形象认知的一个重要因素。当品牌爆出负面事件时,公关团队做出反应的方式千变万化,但优秀的公关反应,大多都脱不了"真诚"二字。

资料来源:https://www.chinaz.com/manage/2018/0316/864339.shtml.

案例点评:顺风公司此次危机公关体现了"真诚""及时",实现了危机公关的目标。

俗话说:"天有不测风云,人有旦夕祸福。"在纷繁复杂的现代社会中,任何社会组织都很难做到一帆风顺,遇到风险和危机是不可避免的。在应对风险与危机的预防和处理过程中,公共关系活动具有特殊的作用。有人把危机公关比喻成"悬崖边的舞蹈",认为如果处理得当，组织可以化危机为契机，获得更大的发展；反之，则可能从此一蹶不振，跌个粉身碎骨。那么，公关人员如何正确认识危机，进而展开公关活动、缓解紧张气氛、消除误解和减少摩擦，使组织摆脱险境，甚至转"危"为"机"，进而提高组织美誉度呢？

10.1 危机公关的概述

10.1.1 危机与危机公共关系

人们一直试图全面而确切地给危机下个定义，但由于危机事件的发生有着千变万化的现实场景，很难一言以蔽之。有人认为，只有中国的汉字能准确地表达出危机的内涵，即"危险与机遇"，是组织命运"转机与恶化的分水岭"。一般认为，危机是一种使组织遭受严重损失或面临严重损失威胁的突发事件。这种突发事件在很短时间内波及很广的社会层面，对企业或品牌会产生恶劣影响。而且这种突发的紧急事件由于其不确定的前景造成高度的紧张和压力。

危机公关就是组织在发生危机或预测到即将发生的危机时，所采取的一系列与社会公众积极沟通从而把损失降低到最低限度的公共关系传播、沟通的活动。其目的在于控制公共关系危机局面，解决公共关系危机问题，消除公共关系危机影响，扭转公共关系危机状态。

10.1.2 危机的特点和类型

1. 危机的特点

（1）意外性

千里之堤，毁于蚁穴。虽然危机爆发前都会有一些征兆，但由于这些征兆多是人们习以为常的小事，容易视而不见，因此危机的爆发经常出于人们的意料之外，爆发的具体时间、实际规模、具体态势和影响深度，均是始料未及的。当人们还在最初的惊愕慌乱中时，危机已蔓延发展并可能造成致命打击。

案例阅读 10-1

光纤被挖断事故中的支付宝

2015年5月27日晚上6:00左右，杭州、上海、武汉等地的用户纷纷反映支付宝PC端和移动端均无法使用支付转账功能，余额宝也不能显示余额。事件发生半个小时后，支付宝在微博上回应称，事故是杭州市萧山区某地光纤被挖断造成，运营商正在抢修，支付宝工程师正紧急将用户请求切换至其他机房，资金安全不会受到影响等。

随后的时间内，支付宝在微博上通报抢修进程。并在晚上7:30，再发官微表示，系统恢复正常服务。整个系统瘫痪时间 2.5 小时。事故结束后,支付宝发布官方声明,再次解释整个事件起因,对用户表示歉意,对用户关心的问题一一进行解答,并表示会推进技术的升级改造。

(2) 聚焦性

进入信息时代后,危机的信息传播比危机本身发展要快得多。媒体对危机来说,就像大火借了东风一样。信息传播渠道的多样化、时效的高速化、范围的全球化,使企业危机情境迅速公开化,成为公众聚焦的中心,成为各种媒体热炒的素材。同时作为危机的利益相关者,他们不仅仅关注危机本身的发展,而更关注企业对危机的处理态度和所采取的行动。媒体对危机报道的内容和对危机报道的态度影响着公众对危机的看法和态度。有些企业在危机爆发后,由于不善于与媒体沟通,导致危机不断升级。

案例阅读 10-2

"六六维权"中看人下菜碟的京东

2015 年 7 月 11 日,作家六六发了一条微博,称自己在京东上购买的天天果园水果是烂的,要求退款却被拒绝。作为一名拥有 1 000 多万粉丝的女作家,这条微博一面世,立刻引来大量关注。一个小时后,天天果园便联系六六提出全额退款。六六拒绝后,京东和天天果园又相继联系商讨退款,天天果园还邀请六六为其质量监督员。7 月 13 日,六六再次在微博上发表名为《我要的是公平》的文章,拒绝和解。7 月 14 日,天天果园在微博上公开道歉,京东进行转发并表示要加强自身服务。

正当舆论趋缓时,王思聪却在 7 月 18 日转发六六微博,表示自己也拥有同样经历。7 月 19 日,京东官方微博向王思聪道歉。然而,事情反而引来了更多的质疑:为什么王思聪就能得到公开道歉?"看人下菜碟"的帽子,就这样戴在了京东的头上。

(3) 破坏性

由于危机常具有"出其不意,攻其不备"的特点,不论什么性质和规模的危机,都必然不同程度地给企业造成破坏,造成混乱和恐慌,而且由于决策的时间及信息有限,往往会导致决策失误,从而带来无可估量的损失。同时,由于媒体等加速度作用,危机往往具有连带效应,引发一系列的冲击,从而扩大事态。对于企业来说,危机不仅会破坏正常的经营秩序,更严重的是会破坏企业持续发展的基础,威胁企业的未来发展。

(4) 紧迫性

对企业来说,危机一旦爆发,其破坏性的能量就会被迅速释放,并呈快速蔓延之势,如果不能及时控制,危机会急剧恶化,使企业遭受更大损失。而且由于危机的连锁反应及新闻的快速传播,如果给公众留下反应迟缓、漠视公众利益的形象,势必会失去公众的同情、理解和支持,损害品牌的美誉度和忠诚度。因此对于危机处理,可供做出正确决策的时间是极其有限的,而这也正是对决策者最严峻的考验。

(5) 处理的非程序化

尽管危机中含有转机，但是转机是有条件的，决不代表转机必然降临。它要求在有限信息、有限资源、有限时间和无章可循条件下，以人性化的方法直面危机，并迅速做出决策。随着事态的演变，拖延只会使危机决策和处理更加没有选择的余地。

2. 危机的类型

从广义上而言，危机包括意外灾难危机（不可抗力引起的自然灾害、意外事故引起的人为灾害）、社会宏观环境危机（政治的、经济的）、社会组织自身因素引发危机（内部管理等引发）。

对于一般的社会组织尤其是企业而言，从危机的引发原因来看，危机主要可分为产品安全危机（如产品的质量因素等），广告宣传危机（如北京新兴医院虚假广告等），经营管理危机（如投资失误，对人、财、物管理不善，社区投诉环境污染等），文化冲突危机（丰田车召回事件），外部影响危机（相关公众关系不和谐、竞争对手的不利影响等），突发事件危机。

如果按危机危害程度分类，可以将危机分为一级危机或 A 类危机（危害程度极大）；二级危机或 B 类危机（危害程度较大）；三级危机或 C 类危机（危害程度较小）。

10.1.3 危机公共关系的意义

企业危机管理与公共关系专家奥古斯丁所说："每一次危机的本身既包含导致失败的根源，也孕育着成功的种子。"危机公共关系作为应对危机的重要措施之一，其精髓就在于消除不良影响，恢复公众信任，尽量减少损失，发现并培育成功的种子，使组织收获潜在的成功机会。具体而言，危机公关对于组织的意义主要在于以下几个方面。

1. 有利于减少危机造成的各种损失

危机的发生会直接或间接地给社会组织及其相关公众造成经济、信誉、权益等多方面损失，特别是某些重大突发性事件的出现，更会对社会组织及其相关公众造成严重的灾难和致命的打击。如印度某工厂的"博帕尔事件"、韩国某商场的大楼坍塌事件、我国深圳某单位的化学品爆炸事件等。如能展开有效的危机公关，有效地控制各种偶发因素的继续发展，不仅可以使危机得以缓解和平息，而且可以使社会组织及其相关公众的损失减少到最低程度。

2. 有利于维护社会组织的良好形象

危机一般都会给社会组织造成较大的形象损失，使社会组织在社会公众中信誉降低，甚至全然失去公众的信任。有效的危机公关讲求双向对称的信息传播与沟通，能有效争取公众的信任和好感，可以通过其积极、负责的良好态度和行动维护、恢复甚至刷新组织的社会形象。

3. 有利于增强社会组织的内部团结

一般而言，危机可能会给社会组织内部的成员造成某种沉重的压力，这种压力的消极作用可造成社会组织的人心涣散，分化瓦解。危机时刻的公关能够激发组织成员团结一心，同舟共济，精诚合作，尽一切努力来解决问题，消除危害，改善局面，进而促进和增强社会组织内部团结。

4. 有利于扩大社会组织的社会影响

危机具有引人注目特征，这一特征对社会组织来说其作用具有二重性。一方面，会使社会组织的不良影响迅速扩散，造成社会组织极高的知名度与极低的美誉度的严重不协调，形成不良组织形象的四处泛滥；另一方面，危机的引人注目也可以促使社会组织的知名度大大提高，从而为社会组织优良行为业绩和美好声誉的传播铺垫基础。危机公关中对公众利益的重视，坦诚的言行能够促进危机引人注目特征的积极作用，淡化其消极作用。

10.2 危机的预测和预防

危机的预测与预防是指社会组织对其危机隐患及其发展趋势进行监测、诊断与预控的一种危机管理活动。

10.2.1 危机预测与预防的主要任务

1. 公共关系危机迹象监测

危机迹象监测是指对社会组织中已经或可能出现的危机迹象进行监视和预测，收集各种反映危机迹象的信息。

（1）要确定危机迹象监测的对象

一般把最可能引发危机的影响因素或最可能出现危机的实践领域作为重点对象。

（2）要明确危机迹象监测的任务

一是过程监视，即对监测对象的活动过程进行全过程监测，对监测对象同整个社会组织各活动环节和外部环境的关系状态进行监测。二是信息处理，即对大量的监测信息进行整理、分类、存储，建立监测信息档案，形成系统有序的监测信息成果。

（3）要选择危机迹象监测的有效手段

一般地说，危机迹象监测指标体系及其测量工具就是危机迹象监测过程必不可少的基本手段，而像电子计算机及其他的现代化手段则是进行危机迹象监测的重要辅助手段。

2. 危机迹象诊断

危机迹象诊断是指根据危机迹象识别的结果，利用与危机迹象相关的各种信息，对已被识别的危机迹象进行基本成因分析、发展趋势预测和可能损失评估，为危机预警预控提供依据。

1）必须进行准确的危机迹象识别

危机迹象识别是指根据危机迹象监测收集有关信息，在比较分析的基础上，判断危机迹象的实际存在状态。首先要注意采用确定的识别指标（识别指标有两类：一是通用的公共关系状态指标，主要用于比较分析；二是专用的公共关系危机状态指标，可以直接测量）；

其次要进行综合的比较分析（从每一个系统、每一个环节、每一个层次上进行综合分析、反复比较、多方判断）；最后要进行准确有效的描述（表述准确、不能含糊其辞，文不达意；能够有效地说明问题，不仅作质的描述，而且要作量的描述）。

2）深入分析危机迹象产生的原因

成因分析是科学预测的基础。一般而言，可以从社会组织内部和社会组织外部两方面来查找原因。

内部原因是最基本的原因，社会组织内部原因主要有以下4个方面。第一，自身素质低下。主要指人员素质，包括领导者素质和员工素质。第二，管理缺乏规范。如管理制度不健全，以至于工作无定额、技术无标准、操作无规程、组织管理混乱，给公众留下诸多的隐患；员工行为无规范，以至于员工不讲作业规程，不讲工作质量，不讲职业道德，不讲交往礼仪，不尊重公众的合法权益等。第三，经营决策失误，如投资失误。第四，公关行为失当。如传播信息不真实、技巧运用不恰当等。

社会组织外部原因主要有三个方面。第一，环境突变原因。一类是自然环境的突变，如地震、雷击、水灾、风灾、瘟疫等；另一类是社会环境突变，如战争、政变、经济危机、激烈的社会动荡等。第二，政策体制原因。国家规定的管理体制和制定的管理政策对社会组织的运营和发展有着重大的影响和制约作用。第三，恶性竞争原因。一些不正当竞争者或采取散布谣言故意损害竞争对手的形象，或进行比较性广告宣传有意贬低竞争对手的能力，或采取恶劣行径严重扰乱竞争对手的经营秩序，这些恶性竞争行为，都可能造成社会组织严重的公共关系危机。第四，公众误解原因。公众的误解主要包括服务对象的误解、内部员工的误解、传播媒介公众的误解、权威性公众的误解等。

3）合理预测危机迹象的发展趋势

任何公共关系危机都有一个发展过程，一般分为三个阶段，即潜伏期、初显期、爆发期。在进行预测时，要根据危机迹象之间的因果关系对危机迹象进行合理的发展趋势预测、过程分析，把握其规律性，以保证预测符合逻辑，真正有效。

4）恰当评估危机迹象可能带来的损失

已被确认的危机迹象可能带来的损失的评估任务主要有两个：一是对其正在造成的损失进行评估；二是其在将来一定时期内可能造成的损失进行评估。对危机迹象可能带来损失的评估结论是进行危机预警预控的决策依据。

3. 危机预警预控

危机预警预控是指根据危机迹象的现实情况和发展趋势，对可能出现的危机事态发出必要的警示和做出必要的控制。

（1）预警

就是对可能出现的危机事态发出警示，以便于他们及时离开危机险境，有效避开危机危害。

（2）预控

就是对可能出现的危机事态进行提前控制，通过采取措施，使危机消失于萌芽状态。一般来讲，主要包括三个方面：一是进行公共关系系统的结构性调整，以使公共关系系统不至于出现大的震荡，甚至达到全面的平衡与稳定；二是及时解决初步出现的各种公共关系问题，哪怕是看来非常细小的公共关系问题；三是对于不可控制的危机发展势态，及早制定危机应急方案，做好危机事态的应对准备。

10.2.2　危机预防的基础工作

危机预防的基础工作主要有以下 5 个方面。

① 有效开展危机教育。通过危机应对演习等帮助组织成员增强危机意识，优化自身行为。

② 设置危机管理机构。危机预防管理的日常性决定了设置公共关系危机日常管理机构的必要性。危机管理机构一般是由职位较高的组织者、公共关系部门负责人及有关的专业负责人组成。

③ 建立危机管理制度。

④ 训练危机应急队伍。

⑤ 准备各种物质条件。

10.3　危机处理的原则和流程

10.3.1　危机公关原则

游昌乔先生通过 10 年的研究，创导出危机公关"5S"原则，对现实危机处理有积极的指导作用。本书引用他的积极成果，提高学习内容的前沿性和针对性。

1. 承担责任原则

危机发生后，公众会关心两方面的问题。一方面是利益的问题。利益是公众关注的焦点，因此无论谁是谁非，企业应该承担责任，即使受害者在事故发生中有一定责任。另一方面是感情问题，公众很在意企业是否在意自己的感受，因此企业应该站在受害者的立场上表示同情和安慰，并通过新闻媒介向公众致歉，采取有效的赔偿措施，让他们看到企业的诚意，从而赢得公众的理解和信任。

2. 真诚沟通原则

危机发生后，企业处于危机旋涡中时，是公众和媒介的焦点。你的一举一动都将接受质疑，因此千万不要有侥幸心理，企图蒙混过关。而应该主动与新闻媒介联系，尽快与公众沟通，说明事实真相，在与公众沟通中，做到诚实、诚意、诚恳。

3. 速度第一原则

"好事不出门，坏事行千里。"在危机出现的最初 12～24 小时内，消息会像病毒一样，以裂变方式高速传播。而这时候，可靠的消息往往不多，社会上充斥着谣言和猜测。公司的一举一动将是外界评判公司如何处理这次危机的主要根据。媒体、公众及政府都密切注视公司发出的第一份声明。对于公司在处理危机方面的做法和立场,舆论赞成与否往往都会立刻见于传媒报道。公司必须当机立断,快速反应,果决行动,与媒体和公众进行沟通。危机发生后,能否首先控制住事态,使其不扩大、不升级、不蔓延,是处理危机的关键。

4. 系统运行原则

危机发生后,应急处理人员应及时与媒体、政府部门协调沟通,及时通报事件处理结果,内部各部门相互协调,保证处理危机系统协调、高效运行。

5. 权威证实原则

"老汉卖瓜,自卖自夸"是不会得到多数人的认可的。所以,要请具有权威性的第三方站出来说话,让公众感受到公正、公平和真实的力量,解除对企业的警戒心理,并且产生信任。

危机公关的5S原则为危机公关提供了理论依据,避免了盲目地采取行动,延误战机。借助这些原则,可以采取有效措施解决危机。同时要灵活地运用这些原则和手段,不能禁锢在原则上。只有这样,才能够更好地解决危机。

案例阅读 10-3

咖啡致癌?"躺枪"的星巴克打了一场漂亮的自卫反击战

2017年3月29日,星巴克迎来了一场躺枪的"丑闻"。原因是美国加州洛杉矶高等法院的一纸判决结果中显示——咖啡含有致癌物,并要求所有咖啡产品需标明咖啡致癌!一时间,整个舆论沸腾了,矛头直指星巴克,含有"星巴克咖啡致癌""星巴克陷惊天丑闻"等信息的新闻充斥网络,一时间好不热闹。"星巴克咖啡致癌"的最早消息发布于3月30日下午,由一个名为"澳洲Mirror"的自媒体首发,在31日晚上这篇文章的点击量已达10万多人次。在接下来的周末两天,很多自媒体开始跟进此事,也都强调"星巴克必须标注咖啡致癌"。3月31日晚,微博上陆续出现"据说星巴克致癌"的消息,宣称咖啡致癌成了洛杉矶高等法院裁定星巴克的原因,标题也转换为"惊了,咖啡致癌?法院已宣判星巴克"。当日21时左右,一些微博网友开始讨论"咖啡是否致癌"。4月1日和4月3日,传统媒体开始介入,不少专家针对"咖啡致癌"这一说法的科学性进行了讨论,并附上了星巴克的回应。

1. 调虎离山,转移公众视线

因为星巴克此次的"躺枪"事件,让中国的广大网友了解到了三大常识性小知识:① 丙烯酰胺是致癌物;② 丙烯酰胺在人们的日常饮食中非常常见;③ 咖啡中确实含有丙烯酰胺,但是,每天喝三百杯以上的咖啡才够致癌量。在一些媒体纷纷报道"星巴克致癌"事件后,星巴克也利用媒体让公众明白了以上三件事,特别是"每天喝三百杯以上的咖啡才够致癌量",更是让很多网友表示,整个事件"仿佛一场闹剧",而星巴克只不过是在恰当的时机站出来制止了这场闹剧。

2. 铁证如山,让"证据"和"证人"为自己说话

星巴克中国在针对"致癌说"新闻报道的官方回应中提到,星巴克中国在4月1日给

所有媒体发布了声明，还附上了一份全美咖啡行业协会相关公告的图，具体内容如下。

星巴克始终坚持为顾客提供高品质及安全可靠的食品与饮料，并致力于让顾客感受优质的星巴克体验。关于该项在美国加州的法律诉讼，您可参考以下全美咖啡行业协会相关公告的中文翻译：在这场持续多时的法律诉讼中，加州第65号判决的结果将可能导致所有咖啡产品上必须贴上致癌警告标签。整个咖啡行业正在考虑各项应对，包括继续提出上诉及采取进一步的法律行动。在咖啡产品上贴上致癌警告标签将会是一个误导消费者的行为。美国政府发布的营养指南中指出，咖啡是健康生活方式的一部分。世界卫生组织（WHO）也明确指出咖啡不会致癌。无数学术研究都已经证明了饮用咖啡对健康的益处，并且咖啡饮用者通常更长寿。全美咖啡行业协会的主席及首席执行官威廉莫瑞表示："咖啡早已被证明是对健康有益的饮品。此次法律诉讼产生了一个可笑的结果，这项第65号判决使消费者倍感困惑，并且也无益于公众对健康的认知。"

星巴克中国向消费者透露了三大信号：① 此项诉讼并非针对星巴克，而是整个咖啡行业；② 整个咖啡行业正在考虑各项应对，或将提出上诉及采取进一步的法律行动；③ 学术研究及权威人士证实，咖啡早已被证明是对健康有益的饮品，且咖啡饮用者通常更长寿！在回应中，星巴克拉着整个咖啡行业与之一起"并肩作战"，并且，让世界健康组织、无数学术研究，以及全美咖啡行业协会主席及首席执行官都"站出来"为自己背书，实力证明饮用咖啡是健康的行为。

3. 唯快不破，快准狠出招

值得一提的是，星巴克关于"咖啡致癌"的新闻仅针对每天消费约2 300万杯咖啡的中国进行了单独回应，因为在每天消费4亿杯咖啡的美国，星巴克并没有遭遇如此大的"舆论风暴"，以至于成为致癌的"罪魁祸首"。显然是为了防止中国的舆论影响进一步扩大，星巴克中国针对中国消费者做出快速回应，甚至，进行了深入的市场调研，调研表示星巴克在中国的店面客流与平时相差无几。

所以，很多消费者在对"咖啡致癌"还不明所以时，却已经知道全咖啡行业要"同仇敌忾"对抗一项诉讼结果了，每天喝300杯咖啡才致癌了……快准狠出招，星巴克的辟谣功力显得相当深厚。

10.3.2 危机处理的流程

了解危机处理的原则，仅是危机处理的思路。危机能否正确有效地处理，关键在于具体的处理危机的方法，将危机造成的不良影响控制在最小的范围内。

1. 了解危机的成因

公关危机总是有某些事实引起的，了解事情的成因是解决问题的关键。当危机发生时，企业公关部门一定要高度重视并迅速作出反应，查明危机的基本情况，分析危机造成的影响，制订控制危机扩散方案，及时向企业高层管理人员报告。

2. 公布危机事件的真相

当危机发生后，隐瞒真相是不明智的做法，只会加剧危机，不利于组织对危机事件的控制。在了解危机成因的基础上，企业要立即成立危机处理机构，在全面调查的基础上，制订危机处理方案。

① 将危机发生的成因、经过和组织的对策如实告诉内部员工，使他们了解实情，争取同心协力，共渡难关。

② 及时通过媒体公布事情真相。现代大型组织都建立了发言人制度，可以通过发布会的形式，通过新闻媒体发布危机事件有关信息。

③ 请技术专家和权威机构，进行技术分析并发布权威信息，稳定公众情绪。

④ 及时向政府主管部门和重要客户通过事件情况，保障企业正常运营并寻求协助。

3. 采取补救措施

① 召回不合格产品。

② 完善生产流程和检测系统，消除影响。

③ 妥善处理危机善后工作，如造成人员伤亡；要成立专门机构，做好抚恤和伤员的救治工作。

4. 公布危机处理结果

公关危机处理，根本目标是挽回因危机对组织形象的损害，重新树立或唤回社会公众对组织的信任。

前面顺丰快递和星巴克咖啡在公共关系危机面前，迅速反应，妥善处理，有效地遏制了危机的发展，不仅公司的形象没有受到损毁，反而大大地提高了公司的信誉。

案例阅读 10-4

苹果手机涉嫌歧视中国消费者事件

2013年3月15日晚，央视3·15晚会曝光苹果手机在中国市场实施不同于国外的售后政策，其在中国宣称的"以换代修""整机交换"并没有真正实现更换整机，而通常沿用旧手机后盖，以逃避中国手机"三包"规定，涉嫌歧视中国消费者。

随后，在没有开通企业微博的情况下，苹果公司通过新浪科技发布名为《苹果回应央视3·15报道》的官方声明，声明称："苹果公司致力于生产世界一流的产品，并为所在市场的消费者提供无与伦比的用户体验。这也是为什么我们在每一家苹果零售店的 Genius Bar 提供深受消费者喜爱的面对面支持。我们也与全国270多个城市的超过500个授权服务点密切合作。我们的团队一直努力超越消费者的期望，并高度重视每一位消费者的意见和建议。"

3·15晚会结束后，大批媒体记者一起来到苹果西单大悦城店。在现场，一些消费者看了电视节目后来讨说法。对于苹果手机如何执行整机交换政策，店内工作人员表示暂时还不能回答，会通知苹果公司公关人员予以解释。该店负责人王先生联系了苹果公司公关部门，王先生称相关负责人将来到店内，但记者始终未见到。

这位王先生提供的媒体热线座机号码也无人接听。3月16日上午，多名记者来到苹果公司北京办公地点进行采访，虽然灯是亮着的，但始终没有人出现。

之后连续多天，央视《新闻联播》《焦点访谈》《经济半小时》等不断曝光苹果相关问题。

3月23日，苹果公司二度回应：中国消费者享有苹果最高标准的服务，我们的政策完全符合本地法律法规，苹果在中国所提供的保修政策和在美国及世界各地大致相同。

3月25日，《人民日报》连续5天"炮轰"苹果。

3月29日，央视记者采访苹果总部未果，被拒视频网上疯传。

4月1日晚间，苹果中文官网在主页醒目位置，增加了苹果CEO提姆·库克《致尊敬的中国消费者的一封信》。苹果表示，对过去两周里收到的在中国维修和保修政策的反馈意见进行了"深刻的反思"，意识到对外沟通不足而导致外界认为苹果"态度傲慢，不在意或不重视消费者的反馈"，并对此表示"诚挚的歉意"。同时，苹果提出四项改进，包括iPhone 4和iPhone 4S维修政策，在Apple官方网站上提供简洁清晰的维修和保修政策说明，加大力度监督和培训Apple授权服务提供商，以及确保消费者能够便捷地联系Apple以反馈服务的相关问题。

对于此前被广泛质疑的保留后盖的维修方式，苹果称，对iPhone 4和iPhone 4S维修政策进行改进，自2013年4月起，Apple将iPhone 4和iPhone 4S服务包升级为全部采用新部件的设备更换，并且自更换之日起重新计算1年保修期。

资料来源：根据网络资料整理。

本 章 小 结

危机是一种使组织遭受严重损失或面临严重损失威胁的突发事件。危机公关就是组织在发生危机或预测到即将发生的危机时，所采取的一系列与社会公众积极沟通从而把损失降低到最低限度的公共关系传播、沟通的活动。危机具有突发性、破坏性、聚焦性、紧迫性、处理的非程序化等特点。做好危机公关具有重要意义，同时由于危机的突发性，做好危机的预测与预防就成为关键环节。危机预测与预防的主要任务包括公共关系危机迹象监测、识别、诊断，分析危机的成因，合理预测危机迹象的发展趋势，恰当评估危机迹象可能带来的损失。在预测的基础上对危机进行预警和预控。

危机预防的基础工作包括：有效开展危机教育；设置危机管理机构；建立危机管理制度；训练危机应急队伍和准备各种物质条件。在危机处理的实施策略中，主要介绍了危机处理的原则和基本程序。危机公关应该遵循的原则主要有：① 承担责任原则；② 真诚沟通原则；③ 速度第一原则；④ 系统运行原则；⑤ 权威证实原则。危机处理的流程包括：① 了解危机的成因；② 公布危机事件的真相；③ 采取补救措施；④ 公布危机处理结果。

复习思考题

1. 危机具有哪些特点？
2. 做好危机公关有何重要意义？
3. 试论述危机处理的原则和流程？

案例实训

某律师在消费当地一家颇有影响的食品企业所生产的食品时,发现产品存在严重的质量问题。于是,他与企业进行了交涉。企业接待人员同意研究后给其一个答复,但此后便没了下文。无奈,律师将有质量问题的食品拿到当地一家颇有影响力的报社,将情况反映给记者。该报社遂派记者到企业进行现场采访。记者们在企业拍摄到了许多违反国家食品生产规定的现场画面。企业领导发现后强行索要记者所拍资料,不成后,将记者们扣留。在当地公安人员的解救下,记者们在被困1个多小时后得以安全返回。事后,该报以系列报道的形式将消费者反映的有关该企业的问题,以及记者在该企业中所拍摄的材料、经历公之于众,企业经营一时陷入困境。

思考题:
1. 该企业经营陷入困境的原因是什么?
2. 如果你是该企业的负责人,你如何处理此事?

第 11 章

公共关系专题活动

学习目标

通过对公共关系专题活动的特点、价值、适用范围、策划和组织方法的系统学习，掌握如何组织各种公共关系专题活动，认真安排好平时的日常活动，使这些活动与其他公共工作互相配合、相得益彰。

案例导入

"奔驰"新车的隆重推出

德国奔驰新车新闻发布会曾给记者们留下深刻的印象。一是规模与耗资巨大：有 50 多个国家和地区的 1 200 多名记者参加，为记者每天支出的住宿费就至少在 180 万元人民币。二是材料全：有公司历史沿革、经营情况、首脑简况及公司总部大楼艺术特色等介绍，关于新车的材料，光数据就详不胜详，可供挑选的照片有二三百幅，有专门拍摄的一部专题影片，有介绍情况的 CD 光盘等。三是组织严密：第一天上午在公司总部报到；下午一点半首次举行 30 分钟的会议，介绍日程安排和新车的大致情况，中间穿插两段短片，给人形象、具体的感觉；2 点所有记者 2~3 人为一组，分别驾驶近百辆不同型号、性能、装饰的新车，从斯图加特市出发，沿着乡间公路，向 160 多公里外的乌尔姆市进发，让记者亲自尝试这新车的创新性、安全性、舒适性等；晚上 6 点左右，各国记者驾车到乌尔姆市，先参观新车展览，然后参加由奔驰公司首脑主持的新闻发布会；第二天早上 8 点，记者再驾车从另一条以高速公路为主的道路返回，中午到达斯图加特机场解散、回国。四是注意搜集记者反映：公司注意抓住机会同记者交谈，当试车结束后，公司又请部分记者座谈。五是服务细致：奔驰公司通过新闻发布活动，让世界更好地了解奔驰。

案例点评：德国奔驰是全球公认的高档车生产商，从它们新车发布会的工作流程计划便可以看出其工作执行力细致严谨，这方面非常值得中国企业学习。

11.1 公共关系专题活动概述

为了达到预期的公共关系目标，公共关系人员往往要开展各种各样的公共关系专题活动，以强化宣传效果，配合整个公共关系方案的实施。公共关系专题活动又称公共关系特殊事件或特殊项目，它是社会组织围绕某一特定中心而展开的，具有操作性强、应用面广等特点的公共关系实务工作。其目的是通过有广泛社会影响的活动，把组织与广大公众紧密联系在一起，吸引社会舆论对组织的兴趣和注意，树立并传播组织形象。

11.1.1 公关专题活动特征

公共关系专题活动有别于一般日常的公共关系活动，每次活动都有明确的主题，并以此为中心而展开特殊的活动，往往需要综合运用各种沟通方式以强化传播效果。

公共关系专题活动一般具有以下特征。

（1）主题的明确性

公共关系专题活动是专门为实现某一具体目的而举行的，它具有明确的主题，活动的策划与程序的安排都要围绕这一主题进行。

（2）内容的丰富性

一项专题活动往往是一系列活动的组合，如一个庆典活动，可能涉及新闻发布、展览、宴请、签字仪式、参观、联谊等多项活动。

（3）媒介的多样性

一个专题活动若要达到预期目标，需要运用多种媒介，如电子媒介、印刷媒介，要通过声、像、光和现场、实物、纪念品及报告、解说、咨询等多种形式来最大限度地吸引公众的注意力，引导公众参与，扩大专题活动的影响。

（4）对象的广泛性

一般来说，组织举办专题活动所邀请或参与的对象比较广泛，具有不同的层次。如某商场举行开业庆典，邀请的对象除了上级主管部门之外，还应包括地方政府的领导、新闻界人士、社区的群众、供货商、兄弟单位的领导、顾客代表等。

（5）程序的规范性

专题活动是一个多环节、运作复杂的公共关系活动项目，要求有规范、完整的程序和步骤，组织严密，安排得当。

11.1.2 公关关系专题活动的目的

策划公共关系专题活动是富于挑战性和创造性的工作，通过公关人员独具匠心的设计，使之成为公关日常工作中高潮迭起的重头戏，变"无心插柳"为"有心插柳"，为企业创造有利的公共关系时机。

策划公共关系专题活动主要是为了达到以下目的。

（1）制造新闻

吸引新闻媒体和社会公众的注意，以扩大企业的社会影响，提高企业的知名度。所谓制造新闻，是指在坚持真实性的前提下，举办具有新闻价值的活动，吸引新闻界和社会公众的注意，争取被报道的机会。公共关系专题活动一般都有明确的主题，独特设计的活动内容，因而会成为新闻媒体和社会公众关注的热点。当然，也可以主动与新闻媒体联系，使新闻媒体的参与成为整个活动的组成内容之一。

（2）为促销服务

通过公共关系专题活动制造有利的营销气氛，淡化推销的色彩，使社会公众从感情上接受一种新产品、新服务，从而为进一步的销售活动开拓道路。

（3）制造喜庆气氛

利用社会传统的重大节日或企业自身富有意义的纪念日，举办公关专题活动来表达企业对社会公众的善意，改变企业的社会舆论和关系环境，改善企业内部的人际关系。

（4）联络感情

通过策划和举办公关专题活动，与社会各界广泛联络交往，为企业广结善缘，达到"争取有用的朋友"的目的。

（5）挽回影响

当企业形象受到损害时，需要运用多种手段加以纠正，举办公关专题活动不失为方法之一，通过巧妙的设计和有效的工作，改善公众原有的印象，使受到损害的企业形象得以恢复。

常见的公关专题活动有新闻发布会、赞助活动、展览活动、开放参观活动等。

11.2 新闻发布会

新闻发布会是组织与新闻机构建立与保持联系，进行双向沟通，广泛传播第一信息的一种较正式的特殊会议形式。它既是一种重要的公共关系宣传形式，又是一项重要的公共关系专题活动。它是组织建立与新闻媒体良好关系的方式之一，也是谋求新闻界对某一事件、某一单位客观报道的行之有效的手段。政府、企业、社会团体和个人都可以举行新闻发布会，邀请各新闻媒介的记者参加。

11.2.1 新闻发布会的特点

新闻发布会的主要特点如下。

① 新闻发布会是一种二级传播：首先，通过新闻发布会将消息告知记者；其次，由记者们以各种方式、渠道进一步将消息传递给社会公众。

② 发布消息的形式比较正规、隆重，而且规格较高。

③ 与组织其他新闻传播的方式相比，无论在深度还是广度上都更为优越。

④ 与其他新闻传播的方式相比，速度更快，减少信息传递损耗，提高了传播效率。

⑤ 记者们可以就自己感兴趣的问题和自己认为最佳的角度进行充分采访，更好地发布信息。

⑥ 使组织更深入地了解新闻界，促进组织与新闻界的沟通交往更加紧密和默契。

⑦ 对发言人和主持人的要求较高，如要求发言人和主持人反应机敏，有较高的文化修养和口头表达能力等。

11.2.2　新闻发布会与记者招待会的区别

新闻发布会往往是例行的，记者招待会一般是专题性的。新闻发布会侧重于发布新闻，发布者不一定需要回答记者的问题；记者招待会则以"答记者问"为主要特色，要具有双向沟通的特点。新闻发布可以采取公告、书面等形式取代口头发布；记者招待会则必须有口头的交流。新闻发布可以由一般层次的公关官员实行，而记者招待会则需要较高层次的官员出面。

11.2.3　新闻发布会的适用范围

召开一次新闻发布会首先就是要问一问有没必要，因为新闻发布会的观众大多数是业内人士，需要精心设计和制作，才能达到预期的效果，而且开新闻发布会总是显得很正式和隆重，首先一定要有新闻才行，要有实实在在的新闻提供给媒体。否则媒体对新闻发布会提供的信息不感兴趣，无疑将公司置于传说中空喊"狼来了"的那个小孩子的地位。媒体界人士下次就不会再来了，即使下一次也许真的有重大新闻要发布，记者们一传十、十传百地为公司做负面宣传，贵公司的大名难免会沦落为媒体界的笑柄。通常，公司的新发展才叫新闻，新的产品或服务的推出也可以算是新闻，这些不仅对个别公司而言是非常重大的新闻，而且对整个行业来说也是相当喜人的新闻。

11.2.4　新闻发布会的策划和组织方法

举办新闻发布会是组织形象的一次"亮相"，因此，必须精心设计和策划。

1. 确定会议主题

对会议进行可行性分析是会议必须认真审视的，会议将宣布什么，是对一桩事情进行解释，还是公布有关信息，如果是发布信息，则需要对发布的信息进行分析研究，衡量确认是否具有广泛传播的新闻价值，是否能对公众产生影响，此新闻现在发表是否合适，其紧迫性应当确认，然后决定是否召开，同时要对记者们将在会上提出哪些问题进行预测，内部口径应统一，以免说法不一而引起与会者的猜疑。

2. 确定应邀者的范围

应邀者范围应视问题涉及的范围或事件发生的地点而定。一般情况下，与会者应是与特定事件相关的新闻界人士和公众代表，如希望"广而告之"的新闻发布，则邀请的记者覆盖面越广越好。

3. 考虑安排合适的地点

会议选址，地点一般应选择在交通便利、场所较舒适的市中心，并考虑新闻发布的硬件等因素，如电话、传真、打字机、照相设备等。通常新闻发布会在宾馆或新闻中心等地举行，有时也可选择在主办者单位或某一事件发生的现场举行，有时也有例外。

4. 选择适当的时机

为获得良好的传播效果，召开新闻发布会一般避开重大节日，也不宜与社会公众普遍关心的社会重大活动相重叠。

5. 准备好各种会议材料

包括口头材料、文字材料、实物材料等，供记者们深入细致地了解所发信息的全部内容。

6. 应落实好有关会务问题

包括请柬、拟订会议程序、准备会议器材、确定工作人员和布置会场等，使会场既体现企业精神、富有时代气息，又使记者及其他来宾产生宾至如归的感觉。

7. 掌握整个会议进程

首先要搞好会议签到工作，然后按预先的安排将与会者引到会场就座，会议的进行要严格遵守会议程序，会议主持人应充分发挥其主持者与组织者的作用，始终把握会议主题，维护好会场秩序，记者提问有时很尖锐深刻，甚至棘手，这对主持人和发言人提出很高的要求，要求他们对问题比较敏感、思维敏捷、反应迅速、有较高的文化修养和专业水平及一定的语言表达能力。主持人和发言人言谈应庄重而富有幽默感，并善于调节气氛，巧妙回答问题。

8. 做好会后工作

会议结束后，要及时收集有关这次会议的反馈信息，以便检测会议是否达到了预期目的，这可从三个方面进行：一要尽快整理出会议记录材料，从中吸取经验教训；二要收集与会者对会议的反映，以便会后改进；三要统计各到会记者在报刊上发表的稿件，进行归类分析，找出舆论倾向，同时对各种报道，要及时作良好的应对策略。

组织新闻发布会还应注意：不论发布何种新闻，都应充分、慎重地考虑它对社会的各种影响；坚持实事求是的原则，应把组织的真实情况告诉记者，记者的报道才会公正；新闻发布会必须按时举行，时间不宜过长，一般控制在1小时之内，这就要求所有发言要简明扼要；提前一两周向与会人员发出请柬，以便被邀请者有所准备；会议结束时可向与会者赠送一些有特殊意义的小礼品留作纪念。

成功的新闻发布会必须是别具一格的。香港一家公司研制出一种新的"XT"牌电影胶片，为了打开产品销路，这家公司举办了一次别开生面的新闻发布会。该公司的公关人员在会议请柬上冠之以"研讨会"，其目的在于提醒与会者，这次会议的主要内容是就"XT"牌电影胶片的质量问题进行科学论证。他们认为，既然是宣传电影胶片，就要显示出它与电影界的联系，争取电影界的合作和支持。因此，他们除了邀请新闻媒介的记者参加之外，又特意邀请了香港电影界的一些老板、著名编导与演员出席。在研讨会上，当技术专家就"XT"牌电影胶片的质量问题进行详细科学论证后，公司放映了一部用"XT"牌胶片拍成的电影，片名为"梦中人"。该片由一位著名摄影师拍摄，由香港最受欢迎的周润发和林青霞主演。研讨会结束后，公司公关部又在香港一家最豪华的酒店举行晚宴。他们将宴会厅原来的座椅全部搬走，换上一种由他们专门设计的导演折椅，使豪华的宴会厅增添了摄影棚的气息。来宾们对此感到非常新奇和意外。宴会结束以后，折椅作为礼物赠送给了来宾。许多著名的电影编导和影星兴高采烈地捧着折椅走出宴会厅，这给大大小小的报纸提供了许多精彩的特写镜头。

11.3 赞助活动

赞助是组织对社会事业或社会活动慷慨捐助资金或物资的公共关系活动。一个组织要搞好与公众的关系，可以有效利用赞助活动。赞助活动是一种社会性服务工作，可体现组织的社会义务和社会责任感，通过为社会贡献一分力量，组织也就获得生存和发展的可靠保障。在我国改革开放的新形势下，许多企业开展了赞助活动，形式越来越多，规模、影响也越来越大。

11.3.1 赞助活动的特点

赞助活动作为一种宣传组织的方式和途径，具有以下基本特点。

1. 效益性

社会组织在赞助时一定要考虑赞助后可能获得的效益，虽然开展赞助活动主要是树立社会组织的道德形象，表明社会组织积极承担社会责任和义务，但从长远来看，也要分析赞助后对本组织能否带来经济效益。也就是说，在肯定组织获得社会效益的前提下，还要考虑如何利用赞助为组织获得一定的经济效益。

2. 合法性

合法性主要体现在两个方面。一方面，赞助对象应是合法的，要赞助一些符合法律要求、社会道德和公众利益的人或事，否则会给人留下"助纣为虐"的印象，不仅不利于实现赞助活动的目标，反而会损害组织形象；另一方面，赞助的途径要合法，不能搞不正当之风。凭借赞助之名，获得虚名或趁机获得不正当的高额回报等都是不允许的。

3. 可行性

赞助活动要与组织的经济实力相符，赞助的经费和人力不能超越组织的承受能力。

11.3.2 赞助活动的适用范围

一个组织机构不可能有求必应地进行赞助，必须有选择地参加，即分析被请求赞助的项目有无赞助价值，可行性如何等。这是参加赞助活动的关键。要评价赞助的可行性（价值），首先要考虑所赞助的活动与本机构本身能否很和谐地让公众联想在一起，能否对本机构产生有利的影响；其次看所赞助活动的社会影响，如媒介报道的可能性，频率和广泛性，受益人是谁，受影响公众的分布情况，影响的持久程度，活动本身能否引起人们的注意，能否产生"轰动效应"等；再次，看本组织在活动中与公众见面和直接沟通的机会多少。另外，要看赞助的费用多少和赞助形式。应当从机构本身的条件出发，赞助费用不能超过机构的承受力，还要看它在全部公关费用中占多大比例。此外，还应考察赞助的监督情况，通过何种方式对赞助活动进行控制，赞助活动是否合法，发起单位的社会信誉如何，赞助费用如何落实到受益人手里等。最后，还应视赞助活动对本单位的产品销售有无赞助价值，如果发现值得，便可着手落实赞助了。

11.3.3 赞助活动的价值

首先，通过赞助做广告，增强广告的说服力和影响力。赞助一项社会活动，使带有企业名称和产品商标的宣传品广泛地、频繁地出现在公众面前，使组织形象潜移默化地印在社会公众心中，这是其他广告方式所不能替代的。例如，由于奥运会是举世瞩目的体坛盛会，传播覆盖面广，电视收视率高，可遍及世界的各个角落，运动员都穿着某组织为奥运会特制的运动服，等于做了世界范围的巨大广告，影响之大，可想而知。

其次，树立组织关心社会公益事业、履行社会责任的良好形象。

再次，促进与某类公众或某个组织的良好感情。企业赞助某项社会活动，通常与活动的有关人员联系密切。如可口可乐公司专门赞助多种青年人举行的活动，博得青年人的好感。

最后，提高企业的知名度、美誉度。企业赞助某项活动后，其名称必将随着对社会活动信息的传播而为广大公众所知晓，知名度也随之提高。许多名牌产品都是通过赞助活动而使其名声更加响亮。

此外，企业能为社会活动出资，在公众的心目中会产生经营状况良好、实力雄厚的印象。企业知名度和美誉度的提高还有助于争取到潜在的公众。

11.3.4 赞助活动的策划和组织方法

1. 进行赞助研究

进行每项赞助，应首先确定赞助宗旨，从本组织的经营管理政策、公共关系策略入手，调查外部赞助公共关系事业情况，来确定本组织赞助的方向、政策、目的，明确赞助是为了提高企业的知名度、美誉度，还是改善企业形象等。目的明确了，才能具体考核所赞助的项目及选择赞助对象，其社会上的影响、地位如何，所进行的活动是否正当，对它的赞助能否给企业带来效益和有利的影响等。一旦选错对象，不仅费力费财，还会给企业带来不利的影响。

2. 制订赞助计划

确定赞助活动的目标、方向、政策后，还应制定明确的计划。计划内容包括：赞助的目的，赞助的对象与范围，赞助费用预算，赞助的形式和宗旨等。借助于赞助计划，负责人可控制赞助范围、规模过大，避免超过企业的自身承受能力，尽量杜绝浪费。

3. 审核和评定具体的赞助项目

对每一个具体的赞助项目都要详细、严谨地分析和研究，结合年度赞助计划，逐项审核、评定，确定其可行性、赞助的具体方式、赞助的数额和时机等，从而制订此项赞助活动的具体方案。

4. 落实赞助活动计划

在以上各项工作确定后，组织应指派专门的公共关系人员负责实施具体方案。在实施过程中，要充分利用巧妙的公共关系技巧，尽量扩大社会影响，使企业赞助活动卓有成效。

5. 评估赞助效果

赞助活动结束后，应实事求是地评估赞助效果，对照计划检查是否达到预期目的，以确定哪些目标达到了，哪些目标未达到；分析达到目标与未达到目标的经验和原因，将评估结果写成文字材料归档保存，以备以后进行赞助活动时查考。

案例阅读 11-1

NEC 走向世界

迄今为止，几乎所有著名的社会大机构都与成功的赞助分不开，如日本电气公司通过赞助世界戴维斯杯网球赛、广东健力宝集团有限公司通过赞助中国体育代表团、广州花园酒店通过赞助中国第一个"母亲节"而知名，不胜枚举。赞助成了社会组织机构（甚至个人）提高社会知名度和美誉度的左膀右臂。有些大型社会活动甚至完全依赖社会捐赠而开展。1984年洛杉矶奥运会，美国政府没花一分钱，却举办得异常成功。不少公司为了给这次奥运会提供赞助，还展开激烈竞争，使赞助筹码越加越大。拿 NEC 走向世界的道路来说，它主要靠的是赞助活动。20世纪80年代初，NEC 还是一个不太为人们所了解的品牌，同其他日本名牌如松下、日立等相比，其家用电器基本未被世界所认可。在这种情况下，NEC 大胆地赞助世界戴维斯杯网球赛。于是，标有 NEC 及其标志的赛场广告在全世界的电视直播中不断出现，很快，NEC 就被世界所熟悉。一年多以后，它的市场销售率就上升了30%左右。今天，NEC 已经成为名副其实的世界性品牌。

11.4 展　览　会

展览会是通过实物、文字、图表、图片、讲解等来展示组织的成就、产品或有关问题的一种宣传方式。它是运用综合性的传播媒介宣传组织形象，建立良好企业信誉的大型公共关系活动。

11.4.1 展览会的特点

1. 展览会以丰富多彩的形式吸引公众，促进公众对组织的了解

展览会一般通过播放电影、录像、幻灯片，安装电动模型，现场示范，文艺表演等方式来传递新的消息，展示组织内有代表性的产品或组织其他各方面的情况。这种丰富多彩的展出形式，会使展览会生机勃勃，公众在参观过程中，获取大量组织信息，可进一步加深对组织的了解。但有些单位的展览会变相地推销积压产品，引起公众的不满，受到舆论谴责。展览会只有展出新的产品，具有新的特色，才能吸引各地的客商。

2. 展览会是一种利用多种传播媒介的综合性传播方式

展览会综合多种传播媒介的优点，有机地运用文字材料、事物模型、音像，进行生动的讲解、操作、表演等，音形兼备，图文并茂，使公众能生动、形象、直观、全面地了解展览会的意图，这种沟通会强化传播效果，使公众留下深刻的感性印象。

3. 展览会更多地体现组织和公众双向性的信息交流

组织的工作人员可通过展览会的布置、讲解向公众传递信息，当面回答公众提出的问题，就共同感兴趣的问题展开进一步讨论，这样，组织在向公众宣传产品、扩大组织影响的同时，能及时收集到公众反馈的信息，了解公众对组织的反映和要求，以便组织不断地改进工作，从而实现双向交流的目的，增强了解和友谊。

4. 展览会可引起新闻媒介的关注，促进销售

展览会往往会成为新闻媒介的追踪对象，组织可就此机会"制造新闻"，扩大自身的影响。展览会也是促销的一种方式：展览会上，组织和客户可当面洽谈，当场成交，缩短交易时间。同时，展览会展出全国甚至全世界的各类品牌的同类产品，这样，供销人员可在短时间内和多个厂家洽谈；组织也可以了解同行业的情况，汲取其先进经验，克服自身工作中的不足。

11.4.2 展览会的适用范围

展览会在企业创新产品开发阶段，尤其有用武之地，对于非营利性社会组织也同样适用。

11.4.3 展览会的价值

1. 展览会是一种可以利用多种传播语言的综合传播方式

公共关系传播是一个信息传送与反馈过程，而信息过程必须以语言为载体。在公关传播中信息载体经常有五大类型，称为五大信息语言系统。它们分别是文字与符号语言系统、有声语言系统、实物语言系统、实像语言系统和人体或动作语言系统。这五大语言系统各有不同的优缺点，不同的公关活动要求采用不同的语言系统。如举办一个图片橱窗展览，就只需文字与符号语言和实物语言即可。而大型的展览会却要运用包括声音、文字、模型、电视广播、工作人员等几乎所有的信息语言系统。展览会所使用语言的综合性，能使公众更全面地了解组织，使信息更容易通过复合刺激而被公众所理解和记忆。

2. 展览会是一种非常直观、形象且生动的传播方式

其最大的特点是通过实物展示和示范表演来宣传组织的形象，能使公众容易接受和产生较深的印象。

3. 展览会是一种直接双向沟通的传播方式

组织的员工和外部公众可以在展览会上直接交谈和听取意见，增进相互了解，这种直接双向沟通，尤其有利于组织同某些特殊公众进行沟通和协调。

4. 展览会是一种高度集中和高效率的沟通方式

因为展览会一方面能够给公众种种方便，并使公众相对全面和深刻地认识一个组织，以减少组织与公众之间联系的诸多中间环节，从而提高传播的效果和信息的逼真度。另一方面，展览会是一种综合性的大型活动，比较容易引起公众及新闻传播界的注意，因此对社会公众的影响效果很好。再者，展览会属于主动型公共关系，它具有一定的刻意性质，能够给公众留下勇于开拓、注重社会效益的良好形象。

11.4.4 展览会的策划和组织方法

1. 明确主题和目的

每次展览都应有一个明确的主题，并将主题用各种形式反映出来，如主题性口号、主题歌曲、徽标、纪念品等。同时还要根据所拟订的主题确定相应的目的，以期达到什么样的效果，为举办展览会提供足够的理由。由于展览会的成本（人力、物力、财力等）较高，因此必须进行必要性和可行性分析。发起展览会的单位是如此，参展单位同样如此。

2. 确定展览会的类型和形式

可从多种角度去考察展览会的类型，但至少要从以下4个方面去分析所办展览的形式。

第一，展览的场所——是室内展览还是露天展览。室内展览适宜举办较为隆重和持续时间长的展览，它不受天气影响，且能充分发挥室内装饰、展厅布置辅助设备的作用，以提高效果。但室内展览受场地大小限制较严，不具有灵活性，且费用较大；而露天展览则易受天气影响、布景工作简单、费用低，但场地限制小，比较灵活。

第二，展览的功能或目的——贸易型展览会或宣传性展览会。前者是以销售商品为目的，后者以传达思想、感情或信息为宗旨。

第三，展览的性质——综合性或专业性展览会。综合性展览会又称为横向展览、可混合展览，它通常全面地介绍一个组织及其产品，内容广泛，具有一定的整体性和概括性，既要突出重点，又要照顾一般，给观众留下完整的印象。专业性展览又称单一展览或纵向展览，它通常围绕一项专业或一个专题而举办，如选择某一种商品作为展览范围。专业性展览不要求全面系统，只求重点突出。

第四，展览的规模——大型、小型或袖珍型展览。大型展览通常是综合性，一般由专门机构举办，展品由参展单位提供。小型展览规模较小，一般由单位自己举办，如商店结合某个社会性主题（国庆、元旦等）而举办的展销会，工厂展出自己的商品等。而袖珍型展览规模更小，常见的有橱窗展览、流动展览柜台展览等几种形式。

在举办展览会时，必须考虑到上述各个方面，然后选择一种具体的较适合的展览方式。

3. 选择展览地点

通常要考虑三个因素：第一，交通是否便利；第二，周围环境是否有利；第三，辅助设施如灯光系统、音响系统、安全系统、卫生系统等是否健全。

4. 预测参观者

针对公众属于何种类型，其分布范围有多大，人数估计有多少，参观者的文化层次、社会背景、年龄构成估计是怎样的，等等。再根据这些预测去设计解说词和宣传方式。

5. 确定参展单位和参展项目

通常采用广告或发邀请信的方式，吸引参展单位。广告或邀请信应注明展览的宗旨、展出项目类型、开放对象、估计参观者的人数和范围、展览会的要求和费用预算等，以便给有关单位提供决策所需的资料。

6. 展览的总体设计

由一个总设计师构思整个展览结构，形成展览设计大网。内容包括总体布局、主题思想及展览各部分的划分、会标、主题画及前言，中间穿插图文说明等。

7. 绘制图纸

各分部编辑室分头收集实物和资料，并撰写展览脚本提交给设计室，由总设计师绘制出展板小样及展品排列方式，再交美术摄影组，美术师按照参展缩样要求，进行书写、绘制或放大，成为布置展厅用的最后图纸。

8. 加工制作

制作组根据图纸制作文字图表，裱贴图片，加工美术版面，制造需要的模型、道具、宣传资料、展厅目录、各种小册子等。

9. 培训工作人员

展览效果同展览工作人员素质有很大关系。在举办展览时应对主要的几种工作人员如讲解员、接待员、服务员、业务洽谈人员等进行培训。培训内容包括公关技能、展览专业知识和专门技能、营销技能、社交礼仪等。

10. 配备相关服务

这包括两方面：一是为展览活动服务的机构、设施和人员，如工作人员的休息与食宿服务、展览会的宣传机构（新闻发布小组）、展览的后勤服务及其他等；二是在展览会上为参观者服务的设施和人员，这根据展览会的不同级别而确定。跨地区性尤其国际性的展览会，应视情况设置产品订购邮政、运输、商检、海关、食宿、银行等服务项目及消防和卫生检疫部门。

11. 费用预算

举办展览要花费一定的资金，如场地和设备租金、运输费、设计布置费、材料费、传播媒介租金、劳务费、宣传资料制作费、通信费等。公关人员在预算这些费用支出时，还应留有 5%～10% 作为备用金，供调剂补充用。

12. 布置展厅

这包括以下内容。

（1）选择与处理展品

根据展览的性质和总体设计选择展品的品种和数量，还要对有些展品进行各种处理，如制成标本、拍成幻灯片、电影拷贝和录像片，适当的物理或化学处理等。易于损破的物品要有备用品。

（2）进行室内装饰

展厅的主色调、背景选择及灯光照明都应认真考虑。

（3）讲究展品陈设

同一件物品，由于摆设的角度、方向、部位不同，在不同的背景和光线下，在不同其他展品的衬托下，给人的视觉效果会大不一样。展览不仅仅是实物展示，更是一种艺术，要充分利用它的艺术性给参观者留下永久不灭的记忆。

13. 展厅开放

当一切准备就绪后，就可以择日开放了。开放时要注意：

① 开放前应进行适当的宣传，以引起人们的关注；
② 选择的时日要理想，不同的时机会有不同的效果；
③ 观者人数控制得当；
④ 名词要简洁明了，解说词要生动具体，要充分利用讲解员使静态的实物和图片活动起来；
⑤ 做好会务工作，要接待好每一位观众，尤其是特殊观众；
⑥ 在展厅入口处应设立咨询台和签到处，并贴出展览平面图和展品目录表；
⑦ 可适当发放一些纪念品，悬挂会标和会旗，播放会歌，以强化参观者的记忆。

此外，还应做好安全防卫工作，防止事故的发生。

14. 会后总结

通过设置观众留言簿、召开观众座谈会、会后登门拜访或发放调查表等，用多种形式检测展览效果，评价活动的成败，总结经验，为今后改进工作提供参考。

以上是举办展览的一般程序和注意事项。为了达到理想的效果，必须每一步都计划周密，考虑细致，防止出现哪怕极小的任何差错。其中尤为重要的是要善于使用各种展览技巧，将展览会办得生动活泼，别具一格。这里，要特别指出以下几点。

① 参展或发起单位应用各种方法吸引公众的注意，以便让公众了解本组织在本次展览会中所起的作用，如用室内外条幅广告、文字说明等加以宣传。

② 学会变不利因素为有利因素，变消极被动为积极主动。在展位不理想、效果不明显的情况下，可采取适当的补救措施。

③ 善于以情动人。举办展览，商业味不能过浓，应富有人情味，给公众留下注重社会效益的美好形象。

总之，展览会的作用是巨大的，但要办好并不容易，必须掌握一整套的技术和方法。

案例阅读 11-2

茅台酒的出名之道

茅台酒本来并没有什么名气。有一次，厂家代表带它去参加在印度新德里举办的世界酒类饮料博览会。该博览会汇集了世界各国著名的各种饮料，而世界著名的酒类品牌也决不会放弃这样的极好机会。茅台酒是首次参展，光租展位就是很大一笔开销。但厂家认为，只要能够提高知名度，还是值得的。然而，面对法国的香槟等西方传统的酒类饮料，人们对来自中国的茅台酒展位，根本不屑一顾。展览的第一天，茅台酒基本无人问津。面对这样的尴尬局面，茅台酒展览工作人员急得团团转，为此，他们决心要扭转这种受冷落的状况。于是，第二天的展览开始之后，面对人流最高峰的时候，工作人员急中生智地拿着一瓶茅台酒走到展厅中央，装着在人流中不小心将它"打翻"在地。顿时，整个大厅充满了茅台的酒香。参观展览的人们立即被这从来没有闻到过的香味所吸引，好奇地相互打听这是什么牌子的酒。茅台展览人员抓住这一机会，向参观者介绍茅台酒。很快，茅台酒展位吸引了大批参观者，随即引起整个展览会的轰动，新闻媒介也闻风而动，纷纷予以报道。结果，茅台酒在本次展览会上获得了金牌。从此，它身价百倍。

11.5 开放参观活动

组织开放参观活动是将组织内部有关场所和作业程序对外开放。它可以让公众亲眼看见组织整洁的环境，先进的工艺，现代化的厂房设备，有条不紊的工作秩序，科学的管理制度，高素质的员工及给社会所做的贡献等，还可以通过厂史资料向公众全面、立体地展示组织的过去、现在和将来。

11.5.1 开放参观活动的特点

开放参观活动最大的特点就是真实性。它是以事实说服公众的，常言说得好：耳听为虚，眼见为实。开放参观活动往往比任何强大的宣传手段都更具说服力量。如苏联切尔诺贝利核电站发生事故后，香港各界纷纷表示担忧，担心我国广东大亚湾不安全，一时满城风雨。为此，香港选民代表参观大亚湾核电站，现场介绍安全情况，结果风波很快平息。

11.5.2　开放参观活动的价值及适用范围

开放参观活动可增加组织的透明度和扩大组织的知名度,争取公众的理解和支持。开放参观活动还可以有助于消除人们对组织的不解和疑虑,改善社会关系。

开放参观活动可根据主题要求,分为现场观摩、介绍、实物展览等。最常见的主题是:强调企业的优良工作环境,表明企业是社区理想的一员,企业只会给社会和周围公众造福。开放参观活动让公众参观现场,以目击为主,在参观前可先利用电影、电视录像、幻灯片等做简要介绍,使公众对组织有个大致了解,还可以用图片、模型、产品陈列等形式对开放参观活动起补充说明作用。

11.5.3　开放参观活动的策划与组织

1. 确立主题

任何一次对外开放参观活动,都应确立一个明确的主题,即想通过这次活动让参观者留下怎样的印象,取得什么效果,达到什么目的。企业对外开放参观活动最常见的主题是:强调企业的优良工作环境,表明企业是社区理想的一员,企业只会给社会和周围公众造福。

2. 安排时间

开放参观的时间最好安排在一些特殊的日子里,如周年纪念日、企业开业、本组织获得特殊荣誉的纪念日等。在喜庆的日子里进行参观,可以增添公众的兴趣,获得更强的开放效果。

要有足够时间准备对外开放的参观活动。规模较大的开放参观活动需要3~6个月的准备时间,如果要准备大规模的展览、编印纪念册或策划其他特别节目,则需时更多。

要合理安排活动开放时间,尽量避开节假期。考虑到气候因素,较理想的开放日一般以晚春和早秋为宜。

3. 成立专门机构

如欲将开放参观活动办得尽善尽美,就需要成立一个专门的活动筹备委员会。委员会成员应包括企业领导、公共关系人员、行政和人事部门人员等。如果主题是强调服务或产品,则还要有营销部门人员。

4. 准备宣传工作

要想使开放参观活动获得成功,最重要的是做好各种宣传工作。准备一份简明易懂的说明书,发给参观者。正式参观前放映电影、录像或幻灯片进行介绍,可以帮助参观者了解企业的概况。之后,由向导陪同并引导参观者沿参观线路做进一步解说,回答参观者的提问。最好将参观者分成五六人一个小组,这样即使场地嘈杂,也能让参观者听清讲解。如果设置较明显的路标为参观者导向,可以安排专人在人们可能最感兴趣的地方做集中讲解。

要使参观活动产生持久效果,不妨赠送参观者一份有纪念性的小册子。这些小册子通过参观者之手转送到未能亲自参加参观的人，还能成为十分有用的传播媒介。

5. 划分参观线路

提前划分参观线路，防止参观者越过参观所限范围，以免出现不必要的麻烦和事故。有些企业往往顾虑开放参观活动会使秘密技术泄露，其实只要精心妥善安排是不会出现这种情况的。

6. 做好服务接待工作

对参观者应热情周到地做好接待工作。要安排合适的休息场所，准备茶水、饮料。

案例阅读 11-3

英国化工企业联合会的"开放日"活动

化工企业为其他产业和现代社会提供了必不可少的产品，然而社会公众对化学工业却不那么熟悉，而且存在着种种误解。1986年是国际工业年，这为化工企业宣传自己、改变公众对自己的片面认识、赢得所在社区对自己的支持，提供了一个很好的机会。为此，英国化工企业联合会策划和组织了一系列的公关活动，其中之一就是全英化工企业"开放日"。英国化工企业联合会策划这一活动的指导思想是：这活动会促进社区公众对化工企业的熟悉和好感，而其"共时"的安排则会使活动有一种全国性的气势。

在"开放日"活动的前一个月，有关活动的新闻发布会分别在全国各大城市举行，通过新闻媒介的报道，社会公众对这个活动产生了很大的兴趣。9月20日那天，阳光明媚，数以千计的参观者走进了当地的化工厂。据统计，全英国约有20万人参加了"开放日"活动。各企业尤其欢迎员工的亲朋好友前来参观，当地的社区领袖和对舆论有影响的人士也备受欢迎。

与其他成功的"开放日"活动一样，这一"开放日"活动并非一味强调教育公众，而是寓教于乐。各开放点的企业除了设置丰富多彩的展馆供来访者参观，向他们介绍化工产品的生产情况和讲解企业的安全防护措施外，还准备了一些余兴节目供大家游玩和休息。

在"开放日"活动准备和举行的整个过程中，联合会和各企业特别注意和强调以坦诚和公开的态度与公众进行交流。各开放点各企业所使用的宣传品，用朴实的语言探讨化工产品的安全生产和运输及环境保护等公众普遍关心的问题，陪同来访者参观的企业管理人员热情地向大家介绍各种情况，联合会制作的录像片《社区中的化工产品》，也被许多开放点企业所采用。

联合会的精心策划和组织，企业以主人翁姿态积极参与，使"开放日"活动取得了很大的成功。事后，一位原先对化工企业持批评态度的人士也不由得在一家报纸上评论说："这是一次令人很感兴趣的企业参观活动，有关人员用了许多时间和精力来答复来访者提出的各种问题。"

本章小结

公共关系专题活动指组织为塑造自身形象，围绕某一公共关系主题，有计划、有步骤地组织目标公众参与的集体行动，是组织和公众沟通的有效途径。公共关系专题活动的基本特点是：主题的明确性、内容的丰富性、媒介的多样性、对象的广泛性、程序的规范性。策划公共关系专题活动是富于挑战性和创造性的工作，通过公关人员独具匠心的设计，为企业创造有利的公共关系时机。策划公共关系专题活动主要是为了达到以下目的：制造新闻、为促销服务、制造喜庆气氛、联络感情、挽回影响。常见的公关专题活动有新闻发布会、赞助活动、展览活动、开放参观活动等。

复习思考题

1. 解释新闻发布会的特点、价值和策划。
2. 解释展览活动的特点、价值和策划。

案例实训

"全聚德"作为我国餐饮业驰名中外的老字号企业，自清朝同治三年（1864）创立至今已有140多年的发展历程，经过几代人努力，"全聚德"形成了以烤鸭为代表的系列美食精品和独特的饮食文化。"全聚德"这家百年老店已成为国家领导人宴请国际友人的主要场所，成为国际国内朋友了解、认识北京的窗口。

改革开放以来，我国餐饮市场迅速发展。面对日趋激烈的市场竞争和国外餐饮业的挑战，"全聚德"于1993年5月组建了以前门、和平门、王府井全聚德三家店为基础，包括50余家联营企业的大型餐饮企业集团，结束了过去长期形成的一家一店、分散经营的不利局面，全聚德集团成为"全聚德"商标的唯一持有人，从而开创了"全聚德"这一北京传统名牌集团化经营发展的新阶段。截至1999年初，全聚德集团在国内已注册11个商标，涵盖25大类124种商品或服务项目；同时在世界31个重点国家和地区注册了"全聚德"商标。1996—1998年度"全聚德"商标连续两届被北京市工商局评为"北京市著名商标"；1999年1月"全聚德"品牌又被国家工商局认定为"中国驰名商标"，它是我国首例服务类驰名商标。21世纪已经到来，全聚德老字号正演绎着它发展历史上的第二个百年。全聚德品牌战略的成败，是决定企业在新世纪能否保持旺盛生命力的关键。

为了抓住机遇，迎接挑战，积极参与市场竞争，创造具有中国文化底蕴、实力雄厚、品质超凡、市场表现卓越、享誉全球的餐饮业世界级名牌，集团公司决定以1999年全聚德建店135周年为契机，全年推出多层次、一系列的企业形象公关活动。

公关目标是发扬"全而无缺，聚而不散，仁德至上"的企业精神，（对外）弘扬全聚德民族品牌，树立全聚德老字号的崭新形象，以店庆造市场，以文化兴市场，（对内）强化全聚德烤鸭美食精品意识，丰富全聚德企业文化内涵，激励全聚德集团的全体员工以百倍的信心迎接新世纪的挑战。为了达到这一目标，准备举办"全聚德杯"有奖征集对联、全聚德烤鸭美食文化节、全聚德品牌战略研讨三项大的活动。这些公关活动的媒体选择上主要以报纸为主，兼有电视台、电台，并辅以本公司宣传刊物。具体计划：全年系列公关活动分为三个阶段，从序曲到高潮。

第一阶段：在含有元旦、寒假、春节、元宵节等节假日的第一季度与《北京晚报》、北京楹联研究会联合举办"全聚德杯"新春有奖征集对联活动（以下简称征联）；面向全社会（包括集团员工）开展《我与全聚德》征文，征集店史文物活动；着手整理资料，编辑、出版《全聚德今昔》一书。

第二阶段：在农历六月初六，即全聚德创建日的7月18日举办"全聚德建店135周年店庆暨首届全聚德烤鸭美食文化节开幕式"。

第三阶段：在金秋的10月份，借新中国五十华诞举办全聚德品牌战略研讨会。

第一阶段征联活动结束后，为更好地开展第二阶段店庆活动，集团公司及时进行总结，并于1999年3月30日以书面形式正式下发《关于庆祝全聚德建店135周年系列活动的安排》的通知，将每项活动进一步分解落实。

第二阶段是此次公共关系的主旋律，内容是：全聚德建店135周年店庆暨首届全聚德烤鸭美食文化节开幕式。于1999年7月18日上午9：30—11：30在前门全聚德烤鸭店一楼大厅举办了隆重的开幕仪式。来自国家内贸局、北京市委、市政府有关委办局、所辖区委、区政府的领导和负责同志、新闻单位的记者及全聚德成员企业代表200余人出席了本次活动。具体安排如下。

① 唱《集团歌》。
② 集团董事长致辞。
③ 北京市商业联合会致贺词。
④ 向集团总厨师长、副总厨师长、各企业厨师长授聘书、绶带（展示全聚德雄厚的技术力量）。
⑤ 新编《全聚德今昔》一书首发式（传播全聚德历史文化）。
⑥ 第135号全聚德冰酒珍藏仪式（展示全聚德品牌延伸产品）。
⑦ 请有关方面的领导讲话。
⑧ "打开老墙，重现老铺"——全聚德老墙揭幕仪式（向现场来宾再现历史，追溯往昔，给人留下深刻印象）。
⑨ 第1亿只全聚德烤鸭出炉仪式（第1亿只烤鸭出炉成为新闻记者争相报道的热点。在11点钟，全聚德第1亿只烤鸭出炉之前，十几名摄影记者早早等候在烤鸭炉前，占据最佳拍摄位置。烤鸭出炉时，记者们迅速按下快门，用相机记录下这一有意义的历史时刻。《北京晚报》的记者为了抢得第一新闻，顾不上吃午饭，立即返回报社发照片，当天下午的晚报就在第一版刊发新闻照片，使《北京晚报》成为第一家报道这一活动的媒体）。
⑩ 第1亿只全聚德烤鸭片鸭仪式（由原市政府副秘书长、全聚德集团第一任董事长杨登彦先生片下第一刀。这只烤鸭奖给了当天中午来全聚德就餐的一对法国夫妇）。

为了报道这次活动，中央电视台还对集团董事长进行了独家采访。出乎预料的是，还有一些国外的新闻记者不邀自来。如当天上午活动期间，南斯拉夫电视台闻讯赶来，进行现场拍摄；在活动结束后，《香港商报》的记者对未能进行现场采访而深感遗憾，事后专门来公司进行了追访。

下午在和平门全聚德烤鸭店208房间举办了全聚德特色菜品推出仪式，具体安排如下。

① 集团主管副总介绍推出全聚德特色菜的重要意义及安排（统一菜品质量，实施精品战略）。

② 集团总厨师长讲解全聚德特色菜品的制作、口味特点（菜品量化定标，提高科技含量）。

③ "打通一楼，亮出大厅"揭匾仪式（重新装修的一楼大厅——"中华一绝"重新开张）。

④ 来宾观摩特色菜品制作过程，并品尝用餐。

"美食文化节"活动（7月18—25日）期间推出的活动还有：

① 精品烤鸭优惠销售（真诚回报消费者）；

② 国际烹饪大师巡回献艺；

③ 亚洲大厨、获奖名厨精彩绝活表演；

④ 发放"全聚德会员卡"；

⑤ 赠送全聚德135周年纪念品；

⑥ 开展由顾客参加的趣味性烹饪、服务技能、全聚德知识竞赛活动。

大型活动是公共关系活动最常见的一种形式，也是企业最容易达到其公关目标的手段。因为它社会影响大、针对性强、沟通效果好，同时实施难度也较大。"全聚德135周年店庆大型活动"是全聚德集团实施"名牌战略"工程从策划、筹备、实施和提升历时近一年，涵盖"全聚德杯"新春有奖征联活动、首届全聚德烤鸭美食文化节、全聚德品牌发展战略研讨会三项大型活动。为确保项目的顺利实施，集团总裁亲自挂帅，相关部门分工负责，按计划逐一落实，可以说，大型活动的实施除了需要严密的计划外，还需强有力的执行。第1亿只全聚德烤鸭出炉是本次大型活动最吸引人、最具新闻价值的活动之一，全聚德抓住这一亮点大做文章，而《北京晚报》记者抢新闻的劲头，说明活动创意策划的到位，这是本公共关系活动画龙点睛之处，也是众多媒体报道的一个重要主题。

思考题：

1. "全聚德135周年店庆大型活动"是全聚德集团实施"名牌战略"工程的一个重要对外传播案例，本案例从策划、筹备、实施和提升历时近一年，涵盖"全聚德杯"新春有奖征联活动、首届全聚德烤鸭美食文化节、全聚德品牌发展战略研讨会三项大型活动，这些大型活动又包括系列专题。请你具体策划出每一阶段的主要专题活动。

2. 结合本案例，说明"全聚德"是如何针对不同目标公众，巧妙地设计公关活动，并与传播手段相结合，取得了良好的公关效益的？

第 12 章

公务礼仪

> **学习目标**
>
> 了解社交礼仪的基本构成,掌握距离礼仪、介绍礼仪、名片礼仪、握手礼仪、位置礼仪和电话礼仪的具体运用。了解公务接待礼仪的构成,掌握公务接待礼仪、会议礼仪和庆典礼仪基本流程式。以公务礼仪为指导,组织实施公务礼仪活动。

"一口痰事件"

某制药厂濒临倒闭,政府牵头为他们引进德国投资。就在签约之前,德国总裁到该厂视察,该厂长陪同参观车间,其间这位厂长不经意间吐了一口痰,德国总裁看到后,当时就结束了视察,并告知政府领导决定不再签约。他的理由很简单,这是制药厂,是关系人命的,怎能随地吐痰。这家工厂本来可以借助外商投资起死回生并且兴旺发展,由于该厂长在社交场合一个不经意的失礼和失误,导致了工厂之后的破产。

资料来源:史锋. 商务礼仪. 4 版. 合肥:中国科学技术大学出版社,2009.

案例点评: 公务礼仪的细节失误,有可能导致事业的失败。

12.1 社交礼仪

社交礼仪是指人们在人际交往过程中所具备的基本素质、交际能力等。通过社交活动,人们可以互通信息,共享资源,对取得事业成功大有获益。正确运用社交礼仪规范,有利展示个人内在修养和素质,提高适应社会和融入社会的能力。

12.1.1 距离礼仪

美国人类学家、心理学家、方法意义学创始人霍尔博士通过大量事例说明,人在文明社会中与他人交往而产生的关系，其远近疏远是可以用空间距离的大小来衡量的。有一个实验讲的是，在一间大厅里，有一排椅子，假定两个陌生人先后进入大厅，如果第一个人坐在南端，另一个人紧挨第一个人坐下的话，第一个人会本能地移开，与第二个人保持一定的距离。即使在拥挤的公共汽车上，当素不相识的人的身体紧紧贴在一起的时候，人们也绝不允许他人贴近自己的脸，特别是嘴唇和眼睛。这些情况都表明，无论在任何情况下，人们周围都有一个属于自己的空间，人际交往只有在这个允许的空间限度内才显得自然和安全。

在公共活动中，根据社交的对象和目的，选择和保持合适的距离是极为重要的。那么，什么样的距离才是标准和让人感觉自然和安全的距离呢？

1. 亲密的社交距离

亲密的社交距离在 45 厘米以内，属于私下情境。多用于情侣，也可以用于父母与子女之间或知心朋友间。两位成年男子一般不采用此距离，但两位女性知己往往喜欢以这种距离交往。亲密的社交距离属于很敏感的领域，交往时要特别注意不能轻易采用这种距离。

2. 私人的社交距离

私人的社交距离一般为 45～20 厘米，表现为伸手可以握到对方的手，但不易接触到对方身体。这一距离对讨论个人问题是很合适的，一般的朋友交谈多采用这一距离。

3. 礼仪的社交距离

礼仪的社交距离为 120～360 厘米，属于礼节上较为正式的交往关系。一般工作场合人们多采用这种距离交谈。在小型招待会上，与没有过多交往的人打招呼可采用此距离。

4. 公共的社交距离

公共的社交距离指大于 360 厘米的空间距离，一般适用于演讲者与听众、彼此极为生硬的交谈及非正式的场合。在商务活动中，根据其活动的对象和目的，选择和保持合适的距离是极为重要的。

人际交往的 4 种状态只是大致的划分。在不同的文化背景下，把握人际距离的准则会有所差异，但基本规律是相同的。和喜欢的人交谈要靠得近，熟悉的人之间要比陌生人之间靠得近，性格外向的要比内向的人靠得近，女人之间比男人之间靠得近。在日常生活中，科学合理地运用距离礼仪，有利于构建和谐的工作环境。

12.1.2 介绍礼仪

介绍是交往活动中相互了解的基本方式，是人们交往的第一座桥梁。有效率、吸引人的介绍方式是商务交流的一项重要活动。介绍和被介绍是社交活动中相互了解的基本方式之一。通过介绍，可以缩短人们之间的距离，扩大社交圈子，促使彼此原来不熟悉的人更多地沟通和深入地了解。

1. 自我介绍

自我介绍是进入社会交往的一把钥匙。运用得好，可为你顺利融入社会助一臂之力，反之则可能给你带来种种不便。因此，能否善于推销自我是至关重要的。自我介绍是推销自身形象和价值的一种方法和手段。通常需要做自我介绍的情况有以下几种：社交场合中遇到你希望结识的人，又找不到适当的人介绍。这时自我介绍应谦逊、简明，把对对方的敬慕之情真诚地表达出来。电话约某人，而又从未与这个人见过面。这时要向对方介绍自己的基本情况，还要简略谈一下要约见对方的事由。演讲、发言前，面对听众做自我介绍，此时最好既简明扼要，又要有特色，给听众一个良好的第一印象。求职应聘或参加竞选，这时更需要自我介绍，既要有书面介绍材料（个人简历），还要有口头的叙述。

自我介绍要点如下。

（1）镇定而充满自信

清晰地报出自己的姓名，并善于使用体态语言，表达自己的友善、关怀、诚意和愿望，这是体现自信的表示。如果自我介绍模糊不清，含糊其辞，流露出羞怯自卑的心理，会使人感到你不能把握自己，因而也会影响彼此间的进一步沟通和交流。

（2）根据交往目的的不同，介绍详略有差异

自我介绍一般包括姓名、籍贯、职业、职务、工作单位或住址、毕业学校、经历、特长或兴趣等。在长者或尊者面前，语气应谦恭；在平辈和同事面前，语气应明快，直截了当。

（3）自我评价要掌握分寸

自我评价一般不宜用"很""第一"等表示极端赞颂的词，也不必有意贬低，关键在于掌握分寸。

案例阅读 12-1

互动性强，以情动人的校园招聘自我介绍

大家好，我叫张一凡，首先我想衷心感谢各位领导冒着大雨从深圳赶到华工，给我们一次宝贵的面试机会。面试机会对于我们应届毕业生来说，绝对就像今天的天气，春雨贵如油；或者说，贵如石油！（点评：在自我介绍之前，利用当天的天气表示对招聘单位的感激之情，是非常高明的一个互动环节。）

我来自辽宁省锦州市，我的母亲也是一位石油工作者，她在锦州炼油六厂工作。由于我的父亲多年以前就下岗了，我家的生活和我的教育全部依赖母亲每个月两千多元的收入。所以，我对石油行业充满了感恩之情，没有她，我的大学教育很可能会缺失。（点评：通过"母亲的工作"把自己和用人单位巧妙地结合起来，又是一个高明的互动。由此可以看出，成功的自我介绍绝对不仅仅是介绍"自我"，而是时时刻刻把"自我"和"对方"结合起来。）

在华工，我所学的专业是工商管理。和刚才做自我介绍的张优和李秀同学相比，我非常遗憾地说，自己的学习成绩只是中等水平，原因主要有两方面：一是华工人才济济，二是我本人把相当一部分精力投入到了兼职工作中，因为我确实需要兼职的收入。我累计担任了8名中小学生的数学与英语家教，参加了20多次校园促销，如雅芳化妆品促销、卡西欧电子字典促销等。销售工作锻炼了我的勇气和耐力，我相信这两种素质将会对我未来的工作很有帮助。（点评：第二部分，和其他同学相比，她的成绩中等甚至是下等是块硬伤，如果不自

己把这块硬伤揭开，面试官会觉得如鲠在喉。主动暴露自己的弱点，则表现出一凡的勇敢与诚实，也巧妙地使面试官把注意力转移到她的兼职经验上，化弱势为优势！）

今天我来申请中海石油的"商务代表"一职，说实话，除了张经理刚刚介绍过的工作内容之外，我并不十分清楚具体的工作要求是什么。在此，我谨浅显地谈谈我个人的理解。我想，这个职位需要这样一个人：第一，她要了解并热爱石油行业；第二，她要形象端正，表达能力强，思维严谨；第三，作为应届毕业生，她必须具备良好的学习心态和踏踏实实的工作态度。对于这三点，我自信自己能够满足，我希望自己能够有机会进入下一轮面试，届时再详细地向您阐述。最后，再次表示我的感谢！（鞠躬）（点评：大学生对于就业岗位往往一知半解，如果不懂装懂反而引人反感。实话实说，为自己又赢一分！不过大家绝对不要盲目抄袭此答案，说自己不了解所申请的职位是相当危险的招数，用不好等于引火烧身。）

资料来源：杨萃先，颜培程，刘佩，等. 这些道理没有人告诉过你. 北京. 群言出版社，2007.

2. 他人介绍

社交场合互不相识的人，介绍常常是通过第三者进行的。每个人都有可能充当被介绍者或为他人介绍的角色。为他人作介绍时应遵循以下基本礼仪原则。

（1）在向他人介绍时，首先了解对方是否有结识的愿望

最好不要向一位有身份的人介绍他不愿认识的人。

（2）注意介绍次序

按国际惯例，应该先把年轻者、身份地位低者介绍给年长者、身份高者；先把年轻的职务相当的男士介绍给女士；先把年龄低、未婚者介绍给已婚；先把客人介绍给主人，把晚到者介绍给早到者；如果是业务介绍必须先提到组织名称、个人职衔等。集体介绍可以按照座位次序或职务次序进行。为他人介绍遵守"先向尊者介绍"的原则。

（3）介绍人作介绍时，应该多使用敬辞

在较正式场合，介绍词也较郑重，一般以"×××，请允许我向您介绍……"的方式。在不十分正式的场合可随便些，可用"让我介绍一下"或"我来介绍一下"，或"这位是……"的句式。介绍时语气清晰地说出得体的称谓，有时还可用些定语或形容词、赞美词介绍对方。

（4）为人介绍时注意手势和表情

被介绍时，眼睛正视对方。除年长或位尊者外，被介绍双方最好站起来点头致意或握手致意，同时应说声"您好，认识您很高兴"或"真荣幸能认识您"等得体的礼貌语言。

12.1.3　名片礼仪

1. 名片的制作

名片的使用已成为人与人交往的一种重要手段。名片，是一个人身份、地位的象征，是一个人尊严、价值的一种彰显方式，也是使用者要求社会认可、获得社会理解与尊重的一种

方式。名片上一般印有公司名称、头衔、联络电话、地址等。通过递送名片可以使对方认识你，与你联系。所以，有人把它称作另一种形式的身份证。当然，使用名片除了对个人有意义外，还体现他们所在组织的形象。在现代社会，越来越多的企业等社会组织对名片制作十分重视。

国内通用的名片规格为9厘米×5.5厘米，即长9厘米，宽5.5厘米，女士则多用8厘米×4.5厘米规格。如无特殊需要，不应将名片制作过大，甚至有意搞折叠式，免得给人以标新立异、虚张声势、有意摆谱之感。印制名片的纸张，宜选庄重朴素的白色、米色、淡蓝色、淡黄色、淡灰色，并且以一张名片一色为好。

最好不要印制杂色名片，令人看得眼花缭乱。也不要用黑色、红色、粉色、紫色、绿色印制名片，它们均会给人以失之于庄重的感觉。在国内使用的名片，宜用汉语简体字，切勿在一枚名片上采用两种以上的文字，也不要将两种文字交错印在同一面上。

2. 名片的使用

交换名片的时机有：希望认识对方；表示自己重视对方；被介绍给对方；对方想要自己的名片；提议交换名片；初次登门拜访对方；通知对方自己的变更情况；打算获得对方的名片。

以下几种情况，则不必交换名片：对方是陌生人；不想认识对方；不愿与对方深交；对方对自己并无兴趣；双方之间地位、身份、年龄差别很大。

递名片给他人时，应郑重其事。最好是起身站立，走上前去，使用双手或者右手，将名片正面面对对方，交予对方。切勿以左手递交名片，不要将名片背面面对对方或是颠倒着面对对方，不要将名片举得高于胸部，不要以手指夹着名片给人。若对方是少数民族或外宾，则最好将名片上印有对方认得的文字的那一面面对对方。将名片递给他人时，口头应有所表示。先做一下自我介绍，交换名片后，可以说"请多指教""多多关照""今后保持联系"等话语。

与多人交换名片，应讲究先后次序，或由近而远，或由尊而卑，一定要依次进行。当然，当他人表示要递名片给自己或交换名片时，应立即停止手上所做的一切事情，起身站立，面含微笑，目视对方。接受名片时宜双手捧接，或以右手接过，切勿单用左手接过，"接过名片，首先要看"，这一点至为重要。具体而言，就是换过名片后，立即要用30秒左右的时间从头至尾将其认真默读一遍。

接受他人名片时，应口头道谢，或重复对方所使用的谦词敬语，如"请您多关照""请您多指教"，不可一言不发。若需要当场将自己名片递过去，最好在收好对方名片后再给，不要左右开弓，一来一往同时进行。

案例阅读 12-2

张小姐的名片

张小姐的美容小店开张在即，让她苦恼的是店铺的位置不太醒目。张小姐是个细心的人，她想到利用名片来做文章。她要求自己的名片别具一格，体现美的内涵，让客户一看见就能有一种美的享受，最好还能有提示作用，让客户循着名片就能找到店铺。一家广告公司满足了张小姐的要求,并把张小姐的店铺名称作了特殊字符处理,让客户即使匆匆一瞥也能牢牢记住,而且整张名片都是四色印刷,精美大方。另外,名片的背面是一张小小的地图,中间醒目位置标出了张小姐店铺的位置,这下再也不用担心客户找不到店址了。小店也从当初只有几个人的门面发展到在全市拥有十几家分店的美容连锁店了。后来,张小姐又给自己的连锁店设计了一套贵宾卡派送给客户。

3. 商务场合如何交换名片

1)第一次见面交换名片

① 用右手或双手递交自己的名片,名片的正方应对着对方、名字向着顾客,最好拿名片的下端,让顾客易于接受。

② 如果是提前预约,对方有一定了解,或由第三人做介绍,可以在面谈过程中或临别时,再拿出名片递给对方。

③ 异地推销,名片上留下所住旅馆名称、电话。对方递给名片时,应该用左手接,但是右手立刻伸出来,两手一起拿着名片。

④ 接过后要点头致谢,不要立即收起来,而是认真读一遍,注意对方的姓名、职务、职称,并轻读但不出声,以示敬重。对没有把握念对的姓名,可以请教一下对方,然后将名片放入自己口袋或手提包、名片夹中。

2)名片的其他作用

(1)替代便函

用来对友人表示答谢、祝贺、介绍、辞行、慰问等。

(2)通报或留言

拜访名人、长辈、职务高者或其他不熟悉的人,为了避免拒见的尴尬面,可先递一张名片通报或自我介绍。

(3)业务宣传

名片是公司的招牌,作用类似于广告。

(4)替代礼单

向顾客赠送小礼物,如让人转交,则随带名片一张,附几句恭贺之词,无形中关系又深了一层。

12.1.4 握手礼仪

握手礼是一切社交场合最常用、使用范围最广的见面致意礼节,可以表示致意、亲近、寒暄、友好、祝贺、感谢等多种含义,是世界各国通用的礼节。

1. 握手的礼规

各种场合的握手一般讲究尊者决定原则,既由身份尊贵的人决定双方有无握手的必要。握手的顺序是:上级、长辈、主人、女士主动伸出手,下级、晚辈、客人、男士再相迎握手。

2. 握手的注意事项

① 一定要用右手握手。

② 握手力度要适中。

③ 紧握时间要适宜，以 2～3 秒为宜。

④ 被介绍之后，最好不要立即主动伸手。年轻者、职务低者被介绍给年长者、职务高者时，应根据年长者、职务高者的反应行事，即当年长者、职务高者用点头致意代替握手时，年轻者、职务低者也应随之点头致意。和年轻女性或异国女性握手，一般男士不要先伸手。

⑤ 男士与女士握手时，一般只宜轻轻握女士手指部位。

⑥ 握手时双目应注视对方，微笑致意或问好，多人同时握手时应顺序进行，切忌交叉握手。

⑦ 在任何情况下，拒绝对方主动要求握手的举动都是无礼的，但手上有水或不干净时，应谢绝握手，同时必须解释并致歉。

⑧ 在握手的同时要注视对方，态度真挚亲切，切不可东张西望，漫不经心。

⑨ 如果戴着手套，握手前要先脱下手套。若实在来不及脱掉，应向对方说明原因并表示歉意。不过在隆重的晚会上，女士如果是穿着晚礼服并戴着通花的长手套则可不必脱下。

案例阅读 12-3

握手的由来

握手最早发生在人类"刀耕火种"的年代。那时，在狩猎和战争时，人们手上经常拿着石块或棍棒等武器。他们遇见陌生人时，如果大家都无恶意，就要放下手中的东西，并伸开手掌，让对方抚摸手掌心，表示手中没有藏武器。这种习惯逐渐演变成今天的"握手"礼节。

资料来源：周思敏.你的礼仪价值百万.北京：中国纺织出版社，2009.

12.1.5 位置礼仪

位置礼仪是指由交往双方的位置所产生的情感意义。通常意义下，位置礼仪也体现了待人之道。在实际交往中，商务人员要正确地使用位置礼仪，同时还要考虑你所希望交流能达到的目的是什么。必须指出的是，无论何种方式的交谈，都必须体现出双方（或各方）相互平等的意念，即不能表现出故意把哪一方放在前，而冷落另一方。

1. 会谈位置

在会谈中，一般来说，位置分为友好位置、公关位置、竞争位置和公共位置 4 种类型。

① 友好位置。自己的邻座是友好位置，适用于两个人之间的谈心交流，体现一种亲密

或者信任,往往是好友之间使用,也可以用于上司与员工之间的谈心交流。

② 公关位置。自己的斜角,属公关位置,往往可以用于与客户交谈或向领导汇报情况工作,因为这个角度比较适合与对方的交流互换意见,观察对方,易于谈判。

③ 竞争位置。自己对面的位置是竞争位置,一般用于双方的正式交谈,特别是双方的谈判,易于产生心理抵制。

④ 公共位置。剩下的公共位置,双方无沟通的欲望,彼此不受干扰的位置。

2. 乘车时座次的尊卑

在比较正规的场合,乘坐轿车时一定要分清座次的尊卑,并选择适当位置就座。而在非正式场合,则不必过分拘礼。轿车上座次的尊卑,在礼仪上来讲,主要取决于下述 4 个因素。

1)轿车的驾驶者

驾驶轿车的司机,一般可分为两种情况:一是主人驾车,二是司机驾车。我国目前所见的轿车多为双排座与三排座,下面分述其驾驶者不同时,车上座次尊卑的差异。

(1)主人亲自驾驶轿车

一般前排座为上,后排座为下;以右为尊,以左为卑。

① 双排 5 人座轿车,座次由尊而卑应当依次是:副驾驶座,后排右座,后排左座,后排中座。

② 双排 6 人座轿车,座次由尊而卑应当依次是:前排右座,前排中座,后排右座,后排左座,后排中座。

③ 三排 7 人座轿车(中排为折叠座),座位由尊而卑应当依次是:副驾驶座,后排右座,后排左座,后排中座,中排右座,中排左座。

④ 三排 9 人座轿车,座位由尊而卑应依次是:前排右座,前排中座,中排右座,中排中座,中排左座,后排右座,后排中座,后排左座。

主人驾驶的轿车,最重要的是不能令前排座空着。一定要有一个人坐在那里,以示相伴。由先生驾驶自己的轿车时,则其夫人一般应坐在副驾驶座上。由主人驾车送其友人夫妇回家时,由友人之中的男士,一定要坐在副驾驶座上,与主人相伴,而不宜形影不离地与其夫人坐在后排,那将是失礼之至。

(2)专职司机驾驶轿车

通常仍讲究右尊左卑,但座次同时化为后排为上,前排为下。

① 双排 5 人座轿车,座位由尊而卑应当依次为:后排右座,后排左座,后座中座,副驾驶座。

② 双排 6 人座轿车,座位由尊而卑应当依次为:后排右座,后排左座,后排中座,前排右座,前排中座。

③ 三排 7 人座轿车(中排为折叠座),座位由尊而卑应当依次为:后排右座,后排左座,后排中座,中排右座,中排左座,副驾驶座。

④ 三排 9 人座轿车,座位由尊而卑应当依次为:中排右座,中排中座,中排左座,后排右座,后排中座,后排左座,前排右座,前排中座。

2）轿车上座次的安全系数

从某种意义上讲，乘坐轿车理当优先考虑安全问题。从客观上讲，在轿车上，后排座比前排座要安全得多。最不安全的座位，当数前排右座；最安全的座位，则当推后排左座（驾驶座之后），或是后排中座。当主人亲自开车时，之所以以副驾驶座为上座，既是为了表示对主人的尊重，也是为了显示与之同舟共济。由专人驾车时，副驾驶座一般也叫随员座，通常坐于此处者多为随员、译员、警卫等。有鉴于此，一般不应让女士坐于专职司机驾驶的轿车的前排座，孩子与尊长也不宜在此座就座。

3）轿车上嘉宾的本人意愿

通常，在正式场合乘坐轿车时，应请尊长、女士、来宾就座于上座，这是给予对方的一种礼遇。但也不要忘了尊重嘉宾本人的意愿和选择，并应将这一条放在最重要的位置。必须尊重嘉宾本人对轿车座次的选择，嘉宾坐在哪里，即应认定那里是上座。即便嘉宾不明白座次，坐错了地方，轻易也不要对其指出或纠正，务必要讲"主随客便"。

12.1.6 电话礼仪

电话已成为最便利的通信工具。在日常工作中，使用电话的语言很关键，它直接影响着一个公司的声誉；在日常生活中，我们通过电话也能粗略判断对方的人品、性格。因而，掌握正确的、礼貌待人的打电话方法是非常有必要的。

1. 接电话礼仪

接听电话不可太随便，得讲究必要的礼仪和一定的技巧，以免横生误会。无论是打电话还是接电话，我们都应做到语调热情、大方自然、声量适中、表达清楚、简明扼要、文明礼貌。

（1）及时接电话

一般来说，在办公室里，电话铃响3遍之前就应接听，6遍后就应道歉："对不起，让你久等了。"如果受话人正在做一件要紧的事情不能及时接听，代接的人应妥为解释。如果既不及时接电话，又不道歉，甚至极不耐烦，就是极不礼貌的行为。尽快接听电话会给对方留下好印象，让对方觉得自己被看重。

（2）确认对方

对方打来电话，一般会自己主动介绍。如果没有介绍或者你没有听清楚，就应该主动问："请问你是哪位？我能为您做什么？您找哪位？"但是，人们习惯的做法是，拿起电话听筒盘问一句："喂！哪位？"这在对方听来，陌生而疏远，缺少人情味。接到对方打来的电话，拿起听筒应首先自我介绍："你好！我是×××。"如果对方找的人在旁边，应说："请稍等。"然后用手掩住话筒，轻声招呼同事接电话。如果对方找的人不在，应该告诉对方，并且问："需要留言吗？我一定转告！"

（3）讲究艺术

接听电话时，应注意使嘴和话筒保持4厘米左右的距离；要把耳朵贴近话筒，仔细倾听对方的讲话。

最后，应让对方自己结束电话，然后轻轻把话筒放好。不可"啪"的一下扔回原处，这极不礼貌。最好是在对方挂断电话之后挂电话。

（4）调整心态

当拿起电话听筒时，一定要面带笑容。不要以为笑容只能表现在脸上，它也会藏在声音里。亲切、温情的声音会使对方马上对自己产生良好的印象。如果绷着脸，声音会变得冷冰冰。

打、接电话时不能叼着香烟、嚼着口香糖；说话时，声音不宜过大或过小，吐词清晰，保证对方能听明白。

（5）随时记录

用左手接听电话，右手准备纸、笔，便于随时记录有用信息。

2. 打电话礼仪

打电话时，需注意以下几点。

（1）选好时间

打电话时，如非重要事情，尽量避开受话人休息、用餐的时间，而且最好不要在节假日打扰对方。

（2）掌握好通话时间

打电话前，最好先想好要讲的内容，以便节约通话时间，不要现想现说。每次通话不应长于3分钟，即所谓的"3分钟原则"。

（3）态度友好

通话时不要大喊大叫，震耳欲聋。

（4）用语规范

通话之初，应先做自我介绍，不要让对方"猜一猜"。请受话人找人或代转时，应说"劳驾"或"麻烦您"，不要认为这是理所应当的。

3. 使用手机注意事项

在手机越来越普及的今天，在使用手机时，应遵循以下几点原则。

① 不要在医院或者是在机场用手机，以免影响机场及医院的电子设备。

② 打电话时，请注意此处是否允许使用手机。如加油站、一些餐馆、酒吧、剧院、电影院及火车行李站都禁止使用手机。

③ 当不使用手机时，请锁住手机按钮，以防意外拨打诸如119、110、120等特殊的电话号码。

4. 接、打电话常用礼貌用语

- 您好！这里是×××公司×××部（室），请问您找谁？
- 我就是，请问您是哪一位？……请讲。
- 请问您有什么事？（有什么能帮您？）
- 您放心，我会尽力办好这件事。
- 不用谢，这是我们应该做的。
- ×××同志不在，我可以替您转告吗？（请您稍后再来电话好吗？）
- 对不起，这类业务请您向×××部（室）咨询，他们的号码是……（×××同志不是这个电话号码，他（她）的电话号码是……）
- 您打错号码了，我是×××公司×××部（室），……没关系。
- 再见！
- 您好！请问您是×××单位吗？
- 我是×××公司×××部（室）×××，请问怎样称呼您？
- 请帮我找×××同志。

12.2 公务活动礼仪

12.2.1 公务接待礼仪

公务来访的接待规格，主要依据来访人员的身份和来访目的，考虑双方管理和惯例，综合平衡确定。一般来说，主要迎送人员的身份和职务应与来访者相差不大，以对口、对等为宜。如果当事人因故不能出面，或不能完全对等，这时要灵活变通，由职位相当人士或副职出面。

1. 公务接待规格

根据来宾身份，接待规格一般分为3种：高规格接待、低规格接待、同等级接待。

（1）高规格接待

即主要陪同人员比来宾的职位要高的接待。如上级领导派工作人员来了解情况，传达意见，兄弟企业派人来商量要事等，需高规格接待。

（2）低规格接待

即主要陪同人员比客人的职位要低的接待。如上级领导或主管部门领导到基层考察、调研等，只能低规格接待。

（3）同等级接待

即主要陪同人员与客人的职位同等的接待。这是最常用的接待规格。

2. 公务接待次序礼仪

接待过程中，遵从次序礼仪的要求，能准确地突出来访者的身份，是对来访者的尊重。接待过程中的次序礼仪一般有以下要求。

① 就座时，右为上座。即将客人安排在企业领导或其他陪同人员的右边。

② 上楼时，客人走在前，主人走在后；下楼时，主人走在前，客人走在后。

③ 迎客时，主人走在前；送客时，主人走在后。

④ 进梯时，有专人看守电梯的，客人先进，先出；无人看守电梯的，主人先进、后出并按住电钮，以防电梯门夹住客人。

⑤ 奉茶、递名片、握手。介绍时，应按职务从高至低进行。

⑥ 进门时，如果门是向外开的，把门拉开后，按住门，再请客人进；如果门是向内开

的，把门推开后，请客人先进。

总之，社会场合，一般以右为大、为尊，以左为小，为次；进门上车，应让尊者先行，一切服务均从尊者开始。

12.2.2 会议礼仪

会议，通常是指将特定范围的人员召集在一起，对某些专门问题进行研究，讨论，有时还需要作出决定的一种社会活动形式。不论是召集、组织会议，还是参加会议，为会议服务，与会人员都应该遵守会议基本规则和会议礼仪。

参加会议最基本的是要按时到会，讲究整洁、仪表大方，遵守会议纪律，进出有序，依会议组织人员的安排落座，讲究礼节。坐在主席台上的人应按要求就座，姿态端正，不要交头接耳，不要擅自离席。当听众鼓掌时也要微笑鼓掌。会议上有发言任务的人，仪态要落落大方，掌握好语速、音量，发言完毕应向全体与会者表示感谢。与会者即使对发言人有意见和不满，也不可喧哗起哄。

1. 会议的种类

① 按范围分，有全国性会议、省级会议、地级会议、县级会议和单位内部会议。
② 按性质分，有党派会议、政务会议、群众组织会议、经济工作会议。
③ 按规模分，有大型会议、中型会议和小型会议。
④ 按内容分，有综合性会议、专题性会议。

2. 会议要求

开会是利益相关人组织在一起，为了一个目的进行有条不紊的活动。会前要精心准备，考虑周到，安排具体；进行中要精确指挥，协调一致，严格纪律，服务工作要热情周到，耐心细致；会后要处理好善后工作，确保整个会议圆满成功。

1) 会议准备工作的礼仪

开好一个会议，准备工作是十分重要的。会前周密详尽的准备，是会议圆满成功的基础。会议的准备工作，具体包括以下几个方面。

（1）建立组织

召开一个会议，要有许多人参与组织和服务工作。这些人应有明确的分工，各负其责。建立各种小组，可以使他们在统一领导之下，各自独立地开展工作。

一般会议由大会秘书处负责整个会议的组织协调工作。秘书处下设3个部分。

① 秘书组，负责会议的日程和人员安排、文件、简报、档案等文字性工作。
② 总务组，负责会场、接待、食宿、交通、卫生、文娱和其他后勤工作。
③ 保卫组，负责大会的安全保卫工作。根据会议规模的大小、性质的不同还可以增设其他必要的小组。

（2）明确任务

全体工作人员，应当明白本次会议的目的，主要解决什么问题，更要明确自己的工作任务及具体要求，以保证不出差错，不贻误工作。

(3) 安排议题和议程

秘书处要在会前把会议要讨论、研究、决定的议题搜集整理出来，列出议程表，提交领导确定。根据确定的议题，安排日程，以保证会议有秩序地进行。

(4) 确定与会人员

确定与会人员是一项很重要的工作。该到会的，一定要通知到，不能遗漏，如果出现差错，后果非常严重。

确定与会人员，可以采取以下方法：查找有关文件、档案资料、请人事部门提供、征求各部门意见、请示领导。

(5) 发出通知

名单确定后，即可向与会人发出通知，便于他们做好准备工作。有时准备工作量比较大，而距离开会时间还有一段时间，可以先发一个关于准备参加会议的通知。在开会前，再发出开会通知。

通知一般用书面形式，内容包括会议名称、会议的内容、与会人应准备什么、开会日程、期限、地点、报到的日期、地点、路线等。

与会人员接到通知后，应向筹委会回执。

(6) 会场

会场布置是会议的又一项重要工作。会议的气氛主要靠会场的布置来渲染。会议室应当根据会议的内容来安排，或庄严肃穆，或郑重朴素，或明快大方，或热烈欢快，总之，会场的布置应与会议内容相协调。

主席台，设在与代表席对面的地方。一般在主席台前设讲台，用于发言人讲话。主席台上可适当摆放鲜花点缀。主席台背后悬挂会标或旗帜，会议名称的标语悬挂在主席台上方。

(7) 座次

代表席的座次应当统一安排，照顾全面。因为座位有前有后，有正有偏，在排座位时要根据不同情况，妥善安排，照顾到各个方面。

(8) 印制证件

证件是出席会议的证明，是与会者身份、资格、权力、待遇的证件。代表证、记者证、工作人员证要用不同颜色的字或纸印刷，以示区别。

(9) 接待和报到

外地代表到达时，应安排工作人员到车站、码头、机场接站。

到驻地后，持通知书到大会报到处报到。报到处接待人员应礼貌接待，验看有关证件后即安排食、宿，登记联系的地点、方式，并发给证件、文件等。

报到人数至少每天向秘书处汇报一次。

2) 会议中的礼仪

大会开幕，会场内外还有大量工作要完成。各部门要按照分工开展工作，保证会议顺利进行。

(1) 签到

代表进入会场要履行签到手续，以便统计人数。

小型会议，可以在入口设签到处。代表入场时，先在签到簿上签上姓名，即表示到会。

大中型会议不用这种方法签到，否则会造成入口处拥挤、混乱。一般可采取事先发签到卡，代表在入口处，把签到卡交给签到处工作人员，即表示签到。

统计人数要准确、及时、全面、随时准备领导询问代表到会情况。

签到统计工作有以下两种方法。

① 签到工作人员事先把代表座位的分配情况——代表座次取来，签到时，收了签到卡后，按排、按号进行销号处理，这样便可以随时掌握实到、缺席人数、姓名和工作单位。

② 如果只要求人数，就只点签到卡的数量便可以了。

（2）安排发言

大会发言要事先排定人选和次序，秘书处可以提出初步意见，请领导确定。

确定发言人应注意 3 个平衡。

① 领导人之间的平衡。高一级领导或主要领导的发言，如果是开幕词，动员性的、启发性的，应安排在第一发言；如果是总结性的、综合性的，则放在最后；如果是讨论发言、座谈发言，应交叉安排，以使会场更生动活泼。

② 单位平衡。发言单位的选择，应首先注意典型性，其次才照顾单位与单位之间的平衡。

③ 内容平衡。发言人的内容应都是围绕一个主题展开，同类内容，只安排一个人发言，提高发言的效率。

（3）记录

会议记录是对发言内容进行的客观文字记录，以便进行分析、研究、综合、整理，它是会议简报、纪实、决议的主要依据。因此，一次重要的会议，都应当由专人记录。

会议记录有的使用专门印制的会议记录本，有的是一般的笔记本，不论哪一种，都应当标明会议名称、时间、地点、出席人、列席人、缺席人、主持人、发言人和记录人。

记录分详细记录和摘要记录，记录要真实、准确、完整，摘要记录不要把发言的重点内容、基本主题漏掉。

（4）选举

大会如果有选举议程，应当倍加慎重，因为选举是实行民主、平等的一种重要形式，是代表们行使权力的具体体现。

① 准备选票。事前应核对具有投票权的人数，核实候选人的名单，然后印制选票。选票应印两套，其中一套为备用选票，选票应盖上秘书处印章，由专人密封保存。

② 投票。根据投票人的多少，准备投票箱，人数多的会议，投票箱按区分设，事先确定投票路线和投票顺序；为了保证投票有序进行，在开始投票时可由引导员引导投票。

在票箱前要有大会推选监票人监票。投票前，大会主持人要讲清楚投票注意事项。

③ 选举统计。打开票箱后，先核对投票张数与发票张数是否一致。多于发票数的，则为选举无效，应重新投票。

12.2.3 庆典礼仪

庆典，是各种庆祝仪式的统称。在公关活动中，公关人员参加庆祝仪式的机会是很多的，既有可能为本单位组织一次庆祝仪式，也有可能应邀出席外单位的某一次庆祝仪式。

组织筹备一次庆典，如同进行生产和销售一样，先要对它作出一个总体的计划。公关人员如果受命完成这一任务，需要记住两大要点：其一，要体现出庆典的特色；其二，要安排好庆典的具体内容。毋庸多言，庆典既然是庆祝活动的一种形式，那么它就应当以庆祝为中心，把每一项具体活动都尽可能组织得热烈、欢快而隆重。不论是举行庆典的具体场合、庆典进行过程中的某个具体场面，还是全体出席者的情绪、表现，都要体现出红火、热闹、欢愉、喜悦的气氛。如此，庆典的宗旨——塑造本单位的形象、显示本单位的实力、扩大本单位的影响，才能够真正地得以贯彻落实。庆典所具有的热烈、欢快、隆重的特色，应当在其具体内容的安排上，得到全面的体现。

1. 准备工作

如果站在组织者的角度来考虑，庆典的内容安排，要注意出席者的确定、来宾的接待、环境的布置及庆典的程序等四大问题。

1）精心选择出席庆典的人员名单

确定庆典的出席者名单时，始终应当以庆典的宗旨为指导思想。

一般来说，庆典的出席人员通常应包括如下人士。

（1）上级领导

地方党政领导、上级主管部门的领导，他们对本单位的发展给予过关心和支持，邀请他们参加，主要是为了表示感激之情。

（2）社会名流

根据公共关系学中的"名人效应"原理，社会各界的名人对于公众最有吸引力，若能请他们参加，有助于提高本单位的知名度。

（3）大众媒体

在信息化社会，报纸、杂志、电视、广播等大众媒体，被称为仅次于立法、行政、司法三权的社会"第四权力"。邀请相关人员，并主动与之合作，有助于公正地介绍本单位的成就，进而加深社会对本单位的了解和认同。

（4）合作伙伴

在商务活动中，合作伙伴经常是彼此同呼吸、共命运的。请他们来与自己一起分享成功的喜悦，是完全应该的，而且也是绝对必要的。

（5）社区关系

它们是指那些与本单位共居于同一区域、对本单位具有种种制约作用的社会实体。例如，本单位周围的居民委员会、街道办事处、医院、学校、幼儿园、养老院、商店及其他单位等。请他们参加本单位的庆典，会使对方进一步了解本单位、尊重本单位、支持本单位，给予本单位更多的便利。

（6）单位员工

员工是本单位的主人，本单位每一项成就的取得，都离不开他们的兢兢业业的工作。所以在组织庆典时，是不容许将他们完全"置之度外"的。

以上人员的具体名单一旦确定，就应尽早发出邀请或通知。鉴于庆典的出席人员甚多，牵涉面极广，故不到万不得已，均不许将庆典取消、改期或延期。

2）应当精心安排好来宾的接待工作

与一般的商务交往中来宾的接待相比，对出席庆祝仪式的来宾的接待，更应突出礼仪性的特点。不但应当热心细致地照顾好全体来宾，而且还应当通过主方的接待工作，使来宾感受到主人真挚的尊重与敬意，并且想方设法使每位来宾都能心情舒畅。

最好的办法，是庆典一经决定举行，立即成立筹备组。筹备组成员通常应当由各方面的有关人士组成，他们应当是能办事、会办事、办实事的人。

在庆典的筹备组之内，根据工作需要，可下设若干专门工作组，每组工作职责明确。

3) 应当精心布置好举行庆祝仪式的现场

举行庆祝仪式的现场，是庆典活动的中心地点。对它的安排、布置是否恰如其分，往往会直接关系到庆典留给全体出席人员印象的好坏。

2. 庆典的程序

① 来宾按位置就座。介绍嘉宾。

② 庆典正式开始，全体起立，奏国歌或唱本单位之歌。

③ 主要负责人致辞。其内容是，对来宾表示感谢，介绍此次庆典的缘由，等等。

④ 嘉宾讲话。出席此次的上级主要领导、协作单位及社区关系单位，均应有代表讲话或致贺词。不过应当提前约定好，不要当场当众推来推去。对外来的贺电、贺信等，可不必一一宣读，但对其署名单位或个人应当公布。

⑤ 安排文艺演出。这项程序可有可无，如果准备安排，应当慎选内容，内容与庆典宗旨一致。

3. 需要注意的问题

（1）地点的选择

在选择具体地点时，应结合庆典的规模、影响力及本单位的实际情况来决定。可优先选择本单位的礼堂、会议厅或广场；根据庆典的性质，也可外借适宜的场地。在室外举行庆典时，不要妨碍交通和当地住民的日常生活。

（2）环境的美化

环境的布置，应当量力而行，着力美化举行庆典现场的环境。为了烘托出热烈、隆重、喜庆的气氛，可在现场张灯结彩，悬挂彩灯、彩带，张贴一些宣传标语，并且张挂标明庆典具体内容的大型横幅。如果有能力，还可以请由本单位员工组成的乐队、锣鼓队届时演奏音乐或敲锣打鼓，营造热闹气氛。

（3）场地的大小

在选择举行庆祝仪式的现场时，应当牢记并非愈大愈好。从理论上说，现场的大小应与出席人员人数的多少成正比，也就是说场地的大小，应同出席人员人数的多少相适应。

（4）音响的准备

在举行庆典之前，务必准备好音响。尤其是供来宾们讲话时使用的麦克风和传声设备，一定要提前调试并有备用设施。在庆典举行前后，可播放一些喜庆、欢快的乐曲，只要不抢占"主角"的位置。对于播放的乐曲，应先期进行审查。

（5）精心拟定庆典的具体程序

一次庆典是否成功，与其具体的程序有内在关系。拟定庆典的程序时，必须遵循两条原则。第一，时间适宜，以 1 小时为限；第二，程序紧凑，达到庆典目的为目标。

本章小结

公务礼仪是实施公务活动的基本规范和流程,是现代商务人员和公关人员必备的职业能力。公务礼仪由社交礼仪和公务活动礼仪构成。社交礼仪包括距离礼仪、介绍礼仪、名片礼仪、握手礼仪、位置礼仪和电话礼仪等。公务活动礼仪包括公务接待礼仪、会议礼仪和庆典礼仪等。

复习思考题

1. 商务场合如何正确交换名片?
2. 面对不同性别、年龄和职务的人,如何确定握手顺序?
3. 会议礼仪的基本要求有哪些?

案例实训

某公司新建的办公大楼需要添置一系列的办公家具,价值数百万元。公司的总经理已做了决定,向A公司购买这批办公用具。这天,A公司的销售部负责人打电话来,要上门拜访这位总经理。总经理打算,等对方来了,就在订单上盖章,定下这笔生意。不料对方比预定的时间提前了2小时,原来对方听说这家公司的员工宿舍也要在近期内落成,希望员工宿舍需要的家具也能向A公司购买。为了谈这件事,销售负责人还带来了一大堆的资料,摆满了台面。总经理没料到对方会提前到访,刚好手边又有事,便请秘书让对方等一会。这位销售人员等了半小时,就开始不耐烦了,一边收拾起资料一边说:"我还是改天再来拜访吧。"

这时,总经理发现对方在收拾资料准备离开时,将自己刚才递上的名片不小心掉在了地上,对方却并没发觉,走时还无意从名片上踩了过去。但这个不小心的失误,却令总经理改变了初衷,A公司不仅失去了洽谈宿舍设备购买的机会,而且也丢失了拟签约几百万元办公用具合同。

思考题:

运用所学理论知识,分析A公司为何丢失了拟签约几百万元办公用具合同?

第13章

个人礼仪

▶▶ 学习目标

通过本章学习，了解个人礼仪的概念和特征，掌握仪容与着装礼仪、举止与行为礼仪的要领，在商务活动和公关活动中展示良好的个人内在修养和气质，提高组织的社会形象。

办公室衣着礼仪规范
——26岁杂志社女记者着装尴尬的经历

说起穿衣礼仪，有一段至今让我无法忘记的尴尬经历，从某种程度上来讲甚至是一种屈辱。记得我刚进杂志社不久，领导安排我去采访一位某民营企业的老总，女性。听说这是一个既能干又极有魅力的女性，对工作一丝不苟，对生活却是极其享受，最关键的是，即使再忙，她也不会忽视身边美好的东西，尤其对时尚非常敏感，对自己的衣着及其礼仪要求极高。这样的女性，会让很多人产生兴趣，还未见到她，仅仅是介绍，我已经开始崇拜她了，所以我非常高兴能由我来做这个专访。事先我做了大量的准备工作，采访纲要修改了多次，内心被莫名的激动驱使着。那几天，我始终处于兴奋状态。到了采访当天，穿什么衣服却让我犯愁。要面对这样一位重量级的人物，尤其是位时尚女性，当然不能太落伍了。

说实在的，我从来就不是个会打扮的女孩，因为工作和性格关系，平时穿衣都是怎么舒服、方便就怎么穿。时尚杂志倒也看，但也只是凑热闹而已。现在，还真不知道应该穿什么衣服才能让我在这样一位女性面前显得更时尚些。终于在杂志上看到女孩穿吊带装，那清纯可人的形象打动了我，于是迫不及待地开始模仿起来。那天采访，我穿了一件紧身小热裤（虽然我的腿看起来有点粗壮），梳了个在家乡极其流行的发髻，兴冲冲地直奔采访目的地。当我站在该公司前台说明自己的身份和来意时，我明显看到了前台小姐那不屑的眼神。我再三说明身份，并拿出工作证来，她才勉强地带我进了老总的办公室。

眼前的这位女性，高挑的身材，优雅的举止，得体的穿着，让我怎么看怎么舒服。虽然我不是很精通衣着，但在这样的场合，面对这样的对象，我突然感觉自己的穿着就像个小丑，来时的兴奋和自信全没了。还好，因为采访纲要准备还算充分，整个采访过程还比较顺利。结束前，我问她，日常生活中，她是如何理解和诠释时尚、品位和魅力的。她告诉我，女人的品位和魅力是来自内心，没有内涵的女人，是散发不出个人魅力，也无法凸显品位的。而时尚不等同于名牌、昂贵和时髦，那是一种适合与得体。说完这话，她微笑地看着我。此时我的眼睛看到的只有眼前自己那两条粗壮的双腿，心里纳闷：这腿为什么会长得如此结实，做热裤的老板一定很赚钱，因为太省布料了……我感觉自己无法正视她，采访一结束，我逃似的奔离了她的办公室。

案例点评：从本案例可以看出，得体的服饰，不是模仿来的，而是内在美和外在美的有机结合。

13.1 个人礼仪的概念和特征

13.1.1 个人礼仪的概念

个人礼仪是社会个体的生活行为规范与待人处世的准则，是个人仪表、仪容、言谈、举止、待人、接物等方面的个体规定，是个人道德品质、文化素养、教养良知等精神内涵的外在表现。其核心是尊重他人，与人友善，表里如一，内外一致。

13.1.2 个人礼仪的基本特征

个人礼仪的基本特征可以概括为以下5个方面。

1. 以个人为支点

个人礼仪是对社会成员个人自身行动的种种规定，而不是对任何社会组织或其他群体行为的限定。但由于每个群体都是由一定数量的个体所组成的，每一个社会组织也都是由一定数量的组织成员所构成的，因此个人行为的良好与否将直接影响着任一群体、社会组织乃至整个社会的生存与发展。从此意义看，我们强调个人礼仪，规范个人行为，不仅是为了提高个人自身的内在涵养，更重要的是为了促进社会发展的有序与文明。

2. 以修养为基础

个人礼仪不是简单的个人行为表现，而是个人的公共道德修养在社会活动中的体现，它反映的是一个人内在的品格与文化修养。若缺乏内在的修养，个人礼仪对个人行为的具体规定，也就不可能自觉遵守、自愿执行。只有"诚于中"方能"行于外"，因此个人礼仪必须以个人修养为基础。

3. 以尊敬为原则

在社会活动中，讲究个人礼仪，自觉按个人礼仪的诸项规定行事，必须奉行尊敬他人的原则。"敬人者，人恒敬之"，只有尊敬别人，才能赢得别人对你的尊敬。在现代社会中，个人礼仪不仅体现了人与人之间的相互尊重和友好合作的新型关系，而且还可以避免或缓解某些不必要的个人或群体的冲突。

4. 以美好为目标

遵循个人礼仪，尊重他人的原则，按照个人礼仪的文明礼貌标准行动，是为了更好地塑造个人的自身形象，更充分地展现个人的精神风貌。个人礼仪教会人们识别美丑，帮助人们明辨是非，引导人们走向文明。

5. 以长远为方针

礼仪的确会给人们以美好，给社会以文明，但所有这一切，都不可能立竿见影，也不是一日之功所能及的，必须经过个人长期不懈的努力和社会持续不断的发展，因此，对个人礼仪规范的掌握切不可急于求成，更不能有急功近利的思想。

13.2 仪容与着装礼仪

现代社会服装和个人仪容是一种社会语言，传递着穿着者的文化背景、身份、收入、品味、性格、职业等信息，得体的服饰和具有魅力的仪容可以增强自己的信心，也可以使别人感觉舒服和愉悦。由于大多数人的交往还是"一面之交"，即使是你的客户，他们没有机会对你进行全面深入的了解，对你的评价完全靠他们的第一印象，第一印象的好坏直接影响到今后的合作。

13.2.1 仪容礼仪

公关人员保持良好的仪容，给人以端庄、稳重、大方的印象。既能体现自尊自爱，又能表示对他人的尊重与礼貌。在商务交际场合中，女士和男士的仪容规范各有不同的要求。

1. 男士仪容

男士要不要注重仪容？回答是肯定的。男士在进行日常交往和商务活中，要注意以下几个方面的要求。

1）发型的要求

男士选择发型的基本原则是"得体"，即发型要与人的各种因素相匹配。

（1）发型与脸形

长脸形不宜留短发，宽脸形不能留长发、蓄鬓角。头发稀少或者秃顶的人，更不宜留长发。

（2）头发与体形

高瘦者应该留分段式长发，矮胖者应留短式头发，以显得有精神。

（3）发型与服装

男士穿西装，发型应吹风定型，以显得风度翩翩。

男士的发型发式统一的标准就是干净整洁，并且要经常地注意修饰、修理，头发不应该过长。对男士发型的统一的要求是：前部的头发不要遮住自己的眉毛，侧部的头发不要盖住自己的耳朵，同时不要留过厚或者过长的鬓角，男士后部的头发应该不要长过自己西装衬衫领子的上部。

2）面部修饰

男士在面部修饰时要注意两方面的问题：在进行商务活动时，要每天进行剃须修面以保持面部的清洁；由于在商务活动中经常会接触到香烟、酒等有刺激性气味的物品，所以要注意随时保持口气的清新。

3）其他

成功的男士应该有良好的生活习惯，有一双干净的手和修剪整齐的指甲，而且能够保持四肢的清洁、无异味。

2. 女士仪容

1）头发修饰

长发优美而性感，不过如果身材较胖或两颊太宽，留长发则是弄巧成拙。不如干脆剪成俏丽的短发，看起来既丰盈又充满智慧。如果没有特别的交际需要，不必染发；若头发有花白现象，可将头发染成黑色或者深色。总之，保养好自己乌黑秀丽的头发更能体现东方女性的韵味和审美品位。

2）脸部修饰

首先要保持面部清洁，在清洁的面部涂上与皮肤相适应的化妆粉，并根据面部的不同区域，分别敷深、浅不同的底色，可以增加面部的立体感。要注意发际及颈部的自然过渡，以免产生"面具"似的感觉。

3）嘴唇

要使嘴唇显得润泽感。年轻女士宜用唇彩，避免用过深的口红。唇线不可画得太深，那样会使你的嘴显得突出和虚假。

4）眼睛

眼睛是心灵的窗户。为了使眼睛能动人而传神，可以描一描眉毛，使之更加妩媚。眼睛小的，可以在眼睛上轻轻地描上眼线，但不能描得太黑太深，不要露出修饰的痕迹。单眼皮者未必一定要去拉双眼皮，有时单眼皮传达出的眼神更坦率、更真切。

5）鼻子

修饰鼻子并不是等于去整容。你可以在鼻梁上略施淡粉，因为如果灯光太亮，会使鼻子出油发亮；如果天气太热，鼻梁上也容易出汗。此外，鼻毛长的人平常要格外注意修剪。

6）手和指甲

俗话说，手是女人的第二张脸。为充分显示其魅力，应保持手和指甲干净，指甲应修剪好，千万不要留过长的指甲。另外，不要涂艳丽的指甲油。淡淡的指甲油或什么都不涂，或用打蜡来代替，都适合公关或办公室女性。

7）女士仪容修饰时注意的问题

① 不要当众化妆；

② 不要在人前化妆，作为有修养的女士应到化妆室或者盥洗室进行；
③ 不要非议他人的化妆。

13.2.2 着装礼仪

服饰被称为人的第二肌肤，是一个人身份、气质和内在素质的无言介绍信。在社交场合，服饰可以向对方传递公关人员的某些信息。虽然服饰本身没有高低贵贱之分，但是在当今社会，着装往往会成为一个人在公关场合的身份、地位的标志。作为公关人员，其工作就是通过与人的交往，获得对方的好感，树立组织形象，为组织构建一个和谐的发展环境。因此，服饰的选择对于公关人员就尤为重要。

1. 着装的原则

每个人都有自己喜欢的服饰类型和色彩，但从商务活动环保考虑，显然不能随心所欲地选择服饰和着装。因此，要遵循基本的着装礼仪。着装礼仪的基本原则可归纳如下。

（1）符合身份着装

着装不仅体现个性，还能体现职业性。一个人的着装，首先应考虑其职业角色。例如，运动装可作为体育老师的职业装，但服务窗口办事人员却不可以；在校学生的着装要体现青春活力，而职业经理人则要讲究成熟稳重。

（2）扬长避短着装

扬长避短的原则几乎可以应用在任何场合，在现实生活中拥有天生完美的身材很少。对多数人来说，需要考虑如何较好掩饰缺陷、穿出自己的亮点。例如，脖子短的人应该穿U领或者V领的服装，不适宜穿高领衫。而体形较胖的人穿深颜色、竖纹的衣服可以较好地掩饰身材；而身体消瘦的人则比较适合穿着色彩鲜艳些、明亮些的浅色服装。

扬长避短着装还需要把握好一定的尺度。一般来说，既不把缺点和不足堂而皇之展示于人，同时也不适宜过分张扬自己的优点。

（3）区分场合着装

正式场合——一般讲究庄重大方，选择服装时比较适宜穿套装、套裙及制服，也可选择长裤长裙和长袖衬衫。但不宜穿很流行的时装、便装和短袖衬衫。

社交场合——适合穿着时尚个性，宜穿礼服、时装和民族服装。这种情况下，一般不宜穿过分庄重、保守的服装。

休闲场合——讲究舒适自然。宜穿运动装、牛仔装、沙滩装和非正式的便装，如T恤等。

（4）遵循常规着装

在流行穿长裙时，裙子不要比别人的长；而在流行穿短裙时，裙子也不要比别人的短。尤其不要将最流行的服饰搬到办公室和商务场所。

案例阅读 13-1

办公室衣着礼仪——25 岁物流公司员工的经历

因为不久前发生的一件事,我们公司最近对吊带装过敏。Lina 是我们公司公认的紧追潮流之人,她喜欢新鲜的东西,喜欢流行,喜欢做弄潮儿,那种独领风骚的感觉对她极具诱惑力。所以,日常生活中,她对时尚的东西特别感兴趣,也特别喜欢模仿。在很多地方,她的模仿还比较成功,唯有今年,因为疏忽,差点落下话柄。

也许是因为工作关系,Lina 有两个明显的特征:嗓门大、皮肤黑。今年夏天特别流行吊带衫和吊带裙,对于一个赶时髦之人当然是个不容错过的机会。在高温尚未降临的时候,她已经为自己准备了一系列的吊带装,就等高温一到,全面出击。其实,她的肤色做了这个行业后变得更黑,尤其是那些沉淀的色块,让她的肤色看起来还有点脏兮兮的。冬天,还可以把身体全部包裹在衣服里,只有脸和脖子在外面,还算好打理;但一到夏天,就麻烦了。

其实我对 Lina 的穿衣风格和她的衣着礼仪一直不是很欣赏,她的装扮总是比较夸张和张扬的。虽然她紧跟潮流,却让我感觉缺乏品位。赶潮流需要一定的经济基础,像 Lina 这样的普通白领,并不丰厚的薪水根本经不起她的"挥霍",所以只能找些质地差、廉价的替代品。何况,Lina 的先天条件并不是很好,这次穿吊带装成了笑柄。

从这以后,Lina 在公司再也没有穿过吊带装。而且,她似乎在慢慢改变自己的穿衣风格,虽然依旧赶时髦,但不再盲目。那句戏言,让 Lina 开始变得成熟起来。

我一直这么认为,8 小时以外的穿着纯属个人的爱好,你可以强调个性与爱好,但办公室里的衣着就不能太随心所欲了。因为公司是个团队,每个办公室里的人都是其中的一分子,不再是独立的个体,应该要顾及团队的文化和氛围。

2. 男士着装礼仪

根据季节的不同,男士可以选择不同的服装,一般两件套通常是男士正式场合较为理想的服装。穿着西装注意三色原则:全身不要超过三个色系。鞋子、腰带和公文包最好是代表庄重的黑色系。

西装,服饰中的舶来品,已成为商务人士特别是男士们在商务活动中的首选着装。面对市场上各式各样的款式,懂得如何选择和搭配是十分必要的。

(1) 衬衫

衬衫是与西装搭配的重点,选择衬衣要注意其衣领、腰身、长度合身。与西装为伍的衬衣领形多为方领,色彩为单一色;衬衣衣袖要露出西装袖口 2 厘米左右,以显示层次;衬衫衣领要高出西装衣领,以保护西装衣领并增加美感。任何场合下,衬衫的下摆务必要塞进裤内,袖扣必须扣上。衬衣最好每天清洗,保持整洁而无褶皱,特别是领子和袖上要干净。

(2) 内衣

一般衬衫里面不要穿较厚的棉毛衣衫,如天冷必须要穿,只能在衬衫外面再套一件西装、背心或一件羊毛衫,以不显得臃肿为度,且不要把衣圈和袖口露出来。如果长袖衬衫里一定要穿内衣、背心，就要选择V型领的款式。

（3）领带

领带是男士衣着品味和绅士风度的象征，凡在比较正式的场合，穿西装都须系领带。领带的长度以到皮带扣中间处为佳，色彩和图纹一般以冷暖相间为好，而且要与自身的年龄、肤色、爱好相协调。如衬衫外再穿毛绒线衫，则须将领带置于其间。非正式场合可以不打领带，但应把衬衣领口解开，以示休闲洒脱。

（4）领带夹

主要用于将领带固定于衬衫上，避免就餐时领带也品尝汤汤水水。领带夹的正确位置是在衬衫从上向下的第四粒纽扣上边。不少男士总喜欢让其从衣领处露出来，而这样恰恰暴露领带夹夹错了位置。

（5）鞋袜

穿西装只能配皮鞋，并要保持鞋面的清洁光亮。与皮鞋配套的袜子应为深色的棉毛袜，袜子的长度应在脚踝以上。

（6）纽扣

穿西装时，上衣、背心与裤子的纽扣，都有一定的系法。在三者之中，又以上衣纽扣的系法讲究最多。一般而言，站立之时，特别是在大庭广众之前起身而立之后，西装上衣的纽扣应当系上，以示郑重其事。就座之后，西装上衣的纽扣则大都要解开，以防其"扭曲"走样。只有在内穿背心或羊毛衫，外穿单排扣上衣时，才允许站立之际不系上衣的纽扣。

（7）西裤

西裤作为西装整体的另一主要部分，要与上装相协调，以构成和谐的整体。西裤长度以接触脚背为宜，裤腰大小以合扣后可插入一手掌为好。穿好衣裤时，裤扣要扣好、拉链要全部拉严。

（8）口袋

无论哪种西装，其外侧口袋都不应该装很多东西。上衣外侧左胸袋只可放置装饰性的口袋巾或者宴会时的鲜花，外侧下方的两口袋除临时装单张名片外也不宜放其他东西，内侧左右的胸袋可放钢笔、钱包或名片夹，但不宜放过厚的东西，以保持胸部的平坦。

（9）西装色彩与面料的选择

正式西装一般是单色的、深色的，以蓝色、灰色居多，有时也有咖啡色或黑色，黑色西服一般是当作礼服穿的。而休闲西服可以是单色的，也可以是多色的，有的还有条纹或格子，色彩也可以是多样的，鲜艳一些的，如灰蓝、浅蓝、绿色、绛红色等。

正式的、重要的公关场合要穿正式西装。正式西装一般是纯毛面料或者含毛比例高的混纺面料。这样的面料悬垂、挺括，显得比较典雅、有档次。

3. 女士着装礼仪

女士的服装，比起男士服装更加丰富多彩、新颖别致。女士不仅可借服饰来显示自己美好的体态，还可以此来表现自己的修养和风格。

1）职业女装的基本类型

职业女装有3种基本类型：套裙、连衣裙、旗袍。

（1）套裙

裙式服装最能体现女性的魅力，恰到好处的裙子能充分显示女性美感与飘逸的风采。作为职业女性，其工作场所的着装有别于其他场合的着装，尤其代表着一个企业、一个组织形象时，更要追求大方、简洁、纯净、素雅的风格。套裙以其严整的形式，多变却不杂乱的颜色，新颖却不怪异的款式，成为职业女性最规范的工作装。

案例阅读 13-2

套裙造型的 4 种类型特点

"H"形造型套裙的主要特点是：上衣较为宽松，裙子亦多为筒式。这样一来，上衣与下裙便给人以直上直下、浑然一体之感。它既可以让着装者显得优雅、含蓄和帅气，也可以为身材肥胖者遮掩。

"X"形造型套裙的主要特点是：上衣多为紧身式，裙子则大都是喇叭式。实际上，它是以上宽与下松来有意识地突出着装者的腰部的纤细。此种造型的套裙轮廓清晰而生动，可以令着装者看上去婀娜多姿、楚楚动人。

"A"形造型套裙的主要特点是：上衣为紧身式，裙子则为宽松式。此种上紧下松的造型，既能体现着装者上半身的身材优势，又能适当地遮掩其下半身的身材劣势。不仅如此，它还在总体造型上显得松紧有致，富于变化和动感。

"Y"形造型套裙的主要特点是：上衣为松身式，裙子多为紧身式，并且以筒式为主。它的基本造型，实际上就是上松下紧。一般来说，它意在遮掩着装者上半身的短处，同时表现出下半身的长处。此种造型的套裙往往会令着装者看上去亭亭玉立、端庄大方。

（2）连衣裙

连衣裙和套裙可以单独穿或者和上衣搭配在一起穿。尽管它们在某些场合很合适，但它们看上去不如西装套裙显得有力度。大衣式裙子的纽扣是一排到底的，比衬衫配裙子那种只到腰部的纽扣样式看起来更有力度，更显得职业化。关于其颜色，可以选择灰色、藏青色、暗红色、米色、驼色、黄褐色、红色和玫瑰红颜色的布料。可以选用简洁的印花或图案，但是鲜明的图案和设计就显得过于显眼了。至于面料，丝绸是最好的。当然，100%的人造丝也可以，只有加入人造纤维的亚麻制品才宜选用，纯亚麻制品容易起褶；而棉布对于职业服装来说就显得过于随便了，不宜选用。

（3）旗袍

旗袍是我国独有的、富有浓郁民族风格的传统女装。旗袍紧扣的高领，给人以雅致而庄重的感觉，微紧的腰身体现出腰臀的曲线；特别是两边的开衩，行走时下角微轻飘动，具有轻快活泼之感。日常穿用可选用花素府绸或涤棉细布制作的旗袍，既朴素又大方。选用小花、素格、细条丝绸制作的旗袍，可表现出温柔、稳重的风格。选用织锦缎、丝绒制作的旗袍，是迎宾、赴宴最华贵的服装，集庄重典雅于一身。近年来，蜡染、扎染、手绘等工艺用于旗袍，更使旗袍步入高档时装的行列。

2) 女性体形与着装

人的体形差异很大，十全十美的人很少。理想的体形，要求躯干挺直，身体各部分的骨骼都要匀称。如胖、瘦或腿短、臀宽等不完美的体形，在礼仪活动中都可能成为自身的不利因素。了解自己的体形缺陷，在社交活动中方能扬长避短。

① 体形较好的人，对服装款式的选择范围较大，着装时应该更多考虑的是服装与肤色、气质、身份、场合等的协调。

② 体形较胖的人最好穿着上下一色的深色套装，裤子略长一些。裤腿略瘦的女士忌穿连衣裙，忌用单调的横条纹。体形较瘦的人，应尽量减少露在外面的部分。

③ 肩窄臀宽的人，应该注意使用垫肩，使肩部看上去宽些，也可以在肩部打褶以增加宽度，可以选择束腰的服装以衬托肩部的宽大。忌穿插肩上衣、宽大的外套和夹克衫，忌穿无袖上装、长而紧袖上装。腰粗的人应选肩部较宽的衣服，以产生肩宽腰细的效果，女士不宜穿腰间打褶的裙子，不要把衬衫扎进裙子或裤腰中。

④ 腿较短的人，可以选择上衣较短、裤子稍长的服装。

⑤ 腿较粗的人，宜穿上下同宽的深色直筒裤、过膝的直筒裙，不宜穿太紧的裤子、太短的裙子。

13.3 举止与行为礼仪

13.3.1 举止礼仪

举止是指人的动作和表情。是一种展示自己风度、气质、修养和才华的外在形态。它包括人在社会活动中坐、立、行走的各种姿态，以及手势和表情等。

举止是一种不说话的"语言"，能在很大程度上反映一个人的素质、受教育的程度及能够被别人信任的程度。在社会交往中，一个人的行为既体现他的道德修养、文化水平，又能表现出他与别人交往是否有诚意，更关系到一个人形象的塑造，甚至会影响国家民族的形象。冰冷生硬、懒散懈怠、矫揉造作的行为，无疑有损于良好的形象。相反，从容潇洒的动作，给人以清新明快的感觉；端庄含蓄的行为，给人以深沉稳健的印象；坦率的微笑，则使人赏心悦目。因此，我们在交往中应该使自己成为举止优雅的人。

1. 站姿

站立是人们日常交往中一种最基本的举止。站姿是生活中以静为造型的动作。站立不仅要挺拔，还要优美典雅，站姿是优美举止的基础。良好的站姿能衬托出美好的气质和风度。

（1）正确的站姿

从总体上给人以挺、直、高的感觉，也就是人们常说的"站如松"，即站得像松树一样挺拔。标准站姿的基本要求是：上身正直，头正目平，脸带微笑，微收下颌，挺胸收腹，腰直肩平，两臂自然下垂，两腿相靠站立，肌肉略有收缩感。

（2）不良的站姿

在社交场合站姿要切记：双手不可叉在腰间，也不可抱在胸前；驼着背、弓着腰、眼睛不断左右斜视，一肩高一肩低，双臂胡乱摆动，双腿不停地抖动。不宜将手插在裤袋里，更不要下意识地做小动作，给人以缺乏自信和经验的感觉。

2. 坐姿

1) 坐姿的基本准则

"坐如钟"给人以端正、大方、自然、稳重之感。

2) 男士坐姿

男子就座时，双脚可平踏于地，双膝亦可略微分开，双手可分置左右膝盖之上，男士穿西装时应解开上衣纽扣。一般正式场合，要求男性两腿之间可有一拳的距离。在日常交往场合，男性可以跷腿，但不可跷得过高（以免鞋底正对旁边的客人）或抖动。欧美国家的男士叠腿而坐时，是把小腿部分放在另一条腿的膝盖上，大腿之间是有缝隙的。

3) 女士的几种坐姿

（1）双腿垂直式

基本要求是：双腿垂直于地面，双脚的脚跟、膝盖直至大腿都需要并拢在一起，双手叠放于左（右）大腿上。这是正式场合最基本坐姿，可给人以诚恳、认真的印象。

（2）双腿叠放式

基本要求是：上下交叠的膝盖之间不可分开，两腿交叠呈一直线，给人以纤细的感觉。双脚置放的方法可视坐得高矮而定，既可以垂直，也可与地面呈45°斜放。采用这种姿势时，切勿双手抱膝，更不能两膝分开。

（3）双腿斜放式

基本要求是：双腿斜放式，即双腿并拢后，双脚同时向右侧或左侧斜放，并且与地面形成45°左右的夹角。这样，就座者的身体就会呈现优美的"S"形。

（4）双脚交叉式

基本要求是：双腿并拢，双脚在踝部交叉之后略向左侧斜放。坐在主席台上、办公桌后面或公共汽车上时，比较合适采用这种坐姿，感觉比较自然。

（5）双脚内收式

基本要求是：两条小腿向后侧屈回，双脚脚掌着地，膝盖以上并拢，两脚稍微张开。这也是变化的坐姿之一，尤其在并不受注目的场合，这种坐姿显得轻松自然。

4) 不良坐姿的表现

① 与人交谈时，双腿不停地抖动，甚至鞋跟离开脚跟在晃动，是不礼貌的，是缺乏教养的表现。

② 坐姿不符合环境要求。与人交谈时不能叠腿，特别是谋职面试，与领导、长辈谈话时，应该保持双"L"形。即大腿与小腿成直角，臀部与背部成直角，而且不能靠背。

③ 不能将双脚搭到椅子、沙发、桌子上。

④ 女士叠腿姿势要慎重、规范，不可成"4"字形。

⑤ 坐下后脚尖相对，或双腿拉开成八字形，也不能将脚伸得很远。

3. 走姿

走姿就是人行走的姿态、体态，它是站姿的延续动作，是在站姿的基础上展示人的动态美的极好手段。无论是在日常生活中，还是在社交场合，走路往往是最引人注目的体态语言，也最能表现一个人的风度和活力。

1）走姿的要求

行走时，头部要抬起，目光平视前方，双臂自然下垂，手掌心向内，并以身体为轴前后摆动。上身挺拔，腿部伸直，腰部放松，脚幅适度，脚步宜轻且富有弹性和节奏感。

男士应抬头挺胸，收腹直腰，上体平稳，双肩平齐，目光平视前方，步履稳健大方，显示男性刚强雄健的阳刚之美。

女士应头部端正，目光柔和，平视前方，上体自然挺直，收腹挺腰，两腿靠拢而行，步履匀称，自如、轻盈，显示女士端庄文雅的阴柔之美。

2）避免不良走姿

公关人员和商务人员行走时，应力戒下列现象：行走带响、狂奔猛跑、连蹦带跳、背手而行、左顾右盼、摇头晃脑、摆胯扭腰、低头看脚、横冲直撞、与人抢道等。

4. 手姿

手姿，又叫手势。手是人体最灵活的一个部分，所以手姿是体语中最丰富、最具有表现力的传播媒介，做得得体适度，会起到锦上添花的作用。适当地运用手势，可以增强感情的表达。古罗马政治家西塞罗曾说："一切心理活动都伴有指手画脚等动作。"

（1）手势使用规范

① 手势的使用应该有助于表达自己的意思，但不宜过于单调重复，也不能过于复杂。反复做一种手势会让人感到修养不够，与他人交谈时，随便乱做手势，不住地做手势，会影响他人对你说话内容的理解。

② 招呼、致意、告别、欢呼、鼓掌等都属于手势范围，应该注意其力度的大小、速度的快慢、时间的长短，不可以过度。如鼓掌，应该用右手手掌轻拍左手手掌心，不可过分用力。

③ 在任何情况下，不要用拇指指自己的鼻尖和用手指点他人，谈到自己时应用手掌轻按自己的左胸，那样会显得端庄、大方、可信。用手指点他人的手势是不礼貌的。

④ 介绍某人、为某人指示方向、请人做某事时，应该使掌心与地面成45°，手指自然并拢，掌心向上，以肘关节为轴，指示方向，上身稍向前倾15°，以示敬重。这种手势被认为是诚恳、恭敬、有礼貌的。

（2）日常生活中应该避免出现的手势

在日常活动细节中的某些手势严重影响交际风度。如掏耳朵、抠鼻孔、咬指甲、剜眼屎、搓泥垢、修指甲、揉衣角、用手指在桌上乱画……这些都是交往中禁忌的举止。咳嗽、打喷嚏时，要以手帕捂住口鼻，面向一侧，避免发出大声，口中有痰要吐在手纸、手帕中。

5. 鞠躬

鞠躬也是表达敬意、尊重、感谢的常用礼节。鞠躬时应从心底发出对对方表示感谢、尊重的意念，从而体现于行动，给对方留下诚意、真实的印象。

案例阅读 13-3

办公室里女性举止礼仪

女性在办公室里的举止,能清晰地勾勒出她是否是"效率机器上的齿轮"。那么,应遵守什么样原则呢?

(1) 养成守时的习惯。如果参加会议,比预定时间早到5分钟最能体现效率原则。

(2) 少打5分钟以上的电话。经常因公事打一刻钟以上电话的女性,也暴露了她在概括能力上的不足,令人怀疑她的机智是否足够应付种种变化。

(3) 多使用内线电话而少串办公室。如果你要跟其他办公室的同事交代事情或交换看法,打内线电话能节约许多花在寒暄及周旋上的时间,有益于养成单刀直入的工作作风。这也是一种成本低廉的提高效率的办法。

(4) 不要在盥洗室的镜子前逗留。"过分关注自身形象的女人在工作上多半没有什么创意",不错,这是偏见。但你要记住,与偏见作战是世界上最艰难的事,它会浪费你的很多精力。何必与偏见宣战呢?

13.3.2 肢体语言

在人们的日常生活中,会自觉或不自觉地做出各种动作和摆出各种姿态,这些动作和姿态,往往传递着人们内心世界的诸多信息(见表13-1),因此被称为肢体语言。人们可以通过肢体语言的研究,探询对方的态度、修养和内心活动。耐心观察细节和行为的细微差异。关心对方的行为举止,注意咳嗽、弹指、转笔以及其他不耐烦和紧张的信号。

表13-1 肢体语言代表的意义

肢体动作	隐含意义
坐在椅子边上	不安、厌烦或提高警觉
沉默	默认或反对
鼓掌	赞成、高兴或反对
正视对方	友善、诚恳、外向、有安全感、自信、笃定等
眯着眼	不同意、厌恶、发怒或不欣赏
抖脚	紧张
轻拍肩背	鼓励、恭喜或安慰
打呵欠	厌烦、反对
来回走动	发脾气或受挫
眉毛上扬	不相信或惊讶
扭绞双手	紧张、不安或害怕
避免目光接触	冷漠、逃避、不关心、没有安全感、消极、恐惧或紧张等

续表

肢体动作	隐含意义
咬嘴唇	紧张、害怕或焦虑
环抱双臂；双手放在背后	愤怒、不欣赏、不同意、防御或攻击
搔头	迷惑或不相信
笑	同意或满意
身体向前倾	注意或感兴趣
抬头挺胸	自信、果断
懒散地坐在椅中	无聊或轻松一下
坐不安稳	不安、厌烦、紧张或者是提高警觉
摇头	不同意、震惊或不相信
点头	同意或者表示明白了，听懂了
晃动拳头	愤怒或富有攻击性
长时间直视	挑战、怀疑

案例阅读 13-4

我国民间流传这样一个故事

一个人走进饭店要了酒菜，吃罢摸摸口袋发现忘了带钱，便对店老板说："店家，今日忘了带钱，改日送来。"店老板连声："不碍事，不碍事。"并恭敬地把他送出了门。

这个过程被一个无赖给看到了，他也进饭店要了酒菜，吃完后摸了一下口袋，对店老板说："店家，今日忘了带钱，改日送来。"

谁知店老板脸色一变，揪住他，非剥他衣服不可。

无赖不服，说："为什么刚才那人可以赊账，我就不行？"

店家说："人家吃菜，筷子在桌子上找齐，喝酒一盅盅地筛，斯斯文文，吃罢掏出手绢揩嘴，是个有德行的人，岂能赖我几个钱？你呢？筷子往胸前找齐，狼吞虎咽，吃上瘾来，脚踏上条凳，端起酒壶直往嘴里灌，吃罢用袖子揩嘴，分明是个居无定室、食无定餐的无赖之徒，我岂能饶你！"

一席话说得无赖哑口无言，只得留下外衣，狼狈而去。

启示：

① 动作姿势是一个人思想感情、文化修养的外在体现。一个品德端庄、富有涵养的人，其姿势必然优雅；一个低级趣味、缺乏修养的人，是做不出高雅的姿势的。

② 在人际交往中，我们必须留意自己的形象，讲究动作与姿势。因为我们的动作姿势，是别人了解我们的一面镜子。

③ 在人际交往中，我们可以通过别人的动作、姿势来衡量、了解和理解别人。

本章小结

个人礼仪是社会个体的生活行为规范与待人处世的准则，是个人仪表、仪容、言谈、举止、待人、接物等方面的个体规定，是个人道德品质、文化素养、教养良知等精神内涵的外在表现。个人礼仪的基本特征是：以个人为支点、以修养为基础、以尊敬为原则、以美好为目标、以长远为方针。个人礼仪的内容包括仪容礼仪、着装礼仪和举止礼仪。

复习思考题

1. 女士仪容修饰需要注意哪些问题？
2. 在公共社交场合，男士着装礼仪应从哪些方面考虑？

案例实训

服装美与个性

列夫·托尔斯泰的《安娜·卡列尼娜》有这样一段情节：在安娜和渥伦斯基相识的舞会上，安娜穿着全黑的天鹅长裙，长裙上镶威尼斯花边，闪亮的边饰把黑色点缀得既美丽安详，又神秘幽深，这同安娜那张富有个性的脸庞十分相称。当安娜出现在舞会的门口，吸引了在场所有人的视线，吉蒂看到安娜的装束后，也强烈地感受到安娜比自己美。安娜的黑色长裙在轻淡柔曼的裙海中显得高贵典雅、与众不同，也与安娜蔑视世俗的个性融为一体。

又如，一位性格活泼的姑娘，身穿全体的裘皮大衣在路边与他人手舞足蹈地高声谈笑，让人看了很不舒服，尽管裘皮大衣高雅华贵，但与姑娘的性格极不相称，给人一种"张扬、毛躁"的感觉。

思考题：
服装美的最高境界是外在美和内在美的统一，你对这个问题是怎样理解的？

参 考 文 献

[1] 居延安. 公共关系学. 2版. 上海复旦大学出版社, 2001.
[2] 常春圃. 浅析危机公关的作用. 南京工程学院学报, 2004 (9).
[3] 谢俊贵. 社会组织公共关系危机处理意义、程序及方式选择. 中国软科学, 2000 (2).
[4] 谢俊贵. 社会组织公共关系危机预防管理研究. 中国软科学, 1998 (8).
[5] 何云峰. 智者的公关. 上海: 上海交通大学出版社, 2001.
[6] 萨菲尔. 强势公关. 梁浃洁, 译. 北京: 机械工业出版社, 2002.
[7] 翟年详, 丁乐飞. 公共关系. 合肥: 安徽大学出版社, 2002.
[8] 居延安. 公共关系学. 3版. 上海: 复旦大学出版社, 2005.
[9] 赵晓兰. 公共关系学教程. 2版. 北京: 经济管理出版社, 2004.
[10] 阮可, 朱臣, 李成建. 公共关系理论与实务. 北京: 北京工业大学出版社, 2005.
[11] 黎运汉. 公关语言学. 广州: 暨南大学出版社, 1996.
[12] 赵晓兰. 公共关系学教程. 北京: 经济管理出版社, 2004.
[13] 周彬琳. 实用口才艺术. 大连: 东北财经大学出版社, 2002.
[14] 岑运强. 语言学基础理论. 北京: 北京师范大学出版社, 1996.
[15] 陶海洋. 公共关系系基础理论与实务. 上海: 华东理工大学出版社, 2005.
[16] 林祖华. 公共关系学. 北京: 中国时代经济出版社, 2005.
[17] 史静. 商务礼仪. 合肥: 中国科学技术大学出版社, 2006.
[18] 邓月英. 公共关系. 上海: 复旦大学出版社, 2008.
[19] 金正昆. 商务礼仪教程. 北京: 中国人民大学出版社, 2005.
[20] 马志强. 现代公共关系案例教程. 上海: 上海交通大学出版社, 2015.
[21] 王光华. 公共关系案例与实训教程. 北京: 中国人民大学出版社, 2017.
[22] 张践. 公共关系学. 北京: 中国人民大学出版社, 2018.
[23] 黄禧祯. 公共关系学通用教程案例集. 武汉: 武汉大学出版社, 2016.